全国高等院校工商管理系列教材、人力资源管理专业主干课程教材

劳动经济学

杨河清　主　编
黎　煦　副主编

对外经济贸易大学出版社
中国·北京

图书在版编目（CIP）数据

劳动经济学/杨河清主编. —北京：对外经济贸易大学出版社，2010

全国高等院校工商管理系列教材 人力资源管理专业主干课程教材

ISBN 978-7-81134-774-6

Ⅰ. ①劳… Ⅱ. ①杨… Ⅲ. ①劳动经济学－高等学校－教材 Ⅳ. F240

中国版本图书馆 CIP 数据核字（2010）第 152601 号

劳动经济学

杨河清 主编

责任编辑：王文君

对 外 经 济 贸 易 大 学 出 版 社

北京市朝阳区惠新东街 10 号 邮政编码：100029

邮购电话：010－64492338 发行部电话：010－64492342

网址：http://www.uibep.com E-mail：uibep@126.com

山东省沂南县汇丰印刷有限公司印装 新华书店北京发行所发行

成品尺寸：185mm × 230mm 20 印张 402 千字

2010 年 9 月北京第 1 版 2010 年 9 月第 1 次印刷

ISBN 978-7-81134-774-6

印数：0 001－5 000 册 定价：30.00 元

人力资源管理专业主干课程教材编委会名单

（按姓氏拼音先后为序）

出 版 说 明

21世纪以来，全球经济蓬勃发展，市场竞争日益激烈，我国企业越来越紧迫地感到增强其自身竞争力的重要性。知识经济时代，人力资源已替代物质资源成为企业发展最根本的资源，企业必须不断创新适应竞争模式的改变，把人力资源管理提到战略高度，并建立适合自身的人力资源管理体系。企事业机构内外部竞争环境的变化，对国内的人力资源管理专业教育提出了新的课题，对该专业的教材也提出了更高的要求。

鉴于此，我们延请中国人民大学、清华大学、对外经济贸易大学、中央财经大学、首都经济贸易大学、北京师范大学、南开大学、西安交通大学等众多知名学府的权威学者，并联合实务界人士，共同推出了“人力资源管理专业主干课程教材”。这套丛书，既可以作为人力资源管理专业本科生教材，亦可以作为业内人士的重要参考图书。

本套丛书在讲解基本知识内容的基础上，对重点内容及其最新发展进行了极大的丰富和深化。在知识结构安排上更加完善，颇具有前瞻性和系统性。书中融入了与理论知识密切相关的现实案例，有助于读者扩大知识视野，提高理解理论的深度，拓宽思考现实问题的广度，从而在实践中解决问题。

本套丛书的每一本都是作者的倾力制作，愿她们的出版对我国的人力资源管理专业教育、人才的培养有所助益！

对外经济贸易大学出版社

2009年9月

前言

2002年，中国人民大学出版社出版了我担任主编的《劳动经济学（第一版）》，当时，劳动经济学在我国还没有受到重视。我在那本教材的前言中写到："我国专业人士中出现了'劳动经济学没用了'的说法，有人甚至认为劳动经济学已经成为一门没有前途的、落后于时代的学问，产生这种现象的原因……似乎也与这几年社会更多地关注财富本身，而较少关注财富产生的最根本的原因和基础——劳动有关。"

改革开放30年，我国的经济发展迅猛，在规模上，已经超越了法、英、德等发达国家，逼近世界第二的日本，并很有可能在今年将其超越。伴随着经济发展的巨大成就，我国已经发展到一个新的阶段：必须高度重视民生领域中存在的种种与经济发展很不相称，与国民的期望与需求很不相称的问题。近些年，我国社会各界开始前所未有地关注民生，国家也采取了一系列措施来改善，来解决民生问题。在这样的背景下，经济学家族中直接针对民生，直接分析，解读就业、收入分配、人力资源开发、劳动者保障等重要民生问题的劳动经济学在我国逐渐受到重视。"劳动经济学没用了"的看法在社会发展的这次加速度中已经销声匿迹了；在这样的背景下，中国人民大学版《劳动经济学》教材发行以后，受到广泛欢迎，并承蒙专家们的高度评价，于2004年被评为北京市高等教育精品教材，2006年入选教育部"十一五"国家级精品教材。迄今，该教材已经两次修订再版，发行量逾10万册。

伴随着劳动经济学的升温，一些出版社，还有一些组织编写人力资源管理、劳动与社会保障系列教材的学者找我主编出版新的《劳动经济学》教材。甚至还发生了以我为主编，出版前从未让我看过书稿，出版发行后从未主动通知我，教材内容基本上与中国人民大学版《劳动经济学》雷同的事情。

对外经济贸易大学出版社的编辑邀我主编一本新的《劳动经济学》，我一开始谢绝了，因为我担心新教材难脱中国人民大学版《劳动经济学》的束缚。但最后，在年轻的同事"我们做一些新的尝试吧"的影响下，还是应诺了。我知道，本教材面临的挑战是：除了既能够反映世界劳动经济学伴随社会经济发展产生出的新成果、新变化，又能够比较贴近中国的现实和有关实践，且能够守持教材编写的"体系完整，理论成熟"

的原则这一要求之外，还有一个特殊的要求：既能够避免与中国人民大学版《劳动经济学》的雷同，又不会偏离劳动经济学研究的对象和基本框架。

为应对上述挑战，本教材的编写启用了多名年轻教师，他们均有在著名大学学习劳动经济学，研究劳动经济问题，获得博士学位的经历。经过一年多的努力，我们交出了答卷。我感到欣慰的是，本教材基本上解决了上述问题。但是，本教材未能显著超越我主编的那本国家“十一五”规划同名教材，这让我多少感到遗憾。

限于编写者的水平，本教材会存在缺陷，望读者批评、指正。在编写过程中，我们参考了大量的文献，谨向这些文献的作者表示衷心的感谢。

杨河清

2010 年 8 月

目 录

第一章

劳动力需求

关键概念

劳动力需求　利润最大化　劳动力需求曲线　劳动力需求弹性

劳动力作为生产过程中重要的要素投入，其需求量是如何确定的呢？当一个企业生产的产品的市场需求增加时，该企业的劳动力需求将受到怎样的影响？在不同的情况下，企业将如何确定最优的劳动力雇佣量呢？当工资率上升时，为什么有些企业的劳动力需求量出现较大幅度的下降，而有些企业的劳动力需求量的变化幅度却相对较小呢？通过本章对“劳动力需求”相关知识和理论的学习，我们将找到上述问题的答案。本章从劳动力需求的基本概念入手，在假定企业追求利润最大化的框架下，分析企业劳动力需求在短期和长期的决定，并对劳动力的市场需求曲线进行了推导，对劳动力需求弹性及其影响因素进行了阐述，使学生能对劳动力需求有一个比较全面的了解。

第一节　劳动力需求概述

一、劳动力需求的基本概念

所谓劳动力需求，是指一定时期内，在某种工资率下雇主愿意并能够雇佣到的劳动力的数量。

（一）意愿和支付能力的统一

劳动力需求是企业雇佣意愿和支付能力的统一，两者缺一不可。劳动力需求不能等同于劳动力需要。需要是指一种不需以支付能力作为后盾的主观愿望。例如，某企业需要员工 1 000 人，但是，该企业在现行工资水平条件下没有能力“购买” 1 000 个劳动力，因此，这不能构成该企业的劳动力需求。劳动力需求是企业在不同的工资水平（即劳动力的价格）条件下，有能力并有意愿使用的劳动力数量。

（二）劳动力需求的派生性

劳动力需求是一种派生需求（又称“引致需求”）。在讨论产品市场时，消费者对各种商品的需求属于直接需求。而在生产要素市场中，普通的消费者并不直接消费生产要素。企业之所以雇佣劳动力，是因为劳动力与其他生产要素相结合，能够生产和提供市场所需的产品和服务。劳动力需求产生的直接基础是消费者对产品和服务的需求。因此，劳动力需求是由对产品和服务的需求派生而来的。当消费者对某种产品的需求下降时，对生产该产品的工人的需求也将减少；当某种服务的需求增加时，如家政服务，那么市场对家政服务人员的需求也将增加。

阅读材料

随着经济的发展，人民的生活水平日益提高，消费能力也在不断增强，对各种服务的需求也在不断提高，从而使服务业的劳动力需求量不断增加。例如，家政服务人员的需求量正在不断上升。而且在一些家政服务发达的地区，家政服务的专业化水平也在不断提高。比如，“月嫂”就是主要为新生儿和产妇提供服务的一类家政服务人员。而且继“月嫂”之后，现在又出现了“高级月嫂”之一概念，即一批高素质高学历的“月嫂”。目前，社区医疗服务正处于不断完善和发展之中，专业的社区医疗服务人员的需求也在增加。除此之外，“宠物医院”也逐渐在越来越多的城市社区中出现了。随着市区中饲养宠物的居民人数增加，对和宠物有关的各种服务的需求也会不断提高，相关服务人员的需求量也会随之增加。

（三）劳动力需求与工资率呈反向联系

在其他条件不变的情况下，如果工资率上升，那么将给企业带来两方面的影响。第一，工资率的上升提高了企业的成本，从而产品价格也随之提高。更高的产品价格意味着消费者对该产品的需求量会减少，最终导致企业的产出水平和劳动力雇佣量下降。第二，工资率的提高，使企业希望用资本来替代劳动力。资本对劳动力的替代同样会造成企业劳动力雇佣量的下降。反之，如果工资率下降，那么，一方面，企业的成本下降，产品价格降低，产品需求增加，从而产出水平和劳动力雇佣量都将增加；另一方面，工资率的下降，使劳动力相对于资本的价格降低，从而使企业产生用劳动力替代资本的动机，最终导致劳动力雇佣量的上升。

由此可见，在其他条件不变时，工资率提高，劳动力需求量将减少；工资率降低，劳动力需求量将增加。劳动力需求量与工资率之间呈反向联系。

二、劳动力需求表、需求曲线

将企业在雇佣劳动力时愿意支付的工资率定义为劳动力需求价格。那么，将劳动力需求价格与劳动力需求之间的数量关系用表格的形式描述出来就可以得到劳动力需求表。如果假设工资率与劳动力需求量的变动无限可分，则可根据需求表画出劳动力需求曲线（见表1－1、图1－1）。

表1－1　劳动力需求表

工资率W（元/小时）	劳动力需求量L（人）	组　合
2.0	2 400	a
2.5	1 850	b
3.0	1 450	c
3.5	1 150	d
4.0	900	e
4.5	700	f
5.0	550	g

资料来源：杨河清．劳动经济学．2版．北京：中国人民大学出版社，2006。

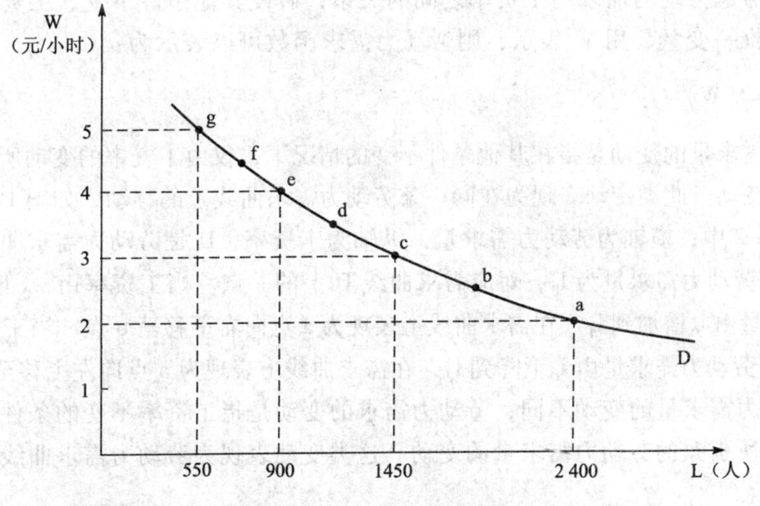

图1－1　劳动力需求曲线

劳动力需求表和劳动力需求曲线实际上是用表格和几何图形的形式表述劳动力需求的概念。

在图1-1中，横轴为企业的劳动力需求量，纵轴为工资率，曲线D是根据表1-1画出的一条企业劳动力需求曲线。从图1-1中，我们可以清晰地看出，劳动力需求量随着工资率的提高而下降，劳动力需求曲线D是一条向右下方倾斜的曲线，这反映出劳动力需求量与工资率之间的反向变动关系。那么为什么劳动力需求曲线是向右下方倾斜的呢？我们将在后面的小节中对此进行说明。

三、劳动力需求量的变动与劳动力需求的变动

劳动力需求的变动受多种经济因素的影响，如生产的技术条件，其他生产要素的价格、总需求水平等等。如果把影响劳动力需求的各种因素作为自变量，把劳动力需求作为因变量，则可以用函数关系描述劳动力需求与影响因素之间的关系，这个函数称作劳动力需求函数。用D表示劳动力需求，用x_i表示影响因素，则劳动力需求函数可以表示为：

$$D=f(x_1,x_2,\cdots,x_i)\qquad(i=1,2,\cdots,n)$$

完全认识影响因素与劳动力需求间的关系是非常困难的。因此，只能从劳动力市场运行的主要方面考查几种最主要的联系。

如果只考虑劳动力需求与工资率之间的关系，假设其他条件不变，工资率是影响劳动力需求的惟一变量，用W表示，则劳动力需求函数可以表示为：

$$D=f(W)$$

劳动力需求量的变动是指在其他条件不变的情况下，仅由工资率的变动所引起的劳动力需求量的变动。此类变动表现为在同一条劳动力需求曲线上的移动，如图1-2所示。

在图1-2中，横轴为劳动力需求量，纵轴为工资率，D是劳动力需求曲线。当工资率为w_0时，劳动力需求量为l_0，对应需求曲线D上的a点。当工资率由w_0下降到w_1时，劳动力需求量由l_0增加到l_1，在需求曲线上表现为a点向右下移至b点。当工资率由w_0提高到w_2时，劳动力需求量由l_0下降到l_2，在需求曲线上表现为a点向左上移至c点。

与劳动力需求量的变动不同，劳动力需求的变动是指工资率不变的条件下，由其他因素的变化所引致的劳动力需求量的变动。这类变动表现为劳动力需求曲线的移位。如图1-3所示。

在图1-3中，工资率既定不变为w_0，其他因素的变化，将引起劳动力需求曲线的移位。劳动力需求曲线D_0在工资率为w_0时，对应的劳动力需求量为l_0。在工资率不变

的条件下，其他影响因素发生变化，劳动力需求曲线由 D_0 移动到 D_1，对应的劳动力需求量也由 l_0 下降到 l_1；当劳动力需求曲线由 D_0 移动到 D_2 时，对应的劳动力需求量也由 l_0 增加到 l_2。由此可见，当工资率不变时，劳动力需求曲线向左下移动，劳动力需求将减少；向右上移动，劳动力需求将增加。

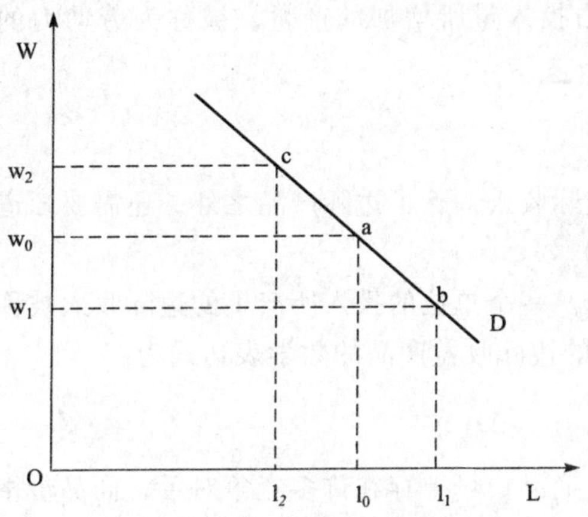

图 1－2　劳动力需求量的变动

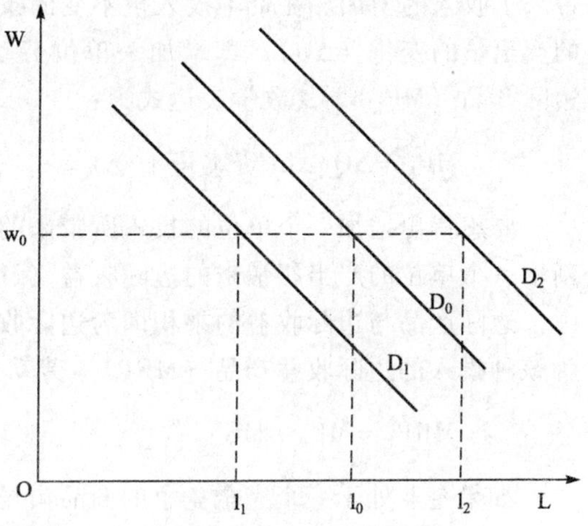

图 1－3　劳动力需求的变动

第二节　企业利润最大化

劳动力需求理论的一个基本假设为：企业是追求利润最大化的。在下面的内容中，我们将讨论企业如何实现利润最大化。

一、生产函数

随着劳动与资本投入量的增加，产量也会增加。劳动投入量和资本投入量的各种组合相对应的产量的变化，即投入量和产出量的技术性关系，经济学称为生产函数，其数学表达式为：

$$Q = f(L, K)$$

需要指出的是，除了劳动与资本之外，土地、信息、技术等也属于生产要素，它们也会影响产出水平。但为了简化分析，这里仅以劳动和资本作为分析对象。虽然工人之间是存在个体差异的，但是在这一分析过程中，我们有一个隐含的假设，即每个工人投入的劳动的质量都是相同的。

二、边际产品与边际收入

增加一个单位的劳动力或资本可以生产出来并销售出去的产出会增加，从而给企业带来了收入的增加。在资本投入量不变的条件下，劳动力投入量的变化（ΔL）所引起的产出量的变化（ΔQ），即增加一单位劳动力投入量所增加的产量，被称为劳动力的边际产品（MP_L），其数学表达式为：

$$MP_L = \Delta Q/\Delta L(\text{资本量不变})$$

要想得出增加一个单位的投入所带来的边际收入，除了边际产品之外，还需要知道新增一个单位的产出所带来的边际收益（MR）。

边际产品与边际收益的乘积即为边际收入。一个单位的投入所产生的边际收入被称为该种投入的边际收益产品（MRP）。劳动力的边际收益产品的数学表达式为：

$$MRP_L = MP_L \cdot MR$$

如果企业处于一个完全竞争的商品市场，商品市场上存在许多竞争对手，商品价格是外生决定的，单个企业只是价格的接受者，对商品价格没有控制能力，在这种情况下，销售每一单位产出的边际收益等于商品价格（P）。此时，劳动力的边际收益产品的数学表达式可以改写为：

$$MRP_L = MP_L \cdot P$$

三、边际成本

无论是增加一定数量的劳动力，还是多使用一定数量的资本，都会使企业的总成本上升。如果企业处于一个完全竞争的生产要素市场中，单个企业对于生产要素的价格没有控制能力，是价格的接受者。企业须以市场价格来支付其使用生产要素的费用，在这种情况下，某种投入的边际成本等于它的单位价格。对于劳动力投入而言，其边际成本等于其工资率（w）。

如果企业对于它们支付给员工的工资率有一定的控制能力，那么我们就说它们是在买方独家垄断的条件下雇佣劳动力①。当企业处于买方独家垄断的劳动力市场上时，增加一个单位的劳动力的边际成本会大于工资率（w）。

---

① ［美］罗纳德·G·伊兰伯格，罗伯特·S·史密斯．现代劳动经济学：理论与公共政策．8版．北京：中国人民大学出版社，2007：63．

四、利润最大化

企业追求利润最大化是劳动力需求理论的一个基本假设。企业通过生产和销售产品，获得收入。同时，企业要为其使用的各种生产要素支付相应的费用。为了实现利润最大化，企业会根据生产要素的价格和收益的变化情况，不断调整各种生产要素的使用数量。

阅读材料

受困经济危机削减成本　微软大裁员波及中国

金融危机对实体经济的冲击还在逐步加剧，预测中的“微软将展开大规模裁员”消息也最终获证实。昨天，微软对外宣布，将在未来18个月内裁员5 000人，其中1 400人被首先裁掉，裁员波及研发、市场、销售、财务、人力资源以及IT等多个部门，这也是微软历史上最大规模的裁员行动。

自金融风暴爆发以来，IT界敏感的神经不断受到刺激，各大公司裁员消息不绝于耳。昨天，微软正式对外公布，将在未来18个月内裁员5 000人，占其员工总数9.1万人的5.5%。虽然微软裁员人数远远没有达到此前业界预测的将裁员1.5万到2万人，但这场微软历史上最大规模的裁员，足以让微软员工不寒而栗，也让IT界受到震惊。

裁员消息公布后，微软CEO史蒂夫·鲍尔默即时给全体员工发出邮件，以作安抚。邮件中指出，微软裁员，主要是由于未能幸免于美国当前低迷的经济影响。“消费者和企业已经开始节省开支，这直接影响到个人电脑的出货量和IT方面的支出。”

事实上，这一现象已经体现在微软的财报里。昨天，微软发布的2009财年第二季度财报显示，微软第二季度净营业收入为166.3亿美元，同比增长2%；净利润为41.7亿美元，同比下滑11%。微软的盈利状况随着整个经济环境的变化，也急转直下。

微软方面预计，裁员计划将为公司在2009财年节省15亿美元的运营成本和7亿美元的资本支出。不过，微软方面尚未透露对被裁员工作出的具体补偿方案。鲍尔默在邮件中仅仅提到，“我们保证，会在这一期间对被裁员工提供帮助和支持。”

据悉，除裁员之外，鲍尔默对外透露，微软将通过更多措施提高工作效率。其中包括：公司管理层可以灵活调整自己部门规模，整体差旅费削减20%，削减在供应商和应急员工身上的开支，以及缩减“普吉湾”校园扩张计划等方式削减开支。

资料来源：中国经济网，2009年1月24日。

为了简化分析，我们将企业生产要素的投入简化为劳动力和资本的组合。设产量为Q，产品价格为p，劳动力投入量为L，资本投入量为K，工资率为w，资本价格为r，企业利润为π，那么利润π可以用下式来表达：

$$\pi = pQ - wL - rK$$

企业如何才能实现利润最大化呢？当企业增加一个单位的产出所获得的收益增量大于成本增量时，为了追求利润最大化，企业会继续扩大产出量；当新增加一个单位的产出所付出的成本增量大于收益增量时，企业就会希望缩减产出规模。如果增加一个单位的产出获得的收益增量等于付出的成本增量，那么企业的生产水平就达到了利润最大化的要求。

企业通过改变其生产要素的投入量来增加或减少产出。那么从要素投入的角度考虑，如何实现企业利润最大化呢？就劳动力投入而言，如果增加一个单位的劳动力投入所获得的收入大于因此而增加的成本，那么企业就会增加劳动力投入量；如果增加一个单位的劳动力投入所获得的收入小于因此而增加的成本，那么企业就会减少劳动力投入量；如果新增加一个单位的劳动力投入所获得的收入等于因此而增加的成本，那么企业劳动力投入量就已达到了利润最大化的要求。

第三节 短期劳动力需求

在微观经济学中，我们已经了解到生产理论可以分为短期生产理论和长期生产理论。短期指生产者来不及调整全部生产要素的数量，至少有一种生产要素的数量是固定不变的时间周期。长期指生产者可以调整全部生产要素数量的时间周期。在短期劳动力需求的分析中，我们假定除劳动力以外的其他生产要素均保持不变。

阅读材料

劳动力需求猛降 韩国半数大学生无业可就

近年来，韩国就业形势不乐观，尤其是韩国年轻人的失业问题更为严重。2005年，韩国失业人数为4年以来最多，失业率达3.7%，其中15~29岁青年失业率更高达8%左右。另据韩国国家统计厅2006年2月称，韩国待业青年和无特别理由“休息”的失业人员统计数字创出了最高纪录。在韩国失业人群中，20多岁年轻人的身影随处可见。

韩国经济出现下滑以及韩国企业生产方式的转变，企业科技含量的提高等，遏制了企业对人力的需求，导致工作岗位减少。再加上近年来韩国不少劳动密集型企业迁移到海外发展，这些都是韩国国内劳动力需求下降的重要因素。

韩国经济创造新的工作岗位的能力削弱，还有一个原因涉及到韩国制造业和出口产业的转型。尤其是，韩国的制造业已逐渐由过去的劳动密集型产业结构转变为以资本和知识密集型产业为主的结构，从而导致了工作岗位的减少。韩国三星电子集团负责人尹钟龙指出，“在20世纪80年代和90年代，韩国每出现1%的经济增长就会增加8万个新的工作岗位。但近年来在实现生产自动化之后，每1%的经济增长只增加3.5万个工作岗位。”

韩国国内就业率下降还有一个因素是，韩国许多劳动密集型的制造业企业为了降低成本，纷纷将企业迁移到国外。韩国经营者总协会负责人指出，由于韩国很多制造企业走向海外，导致韩国国内资本货物和配件采购迅速减少，韩国国内制造业的空洞化正在加快，因此今后实际失去的工作岗位可能比预测的结果还要多。

资料来源：四川在线：http：//news. sohu. com/20070207/n248108566. shtml.

一、边际生产力递减规律

在短期，其他生产要素固定不变，劳动力是惟一可变的生产要素。首先，我们应当考虑劳动力投入量的增加或减少将如何影响劳动力的边际产品。假设有一个生产车间，在车间工作的工人拥有同质的生产能力，并且工作的勤奋程度也一样。在一个工人也没有的情况下，我们假设该车间的产量为0。当有一位工人时，该车间每小时可以生产12件产品，这样，第一位工人的边际产品为12。当该车间雇佣第二位工人时，我们假设总产量从12上升为30，那么第二位工人的边际产品为18。当该车间雇佣第三位工人时，总产量从30上升到40，边际产品为10。该车间雇佣第四位工人时，总产量从40上升到46，边际产品为6。（见表1－2）

表1－2　　假设生产车间的劳动力的边际产品

工人数量	车间总产量	劳动力的边际产品
0	0	
1	12	12
2	30	18
3	40	10
4	46	6

在这个例子中，劳动力的边际产品最初是上升的，然后又开始下降。为什么会出现

这种现象呢？在短期生产过程中，可变要素投入和固定要素投入之间存在着一个最佳的数量组合。在开始时，随着劳动力的增加，资本逐渐得到充分的运用，劳动者之间可以分工合作，这使得劳动力的边际产品不断提高。但是，一旦劳动力的数量超过了其与固定要素投入之间的最佳组合水平，随着劳动力的继续增加，每个新增劳动力在工作中能够使用的资本份额将越来越小，劳动力的边际产品也逐渐下降。

在连续地把可变的劳动力投入增加到其他不变的生产要素上的过程中，当劳动力的投入量小于某一特定水平时，增加劳动力投入所带来的边际产品是递增的；当劳动力的投入量连续增加并超过这个特定水平时，增加劳动力投入所带来的边际产品是递减的。这就是劳动力的边际生产力递减规律。

为了方便分析和解释，在后面的分析中，我们假设劳动力的边际产品总是递减的。

二、完全竞争市场环境下的劳动力需求

从利润最大化的决策规则来看，当劳动力的边际收益产品大于它的边际成本时，企业会增加劳动力投入；当劳动力的边际收益产品小于它的边际成本时，企业会减少劳动力投入；只有当劳动力的边际收益产品等于它的边际成本时，企业的劳动力雇佣量才能使企业实现利润最大化。

即：$MRP_L = MC_L$

在完全竞争的市场环境下，劳动力市场和商品市场都是完全竞争的市场，劳动力的工资率和商品价格都是外生决定的。单个企业是价格的接受者。

我们已经讨论过，在完全竞争的商品市场上，销售每一单位产出的边际收益等于商品价格（P）。在这种情况下，劳动力的边际收益产品的数学表达式为：

$$MRP_L = MP_L \cdot P$$

在完全竞争的生产要素市场上，企业须以市场价格来支付其使用生产要素的费用，在这种情况下，劳动力的边际成本等于其工资率（w）。

$$MC_L = W$$

所以在劳动力市场和商品市场均为完全竞争市场的条件下，利润最大化时的劳动力投入水平可以表示为：

$$MP_L \cdot P = W$$

下面我们以图示的形式分析企业短期的劳动力需求。请参考图 1 - 4 所示。

当工资率为 w_0 时，在 a 点上满足利润最大化的条件，即 $MRP_L = W$，此时对应的劳

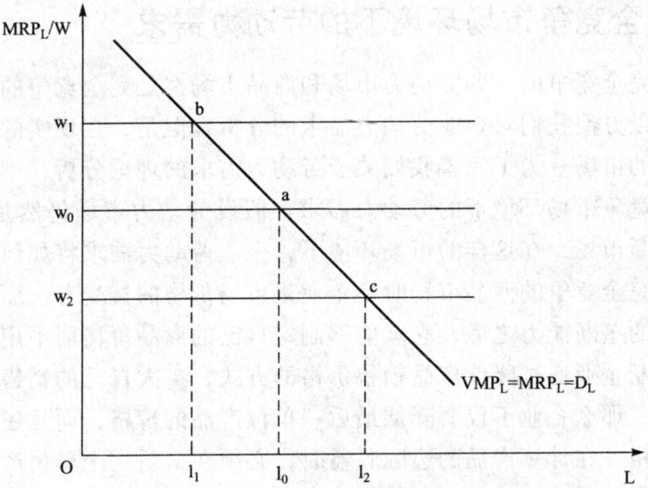

图 1－4　完全竞争市场环境下的短期劳动力需求曲线

动力需求量为 l_0。当工资率由 w_0 上升到 w_1 时，b 点满足利润最大化条件（MRP_L = W），此时对应的劳动力需求量由 l_0 下降到 l_1。当工资率由 w_0 下降到 w_2 时，c 点满足利润最大化条件（MRP_L = W），此时对应的劳动力需求量由 l_0 增加到 l_2。

如图 1－4 所示，劳动力的边际收益产品（MRP_L）曲线与边际成本线的交点决定了企业的劳动力需求规模。当工资率连续变化时，所有满足利润最大化条件的点全部落在了劳动力的边际收益产品（MRP_L）曲线上。这些交点反映了在某一工资率水平下，企业最优的劳动力需求量。将这些反映工资率与劳动力需求量之间关系的交点连接起来，就得到了在完全竞争市场环境下企业的短期劳动力需求曲线。实际上，这条需求曲线与图 1－4 中所示的劳动力的边际收益产品（MRP_L）曲线是重合的。在商品市场为完全竞争市场的条件下，劳动力的边际收益产品（MRP_L）曲线与劳动力的边际产品价值（VMP_L）曲线也是重合的。劳动力的边际产品价值（VMP_L）是指新增的一单位劳动力投入所能带来的产出的价值。VMP_L 相当于劳动力的边际产品（MP_L）与产品价格（P）的乘积。而在完全竞争的商品市场上，劳动力的边际收益产品（MRP_L）也等于 $MP_L \cdot P$。所以在完全竞争的市场环境下，短期劳动力需求曲线与劳动力的边际收益产品（MRP_L）曲线和劳动力的边际产品价值（VMP_L）曲线都是重合的。

在完全竞争市场环境下企业的短期劳动力需求曲线之所以是向下倾斜的，是因为劳动力的边际收益产品（MRP_L）曲线是向下倾斜的。因为劳动力的边际产品（MP_L）是递减的，根据公式 $MRP_L = MP_L \cdot P$，所以 MRP_L 曲线是向下倾斜的。

三、不完全竞争市场环境下的劳动力需求

市场环境是完全竞争的，即劳动力市场和商品市场都是完全竞争的市场，这是理想的假设条件，可以方便我们对企业劳动力需求的分析。但是，在现实的市场环境中，存在着非完全竞争的市场。为了完善我们关于劳动力需求的理论分析，下面我们来一起研究一种在不完全竞争市场环境下的劳动力需求。假设劳动力市场仍然是完全竞争市场，但商品市场是垄断市场，在这样的市场环境下，企业劳动力需求将如何决定呢？

当企业处于完全竞争的商品市场时，企业是市场价格的接受者。而当企业在商品市场上具备了一定的垄断能力之后，它就能够制定自己的商品价格而不用被迫接受由市场确定的价格。垄断企业通过降低产品销售价格的方式，扩大自己的销售额。假使企业不能进行价格歧视，那么企业不仅要降低最后一单位产品的价格，而且还要降低之前任何一单位产品的价格。在计算产品的边际收益时，必须在最后一个单位产品的卖价中减去因增加这一单位产品的销售而给此前所有的产品造成的收益损失①。所以，垄断企业每增加一单位产出所获得的边际收益（MR）低于其产品价格（P）。此时劳动力的边际收益产品（MRP_L）不在等于 $MP_L \cdot P$ 的乘积。

$$MRP_L = MP_L \cdot MR < MP_L \cdot P = VMP_L$$

由于劳动力市场仍然是完全竞争的，所以劳动力的边际成本依然等于其工资率（w）。

$$MC_L = W$$

下面我们通过对一个假设的生产车间的分析，了解在劳动力市场为完全竞争市场，但商品市场是垄断市场时，企业短期劳动力需求的决定。

表 1 – 3 反映了我们假设的这个车间的相关数据。

如表 1 – 3 所示，第三个工人的边际产品为 10 个单位，这些产品的价格为 2.8，第三个工人的边际产品价值（VMP_L）为 28.0。但是该工人的边际收益产品（MRP_L）却仅为 25.6，比 VMP_L 少了 2.4。之所以会出现这种现象，正如上面所分析的，为了卖出第三个工人所带来的 10 个单位的产品，此前 2 位工人生产的 12 个单位的产品，也需要从原价 3.0 降价到 2.8 的价格水平出售，即接受 0.2 的降价。所以，在这种情况下，第三个工人的边际收益产品（MRP_L）等于 $28.0 - 12 \times 0.2$，为 25.6。以此类推，虽然第四个工人的边际产品价值（VMP_L）为 20.8，但是考虑到之前 22 个单位的产品价格必须由 2.8 降为 2.6，即接受 0.2 的降价，所以该工人的边际收益产品（MRP_L）只有

---

① ［美］坎贝尔·R·麦克南，［美］斯坦利·L·布鲁，［美］大卫·A·麦克菲逊．当代劳动经济学．6 版．北京：人民邮电出版社，2004：121.

16.4（20.8－22×0.2），少于其边际产品价值（VMP_L）。表1－3中其他劳动力的边际收益产品（MRP_L）的值可以用同样方式解释并计算（“同样”改为“类似”）。由表1－3我们可以直观的发现，在任意一个雇佣水平上，劳动力的边际产品价值（VMP_L）都大于劳动力的边际收益产品（MRP_L）。

表1－3 假设的生产车间的相关数据汇总

劳动力数量（L）	总产量（TP）	劳动力的边际产品（MP_L）	产品价格（P）	总收益（TR）	劳动力的边际收益产品（MRP_L）	劳动力的边际产品价值（VMP_L）
2	12		3.0	36.0		
3	22	10	2.8	61.6	25.6	28.0
4	30	8	2.6	78.0	16.4	20.8
5	36	6	2.4	86.4	8.4	14.4
6	40	4	2.2	88.0	1.6	8.8
7	42	2	2.0	84.0	－4.0	4.0

根据表1－3中的数据，我们绘制出了图1－5。与完全竞争市场环境下的情况相似，满足利润最大化的点都落在了劳动力的边际收益产品（MRP_L）曲线上，这些交点同样反映了在某一工资率水平下企业最优的劳动力需求量。将这些交点连接起来，就可以得到劳动力的需求曲线。实际上，劳动力的需求曲线与劳动力的边际收益产品（MRP_L）曲线仍然是重合的，但却不再与劳动力的边际产品价值（VMP_L）曲线重合。我们可以认为图1－5中的VMP_L曲线代表了完全竞争市场环境下的短期劳动力需求曲线。如图1－5所示，与完全竞争的市场环境相比，商品市场为垄断市场时的短期劳动力需求曲线更缺乏弹性，即当工资率发生变化时，劳动力需求量的变化更少。关于劳动

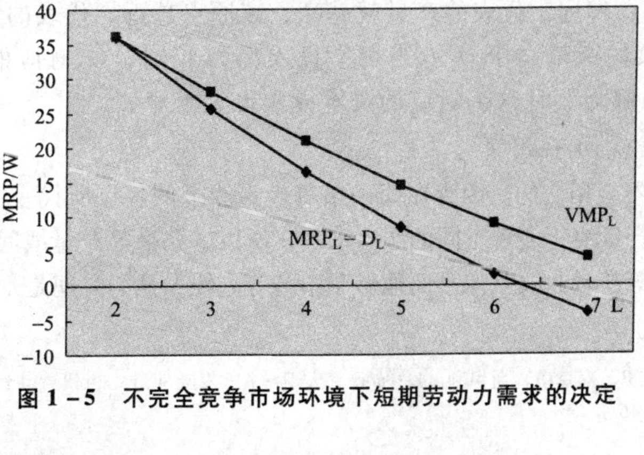

图1－5 不完全竞争市场环境下短期劳动力需求的决定

力需求弹性的知识我们将在第六节进行更加系统的分析。

上述分析只是不完全竞争市场的一种类型，现实情况比这要复杂得多，有兴趣的同学可以进一步阅读相关的教材。

第四节 长期劳动力需求

在分析短期劳动力需求时，我们假定除劳动力以外的其他生产要素均保持不变，因此，利润最大化决策等同于对劳动力投入量的决策。企业通过比较劳动力的边际成本和边际收入之间的关系，作出雇佣决策。而在长期，所有生产要素都是可变的，产量的变化不仅取决于劳动力的投入量，而且也取决于资本和其他要素的投入。为了简化分析，我们假定生产某种产品时只使用资本和劳动力。此时，长期劳动力需求就是指在资本和劳动力都可变的情况下，工资率与劳动力雇佣数量之间的关系。下面，我们先介绍一些基本概念，然后分析企业长期劳动力需求是如何决定的。

一、等产量线

等产量线上的各点代表了能给企业带来相同产量的各种资本和劳动力投入的组合。

如图 1－6 所示，横轴为劳动力投入量 L，纵轴为资本量 K。图中 a 点表示产量为 Q_1 的一种要素组合形式，即资本量为 k_a，劳动力投入量为 l_a。b 点表示产量为 Q_1 的另一种要素组合形式，即资本量为 k_b，劳动力投入量为 l_b。将所有代表产量为 Q_1 的要素组合的点连接起来就得到了产量 $Q = Q_1$ 的曲线，该曲线就是一条等产量线。

接下来，我们进一步分析等产量线的一些重要性质。

（一）等产量线的位置与产量的关系

等产量线离原点越远，代表的产量就越高；离原点越近，代表的产量就越低。如图 1－6 所示，Q_2 代表的产量高于 Q_1。当资本投入都为 k_a 时，Q_2 对应的劳动力投入大于 Q_1；当劳动力投入都为 l_b 时，Q_2 对应的资本投入也大于 Q_1。

（二）等产量线间不相交

等产量线间是不会相交的。因为在同一条等产量线上的各点所代表的产量都是相等的，而且不同位置的等产量线代表着不同的产出水平，所以，如果等产量线间相交，就会违背以上两个原则。这些等产量曲线就像平面地形图中的等高线，他们之间是永远不会相交的①。

---

① ［美］坎贝尔·R·麦克南，斯坦利·L·布鲁，大卫·A·麦克菲逊．当代劳动经济学．6 版．北京：人民邮电出版社，2004：146.

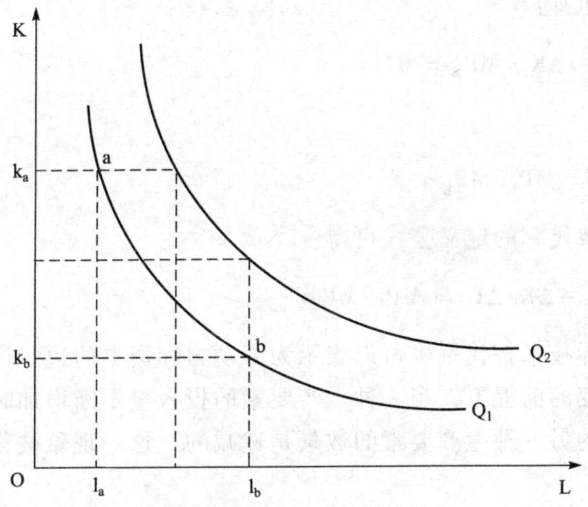

图 1-6　等产量线

（三）等产量线向右下方倾斜

等产量线暗含着一个假设，即资本和劳动力之间具有一定的替代性。对于一个既定的生产任务，企业的资本投入和劳动力投入之间是此消彼长的关系。如果企业想少使用资本，那么就需要多雇佣劳动力；相反，如果企业想少雇佣劳动力，那么就需要多使用资本。所以，在产量既定的条件下，资本投入和劳动力投入之间的变化是反方向的，因此，等产量线向右下方倾斜。

（四）等产量线向原点凸出

在解释等产量向原点凸出之间，我们先介绍一个与等产量线相联系的概念，即边际技术替代率，其英文缩写为：MRTS。在微观经济学中，边际技术替代率指在产出水平保持不变的前提下，增加一个单位某种生产要素的投入量时，所减少的另一种生产要素的投入量。劳动力对资本的边际技术替代率的数学表达式为：

$$MRTS_{LK} = -\Delta K/\Delta L$$

上式中，ΔK 和 ΔL 分别代表资本投入量的变化量和劳动力投入量的变化量。之所以要在公式的右侧部分加上负号是为了使 $MRTS_{LK}$ 的值为正，以便于比较。

微观经济学的知识告诉我们：等产量线上某一点的边际技术替代率就是该点斜率的绝对值。

由于等产量线上所有要素组合的产出水平均相同，因此，当用劳动力投入去替代资本投入时，增加劳动力投入量所带来的总产出的增加和减少资本投入量所带来的总产出的减少必定相抵，即有：

$$\Delta L \cdot MP_L + \Delta K \cdot MP_K = 0$$

整理得：

$$-\Delta K/\Delta L = MP_L/MP_K$$

根据边际技术替代率的定义公式可得：

$$MRTS_{LK} = -\Delta K/\Delta L = MP_L/MP_K$$

由此可见，边际技术替代率也可以表示为劳动力和资本的边际产品之比。

在维持产量不变的前提下，当一种生产要素的投入量不断增加时，每一单位的这种生产要素所能替代的另一种生产要素的数量是递减的。这一现象被称为边际技术替代率递减规律①。

当企业投入了较多的资本和较少的劳动力时（如图 1－6 中的 a 点），增加一个单位的劳动力就具有较大的替代价值，即这一单位劳动力可以替代较多的资本。但随着劳动力数量的不断增加，根据边际技术替代率递减规律，劳动力对资本的替代能力将逐渐下降。

由于边际技术替代率是递减的，而且等产量线上某一点的边际技术替代率就是该点斜率的绝对值，所以等产量线的斜率的绝对值是递减的。如图 1－6 所示，随着劳动力的增加，资本的减少，等产量线的斜率的绝对值变得越来越小，因此，等产量线表现出向原点凸出的特点。

二、等成本线

为了实现利润最大化目标，企业会力求成本最小化。实际上，企业可以用于生产的资源是有限的，如果企业多使用资本，就需要少雇佣劳动力。我们用等成本线来描述在成本和生产要素价格既定的条件下，企业能够购买的资本和劳动力的各种不同组合。

假设企业的总成本为 C，资本 K 的价格为 r，劳动力 L 的价格（即工资率）为 w，则总成本 C 可以表示为：

$$C = rK + wL$$

经数学变化，上式也可以表达为：$K = C/r - wL/r$。将该关系式画在以资本投入量为纵轴，以劳动力投入量为横轴的坐标系上，就可以得到一条纵截距为 C/r，斜率为

---

① 高鸿业．西方经济学（微观部分）．3 版．北京：中国人民大学出版社，2004：138．

$-w/r$ 的直线，即等成本线（如图 1－7 所示）。

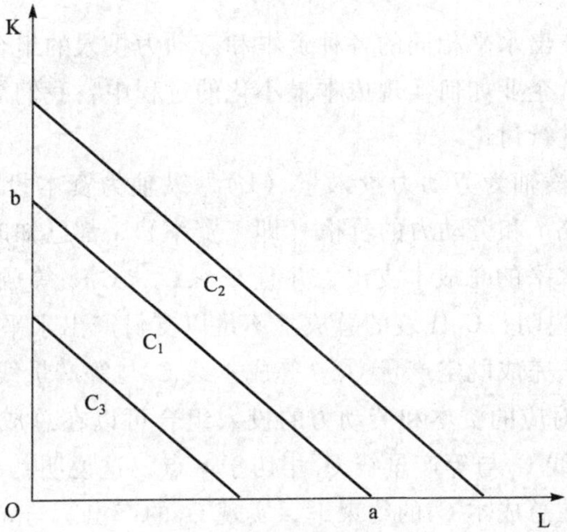

图 1－7 等成本线

图中横轴上的 a 点表示在既定的成本约束下劳动力投入的最大量（C/w），纵轴上的 b 点表示在既定的成本约束下资本投入的最大量（C/r）。等成本线上任意一点所代表的资本投入和劳动力投入的组合的成本都相同。等成本线以内区域中的任何一点，表示在既定的成本约束下，购买该点所对应的资本和劳动力的组合后，预算还有剩余；等成本线以外区域中的任何一点，表示既定的成本不足以购买该点所对应的资本和劳动力的组合。所以，等成本线上的点代表在既定的成本约束下，刚好可以购买到的资本和劳动力的组合。

根据公式 $K = C/r - wL/r$，等成本线的位置和形状，取决于总成本 C 的数量和劳动力与资本的价格。我们可以发现等成本线斜率的绝对值正好是劳动力价格和资本价格的比值。所以劳动力和资本之间的相对价格决定了等成本线的陡峭程度。当生产要素价格不变时，随着企业总成本支出（C）的提高，等成本线将向远离原点的方向平移（如图 1－7 所示，C_1 平移到 C_2）；如果企业总成本支出（C）减少，那么等成本线将向内平移（如图 1－7 所示，C_1 平移到 C_3）。

三、长期劳动力需求的决定

在长期企业可以通过调整资本和劳动力投入量，实现利润最大化，确定最佳的劳动力雇佣量。我们可以从两个角度分析在长期企业实现利润最大化的最佳生产方法，即产出既定成本最小和成本既定产出最大。在此，我们只从产出既定的前提下，分析企业如何实现成本最小化。至于成本既定产出最大化的分析，读者可以根据相关知识进行类似的推导。

等产量线反映了产出水平相同的各种资本和劳动力投入的组合，等成本线规定了企业的成本约束。在分析企业如何实现成本最小化的过程中，我们需要将等产量线和等成本线结合起来，一起进行讨论。

如图1－8所示，横轴为劳动力投入量（L），纵轴为资本投入量（K），等产量线Q_1给定。当资本的价格r和劳动力的价格（即工资率）w都已知时，等成本线C_1、C_2、C_3分别对应三种不同水平的总成本支出，并且$C_1 < C_2 < C_3$。等成本线C_1不能与给定的等产量线Q_1相交，这说明：C_1代表的总成本不足以支付产出水平为Q_1时所需的资本和劳动力的投入量，无法完成既定产量Q_1。等成本线C_3与等产量线Q_1相交于a，b两点，这说明：a，b两点所对应的资本和劳动力的投入组合可以在总成本C_3的约束下，完成既定产量Q_1。等成本线C_2与等产量线Q_1相切于e点，这说明：e点所对应的资本和劳动力的投入组合可以在总成本C_2的约束下，实现Q_1的产出。与a，b两点相比，e点所对应的资本和劳动力的投入组合的总成本低于a、b两点所对应的要素组合的总成本。从对有关曲线的分析中，我们可以发现企业实际上在e点实现了在既定产出水平Q_1下的成本最小化。所以，e点决定了企业的劳动力需求量应为l_e。

图1－8 成本最小化条件下的劳动力需求

在 e 点，等产量线（Q_1）斜率的绝对值（即 $MRTS_{LK}$）恰好等于等成本线（C_2）斜率的绝对值（即劳动力价格 w 和资本价格 r 的比值），即有：

$$MRTS_{LK} = w/r$$

由于边际技术替代率可以表示为劳动力和资本的边际产品之比，所以，上式可以改写为：

$$MRTS_{LK} = MP_L/MP_K = w/r$$

进一步可得：

$$MP_L/w = MP_K/r$$

上式表示：为了实现既定产出水平下的成本最小化，企业需要对它的劳动力和资本同时进行调整，从而使花费在每一种生产要素上的最后一个单位的成本支出所带来的边际产品相等。这不仅是企业在产出既定的情况下，实现成本最小化的条件，而且也是企业长期劳动力需求决策需要遵守的原则。

四、长期劳动力需求曲线的推导

在短期，我们是在资本投入不变的前提下，推导了企业的短期劳动力需求曲线。在劳动力市场为完全竞争市场的条件下，企业短期劳动力需求决策的原则为：

$$MRP_L = W$$

根据这一原则，我们发现劳动力的边际收益产品（MRP_L）曲线与短期劳动力需求曲线是重合的。

那么长期劳动力需求曲线是什么样的，应该如何推导呢？下面，我们就来分析这一问题。

如图 1-9（a）所示，横轴为劳动力投入量（L），纵轴为资本投入量（K），等产量线 Q_1 与等成本线 C_1 相切于 e_1 点。根据本节第三部分的分析，我们知道 e_1 点所对应的资本和劳动力的投入组合不仅能够完成产量 Q_1，而且还能实现成本最小化。e_1 点所确定的劳动力需求量为 l_{e1}，如果我们假定此时劳动力的价格（即工资率）为 w_1，那么我们就可以在图 1-9（b）中用 E_1 点反映 e_1 点所代表的工资率与劳动力需求量之间的关系，即工资率为 w_1 时，劳动力需求量为 l_{e1}。因此，E_1 点为长期劳动力需求曲线上的一个点。

下面，我们来分析当工资率发生变化时，长期劳动力需求将如何变化。假设资本价格不变，工资率由 w_1 提高到了 w_2。由于等成本线斜率的绝对值等于劳动力价格和资本价格的比值，所以随着工资率由 w_1 提高到 w_2，等成本线的形状发生了变化，形成了一条新的等成本线 C_2。此时，企业在等成本线 C_2 的约束下，无法完成 Q_1 水平的产出。我们假设企业不能立刻调整资本使用量，那么企业面对工资率的上升，只能先调整劳动力的使用量，使劳动力的边际收益产品（MRP_L）等于工资率（W）。由于工资率提高了，所以必须使劳动力的边际收益产品（MRP_L）也提高，才能维持两者相等。根据第二节的知识，我们知道 $MRP_L = MP_L \cdot MR$。由于边际生产力递减，所以减少劳动力的投入量，MP_L 将上升，MRP_L 也将提高。所以在工资率提高的前提下，为了维持劳动力的边际收益产品（MRP_L）与工资率（W）相等，需要减少劳动力的投入量。随着劳动力投入量的减少，企业的产量也由 Q_1 下降到 Q_2。等产量线 Q_2 与等成本线 C_2 相切于 a 点。a 点所对应的资本投入为 k_{e1}，劳动力投入为 l_a。我们发现，与 e_1 点相比，a 点的资本投入量没有变化，但劳动力投入量由 l_{e1} 下降为 l_a。这种由于工资率提高，产出水平下降所导致的劳动力需求量的变动，我们称为规模效应。

进入长期后，企业可以同时调整资本投入量和劳动力投入量。由于工资率的提高，使得劳动力与资本的相对价格发生变化。工资率的提高，使得资本的相对价格下降，从而使企业对资本的需求增加，用资本来替代劳动力。如图 1－9（a）所示，等产量线 Q_2 与等成本线 C_3 相切于 e_2 点。e_2 点所对应的资本投入量为 k_{e2}，劳动力投入量为 l_{e2}。与 a 点相比，虽然 e_2 点所对应的产量仍为 Q_2，但是资本投入量由 k_{e1} 提高到了 k_{e2}，劳动力投入量则由 l_a 进一步下降到 l_{e2}。这种在产量保持不变的条件下，劳动力的相对价格的变化所引起的劳动力需求量的变动，我们称为替代效应。

如图 1－9（a）所示，e_2 点所确定的劳动力需求量为 l_{e2}，此时工资率为 w_2，我们将这一工资率与劳动力需求量之间的关系也反映在图 1－9（b）中，就得到了长期劳动力需求曲线上的另一个点 E_2。连接 E_1、E_2 两点，就得到了长期劳动力需求曲线 D_L。

在资本价格不变的前提下，当工资率上升时，在规模效应和替代效应的共同作用下，劳动力需求下降；反之，当工资率降低时，同样会产生以上两种效应，使劳动力需求增加。所以，长期劳动力需求曲线是向右下方倾斜的。

阅读材料

技术进步将降低资本的使用成本，从而使企业产生用资本替代劳动力的动机。但是，在实际生产过程中，技术进步对某种类型的劳动力的需求到底产生积极影响，还是消极影响，要具体问题具体分析。例如，技术的发展和进步，使得生产设备的专业性和技术性提高了，从设备的使用到维修保养都需要更高的技术水平，因此，对技术工人，尤其是高级技术工人的需求就会增加。

随着经济的发展，技术的进步，目前，市场上对高级技术人员的需求在不断增加。

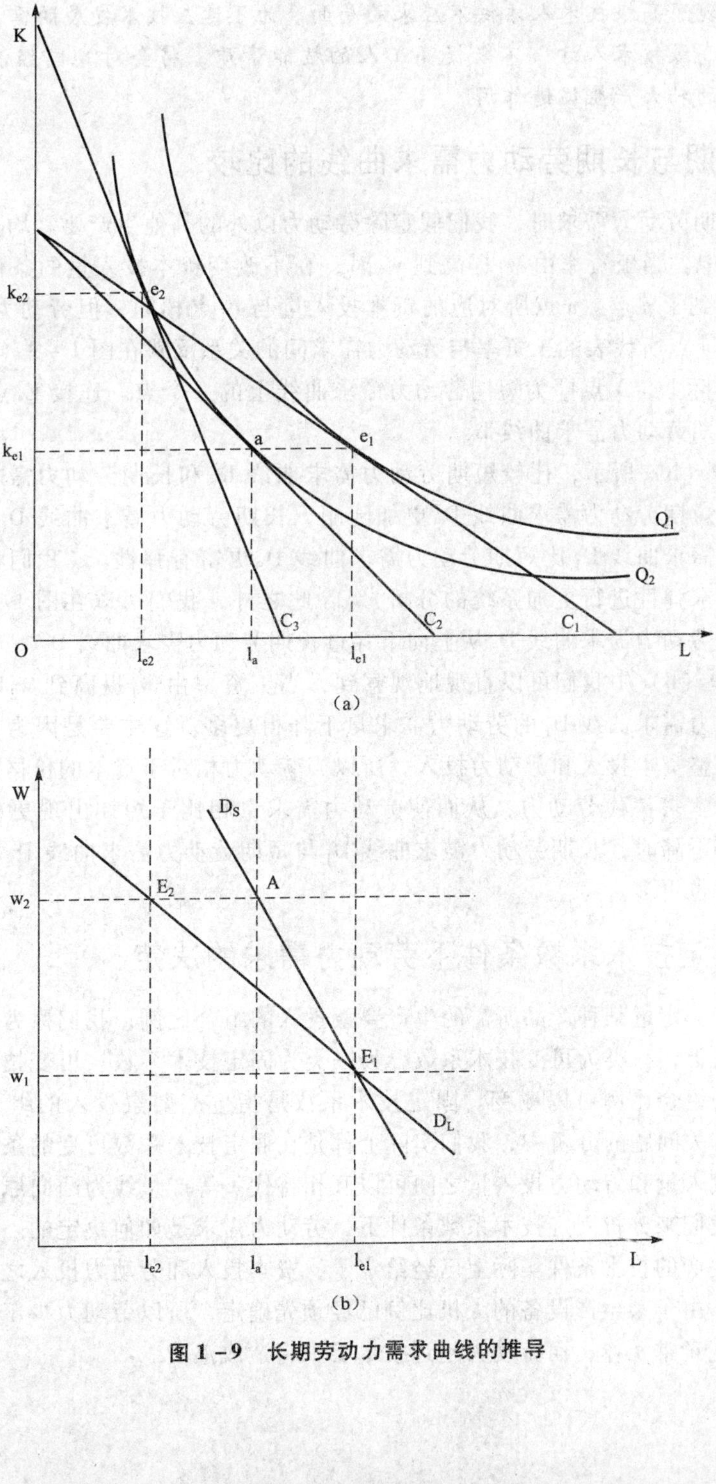

图 1－9　长期劳动力需求曲线的推导

而且，已经出现了高级技术人才供不应求的局面。为了适应技术发展的需要，提高核心竞争力，培养高级技术人才，不断提高工人的技能素质，将会对我国经济的进一步发展，自主品牌的壮大产生促进作用。

五、短期与长期劳动力需求曲线的比较

在分析短期劳动力需求时，我们假定除劳动力以外的其他生产要素均保持不变。在图1－9（a）中，当工资率由 w_1 提高到 w_2 时，在不改变资本投入量的条件下，生产均衡点由 e_1 点移到了 a 点。a 点所对应的资本投入量与 e_1 点相同，但劳动力投入量由 l_{e1} 下降为 l_a。将 a 点所代表的工资率与劳动力需求间的关系反映在图1－9（b）中，就得到了 A 点。实际上，A 点即为短期劳动力需求曲线上的一个点。连接 E_1 点和 A 点，就形成了一条短期劳动力需求曲线 D_S。

如图1－9（b）所示，比较短期劳动力需求曲线 D_S 和长期劳动力需求曲线 D_L 后，我们会发现，短期劳动力需求曲线 D_S 更加陡峭，长期劳动力需求曲线 D_L 则更为平坦，即长期劳动力需求曲线 D_L 比短期劳动力需求曲线 D_S 更富有弹性。（我们将在本章第六节对劳动力需求弹性进行更加系统的分析）。除此之外，我们可以在图1－9（b）中清楚地看到短期劳动力需求曲线 D_S 从上向下穿过长期劳动力需求曲线 D_L。

从图1－9（b）中我们可以直观地观察到，当工资率由 w_1 提高到 w_2 时，与短期相比，长期劳动力需求曲线 D_L 的劳动力需求量下降得更多。这主要是因为，在长期，企业可以同时调整资本投入和劳动力投入，所以当劳动力相对于资本的价格提高时，企业将在长期用资本来替代劳动力，从而使劳动力需求量相比于短期出现更多的下降。反之，当工资率下降时，长期劳动力需求曲线 D_L 与短期劳动力需求曲线 D_S 相比，劳动力需求量增加得也更多。

六、固定技术系数条件下劳动力需求的决定

企业生产一定量某种产品所需的生产要素投入的组合比例，我们称为技术系数。技术系数分为两类，一类为可变技术系数，另一类为固定技术系数。可变技术系数是指生产要素投入的组合比例可以改变。固定技术系数是指生产要素投入的组合比例不能改变。在上面有关问题的分析中，我们实际上都是在假定技术系数可变的条件下进行分析的，即资本投入量和劳动力投入量之间可以互相替代。等产量线为凸向原点的曲线。

下面，我们来分析固定技术系数条件下，劳动力需求是如何决定的。在固定技术系数条件下，生产的技术条件实际上已经给定了，资本投入和劳动力投入之间不存在替代关系。例如，由于某生产设备的人机比例已经预先确定，所以劳动力少于技术要求，则生产设备不能正常工作；而劳动力超过技术要求将造成浪费。

如图 1－10 所示，固定技术系数条件下的等产量线是凸向原点的、呈直角形或 L 形的折线。以图 1－10 中的等产量线 Q_2 为例，当生产要素投入量达不到 b 点所对应的资本和劳动力的投入水平时，则无法达到 Q_2 的产量。而等产量线 Q_2 上 b 点以外的其他任何一点所对应的要素投入组合都不是要素投入量的最小组合。例如，d 点表示劳动力投入量过多；e 点表示资本投入量过多。因此，b 点所对应的要素组合（k_b，l_b）是生产产量 Q_2 的最小要素投入量组合。当产量由 Q_2 减少到 Q_1 时，最小要素投入量组合由 b 点移至 a 点；当产量由 Q_2 提高到 Q_3 时，最小要素投入量组合由 b 点移至 c 点。我们可以发现，两要素投入量是以相同的比例增减的，增减过程中，两要素投入比例不变。

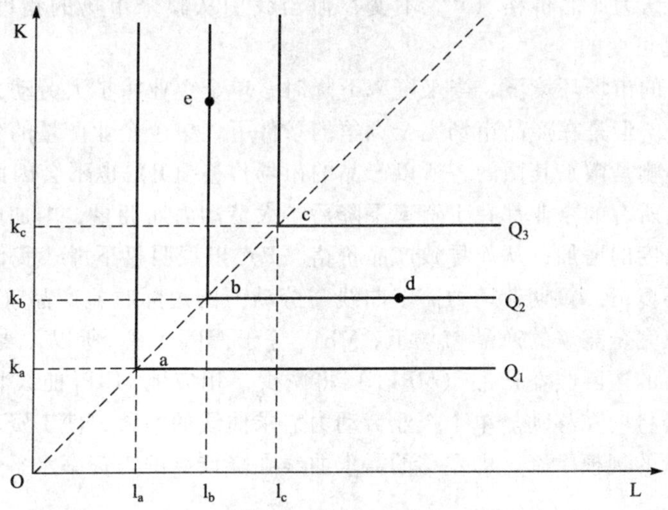

图 1－10　固定技术系数条件下的等产量线

在固定技术系数条件下，在某一产出水平上，根据利润最大化的原则，企业将依据该产出水平上的最小要素投入量组合决定其资本需求和劳动力需求。所以，在固定技术系数的条件下，企业劳动力需求取决于其产出水平。

实际上，固定技术系数条件下的生产属于一种特殊情况。通常的情况为技术系数可变的生产。

第五节　劳动力的市场需求曲线

我们上面讨论的单个企业的劳动力需求曲线表明了企业在某一工资率水平上愿意雇

佣的劳动力数量。现在，我们将在单个企业劳动力需求的基础上，一起分析劳动力的市场需求曲线。劳动力的市场需求曲线可以反映出在某一特定劳动力市场上的所有企业总的劳动力需求量与工资率之间的关系。但有一点大家需要特别注意，即劳动力的市场需求不等于单个企业劳动力需求的简单加总。

为了简化分析，我们假定在某个劳动力市场上只有三家企业，并且这三家企业的生产状况相同，拥有同样的劳动力需求曲线。除此之外，我们仍然选择在完全竞争的市场环境中展开讨论。如果我们将三个企业在每一工资率水平下的劳动力需求量简单地进行加总，从而得出劳动力的市场需求，那么我们就忽视了一个十分重要的问题。在分析单个企业时，我们认为产品价格（P）不变，但当我们从整个市场的角度考虑产品价格（P）时，它将是可变的。

在完全竞争的市场环境下，当工资率下降时，单个企业将扩大劳动力雇佣量，提高自己的产出水平。但是在产品市场完全竞争的条件下，单个企业产量的变化对整个市场的产品供给的影响是微乎其微的，所以产品的市场价格（P）也不会因此发生变化。但是，如果市场上所有的企业都在工资率下降后扩大劳动力雇佣量，增加产出，那么产品供给将出现大幅度的增加，从而导致产品价格（P）出现明显下滑。我们已经知道在完全竞争的市场环境下，短期劳动力需求曲线与劳动力的边际收益产品（MRP_L）曲线是完全重合的。在完全竞争的产品市场上，MRP_L等于 $MP_L \cdot P$。所以，当产品价格（P）下降时，劳动力的边际收益产品（MRP_L）将减少，相应地 MRP_L曲线将左移，即短期劳动力需求曲线将向左移动。单个企业劳动力需求曲线的左移，使工资率降低导致的增加劳动力使用量的规模下降，即左移的需求曲线在降低后的工资率水平上的劳动力需求量比原曲线少。

下面，我们通过图示的形式，更加直观地反映以上分析的问题。我们已经假定在某个劳动力市场上只有三家企业，并且它们拥有相同的劳动力需求曲线。如图 1－11（a）所示，这三家企业最初的劳动力需求曲线都为 D_1。我们假设最初的工资率为 w_1，对应的单个企业的劳动力需求量为 l_a。此时，由这三家企业构成的市场上的劳动力需求总量为 l_A（$l_A = 3l_a$），对应于图 1－11（b）中的 A 点。当工资率由 w_1 下降到 w_2时，如果其他条件都不变，如图 1－11（a）所示，单个企业会将自己的劳动力需求量确定为 b 点所对应的 l_b，如果根据该劳动力需求量（l_b）确定市场上的总劳动力需求，那么将在图 1－11（b）中产生 B 点，它表示在工资率为 w_2时，劳动力的市场需求量为 l_B（$l_B = 3l_b$）。A、B 两点的连线实际上就是单个企业劳动力需求简单加总后得到的一条曲线（ΣD）。根据我们前面的分析，我们已经知道，工资率下降，导致市场上的所有企业增加劳动力使用量，产出水平提高，产品市场上的供给明显增多，产品价格（P）下滑。最终导致单个企业的劳动力需求曲线左移，如图 1－11（a）所示，劳动力需求曲线由

D_1左移到D_2。此时，工资率w_2所对应的单个企业的劳动力需求量为l_c，由这三家企业构成的市场上的劳动力需求总量为l_C（$l_C = 3l_c$），对应于图 1－11（b）中的 C 点。连接 A、C 两点，就可以得到劳动力的市场需求曲线（D）。

从图 1－11（b）中，我们可以直观地观察到，劳动力的市场需求曲线（D）与单个企业劳动力需求简单加总后得到的曲线（$\sum D$）有明显的差别。劳动力的市场需求曲线（D）更加陡峭。等我们一起分析完有关劳动力需求弹性的相关知识后，我们将会明白，实际上，与单个企业劳动力需求简单加总后得到的曲线（$\sum D$）相比，劳动力的市场需求曲线（D）更加缺乏弹性。

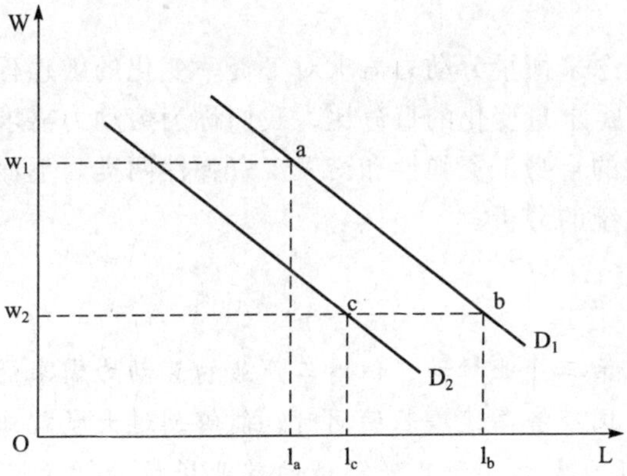

（a）

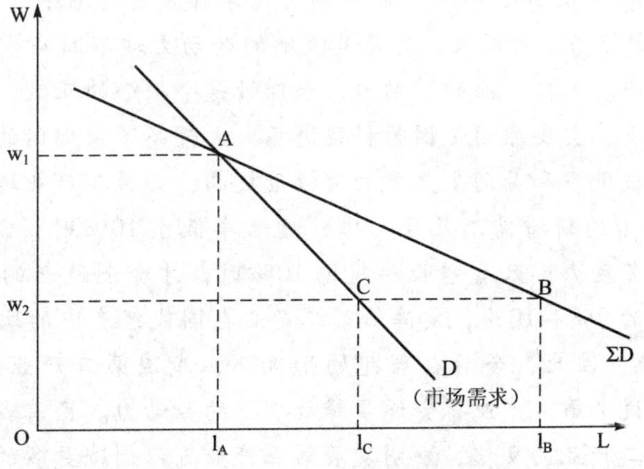

（b）

图 1－11　劳动力的市场需求曲线

第六节　劳动力需求弹性

通过前面的分析，我们已经知道，与完全竞争的市场环境相比，商品市场为垄断市场时的短期劳动力需求曲线更加缺乏弹性；长期劳动力需求曲线比短期劳动力需求曲线更富有弹性；与单个企业劳动力需求简单加总后得到的曲线相比，劳动力的市场需求曲线更加缺乏弹性。这些结论都涉及到了劳动力需求弹性的问题。那么什么是劳动力需求弹性？它分为哪几种？影响它的因素又有哪些呢？我们将在本节对以上问题一一进行回答。

我们通常用弹性的概念来衡量劳动力需求对工资率变化的敏感程度。工资率变化一个百分点所引起的劳动力需求量变化的百分比，我们称为劳动力需求弹性。劳动力需求弹性可以分为劳动力需求的自身工资弹性和交叉工资弹性两类。下面，我们就对劳动力需求弹性问题进行更为系统的分析。

阅读材料

我国经济增长主要靠第二产业拉动，但第二产业的劳动力需求弹性太低，新创造的就业岗位比较少。而在我国经济高速增长的同时，能够创造大量就业岗位的第三产业发展相对缓慢，占 GDP 的比重太低，使其新创造的就业岗位的增长慢于劳动力供给的增长，失业压力不断上升。1994～2003 年我国第一、二、三产业的劳动力平均需求弹性分别为 -0.09、0.06 和 0.54。第一产业劳动力需求弹性是个负数，表明尽管我国农业在过去十年保持年均 3.5% 的增长，但是其吸纳的劳动力却不断减少，今后农业是向社会排放劳动力的部门。第二产业的劳动力需求弹性是个很小的正数，说明第二产业增长对劳动力的需求很少，主要原因是因为科技进步大大提高了该部门的劳动生产率。数据分析表明，随着科技进步和劳动生产率的大幅度提高，若第二产业增加值的年增长率保持 10%，其对劳动力的新增需求几乎为零；增长率低于 10% 时，就业岗位将会减少，即就要向社会排放劳动力；只有增长率超过 10% 时，才会创造新的就业岗位。我国经济的潜在增长率约为 9%～10%，要降低第二产业在国民经济中的比重，其增长率就要低于 GDP 的增长率，因此，今后在理想的情况下，我国第二产业的增长率需要低于 10%，所以，一般说来第二产业将会逐步释放少量的劳动力。目前我国第三产业对劳动力的需求弹性是第二产业的 9 倍，表明发展第三产业可以创造更多的就业岗位。

资料来源：慧典市场研究报告网 http：//www.hdcmr.com/.

一、劳动力需求的自身工资弹性

劳动力需求的自身工资弹性是指某类劳动力的工资率变化1%所引起的此类劳动力需求量变化的百分比，其计算公式为：

$$E_d = \Delta L\% \ / \ \Delta W\%$$

其中，E_d表示劳动力需求的自身工资弹性，ΔL%表示劳动力需求量变化的百分比，ΔW%表示工资率变化的百分比。

根据前面的分析，我们知道，不论是短期劳动力需求曲线，还是长期劳动力需求曲线都是向右下方倾斜的，工资率与劳动力需求量之间呈反向变化关系。所以劳动力需求的自身工资弹性的值为负。实际上，我们更关心劳动力需求的自身工资弹性的数值大小，即它的绝对值。劳动力需求的自身工资弹性的绝对值越大，工资率变动一个百分点所引起的劳动力需求量的变动就越大。劳动力需求的自身工资弹性的绝对值大于1时，我们称之为富有弹性；等于1时，我们称之为单位弹性；小于1时，我们称之为缺乏弹性；等于0时，我们称之为需求无弹性；趋于无穷大时，我们称之为需求无限弹性。

如图1-12所示，D_1和D_2是两条劳动力需求曲线，当工资率由w_1下降到w_2时，曲线D_1的劳动力需求增量少于曲线D_2。实际上，这反映出与形状较为陡峭的劳动力需求曲线（D_1）相比，形状更为平坦的劳动力需求曲线（D_2）的自身工资弹性的绝对值要更大一些，即平缓的劳动力需求曲线比陡峭的劳动力需求曲线更富有弹性。

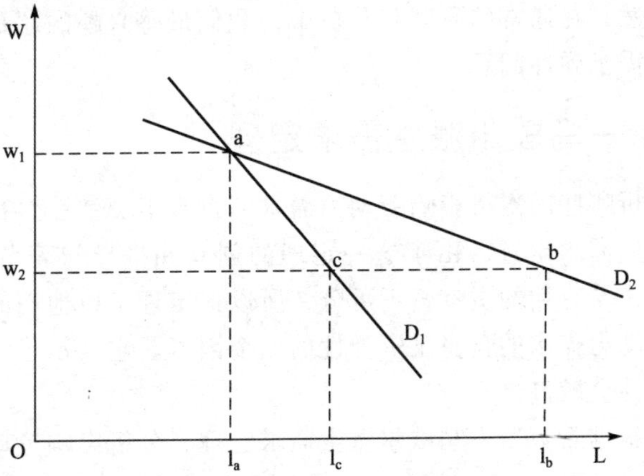

图1-12 需求弹性的比较

但是，严格说来，说某条劳动力需求曲线具有“一个”弹性，在技术上是错误的①。实际上，即使是在同一条劳动力需求曲线上，不同点的需求弹性也会存在差异。一条给定的劳动力需求曲线一般都有属于自己的富有弹性区域和缺乏弹性区域。如图1－13所示，劳动力需求曲线D上任何一单位的工资率变化所引起的劳动力需求量的变化都是相等的。从图中，我们可以发现工资率每提高4个单位，劳动力需求量都相应下降10个单位。我们先来看一看劳动力需求曲线D的下端，当工资率由4提高到8时，劳动力需求量由50下降到40。此时，工资率增长了100%，劳动力需求量下降了20%，劳动力需求的自身工资弹性的绝对值为0.2，小于1，属于缺乏弹性。现在，我们再来看一看这条劳动力需求曲线的上端。工资率由16提高到20，劳动力需求量相应地由20下降到10。虽然工资率变动的绝对值仍然为4，劳动力需求量变动的绝对值也仍然为10，但是，此时工资率增长了25%，劳动力需求量下降了50%，劳动力需求的自身工资弹性的绝对值为2，大于1，属于富有弹性。这个例子说明，尽管在同一条劳动力需求曲线上，劳动力需求的自身工资弹性也存在差异，某些区域富有弹性，某些区域则缺乏弹性。当然，在通常的研究和分析中，我们最感兴趣的还是劳动力市场一般工资水平附近区域的需求弹性问题。

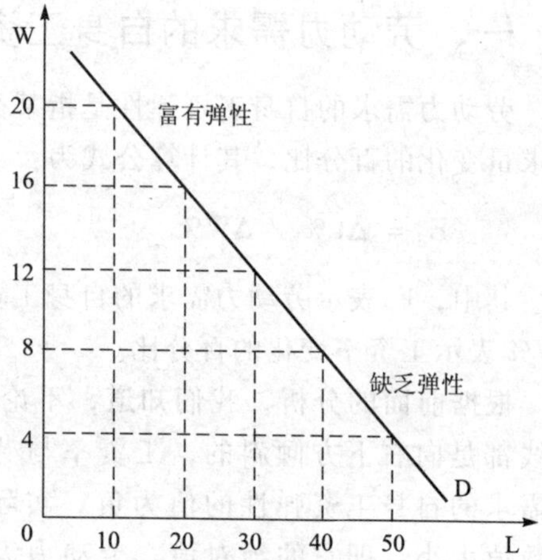

图1－13 同一条劳动力需求曲线上的不同弹性区域

二、希克斯—马歇尔派生需求定理

为了进一步分析哪些因素将影响劳动力需求的自身工资弹性，我们现在一起来学习希克斯—马歇尔派生需求定理。由于这一定理的创立和推导与著名经济学家阿尔弗雷德·马歇尔和约翰·希克斯的贡献密不可分，所以该定理是以他们的名字命名的。这一定理归纳了影响劳动力需求的自身工资弹性的四个因素。它揭示了在哪些情况下劳动力需求的自身工资弹性会较高。

下面，我们就根据希克斯—马歇尔派生需求定理，分析影响劳动力需求的自身工资

① ［美］罗纳德·G·伊兰伯格，罗伯特·S·史密斯．现代劳动经济学：理论与公共政策．8版．北京：中国人民大学出版社，2007：104．

弹性的各种因素。

（一）产品的需求弹性

根据本章第一节的内容，我们知道劳动力需求是一种派生需求。劳动力需求产生的直接基础是消费者对产品和服务的需求。所以，产品需求的变化情况将影响劳动力需求。当工资率上升时，企业的生产成本将提高，这使企业面临提高产品价格和缩小生产规模的压力。企业希望通过提高产品价格，将生产成本的上升转移到消费者身上。但是，产品价格的上升将影响产品的需求量。随着产品价格的提高，消费者对该产品的购买数量将减少。对于不同的产品，同样程度的价格变化，所导致的产品需求变化是有区别的。这主要取决于产品的需求弹性。产品的需求弹性越大，价格变化所导致的产品需求量的变化就越大；产品的需求弹性越小，价格变化所导致的产品需求量的变化就越小。当产品的需求弹性较大时，因工资率上升导致的产品价格的提高，将使产品需求量出现较大幅度的下降，进而企业的产出水平也大幅下降，最终导致劳动力需求量出现较大程度的减少。反之，产品的需求弹性越小，产品价格提高所导致的产品需求量的下降也就越少，最终，劳动力需求量的下降程度也就越低。这说明，在其他条件相同时，产品的需求弹性越大，劳动力需求的自身工资弹性也就越大。

举例来说，像粮食这样的生活必需品的需求弹性就比较小，产品需求对价格变动的反应不是很敏感，所以相应生产部门的劳动力需求的自身工资弹性也比较小。而奢侈品的需求弹性往往较大，产品需求对价格变动的反应很敏感，因此，这些生产奢侈品的企业的劳动力需求的自身工资弹性通常较大。

（二）其他生产要素的替代能力

随着工资率的上升，企业会希望用相对价格变得更低的其他生产要素替代劳动力。如，我们在前面已经分析过，在长期，当资本价格不变，工资率提高时，企业会用资本替代劳动力，从而产生替代效应。如果不存在这种替代的可能性，例如在固定技术系数条件下，资本投入和劳动力投入之间不存在替代关系，那么就不会出现因替代效应而导致的劳动力需求量的下降。实际上，在其他条件相同时，其他生产要素对劳动力的替代能力越强，劳动力需求的自身工资弹性也就越大。

影响其他生产要素对劳动力的替代能力的因素中不仅包括技术因素，集体谈判、政府的相关法规也会对企业的用工决策和规模产生影响。

（三）其他生产要素的供给弹性

通过上面的分析，我们知道，如果其他生产要素存在替代劳动力的可能性，那么当工资率提高时，企业会试图用其他生产要素替代劳动力。以资本为例，在长期，工资率提高，如果资本价格不变，那么企业会用资本投入替代劳动力投入。实际上，以上对资本替代劳动力的分析，有一个重要的前提条件，即资本价格不变。但实际情况可能并非如此。用资本替代劳动力，将使对资本的需求增加，从而使资本的价格提高。资本价格提高的程度取决于资本的供给弹性。当资本的供给弹性很大时，资本需求量的增加仅会引起资本价格很小幅度的提高，因此替代效应的作用就会比较大。而当资本的供给弹性较小时，资本需求量的增加将导致资本价格出现较大幅度的上涨，从而削弱资本对劳动力的替代，替代效应的作用受到抑制。由此可见，在其他条件相同时，其他生产要素的供给弹性越大，劳动力需求的自身工资弹性也就越大。

（四）劳动力成本占总成本的比重

劳动力成本占总成本的比重是影响劳动力需求的自身工资弹性大小的一个重要因素。我们假设有A和B两家企业。A企业的劳动力成本占总成本的30%，那么在其他条件不变的前提下，工资率上升10%，总成本将增加3%。B企业的劳动力成本占总成本的90%，那么在其他条件不变的前提下，工资率同样上升10%，将导致总成本增加9%。与A企业相比，同样面对工资率上涨10%，B企业的总成本增加幅度更大，所以B企业因成本增加而提高产品价格的幅度也会更大，从而导致产出水平和劳动力需求量的降幅也就会更大。由此可见，在其他条件相同时，劳动力成本占总成本的比重越大，劳动力需求的自身工资弹性也就越大。

劳动密集型企业的劳动力成本占总成本的比重往往较大。因此，这类企业劳动力需求的自身工资弹性也较大，即劳动力需求对工资率的变动更为敏感。而资本密集型的企业，劳动力成本占总成本的比重通常较小，所以，劳动力需求的自身工资弹性也较小，即劳动力需求对工资率变动的敏感度较低。

三、劳动力需求的交叉工资弹性

在前面的分析中，我们一直假定劳动力是同质的，即劳动力之间没有质的差异。但是，企业在实际的生产过程中往往会使用多种类型的劳动力，对某种劳动力的需求会受到其他类型劳动力价格变动的影响。我们假设某企业对两类劳动力存在需求，它们分别为A和B。我们将B类劳动力工资率变动1%所引起的A类劳动力需求量变动的百分比，定义为劳动力需求的交叉工资弹性。其计算公式为：

$$E_{A,B} = \Delta L_A\% \ / \ \Delta W_B\%$$

其中，$E_{A,B}$表示劳动力需求的交叉工资弹性，$\Delta L_A\%$表示A类劳动力需求量变动的百分比，$\Delta W_B\%$表示B类劳动力的工资率变动的百分比。

同理可得：

$$E_{B,A} = \Delta L_B\% \ / \ \Delta W_A\%$$

其中，$E_{B,A}$表示劳动力需求的交叉工资弹性，$\Delta L_B\%$表示B类劳动力需求量变动的百分比，$\Delta W_A\%$表示A类劳动力的工资率变动的百分比。

如果劳动力需求的交叉工资弹性值为正，它表示一类劳动力的工资率上升将导致另一类劳动力需求量增加，则我们称这两类劳动力之间为总替代关系。如果劳动力需求的交叉工资弹性值为负，它表示一类劳动力的工资率上升将导致另一类劳动力需求量下降，则我们称这两类劳动力之间为总互补关系。

阅读材料

如果两类劳动力在生产中可以相互替代，那么它们之间是总替代关系，还是总互补关系呢？这实际上取决于规模效应和替代效应的相对作用大小。举例来说，我们可以假设技术工人与非技术工人之间在生产过程中是相互替代的。当技术工人的工资率下降时，一方面，存在着替代效应，即企业希望用技术工人替代非技术工人，从而导致非技术工人的雇佣量下降；另一方面，还存在着规模效应，即技术工人的工资率下降可能会促使企业增加所有投入要素的使用量，非技术工人的雇佣量也包括在内。如果规模效应小于替代效应，那么两类劳动力之间就是总替代关系；如果规模效应大于替代效应，那么两类劳动力之间就是总互补关系。

本章小结

劳动力需求作为一种派生需求，其产生的直接基础是消费者对产品和服务的需求。如果消费者对某种产品或服务的需求改变了，那么相应的生产该种产品或提供此类服务的劳动力需求也会随之改变。

企业追求利润最大化为本章分析劳动力需求的基本假设。只有当新增一个单位的劳动力投入所获得的收入等于因此而增加的成本时，企业劳动力投入量才达到了利润最大化的要求。

在短期劳动力需求的分析中，我们假定除劳动力以外的其他生产要素均保持不变。在完全竞争的市场环境下，短期劳动力需求曲线与劳动力的边际收益产品（MRP_L）曲线和劳动力的边际产品价值（VMP_L）曲线都是重合的。当劳动力市场为完全竞争市场，而商品市场是垄断市场时，与完全竞争的市场环境相比，短期劳动力需求曲线更缺乏弹性。

在长期劳动力需求的分析中，我们假定生产某种产品时只使用资本和劳动力，借助等产量线和等成本线，我们分析出了企业长期劳动力需求决策需遵守的基本原则（即：$MP_L/w = MP_K/r$）。通过对长期劳动力需求曲线的推导，以及与短期曲线的对比，我们发现长期劳动力需求曲线比短期劳动力需求曲线更富有弹性。

通过对劳动力的市场需求曲线的分析和推导，我们了解到劳动力的市场需求不等于单个企业劳动力需求的简单加总。与单个企业劳动力需求简单加总后得到的曲线相比，劳动力的市场需求曲线更加缺乏弹性。

通过学习劳动力需求弹性，我们明白了为什么面对同样幅度的工资率上涨，有些企业劳动力需求量下降较多，有些企业则下降较少，并且了解了劳动力之间的总替代关系和总互补关系。

思考题

1. 如何理解劳动力需求的派生性？请结合实际生活中的例子进行分析。
2. 劳动力需求量的变动与劳动力需求的变动有何不同？
3. 从要素投入的角度考虑，企业如何实现利润最大化目标？（以劳动力投入为例）
4. 何为边际生产力递减规律？
5. 如何推导完全竞争市场环境下的短期劳动力需求曲线？
6. 等产量线有哪些重要性质？
7. 请参考本章对产出既定成本最小化的分析，试着分析成本既定前提下，企业如何实现产出最大化，以及此种条件下，企业劳动力需求决策的原则。
8. 请比较短期与长期劳动力需求曲线的异同。
9. 如何推导劳动力的市场需求曲线？
10. 什么是劳动力需求的自身工资弹性？有哪些因素会影响劳动力需求的自身工资弹性？
11. 何为总替代关系？何为总互补关系？

第二章

劳动力供给

关键概念

劳动力供给　劳动力供给曲线　劳动力供给弹性　劳动力参与率

劳动力供给是劳动力市场的一个基本构成要素，也是影响劳动力资源配置的基本因素。劳动经济学要阐明劳动力市场上的市场行为，就必须首先对劳动力供给和劳动力需求进行研究。本章首先介绍了劳动力供给的基本概念，随后分别从个人、家庭、市场三个角度对劳动力供给进行分析，最后结合实证分析经济中的劳动力总供给。

第一节　劳动力供给概述

一、劳动力及相关概念

（一）*劳动力*

马克思在《资本论》第一卷对劳动力做了如下定义："我们把劳动力或劳动能力理解为人的身体即活的人体中存在的，每当人生产某种使用价值时就运用的体力和智力的总和。"从这个定义中我们可以认识到：

1. 劳动力是人特有的一种能力

自然界的任何能力，无论是风力、水力、畜力，还是电磁力、化学力、核动力以及计算机表现出来的人工智能，都不能称为劳动力。不管这些自然力有多么强大、多么精确，都只能是劳动手段，而不是劳动力。

2. 劳动力是存在于活的人体中的能力

劳动力的存在，是以人的生命和健康为基础的。不是任何人都是劳动力的承担者，只有达到一定的成熟程度，具有一定的健康条件，能够参加社会劳动的人才是劳动力的承担者。

3. 劳动力是人在劳动中即生产使用价值中所运用的能力

并非人的一切能力都是劳动力，劳动力只是人的能力的一部分，是人在劳动中运用和体现的能力，人在其他活动和交往中运用和体现的能力则不是劳动力。

4. 劳动力是人在劳动中运用的体力和智力的总和

人的躯体活动产生体力，人的头脑活动产生智力。躯体活动受到头脑活动的指挥和控制，而头脑活动要通过躯体活动的支配来反映和实现，即一切劳动都要同时耗费体力和智力，因此，劳动力是由体力和智力两部分组成的。

（二）人口

人口是指生活在一定社会和一定区域的人的总和。人口包括一切有劳动能力的人和无劳动能力人，而不管他们的年龄大小、健康状况以及是否参加社会劳动。人口是向国民经济提供劳动力的源泉，其数量和质量决定着劳动力资源及劳动力的数量和质量。

（三）劳动适龄人口

劳动适龄人口是指人口中处于劳动年龄的那一部分人口。人出生后经过发育，成长到开始具备劳动能力的年龄，是劳动年龄的下限；当人继续成长到逐步衰老，开始丧失劳动能力的年龄，是劳动年龄的下限。处于劳动年龄上限和下限之间的人口即是劳动适龄人口。劳动年龄的上限和下限，通常是由各国根据国情规定的。目前，我国劳动年龄的下限是 16 岁，上限是退休年龄，即男性 60 岁，女性 55 岁。

（四）劳动力资源

劳动力资源是指能够从事各类工作的劳动力人口的数量与其平均素质的乘积。可见，判断一国劳动力资源量的大小，不应只考虑数量，还应考虑劳动力人口所具有的平均素质。劳动力资源还可以分为潜在的劳动力资源和现实的劳动力资源。在数量上，潜在的劳动力资源 = 具有劳动能力的劳动适龄人口 + 劳动年龄以外实际从事劳动的人口。

二、劳动力供给的概念

劳动力供给，从本质上说，是指劳动力的供给主体（劳动者个人或家庭）在一定的劳动条件下自愿对存在于主体之中的劳动力使用权的出让；从量的角度说，是指一个经济体在某一段时期内，可以获得的劳动者愿意并能够提供的劳动能力的总和。深入理解劳动力供给的概念，需要把握以下几个要点：

（一）个体决策

在市场经济体制下，劳动力归劳动者自己所有，劳动者对自己的劳动力有充分的自由使用权和处置权，并且有权利通过让渡劳动力使用权来获得劳动报酬。任何限制其自由、克扣其收益的行为，法律上都将其视为侵权。在劳动力供给决策时，劳动力供给的决策主体是劳动者个人或家庭。决策主体一般面临两种选择：一是参与决策，即是否进入劳动力市场寻求工作；二是劳动时间决策，即在个人可自由支配的时间中，如何分配闲暇时间与劳动时间。因此，对劳动力供给的基本分析是建立在对劳动力供给主体的经济决策分析的基础之上的。

（二）个体意愿

劳动力是劳动者的私有财产，在固定的社会经济条件下，劳动者是否愿意提供自己的劳动能力，取决于许多因素。因此，劳动力供给的意愿性包含以下两层含义：

一是劳动力供给取决于劳动者本人的供给意愿。劳动力供给要受很多因素的影响，比如，工资水平、工作时间、个人和家庭的经济状况、人口规模和结构等，在现行工资率下，有一部分劳动者可能不愿意提供劳动力，从而使劳动力供给量不等于劳动力资源数量。

二是劳动力供给取决于劳动力市场的竞争和用人单位的选择意愿。在现行工资率下，有一部分劳动者可能愿意提供劳动力，但因找不到工作而失业，从而使劳动力供给量不等于劳动力的实际使用量。

（三）时间性

劳动力供给的分析在时间方面也有短期与长期之分。但是，劳动经济学对劳动力供给的短期和长期的划分并没有一个严格、确切的时间概念，二者只是相对而言。一般来说，考察短期劳动力供给，主要关注某天、某月或某年的劳动力供给数量；考察长期劳动力供给，则侧重于未来，如三年、五年或更长时期的劳动力供给趋势分析和预测。在短期劳动力供给分析中，一般假定人口规模是一定的，劳动力资源数量是不变的。在这样的总量约束下，一方面讨论劳动条件给定后，社会能够获得多大量的劳动力供给，各用人单位能够获得什么样的劳动力供给；另一方面，人们为了取得最大的效用如何决定其市场性劳动时间。长期劳动力供给则主要从人口的变动和劳动力资源供给的变化这一角度预测未来某一时期的劳动力供给数量和结构。

（四）总和性

劳动力供给是劳动者在一定条件下愿意提供的劳动能力的总和，这种劳动能力的总和不仅包括劳动力的数量，还包括劳动者愿意提供的劳动时间、劳动强度、劳动积极性等。但在理论分析中，为方便起见，一般要进行抽象和简化。劳动经济学家通常假设所有劳动力供给都能满足社会规定的工作时间和工作效率要求的标准。这样，劳动力供给量就可以用劳动的时间单位来表示，如工日、工时来表示，也可以用劳动者人数来表示。

三、劳动力供给曲线

（一）劳动力供给函数

从上文可以看出，影响劳动力供给的因素有很多。如果把这些影响因素作为自变量，把劳动力供给作为因变量，可以得出表示二者关系的劳动力供给函数。若以S表示劳动力供给，以X_i（$i=1，2，\cdots，n$）表示影响因素，则劳动力供给函数可以表示为：

$$S=f(X_1,X_2,X_3,\cdots,X_n)$$

由于影响劳动力供给的因素很多，且各因素与劳动力供给的关系十分复杂，完全揭示它们之间的关系几乎是不可能的。因此，只能从劳动力市场的角度考察最主要的几种因素。如假定其他条件不变，只考虑劳动力供给与市场工资率之间的关系，以W表示市场工资率，则劳动力供给函数可以简化为：

$$S=f(W)$$

我们还可以用劳动力供给表和劳动力供给曲线来表述劳动力供给。

（二）劳动力供给表

劳动力供给表是用来表明市场工资率与劳动力供给量的表格，其形式如表2-1所示。从下表可以看出，随着市场工资率从1.5元/小时不断提高到4.0元/小时，劳动力供给量是不断增加的。

表2-1 劳动力供给表

工资率W（元/小时）	劳动力供给S（人）	组　合
1.5	150	A
2.0	200	B
2.5	280	C
3.0	380	D
3.5	500	E
4.0	700	F

（三）劳动力供给曲线

劳动力供给曲线是根据劳动力供给表画出的，一般情况下是一条自左下向右上倾斜的曲线，如图2-1所示。应当说明的是，由于假定工资率和劳动力供给量是无限可分的，劳动力供给曲线是一条平滑的曲线而不是一条折线。虽然这种假设并不完全符合实际，但为了分析方便，我们仍这样假设。

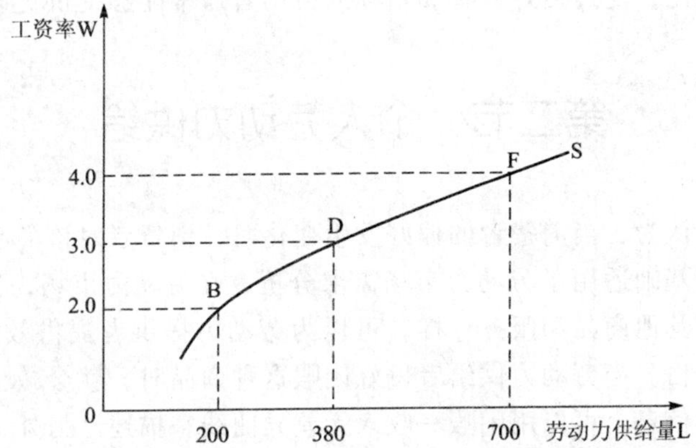

图 2-1　劳动力供给曲线

四、劳动力供给假设

由于劳动力供给受到劳动者意愿、能力、经济环境等诸多因素的影响，对劳动力供给的研究就变得相当复杂。为了简化复杂的问题，我们需要对某些问题做假设，以抽象掉一些不重要的因素。在一般情况下，需要作出以下三个假设：

（一）劳动力供给主体的目标假设

该假设认为，劳动者在作出有关劳动力供给决策时，以追求效用最大化为主要目标。劳动者的效用来自两方面，一是劳动力供给主体在市场性劳动时间内获得的；二是劳动力供给主体从闲暇时间中获得的。劳动者在进行劳动力供给决策时，会充分考虑市场性劳动和闲暇时间二者的均衡，追求效用最大化目标。

（二）劳动力市场环境的假设

市场环境分为完全竞争市场、垄断竞争市场和不完全竞争市场等类型。在研究劳动力供给时，通常假定劳动力市场处于完全竞争状态。完全竞争的劳动力市场上具有以下特点：企业和劳动者均可自由进入或退出某个行业；市场主体可以完整、迅速地获得市场供求信息，且获得信息的成本为零；市场有众多的劳动者和企业，从而任何主体的交易均不能影响到劳动力的价格，因此，企业可以在市场工资率之上雇佣到任何数量的劳动者，如果低于市场工资率，企业将雇佣不到任何数量的劳动者。

（三）劳动力同质的假设

即假设劳动力只有数量的区别，没有质量的差异。这样，在劳动力市场上，只要有一个工人失业，就不存在劳动力的短缺。值得注意的是，这只是为了研究方便而做的假设。实际上，劳动力的异质性是劳动力市场最主要的特征之一，例如，与一个缺乏教育和培训的劳动者相比，受过良好教育和培训的劳动者通常能够提供更多的生产力。

第二节　个人劳动力供给

消费需求理论认为，当消费者的偏好发生变化时，消费者对该商品的需求会随之发生变化，这一理论基础适用于劳动力市场需求分析。在劳动力市场，“闲暇”被视为一种商品，它像任何其他商品和服务一样，可以为劳动力提供者提供效用和满足，因此，闲暇有其自身的价格。当劳动力供给者偏好闲暇这种商品时，就会减少工作时间。关于工作—闲暇偏好的信息，可以用闲暇—收入无差异曲线来描述。另外，劳动力供给分析的根本是对劳动者对其拥有的既定的时间资源的分配的考察。劳动者如何对每天拥有的24小时在工作和闲暇之间进行分配？这涉及预算约束线。有了预算约束线和无差异曲线，劳动者又如何决策出最佳工作时间供给量？

一、效用与效用理论

效用是从某种物品的消费中所得到的满足，这种满足的程度高即为效用大；反之，就是效用小。如果从消费中感受到痛苦，则是负效用。效用是一种心理感受，其大小没有客观的衡量标准，取决于消费者的主观评价；对于不同的人而言，消费等量的某种物品所带来的效用是不同的。

效用的大小虽然在一定程度上取决于物品的使用价值，但其与使用价值并不是同一概念。使用价值是物品本身所具有的属性，是一种不以人们的主观评价为转移的客观存在。比如，烈酒对于饮酒者或是不饮酒者来说，都具有使用价值，但对两者而言，其效用却有天壤之别。

在效用理论的初创阶段，效用的度量是建立在基数效用理论的基础之上的，即认为效用就像物品的重量一样，可以计量并可以加总求和，甚至能够说出此物是彼物效用的若干倍等，这种说法虽然方便，但未免牵强，因为没有人能够准确地度量效用。

序数效用论的出现弥补了基数效用论的缺陷。这个理论认为效用作为一种主观评价，无法计量，也不能加总求和。但是，它可以由消费者列出物品消费所带来的满足程度的高低或者主观选择的优先顺序。例如，消费者消费苹果和梨，他从中得到的效用无法计量或加总求和，但他可以比较消费两种物品所得到的效用的高低，或者可以列出对两种物品的主观选择顺序。根据这样的比较或选择顺序，分别赋予其数值，如消费者认为苹果的效用大于梨的效用，可以这样赋值：苹果的效用为10，梨的效用为9，或者苹果的效用为3，梨的效用为2，也可以赋予其他数值。因为这些数值并不是效用量，而是反映效用的高低或先后顺序，数值大，表明对效用的评价高，选择顺序在前；数值小，表明对效用的评价低，选择顺序在后。序数效用论的特点在于效用只有在比较中才有实际意义，从而避免了难以单独对某一物品的效用量做估计的问题。序数效用论对消费者偏好的性质做了三点假设：

第一，消费者对两种消费品的任意两个组合A和B，能够明确地表达出自己的偏好。

第二，消费者的偏好有明确的单向性。如果消费者对消费品甲的偏好大于乙，对乙的偏好大于丙，那么，其对甲的偏好必然大于丙。或者，如果消费者对甲和乙的偏好相同，对乙和丙的偏好也相同，则其对甲和丙的偏好也必然相同。对消费品的组合也是如此。

第三，消费者对品种相同而数量不同的消费品组合，永远偏好数量多的组合。

二、闲暇—收入无差异曲线

在工作—闲暇决策模型中，无差异曲线表示给劳动者个人带来某一特定水平的效用的实际收入和闲暇时间的组合。根据无差异曲线的定义，任何一条无差异曲线上的任何一点的收入和闲暇的组合对某个人来说都具有相同的效用水平。如图2-2中的a点和b点，二者组合不同，但对主体的效用相同。在U_0曲线外的任何一点，都与U_0曲线上的点效用不同。如位于a点右侧的c点，与点a相比，收入不变但闲暇增加，很显然，劳动者获得的效用比点a高，选择的顺序必然高于点a。从c点同样可以确定一条无差异曲线U_1，U_1曲线上所有的点表示的收入与闲暇组合的效用，都比U_0曲线上的组合效用高。这样的曲线实际上有无数条，每一条曲线对应于不同的效用水平，这些曲线的全部称为主体的选择偏好系统。

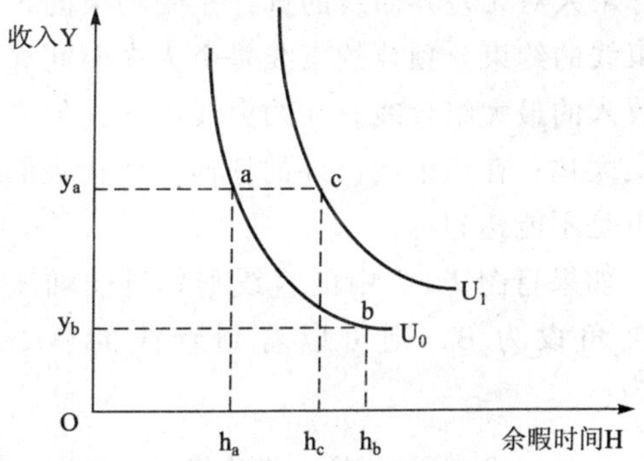

图2-2　无差异曲线

无差异曲线具有以下特征：

第一，在同一平面上存在无数条无差异曲线，每一条无差异曲线表示的效用相同，不同的无差异曲线表示的效用不同。位于右上方的曲线代表的效用水平较左下方高，即离原点越远的无差异曲线所表示的效用越高；反之，效用低。在图2-2中，曲线U_1代表的效用水平较高，曲线U_0代表的效用较低。

第二，在同一平面上，任意两条无差异曲线不相交。这是因为如果两条无差异曲线相交，在交点上的收入——闲暇组合同时有两种效用水平，这与劳动者偏好的假设是矛盾的，因此只要同一劳动者个人的偏好不变，他的任何两条无差异曲线就不会相交。

第三，无差异曲线的斜率为负。负斜率说明，为了保持或得到相同的效用，增加一种物品的消费，必须减少另一种物品的消费，两种物品不能同时增加或同时减少。即增加闲暇就意味着收入减少；反之亦然。

第四，无差异曲线是一条向原点凸起的曲线，左边比右边更陡峭。这种形状说明，收入越高，闲暇时间越少，闲暇的价值越高。

第五，不同的人因偏好不同，有不同的无差异曲线。重视闲暇厌恶工作的人，需要更多的货币收入替代同量的闲暇，无差异曲线相对陡峭；不太重视闲暇的人，需要较少的货币收入替代同量的闲暇，无差异曲线相对扁平。即不同的人具有劳动收入替代闲暇的不同比率。例如，对于放弃1小时闲暇从事劳动获得10元收入，有人可能感到很满足，有人则不屑一顾。

三、预算约束线

从无差异曲线图可知，离远点越远的无差异曲线代表的效用水平越高。如果没有任何限制，人们会在追求效用最大化欲望的驱使下选择更高的无差异曲线。但事实并非如此。个人对无差异曲线的选择是受约束的，尤其是受到可获得收入的约束，即受到预算约束线的约束。预算约束线是个人在时间和劳动能力一定的状况下，所能消费闲暇和获得收入的最大组合线。在约束线内的任何点所代表的闲暇和收入的组合，均无法实现效用最大化；在约束线以外的任何点所代表的组合，在既定的可支配时间和劳动能力的条件下是不能达到的。

如果将图2－3中的直线HY与横轴的夹角设为β，则可以看到直线的斜率为：

$$\tan\beta = OY/OH = 劳动收入/时间$$

由此可见，预算约束线的斜率即为个人放弃闲暇从而获得收入的比率，即工资率。另外，也可以看作闲暇的机会成本。

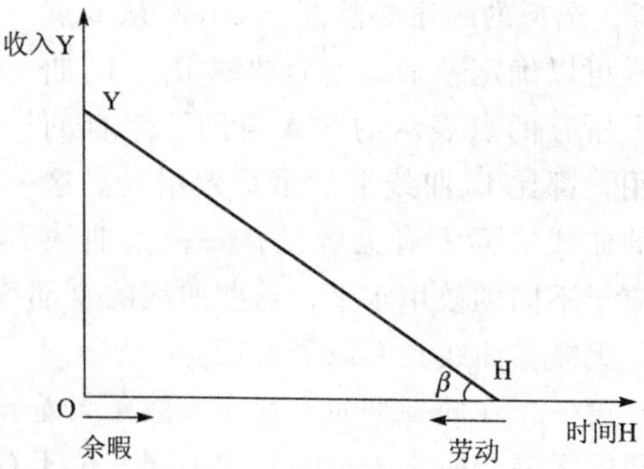

图2－3 预算约束线

个人可支配时间不同、劳动能力不同、从而工资率不同，那么，个人预算约束线也就不同。以图 2－4 为例，个人可支配的时间分别为 h_1，h_2，h_3，纵轴的截距分别为 y_1，y_2，y_3，劳动能力相同，从而工资率相同，显然，三条约束线平行。由于 $h_1 < h_2 < h_3$，所以预算约束线 h_1y_1 在横轴与纵轴的截距离原点较近，而 h_3y_3 则较远。如果个人可支配的时间相同，假设为 h_1，但劳动能力有差距，因而工资率不同，工资率低者，预算约束线在纵轴的截距即收入为 y_1，工资率高者，收入为 y_4，显然 $y_4 > y_1$。由此可见，预算约束线的形状取决于个人可支配的时间及劳动能力状况，即取决于个人可支配资源的状况。

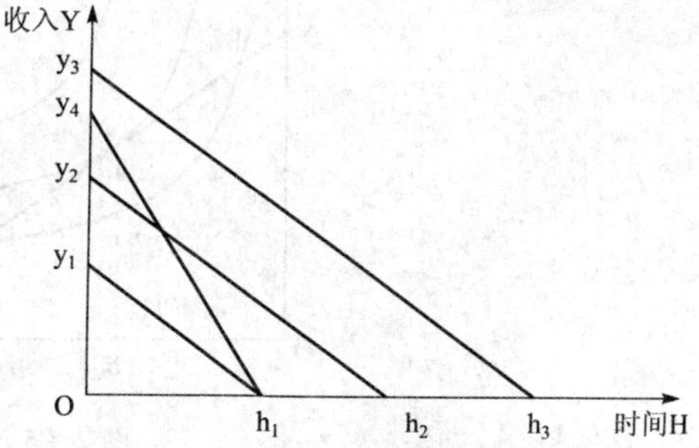

图 2－4　预算约束线的决定

四、主体均衡：约束线条件下的最大效用

闲暇—收入无差异曲线说明了个人的主观愿望，预算约束线则反映了个人的现实条件。从主观愿望和个人偏好而言，个人可以作出各种效用水平的选择。不考虑其他因素，任何个人都愿意选择离原点较远的无差异曲线，以获得更大的满足。但是，个人能否做到这一点，还要受现实条件的限制。从现实条件来说，个人效用水平又必须受资源状况的限制，这种限制由预算约束线来表示。较多的可支配劳动时间和较高的劳动能力使预算约束线远离原点，较少的可支配时间和较低的劳动能力使预算约束线靠近原点。如何使主观愿望与现实条件结合起来，使主体获得最大效用，或者说，如何在受到限制的资源条件下，在闲暇与劳动时间从而在收入之间作最佳配置，以求最大效用，是主体均衡理论所要研究的问题。

所谓主体均衡，就是在资源约束的条件下闲暇与收入的组合能使主体获得最大效用的状态。主体均衡的分析工具主要是利用闲暇—收入无差异曲线和预算约束线，如图 2－5 所示：

在图 2－5 中，U_i（i＝1，2，3，…）为选择主体的闲暇—收入无差异曲线，HY 为预算约束线。U_3 与 HY 无交点，U_2 与 HY 相交与点 a，U_1 与 HY 相交与点 b 和点 c，U_i 的效用水平为 $U_1 < U_2 < U_3$。

前已述及，在平面直角坐标中有无数条无差异曲线，图中只抽象出其中的三条。在预算约束线 HY 上，选择哪种组合才能使主体得到最大的效用呢？毫无疑问，这种组合必然是在对主体效用最高的一条无差异曲线上。在图 2－5 中，U_3 虽然效用水平最高，但由于它在 HY 的右方，相对于主体的资源状况而言，无法达到那样高的效用。U_1 与

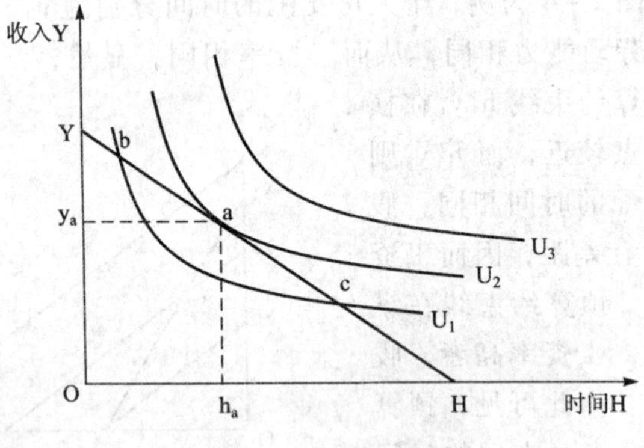

图 2-5 主体均衡

HY 相交于点 b 和点 c，虽然这两种组合是在既定资源条件下的最大组合，但是点 b 与点 c 也都在 U_1上。显然 U_1的选择顺序在 U_2的后面，其效用水平低于 U_2。而且，如果点 b 沿无差异曲线 U_1向右下移动，或者点 c 沿无差异曲线向左上移动，那么，在无差异曲线 bc 段，其闲暇与收入的组合均在预算约束线 HY 的左下方。显而易见，主体在资源约束下并没有达到最高水平的效用。进一步可以观察到，既然 U_1与 HY 相交于点 b 和点 c，那么，在 U_1与 U_2之间在图中未画出的无差异曲线仍和 HY 相交，因为任何一种组合都在 HY 上，所以均满足给定的资源条件，同时，任何一种组合均在效用水平比 U_2低的无差异曲线上，因此都没有达到最大效用；反之，任何一种组合均在效用水平比 U_1高的无差异曲线上，因此其效用水平均比点 b 和点 c 为高。

由此看来，无差异曲线 U_i在 HY 右上方的，主体因资源条件的约束而又达不到那么高的效用水平；无差异曲线与 HY 相交的，主体在既定资源条件下又没有达到最大效用。因此，只有在点 a，即预算约束线 HY 与无差异曲线的切点才能实现主体的均衡。点 a 就是主体在既定资源条件下获得最大效用的均衡点。如果点 a 沿无差异曲线 U_2向左上或右下移动，其闲暇收入的组合因在 HY 的右侧而无法达到。在点 a 上，闲暇时间为 h_a，收入为 y_a。

点 a 是预算约束线与无差异曲线 U_2的切点。因此，U_2这条无差异曲线在点 a 的切线也就是预算约束线 HY。无差异曲线在点 a 的斜率与预算约束线的斜率相等。前面已讲过，预算约束线的斜率是个人放弃闲暇从事劳动从而获得收入的比率（即工资率）；无差异曲线的斜率是闲暇替代劳动收入的边际替代率。所以，主体均衡的条件，即主体在资源约束条件下获得最大效用必须满足的条件，是工资率等于边际替代率，即 $W = MRS$。

五、约束条件变化与最佳时间结构的调整

前面分析过，个人在劳动力供给的决策中，个人的资源约束条件是给定的。现在需要继

续讨论约束条件改变时，个人如何分配自己的时间以取得最大效用。如何实现新的均衡。

（一）收入效应

在利用图 2－5 进行的分析中，可得到主体最佳选择的时间结构为点 a，其资源约束条件以预算约束线 HY 来表示。个人面临一种新的条件：个人获得与其本人劳动力供给时间量无关的非劳动收入 Δy，此时如何实现新的均衡。现以图 2－6 为例进行分析。

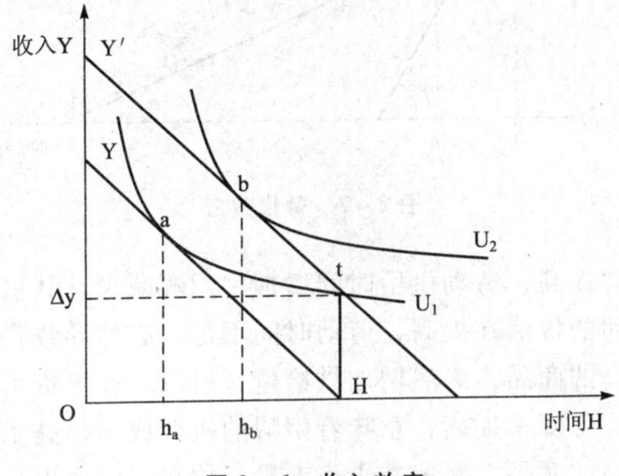

图 2－6　收入效应

在图 2－6 中，条件没有改变时，均衡点为点 a，由于非劳动收入增加，使预算约束线平行向右方移动，得到一条新的收入限制线 tY′。从图中可以清楚地看到，均衡点由点 a 移向点 b，闲暇时间增加，劳动时间减少，闲暇时间的增加量为 h_ah_b。由此可见，在其他条件不变时，由于非劳动收入的增加，个人可达到的效用水平必定提高。收入效应是从一条从无差异曲线移向更高效用的无差异曲线所引起的。一般情况下，收入效应使闲暇增加，劳动时间减少。

（二）替代效应

替代效应是指在保持收入不变的情况下，因工资率的变化而引起的愿意工作时间的变化。当其他情况不变而只有工资率变化时，预算约束线的斜率变化，进而预算约束线位置移动，使原来的均衡点发生位移。

如图 2－7 所示，有闲暇——收入无差异曲线 U，预算约束线 HY，HY 与横轴的夹角为 α，与 U 相切于点 a，此时的工资率为 w_1（即图中的 tgα）。显然，闲暇为 Oh_a，劳动时间为 h_aH。由于工资率提高了，直线 $Y'h_a$ 与横轴的夹角设为 β，与无差异曲线相切于点 b，工资率为 w_2（即图中的 tgβ）。因为 $tg\beta > tg\alpha$，所以有 $w_2 > w_1$。在工资率等于 w_2 的情况下，均衡点由点 a 移向点 b。相应的，闲暇时间由 Oh_a 减少到 Oh_b，劳动供给时间从 Hh_a 增加到 Hh_b，劳动供给时间存在一个正向增量 h_ah_b。由此可见，在其他条件

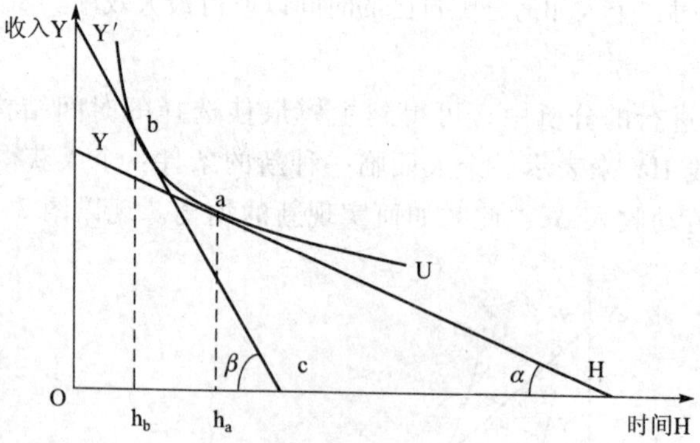

图 2－7 替代效应

不变的情况下，工资率提高，劳动供给时间增加，闲暇减少。其根本原因在于，工资率提高，意味着劳动时间的价值在提高，劳动时间不足，必然导致丧失较多的收入。经济学原理说明，价格提高的商品，必然增加供给量，所以，在工资率提高时，劳动力供给时间必定增加。同时，工资率提高，意味着闲暇的机会成本提高了，消费闲暇的代价变得更加昂贵。价格提高的商品，必然减少需求量，故在工资率提高的情况下，闲暇必定减少。因为点 a 和点 b 同在一条无差异曲线上；a 和 b 所示的闲暇——收入组合实现了相同的效用。所以，闲暇时间减少带来的效用损失，由劳动时间增加从而收入增加带来的效用的增加得到精确的补偿。

现在从另一个角度分析这个问题。仍以图 2－7 为例，在无差异曲线 U 上有无数个点，每个点表示一种闲暇和劳动收入的组合，过每个点都可画出一条切线，如 aH 和 bc，它们对应不同切线的斜率，也就是对应着不同的工资率 w_i。虽然这些切线所示的个人可支配的资源状况不相同，但它们都能使主体实现相同的效用水平，其原因在于所有切点都在同一条无差异曲线上。因此可以说，在个人实现相同效用水平的情况下，劳动供给的决策主体改变其时间分配结构，必定由于工资率的变化所引起。相对价格提高的商品必然引起较小的需求，价格提高的商品必然增加其供给，这就是替代效应。

（三）个人劳动供给曲线

工资率的提高不仅使个人的收入得到增加，闲暇和劳动时间的效用也同时发生相应的变化。工资率的变化同时带来两种效应：收入效应和替代效应。工资率的变化对劳动供给决策主体的最终影响完全取决于两种效应的相互关系。下面结合图形 2－8 进行分析。

在图 2－8 中，符号的含义与图 2－7 中相同，预算约束线与横轴的夹角 w_1 与 w_2 相当于工资率。在工资率没有改变时，工资率为 w_1，主体的闲暇—收入的均衡点为点 a。

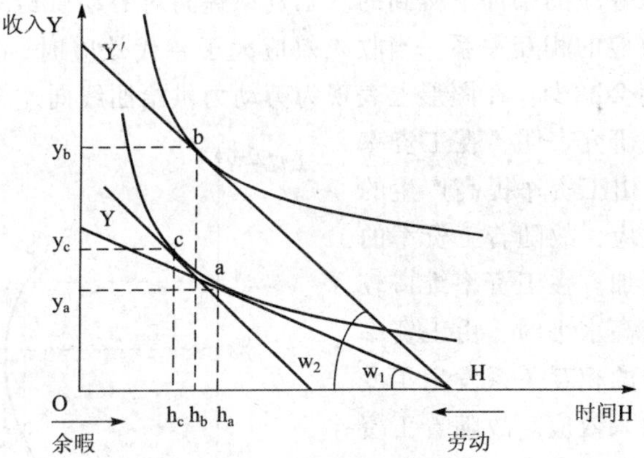

图 2-8　收入效应与替代效应

此时，闲暇为 Oh_a，收入为 y_a。假设工资率上升，由 w_1 提高到 w_2，则预算约束线为 HY′。在新的约束条件下，主体的最佳选择是在具有更高效用水平的无差异曲线 U_2 上的 b 实现新的均衡。在均衡点 b，闲暇由 Oh_a 减少到 Oh_b，劳动供给时间由 Hh_a 增加到 Hh_b，有一个正向的增量 h_ah_b，劳动收入也由 y_a 增加到 y_b。显然，在主体闲暇—收入偏好和可支配资源既定的情况下，随着工资率的提高，主体的效用达到新的水平，而且工资率对劳动供给时间的变动有正向影响。

在图 2-8 中，点 a 向点 b 的最佳选择的移动，实际上是两种效应共同作用的结果。

首先，观察点 a 向点 c 的移动。它表示最佳选择点的变位不改变效用水平，而只改变工资率，点 c 由与 HY′平行的线与无差异曲线 U_1 相切所确定。这就是前面所提到的替代效应。由于替代效应，劳动供给时间增加了 h_ah_c，而闲暇则由 Oh_a 减少到 Oh_e。显然，效应对劳动供给具有正向的影响。

其次，观察点 c 向点 b 的移动。这种移动可以看作工资率不变，但收入却增加了。由于收入增加，为了获得较多的闲暇，只能减少劳动供给时间，用增加的收入换取闲暇。如图 2-8 所示，点 c 到点 b 的变位就是收入效应。收入效应作用的结果使劳动供给时间减少到了 h_ah_c。显然，收入效应对劳动供给具有负向影响。

由此可见，由于工资率由 w_1 提高到 w_2，最佳选择由点 a 到点 b 的变位是替代效应与收入效应共同作用的结果。换言之，工资率由 w_1 提高到 w_2，产生出替代效应点 a 到点 c 的变位和收入效应点 c 到点 b 的变位，两种效应共同作用的结果实现了均衡位置中点 a 到点 b 的位移。

在本例中，工资率的提高最终使劳动者增加劳动供给时间，减少闲暇，即劳动供给曲线向右上方倾斜。但是，这种结论不具有普遍适用性。因为这是在工资率提高所引起的替代效应大于收入效应的条件下得到的。工资率提高对劳动供给时间的影响最终取决于替代效应和收入效应的相互关系。当收入效应大于替代效应时，随着工资率的提高，劳动力供给时间反而会减少。在图形上表现为劳动力供给曲线向左上方倾斜。

经验事实和经验研究表明，在工资率较低且收入较少时，由工资率提高产生的替代效应大于收入效应，故随着工资率的提高，劳动力供给增加。在工资率维持较高水平且收入也在较高水平时，由工资率提高产生的两种效应的相互关系发生了变化：替代效应小于收入效应。故随着工资率的提高，替代效应造成的劳动力供给时间的增加，小于收入效应作用下的劳动力供给时间的减少，最终表现为工资率对劳动力供给的负影响。图 2－9 的个人劳动力供给曲线就是上述分析的几何描述。

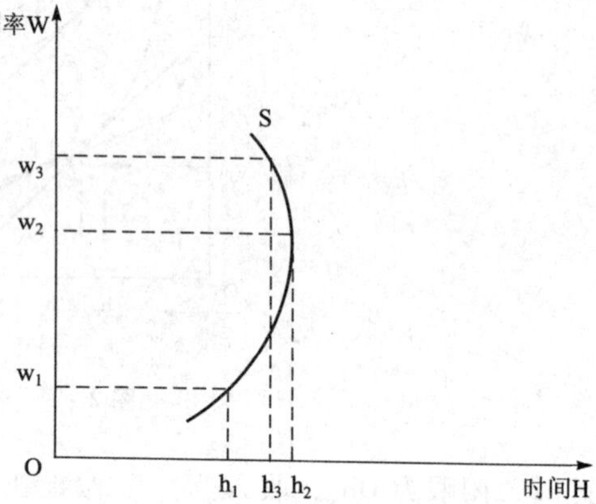

图 2－9　个人劳动力供给曲线

在图 2－9 中，横轴为劳动力供给时间，纵轴为工资率，S 为个人劳动力供给曲线。在工资率为 w_1 时，个人劳动力供给为 h_1；随着工资率的提高，劳动供给增加，在工资率为 w_2 时，个人劳动力供给为 h_2；工资率进一步提高，由 w_2 提高到 w_3 时，劳动力供给为 h_3，劳动力供给反而减少了。由此产生的个人劳动力供给曲线 S 为向后弯曲的形状：工资率低于 w_2，曲线 S 的斜率为正值，工资率高于 w_2，曲线 S 的斜率为负值，即在工资率大于 w_2 的区间，工资率的提高使劳动力供给减少。那么，工资率 w_2 是一种什么水平呢？劳动力供给分析的理论不能给予确定的回答，如果必须回答的话，只能说具体水平取决于个人闲暇—收入的偏好，或者说取决于个人效用函数的特征。

最后，对工资率变动引起的替代效应和收入效应发生作用进而引起劳动力供给曲线的斜率发生变化做一个概括。如表 2－2 所示：

表 2－2　工资变动引起的工作时间变动：替代效应和收入效应

效应规模	对工作时间的影响		劳动供给曲线斜率
	工资率增加	工资率减少	
替代效应超过收入效应	增加	减少	正
替代效应等于收入效应	没有变化	没有变化	垂直
收入效应超过替代效应	减少	增加	负

资料来源：坎贝尔·R. 麦克南，等. 当代劳动经济学. 北京：人民邮电出版社，2004.

第三节 家庭劳动力供给

一、家庭生产理论概述

阅读材料

近年来随着女性就业人数的增加和女性就业难等问题的出现，关于女性是否应该回家的讨论也在如火如荼地进行着。

在对女性就业与“妇女回家”争论依然硝烟弥漫之际，在我国经济相对发达的东部沿海地区和一些大都市悄悄出现了已婚女性自愿退出劳动力市场，选择回家做“全职太太”的现象。如宁波某6 000人口的高级社区中全职太太的人数已经超过了200，若按照核心家庭的标准来推算，该社区已婚女性中全职太太的比例已经超过了10%。随着这一现象的日益增多，甚至出现了“太太党”（TTP），“粉领”（Pink collar）等新名词来形容这一群体的生活状态，说明这一类型的女性已不是个别现象，而是正逐渐演变为一个社会阶层，并成为我国已婚女性一种新的就业形式。同时，社会对这种就业形式的认同度也在不断提高。北京海淀区妇联开展的一项针对2 000对夫妇的调查显示，虽然现有的家庭主妇（即专职太太，下岗、失业的除外）只占45%（40岁以下年龄组中占26%），但职业妇女从愿望上希望成为专职家庭主妇的却占有很大比例，女性被调查者中14.8%的人认为可以做专职家庭主妇；47%的人认为只要经济条件允许就可以放弃工作；只有37.5%的女性表示愿意工作到退休 。对上海女性的一项最新调查也显示，有10.2%的女性认为回家相夫教子能够减轻人生负荷，提高家庭的生活质量；46.4%的女性认为只要家庭经济条件允许、夫妻感情好，就可以选择当“全职太太”。

面对着女性自愿放弃工作、回归家庭当“全职太太”现象，不得不引发人们去思考这么一些问题：“女性自愿回家”究竟是一种社会的进步还是社会的倒退？“回家”女性有着怎么样的劳动供给特征？什么样的原因会促使了女性作出“回家”的决定？基于“所有自愿的决策都是为了得到更多的幸福”（布伦诺，2006），那么选择已经“回家”和有“回家”意愿的女性，其幸福感又是如何？

资料来源：丁越兰，唐婉君. 幸福视角下女性劳动供给行为分析. 中国社会学网。

（一）简单劳动力供给模型的缺陷

在第二节中，我们讨论了个人在闲暇和工作之间作出选择的简单劳动力供给理论。

简单劳动力供给理论一方面把劳动者个人看作是完全"独立"和"自由"的人，他的工作决策不受其他人的影响和约束，也不影响其他人的工作决策；另一方面，这种理论把个人的可自由支配时间简单地划分为工作时间和闲暇时间两类，认为一个人的自由支配时间除了市场工作时间就是闲暇时间。这就意味着家庭是一个纯粹的消费单位。另外，这种理论假定劳动者个人的工作决策在生命的不同阶段（青年、中年以及老年）是一样的，没有差别。所有这些，都与现实生活有很大的差距。

事实上，在社会中，几乎人人都要结婚，组成家庭，家庭是社会的细胞。家庭既是一个消费单位，同时也具有一定的生产功能。比如，大多数家庭都需要从市场上购买到的米、面、生肉等加工成熟食，以供家庭成员食用等等，这实际上就是家庭的一种生产功能，从这个意义上讲，家务劳动也是一种生产活动。有时候，这种家务劳动与市场工作产生冲突。家庭保姆的出现就是这种种冲突的典型表现。在一个由两个以上成年人口组成的家庭中，由此产生出来的问题是，由谁来承担家务劳动？承担多少家务劳动？如此等等。这样，家庭成员在处理市场工作与家务劳动的关系是，必须在家庭成员之间进行协商。

在当今社会，我们可以看到的另一种现象是，随着人们生活水平的提高，旅游成为社会成员消费的一个热点。旅游应该说是一种闲暇消费，而在这个消费群体中，以青年人和老年人居多，考察一下到欧洲旅游的美国人的年龄就可以证实这一点。这就提出来一个问题，为什么旅游群体的年龄会呈现出"U"字形的分布，显然，这与不同年龄的人口群体分配工作与闲暇比例的决策不同有关。

以上这些现实问题，都与劳动者的劳动力供给决策有必然的联系。简单劳动力供给模型忽略这些问题的存在，由此得到的理论结果必然与现实生活产生偏差。因此，有必要对简单劳动力供给模型加以修正。

（二）家庭生产理论的基本内容

家庭生产理论实际上是把劳动者放在家庭的背景下去分析他们的劳动力供给决策，即把夫妻双方之间的劳动力供给决策看成是一种联合决策，而不是彼此独立的两种决策。家庭生产理论认为：

(1) 在现代社会中，家庭既是一个消费单位，同时也承担着部分生产功能。因此，家庭时间并不全是闲暇时间。家庭理论把个人的可自由支配时间划分为三部分，即闲暇时间、市场工作时间、非市场工作时间。其中，第三部分时间是指家务劳动时间。

(2) 在一个家庭中（考虑有两个以上劳动者的家庭），家庭成员在进行工作决策时，总是要与其他家庭成员进行协商。某一个家庭成员的工作决策既受其他家庭成员的制约，同时也影响着其他家庭成员的工作决策行为。

(3) 家庭成员在进行劳动力供给决策时，不仅要考虑其他家庭成员的情况，而且要考虑自身在生命周期的不同阶段，即决定在生命周期的哪个阶段从事市场工作或较多地从事市场工作；哪个阶段从事非市场工作（或享受闲暇）或较多地从事非市场工作（或享受闲暇）。

二、市场工作、家务劳动和闲暇的三重选择

在简单劳动力供给模型中引入家务劳动以后，劳动者的时间选择发生了变化，即如何花费时间实际上存在着三种选择：市场（有酬）工作、家务劳动或闲暇活动。家庭生产的实质仍然是要使整个家庭的效用最大化，只不过，物品和时间是通过家庭生产而间接提供效用，时间被视为一种生产性投入。另外，时间的配置被划分为市场工作、家务劳动、闲暇。劳动者待在家中的时间就不仅仅用于闲暇、还会用于家务劳动，如抚养孩子、做饭、打扫卫生等。这样，一个家庭的全体成员就要作出这样一种决定，即如何在市场工作、家务劳动、闲暇之间进行分配。

为了叙述的方便，先假定所分析的家庭只有一个劳动者。在作出家庭劳动力供给决策时，每位家庭成员都选择能够使他们个人的相对效率最高的那种时间利用方式，即采取比较优势原理进行时间分配。由于不同家庭成员在年龄、性别、受教育程度、工作经验等方面存在差距，他们在不同的生产性活动中的效率是不同的。通常情况下，妇女从事家务劳动的时间要多些，这主要是因为生理原因、妇女市场工资率低于男性、妇女在家务劳动中的效率较高以及风俗习惯等原因。

三、家庭联合劳动力供给决策

上文描述的模型一直假定只有一个决策者试图使自己的效用最大化。对于同家庭成员一起生活的人来说，必须采用某种联合劳动力供给决策分配各自的时间，及协商谁在家中做什么。可能有关的疑问是，家庭成员之间的感情关系可能使模拟这一过程变得复杂，并且他们关于市场和家务劳动的决策在很大程度上受到习惯的影响。通过一系列假设和抽象建立的经济模型可以简化问题，使我们更清楚地了解影响家庭决策的主要因素。迄今建立的有关已婚夫妇决策的正式模型（均建立在效用最大化原则的基础上）分为三个主要类别：

（1）最简单的模型是将单一决策者的假设扩展到已婚夫妇，或者假定他们有着相同的偏好或假定一个人进行所有决策（但使这一过程中其他人的效应也最大化）。

（2）第二类模型假设家庭成员在进行家庭决策时进行谈判，每个人都拥有影响谈判的资源和“威胁点”。

（3）第三类模型假定家庭成员相互独立的决策使自己效应最大化，但每个人进行决策时要考虑其他人的可能行为和反应。

不同的家庭进行时间分配的过程可能有所不同，但肯定有些问题和因素是几乎每个家庭都必须面对的。下面是分析影响劳动力供给的联合决策。

(一) 夫妻一方留在家中的决策

家庭成员会发现，无论是市场工作还是家务劳动，进行某种程度的专业化是有益的。通常（并非总是）家庭成员的一方要承担做饭、购物、家庭卫生、抚养孩子等工作的主要责任。也可能有这样的情况，即当双方都从事有酬劳动时，其中一方会更多地加班、出差或当家中有紧急事情时会消减工作日。

假设一个家庭试图决定夫妻双方谁留在家中，或从事工作时间不那么严格，或者上下班路程较短的工作，以便承担起照看孩子的主要责任。因为主要承担照顾孩子的人要花更多的时间在家中，这对夫妻必须回答两个问题：谁从事家庭工作效率更高？谁从事市场工作效率更高？第一个问题的答案取决于用一定的商品和家庭生产实践，谁能生产出更多的商品（更多的效用）；第二个问题的答案取决于谁能在从事有报酬的工作中带来更多的收入。例如，当一个家庭决策谁留在家中，且主要是照看小孩时，将会考虑丈夫或妻子完成这一任务的得与失。留在家中的损失与各自的市场工资率有关，而收益取决于他们在抚养孩子的欢乐与技巧。（因为抚养孩子的欢乐过程提高了效用，我们可以用较高的快乐和技巧水平作为抚养孩子较高“生产率”的标志。）由于多种原因，妇女的工资率经常低于男子。同时，可能由于社会化的原因，妇女一直比男子更善于抚养孩子。如果某个妇女的工资率低于她的丈夫，并且抚养孩子的效率更高，显然这个妇女最好是抚养孩子。这样家庭放弃较少的收入，而在抚养孩子上得到的更多。

建立谁将留在家中抚养孩子的决策模型，考虑相对生产率的影响，这并不意味着习惯对偏好的影响或在限制有关家庭生产的决策中不重要。显然，它们是重要的。家庭生产理论强调的是，随着工资、收入和家庭生产率的改变，家务劳动安排也可能会发生变化。通常，随着妻子工资率相对于丈夫工资率的上升，丈夫从事家务劳动的时间会增加，而妻子从事家务劳动的时间会下降。

(二) 夫妻双方都从事市场工作的决策

丈夫或妻子没有必要将全部时间都用于家中。许多家务杂事，从做饭、清洁到照料孩子，可以雇人来做或用商品密集型的方式来做。构成双方是否都去工作的决策的基本考虑因素是夫妻双方的市场和家庭生产率。只要夫妻双方在进行市场工作时所创造的购买商品的能力大于需要弥补的失去的家庭生产时间，那么夫妻双方多工作一个小时，就可以增加家庭的资源。家庭的收入水平也可能影响丈夫或妻子的劳动力供给，即其他情况不变，低收入水平导致更多地从事市场工作。

(三) 联合决策和交叉效应

家庭的劳动力供给决策时联合考虑夫妻的家庭和市场生产率的结果。然而，夫妻一方在生产或家中的生产率，受另一方对市场的劳动力供给的影响，因此，建立联合决策的模型颇为复杂。一方面，如果一个已婚妇女决定增加家庭之外的工作时间，那么丈夫待在家中那段时间的边际生产率，随着他做那些曾经由妻子做的家务而提高。因此，如果夫妻双方在家庭商品的上产上是相互替代的，一方劳动力供给的增加势必减少另一方的劳动力供给。

另一方面，夫妻双方在家庭商品消费上是互补的，就是说，如果妻子的工作时间直到晚上7点，她的丈夫希望下午6点进晚餐，那么效用就比以前低。但是，他可能认为工作晚一点的收益还是超过所损失的效用，在这种情况下，增加工作时间的决策会导致另一方也增加劳动力供给。

理论不能预测夫妻双方在家庭生产和消费上是替代还是互补。同样，如果替代效应和互补效应的作用相反，也不可能说明哪一种交叉效用占优势。因此，一方的劳动力供给如何随另一方的劳动力供给而变化的问题，实际上是一个经验问题。

四、生命周期与家庭劳动力供给

无论是前面讨论的简单的个人劳动力供给理论，还是家庭生产理论，都存在一个缺陷：都是静态分析或者是“一个阶段”的分析，而没有考察人们在整个生命周期内从事市场劳动、闲暇和非市场劳动的最优时间安排。事实上，由于人们在生命周期的不同时期内，从事市场工作的生产率与从事家庭工作的生产率是不同的，从而在生命的不同时期对劳动力市场供给的工作时数也不同。针对这一问题，经济学家建立了动态的劳动力供给模型，这些动态模型能够预测个体在整个成年的生命周期内的最优时间配置，同时也对已婚妇女的劳动力市场参与模式、退休年龄选择以及男性参与率的下降原因等问题作出了合乎常识的解释。

（一）已婚妇女的劳动力参与模式

如果运用剖面资料（某个时点不同年龄妇女的资料）考察已婚妇女的劳动力参与率，显然会发现，已婚妇女在20多岁时劳动力参与率下降，30～50岁时上升。家庭生产模型对此的解释是，20～30岁的已婚妇女往往处于生育时期，而在孩子出生之后的几年中，妇女在家庭中的生产率不仅比男性要高，而且往往也比她们自己在劳动力市场上的生产率要高。因此，在这一时期，许多妇女留在家里从事生育和照看孩子这样一种家庭生产活动，而随着孩子逐渐长大，进入学校，妇女在家庭中的生产率就会有所降低，因而，她们会重新进入劳动力市场去挣取工资报酬，然后用所获得的收入来购买家庭所需要的各种物品。

（二）整个生命周期的劳动力供给决策

在长期中，也许是整个一生中，人们都在进行劳动力供给决策，市场生产率（反映于一个人的工资率）通常在一个人年轻时很低；随着年龄的增加，市场生产率也迅速提高；然后，再晚年时生产率停滞，甚至下降。这种情况在每一个群体中都存在，尽管工资率的详细“轨迹”不同。有了整个生命周期中工资率的预期轨迹，人们就可以预计对劳动力供给决策两个至关重要的变量：终生财富及每个年龄段闲暇或家务劳动时间的成本。因此，如果家庭生产率随着年龄增长基本不变，考虑预期众生财富进行劳动力供给决策的人，面对预期工资增长，会毫无疑问地增加劳动力供给。

将生命周期因素引入劳动力供给理论形成这样一个预测：在中年（高工资）阶段，人们将用较多的时间从事有酬工作。同样，生命周期理论认为，时间密集的闲暇活动消费主要发生在早年和晚年。到欧洲旅行的人主要是青少年和老年人，显然与这样的事实有关。在这些年龄群体中，时间的机会成本较低，在生命周期的这些阶段，时间是相对便宜的。

五、经济周期与家庭劳动力供给

所谓经济周期，是指经济运行过程中繁荣与衰退的周期性交替。人们观察到，在经济总水平上升或下降时期，总劳动力参与率亦发生波动。但是这种波动的变化方向却有差异，尤其是在经济衰退时期。在有些经济衰退时期，总劳动力参与率上升，而在另一些衰退时期，总劳动力参与率下降。针对这种状况，研究者提出了两种劳动参与率假说——附加性劳动力假说与悲观劳动力假说。

两种假说的前提是相同的，即男性成年人的劳动力参与率与经济周期不存在灵敏的反应性。这个劳动力群体不管短期工资和劳动力市场条件如何发生变化，不管是处在就业状态还是非就业状态，总是停留在劳动力市场中。他们的流动表现为就业者和失业者之间的流动，而不表现为劳动力与非劳动力的流动。这个劳动力群体被称为一级劳动力。与此相对的劳动力群体被称为劳动力市场的二级劳动力。二级劳动力主要由中年妇女构成。二级劳动力参与率与经济运行周期存在着较灵敏的反应性。

（一）附加性劳动力假说

附加性劳动力假说认为，在经济总体水平下降时期，由于衰退，一些一级劳动力处于失业状态。此时，为了保证家庭已有的收入水平，二级劳动力（家庭主妇为主）走出家庭，以期寻找工作。因此，二级劳动力参与率与失业率存在着正向关系：失业率上升，二级劳动力参与率提高。

（二）悲观性劳动力假说

悲观性劳动力假说认为，在就业下降、失业上升时期，一些一级劳动力处于失业状态，但仍滞留在劳动力市场，而许多二级劳动力对寻找新的工作机会的前景持悲观态度，因而宁愿退出劳动力市场而不愿作为失业者。因此，二级劳动力参与率与失业率呈反方向关系：失业率上升，二级劳动力参与率下降。

统计研究证明，在经济衰退时期，附加性劳动力效应与悲观劳动力效应同时存在，由于两种效应作用方向相反，所以在经济周期中，劳动力参与率表现为不同的波动状况。当附加性劳动力效应的作用更强一些时，即进入劳动力市场的人数大于退出劳动力市场的人数时，劳动力参与率与失业率存在正向关系。当悲观性劳动力效应的作用更强时，劳动力参与率与失业率存在反方向关系。但总的说来，在经济衰退时期，多数情况下劳动力参与率下降，即悲观性劳动力效应更强一些。由于上述现象的存在，二级劳动力是经济周期中劳动参与变动幅度较大的群体。

第四节　市场劳动力供给

一、市场劳动力供给曲线

所谓市场劳动力供给曲线，实际上是将一个市场中的个人劳动力供给曲线相加，是表示市场工资与市场的劳动供给时间关系的曲线。

现假设劳动力供给市场仅有 A、B、C 三人，我们根据他们在三种不同工资水平下作出选择的情况，归纳出市场的劳动力供给曲线。第一个人 A，当市场工资率提高后，替代效应大于收入效应，劳动供给时间由 20 小时增加到 30 小时、40 小时；第二个人 B 的情况相反，其收入效应超过替代效应，因此当工资水平提高时，劳动供给时间由 40 小时减少到 30 小时，进而减少到 20 小时；第三个人 C，当工资率为 w_1 时他没有提供劳动时间，当工资率提高到 w_2、w_3 时，他提供的劳动时间分别为 30 小时、40 小时。市场劳动力供给曲线 S_m 是由这三人在不同的工资率条件下所提供的劳动时间的总和。因此，它反映了追求最大效用的个人在工资率发生变化时所作出的选择。

表 2－3　　不同工资率下的劳动供给时间

	工资率 w_1	工资率 w_2	工资率 w_3
劳动者 A	20	30	40
劳动者 B	40	30	20
劳动者 C	0	30	40
市场劳动供给时间	60	90	100

这样，市场劳动力供给曲线 S_m 就如图 2－10 所示：

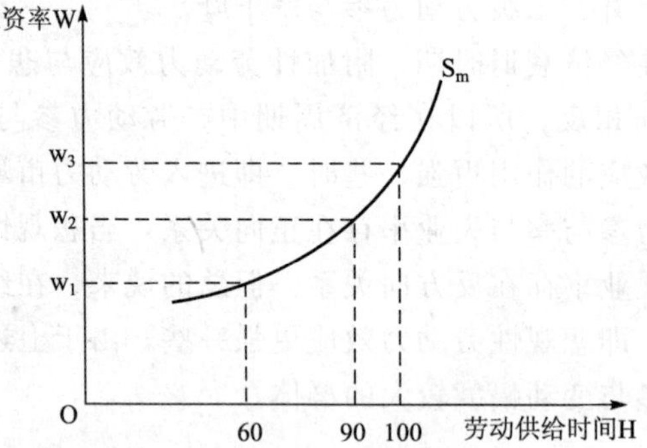

图2-10 市场劳动力供给曲线

假设劳动力市场是封闭的，即没有劳动力的流出与流入。这时，一般情况下，市场劳动力供给曲线向右上方倾斜，主要原因是总体工资率变化的收入效应小于替代效应。而导致这一事实的主要原因是工资率变化的替代效应在任何人身上都会起作用，而收入效应可能在某些层次的人，如人均收入较低、家庭负担重的人身上不起作用。对于这些人来说，只要工资率提高，他们就愿意增加劳动时间。

如果劳动者可以自由进出，即劳动力市场是个开放的市场，那么，市场劳动力供给曲线一定就是一条从左下方向右上方倾斜的曲线。这是因为，工资率提高可能会使一部分原来就在这个市场竞争的人减少劳动供给，但同时又会吸引一部分本来不在这个市场上的人进出这一市场，从而使劳动力供给总量最终呈增长趋势。

二、劳动力供给量的变动与劳动力供给的变动

由于我们把劳动力供给函数假定为只有市场工资率一个自变量的函数，这就出现了劳动力供给量的变动与劳动力供给的变动之别。

所谓劳动力供给量的变动是指在其他条件不变的情况下，仅由工资率变动所引起的劳动供给量的变动。这种变动表现为同一条劳动力供给曲线上点的移动。如图2-11所示，当工资率由w_1提高到w_2时，劳动力供给量由L_1增加到L_2，表现在劳动力供给曲线上就是点c向点a的移动，这就是劳动供给量的变动。

所谓劳动力供给的变动是指在工资率不变的情况下，由其他因素变化所引起的劳动力供给的变动。这种变动表现为整条劳动力供给曲线的移动。如图2-12所示，在同样的工资率w_0不变的情况下，由于其他因素变化如教育成本上升，引起在相同的工资率下，劳动力供给数量减少到L_2，点a移动到点b，劳动力供给曲线由S_0向左位移到S_2，这就是劳动力供给的变动。

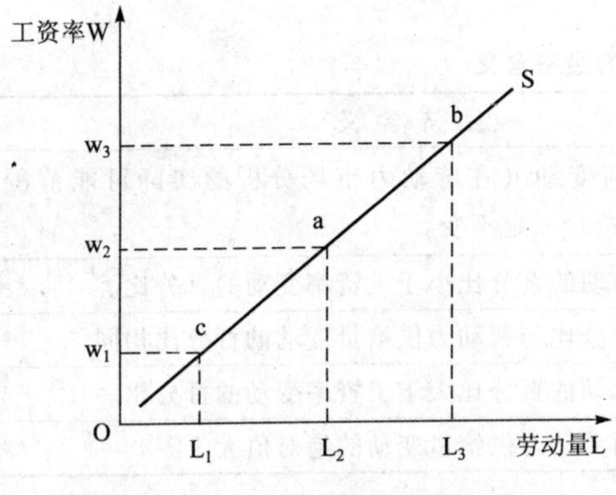

图 2－11　劳动力供给量的变动

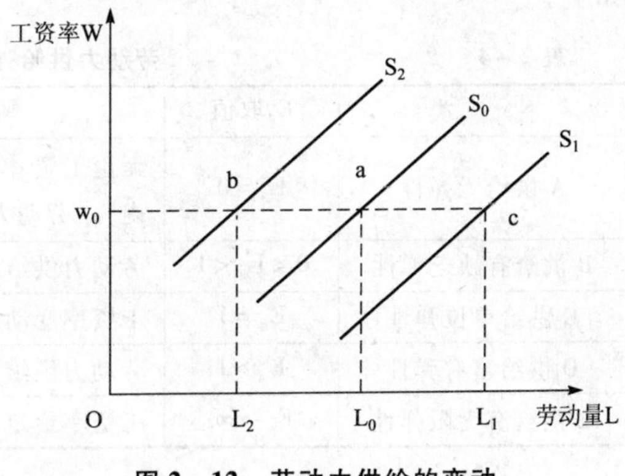

图 2－12　劳动力供给的变动

三、劳动力供给弹性

从劳动力供给与工资率的关系中可以看到，当工资率变化时，劳动力供给量相应地发生变化。劳动力供给量的变动对工资率变动的反应程度被定义为劳动力供给的工资弹性，简称劳动力供给弹性。其计算公式为劳动力供给量变动的百分比与工资率变动百分比的比值。设 E_s 为劳动力供给弹性，$\Delta S/S$ 为劳动力供给量的百分比，$\Delta W/W$ 为工资率变动的百分比，则：

$$E_s = (\Delta S/S)/(\Delta W/W)$$

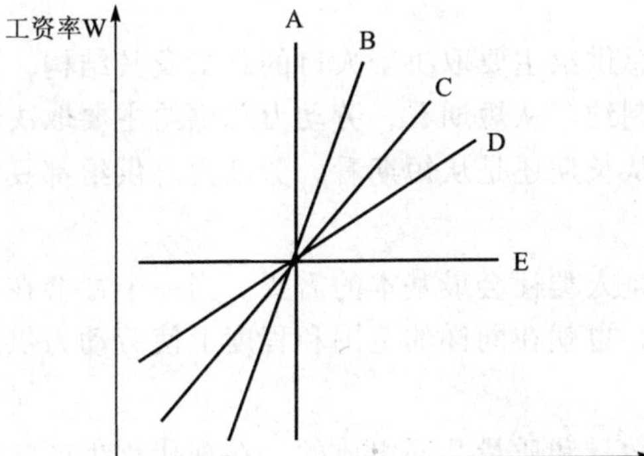

图 2－13　劳动力供给弹性

通常，劳动力供给弹性值在零到无穷大之间。根据劳动力供给弹性的不同取值，一般将劳动力供给弹性分为五类，如图 2－13 所示。这五类劳动力供给弹性的经济含义如下：

表 2－4　　劳动力供给弹性的经济含义

种　类	E_s取值	经济含义
A 供给无弹性	$E_s=0$	无论工资率如何变动（在劳动力市场分析的实际可能范围内），劳动力供给量固定不变。
B 供给有缺乏弹性	$0<E_s<1$	劳动力供给量变动的百分比小于工资率变动的百分比。
C 供给单位弹性	$E_s=1$	工资率变动的百分比与劳动力供给量变动的百分比相同。
D 供给富有弹性	$E_s>1$	劳动力供给量变动的百分比大于工资率变动的百分比。
E 供给有无限弹性	$E_s\to\infty$	工资率给定，而劳动力供给量变动的绝对值大于零。

第五节　经济中的劳动力总供给

一、劳动力总供给的概念和特征

劳动力总供给，是指已经开发的、立刻可以投入经济活动的劳动力，是一个国家或地区社会劳动者与正在谋求职业者所具备的劳动能力的总和。劳动力总供给对于国民经济具有多方面的重要影响，是国民经济运动的前提条件，其规模决定着社会生产的总规模。劳动力总供给具有如下特征：

（一）规律性

从长期看，劳动力总供给主要取决于人口的总量及其结构，而人口的总量与结构要受到人口再生产规律的制约。从短期看，劳动力总供给主要取决于全部劳动力人口的就业强度。因此，无论是从长期还是从短期看，劳动力总供给都具有一定的规律性。

（二）普遍性

对劳动产品的需求是人类社会最基本的需要。当一个社会在一定范围和程度上使劳动力成为财富的源泉时，也就在同样的范围和程度上使劳动力供给具有普遍性。

（三）质量等级性

劳动力总供给是由数量和质量共同组成的。在现代化生产条件下，劳动力的质量比其数量更为重要。根据不同的划分方法，可以分为大学、中专、高中、初中、小学、文盲几个等级；从职业总类别的角度划分，可以分为脑力劳动和体力劳动。

（四）动态性

劳动力资源是一种再生产性资源，劳动总供给在运动中更新。这种运动过程又必须以保存一部分旧的内容为前提。这就是劳动力总供给的动态性。如未成年人（一般指16岁以下）的非经济运动人口，随着年限的变化将会被纳入经济活动人口，加上求业人员，这几部分人将会扩大现实的劳动力总供给。同时，在就业人员中，已达离退休年龄，或因伤残事故而丧失劳动力的人，将会退出劳动力市场，这又会减少劳动力总供给。不仅劳动力供给在数量上会发生变化，而且随着劳动力的更新与科学技术的进步，劳动力的质量也会不断体改，这必然会大大扩大劳动力总供给量。

二、人口与劳动力供给

仅从人口规模考虑时，一定时期的劳动力供给量是指构成劳动力人口的那部分人口数量。劳动力人口即具有劳动能力的人口，这与劳动年龄息息相关。在劳动力年龄上、下限之间的人口成为“劳动适龄人口”或者“劳动年龄人口”。

劳动年龄的划分，在不同国家有所差异，反映到劳动法中，即法定最低就业年龄与退休年龄。规定劳动年龄上、下限的主要依据是一个国家人口的体质情况，以人口总体中哪一个年龄段的人具有从事经常性社会劳动所需要的体力和精力为依据。此外，还应当考虑掌握基本劳动技能的学习期限。我国现行的劳动年龄规定为：男子16~60岁，女子16~55岁。在劳动适龄人口内部，存在一些丧失劳动能力的病残人口；在劳动适龄人口之外，也存在一些具有劳动能力、正在从事社会劳动的人口。在计量劳动力供给时，应当对上述两种情况加以考虑。

根据上述计量方法，一国的劳动力人口可以分为八个部分，如图2-14所示：

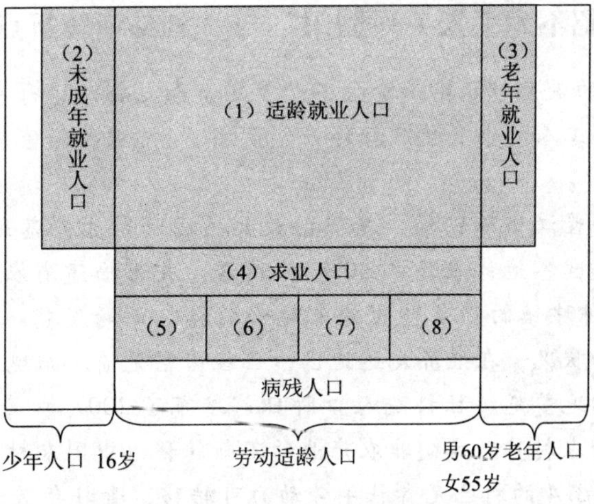

图2-14　劳动力人口的组成

(1) 处于劳动年龄之内，正在从事社会劳动的人口，它占劳动力供给的大部分，可称为“劳动适龄就业人口”。

(2) 尚未达到劳动年龄、已经从事社会劳动的人口，即“未成年就业人口”。

(3) 已经超过劳动年龄，继续从事社会劳动的人口，即“老年就业人口”。这三部分构成了“就业人口”的总体。

(4) 处于劳动年龄之内，具有劳动能力并要求参加社会劳动，但尚未就业的人口，即“求业人口”。它与前三部分一起，构成经济活动人口。

(5) 处于劳动年龄之内，正在从事学习的人口，即“就学人口”。

(6) 处于劳动年龄之内，完全从事家务劳动的人口。

(7) 处于劳动年龄之内，正在军队服役的人口。

(8) 处于劳动年龄之内的其他人口。

在上述八部分中，前四部分是经济活动人口，构成现实的社会劳动力供给，这是直接的、已经开发的劳动力资源，反映出一个国家的发展程度等深层次的社会经济特征。后四部分并未构成现实的社会劳动力供给，他们是间接的、尚未开发的、出于潜在形态的劳动力资源。这些潜在的劳动力资源，受各种因素的影响，决定他们是否转换为现实的社会劳动力供给，如家务劳动人口和就学人口是选择还是不选择、选择早一点还是晚一点参与劳动，在很大程度上取决于其家庭经济状况的好坏以及个人偏好等因素。

阅读材料

“招不到工人关厂倒闭”与“刘易斯转折点”

“现在企业面临的最大难题不是资金不是市场，而是招工，每年春节后都要经历一场招工大战，招不到工人的企业就只好停产、倒闭。”陈埭镇一家鞋厂的老板林劝清感叹道。

位于闽南侨乡的晋江市陈埭镇，是国内最大的运动鞋生产基地。当地只有 8 万人口，却吸纳了来自全国各地的农民工 40 万人左右，成为福建省农民工最集中的地方。但自 2003 年以来，陈埭镇的厂家却为越来越难的招工问题发愁。找不到工人的企业，只好关门倒闭。这种状况，在经济发达地区，已经司空见惯。而现在，招工难、民工荒现象，正从沿海向内地蔓延。社科院人口所日前发布了 2007 年《人口与劳动绿皮书》指出，近年来，随着农村劳动力向非农产业的不断转移，中国农村青壮年劳动力供求矛盾突出。调查显示，3/4 的村已无青壮年劳动力可转移，青壮年劳动力的普遍短缺局面已经形成。发展经济学的领军人物阿瑟·刘易斯在上世纪 50 年代对世界各国经济发展的历史数据进行详细的统计分析后，得出了一个惊人的结论：大多数国家的发展都要经历一个二元经济蜕变的发展过程。其中，一个突出的特征是农村劳动力的剩余为工业化提供低廉的劳动力，工资增长较慢，雇佣关系不利于劳动者，城乡收入差距持续保持，但从动态的经济发展逻辑来看，这个过程将一直持续到劳动力从无限供给变为短缺，增长方式最终会实现一个质的飞跃，从而真正进入现代化的经济增长阶段。因此，经济学家通常就把这一转折点称为“刘易斯转折点”。很显然，达到了“刘易斯转折点”，那么也意味着以前依靠城乡差距所产生“中国制造”的廉价劳动力优势行将逝去。中国接下去的经济增长，也就随之进入一个高工资、高效率的崛起时代。这才是真正意义上的现代化，这才是和世界发展理念、意识、思想的接轨。当劳动力变得昂贵的时候，或者说资本不再稀缺的时候，这个城市、这个区域、这个国家才算真正地营造人民的富庶。人力资本的上扬，除了回归生命的本来价值之外，将迫使企业在生存和发展面前，无止境地追求科技含量加大和管理水平提高，从而实现不带污染的利润。工人在高工资的语境下，方可加大对提高自身素质的资金投入，迅速成长为合格产业工人，为企业在高层次平台的竞争提供可能。

“招不到工人关厂倒闭”带来的“刘易斯转折点”，无疑是一种积极的、良性的信号，一旦跨过这一“转折点”，我们将真正拥有经济的长期发展和繁荣。

资料来源：光明观察网. http：//guancha. gmw. cn/show. aspx？id = 5084。

三、劳动力参与率与劳动力供给

劳动力参与率是与劳动力供给相关的一个重要概念，它是测量、测度一定范围内的人口参与市场性劳动的程度。一定范围内的人口可按若干标志进行分类，如总人口、不同年龄组人口或不同性别人口等。以总人口计算的劳动力参与率称为总人口劳动参与率。以某一年龄或性别计算的劳动力参与率称为年龄、性别劳动力参与率。具体的计算公式为：

总人口劳动力参与率 = 劳动力/总人口 × 100%

年龄劳动力参与率 = 某年龄劳动力/该年龄人口 × 100%

性别劳动力参与率 = 某性别劳动力/该性别人口 × 100%

劳动力参与率指标在研究一个国家人类资源规模和构成因素以及预测未来劳动力供给中起到重要的作用，对制定社会保障制度的财务计划也有着重大意义。值得注意的是，劳动力参与率只是测度和反映人口参与劳动程度的指标，它本身并不是影响人口参与劳动的因素。

影响劳动力参与率的因素错综复杂，各因素对劳动力参与率的影响程度、影响方向也不一样，即使是同样的因素，对不同的劳动力供给决策主体，其发挥作用的程度和方向也不一致。各因素对劳动力参与率影响程度的准确计量，目前还无法解决。一般说来，影响劳动力参与率的因素包括以下几个方面：

(一) 教育制度与教育规模

劳动者受教育时间的长短对劳动力参与率有直接的影响。从动态上看，劳动者受教育时间的不断增加，会相应减少就业时间，从而降低劳动力参与率。反之，受教育时间缩短，把用于接受教育的时间用于就业，必然提高劳动力参与率。与发达国家相比，我国劳动者受教育的时间偏短。同发展中国家相比，仅巴西、泰国和我国接近，其他国家都远低于我国。这从另一个方面反映了国民受教育时间偏短，加上缺乏上岗前的培训，使一部分人口过早就业，增大了就业人口的总量。同时，由于在职教育或继续教育欠缺，经过基础教育之后便就业的人员接受继续教育的比例较低，绝大多数人都以全部工时在岗，从而增大了劳动力参与率。

(二) 工资政策及工资关系

按劳分配的一个重要内容是，以社会劳动为尺度，按照劳动者提供的劳动数量和劳动质量分配个人消费品。简单劳动和复杂劳动在个人消费品分配方面要有差别，复杂劳动应比简单劳动获得更多的劳动收入，在此基础上可形成较为合理的工资分配关系，并提供劳动者及其家属提高自身素质的内在动力。在这种条件下，青少年将会延长学习时间，从而推迟进入劳动力市场的初始年龄，形成劳动力再生产的现代化，从而使劳动力参与率水平下降或缓慢增长；反之，就会产生相反的效果。

(三) 工资水平

工资水平是调节劳动力供给与劳动力需求的经济杠杆，在市场经济条件下，工资水平直接影响劳动力的供给。从市场整体来看，工资水平越高，劳动力参与率越高。

(四) 个人非劳动收入

现阶段，劳动是人们谋生的手段，人们谋生对劳动的依赖程度取决于非劳动收入的变化。非劳动收入的增加将会降低人们谋生对劳动的依赖程度，从而降低劳动力参与率。

(五) 社会保障制度

社会保障制度对劳动力参与率产生直接的影响作用。普及型社会保障制度会降低劳动力参与率，就业关联式社会保障会刺激劳动力参与率的提高。长期以来，我国实行就业、工资、福利三位一体的社会保障制度，在这种制度下，意味着劳动者只有就业才能享受保险、各种福利等诸多待遇，其结果必然会刺激劳动力供给。

(六) 宏观经济状况

经济周期变动、繁荣与衰退的交替等对劳动力供给均有影响，这通常是由于劳动力需求变化通过市场机制产生的结果。当经济快速增长时，资本投资需求增大，从而导致对劳动力需求增加，市场运行的结果将会导致劳动力供给的增加。当经济衰退时，由于失业者长期找不到工作，就可能丧失寻找工作的意愿，从而退出劳动力市场，使劳动力参与率降低。

（七）其他因素

社会文化、风俗习惯等对劳动力参与率也会产生影响。例如，新中国成立以后，我国政府一直鼓励城市人口、妇女人口积极就业，从而造成这样的观念：只有就业，而且全工时就业，才算是充分实现人生价值。这对我国劳动力参与率是有影响的。

阅读材料

我国城镇劳动力参与率的变化

表2－5和图2－15显示的是我国城镇劳动年龄人口、经济活动人口和劳动力参与率的变化情况，其中劳动年龄人口、第一种口径的经济活动人口和劳动力参与率的计算数据，均来源于1‰人口变动调查。城镇经济活动人口系用国家统计局提供的城乡加总数，减去农村就业人口数得出。同时，第二种口径的城镇经济活动人口和劳动力参与率，系用国家统计局调查得出的城镇就业人口加城镇登记失业人口获得。虽然两种口径数字有一些差异，但总体显示出我国劳动力参与率下降的趋势是相同的。

表2－5　我国城镇劳动年龄人口、经济活动人口和劳动力参与率变化（百万，%）

年份	劳动年龄人口	经济活动人口 2Ⅰ	劳动力参与率 2Ⅰ	经济活动人口 2Ⅱ	劳动力参与率 2Ⅱ
1995	272	198	72.79	196	72.06
1996	284	207	72.89	205	72.18
1997	301	218	72.43	214	71.10
1998	324	231	71.30	222	68.52
1999	327	238	72.78	230	70.34
2000	366	251	68.58	237	64.75
2001	377	253	67.11	246	65.75
2002	397	264	66.50	256	64.48

资料来源：蔡昉，王美艳．中国城镇劳动力参与率的变化及其政策含义．中国社会科学，2004，4.

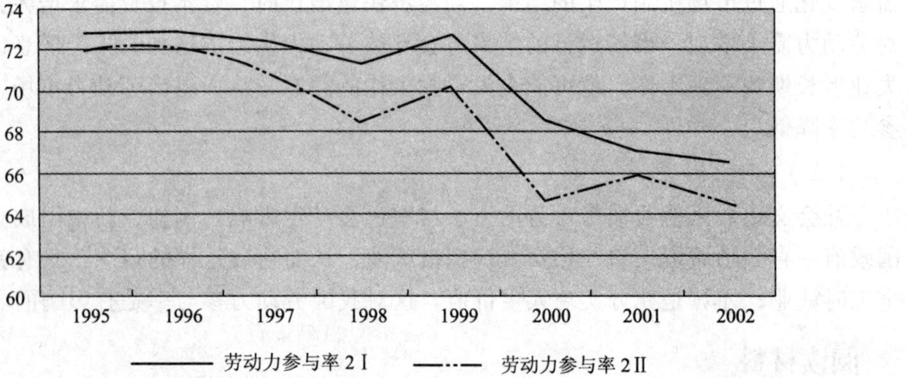

图 2-15 中国城镇劳动力参与率变化

资料来源：曾湘泉．劳动经济学．中国劳动社会保障出版社，复旦大学出版社，2005.

本章小结

劳动力供给，从本质上说，是指劳动力的供给主体在一定的劳动条件下自愿对存在于主体之中的劳动力使用权的出让；从量的角度说，是指一个经济体在某一段时期内，可以获得的劳动者愿意并能够提供的劳动能力的总和。个人劳动力供给曲线是以一条向后弯曲的曲线，表明在某一工资率之前，个人劳动力供给随着工资率的提高而增加，而超过这一工资率后，工资率的提高则会导致工作时间的减少。家庭劳动力供给决策把个人的可自由支配时间划分为三部分，即闲暇时间、市场工作时间、家务劳动时间，考虑到家庭成员之间的协商进行决策，并对生命周期和经济周期下的家庭劳动力供给进行了分析。市场劳动力供给曲线通常是一条向右上方倾斜的曲线，是由个人劳动力供给曲线加总所得，劳动力供给弹性是指劳动力供给量变动对工资率变动的反应程度，分为五种类型。劳动力总供给，是指已经开发的、立刻可以投入经济活动的劳动力，是一个国家或地区社会劳动者与正在谋求职业者所具备的劳动能力的总和。

思考题

1. 如何理解劳动力供给的含义？
2. 劳动力供给通常有哪些假设？
3. 闲暇——收入无差异曲线有哪些特征？
4. 何为收入效应和替代效应？
5. 如何理解向后弯曲的个人劳动力供给曲线？

6. 家庭生产理论的基本内容是什么？
7. 什么是劳动力供给弹性？有哪些分类？
8. 劳动力供给量的变动与劳动力供给的变动有何区别？
9. 何为劳动力参与率？影响劳动力参与率的因素有哪些？
10. 我国城镇劳动力参与率为何呈现下降的趋势？

第三章

劳动力市场

关键概念

劳动力市场　均衡　蛛网模型　完全竞争　不完全竞争　完全垄断
劳动力市场分割　内部人－外部人模型　效率工资理论

劳动力供给与劳动力需求作为劳动力市场中的两个相互依存和相互作用的方面始终处于矛盾的运动状态。对于它们两者之间的相互作用的形式和其内在的规律的分析，具有十分重要的现实意义，它有助于我们准确地掌握劳动力市场中供给方和需求方的发展趋势，以期争取劳动力供给与需求的均衡，保证劳动力供给的个人收益最大化和企业经济效益的最大化。本章主要介绍劳动力市场的基本构成和基本特征，劳动力市场静态均衡和动态均衡的形成，非均衡条件下的失业，不完全竞争条件下工资和就业的决定，以及劳动力市场的分割理论和我国劳动力市场的分割特征。

第一节　劳动力与劳动力市场

一、劳动力与劳动力市场

（一）劳动力的特性

劳动力是一种特殊的生产要素和特殊的商品。

其特殊性之一在于劳动者的劳动能力作为一种能够创造价值和剩余价值的生产要素，是依附于劳动者身上的。其特殊性之二在于劳动者的劳动能力作为其身体、心理因素的综合作用，不是天生的，是需要经过后天培养和开发的。

劳动力和土地、资金等生产要素一样同属稀缺性的生产资源。在有限的时间、空间范围内，市场上某种类型的劳动力的总数量是有限的，市场上不同类型的劳动力总数量也是有限的。劳动力的培养需要大量的投入，包括时间、精力、金钱等要素的投入，不同类型、不同层次的劳动力所花费的投入是不同的。

劳动者则是具有理性的个体。一个劳动者通过劳动获取收入，但他也必须同时享受闲暇。一个劳动者总是通过选择劳动收入和闲暇的最佳组合来最大化他的效用。一个劳动者的劳动供给数量就是劳动者进行理性决策的结果。

关于劳动力的稀缺性假设和理性假设这两个基本假定，决定了劳动力这种特殊的生产要素在市场上的配置有其特殊之处。

（二）劳动力市场

什么是劳动力市场？目前没有公认的权威定义。本文试图从市场、市场机制的角度理解劳动力市场。市场机制是买者和卖者决定价格并交换物品或劳务的机制。整个经济体系可以分为产品市场、要素市场两个大类，在要素市场中可以分为资本市场和劳动力市场等。因此，从整个经济运行体系的角度来看，劳动力市场就是要素市场中的一种，是具有劳动能力的劳动者与生产经营中使用劳动力的经济主体之间进行交换的场所，劳动供给者和需求者通过劳动力市场获取各自需要的东西，整个社会通过劳动力市场来配置劳动力资源，因此劳动力市场对整个经济运行有至关重要的作用。

更进一步分析，所谓劳动力市场，就是劳动力供求之间在劳动力使用权的转让与购买上达成一系列合约的总和。劳动力使用权的转让与购买，是完全出于自愿而进行的劳动力交换活动，反映了以劳动力交换合约为基础的劳动力供给与需求之间的关系。就其结果而言，社会上大量劳动力使用权转让与购买过程，同时就是劳动力资源在各种用途之间的分配过程。只不过这种分配是通过劳动力交换并由价格引导而自发实现的。可见，劳动力市场的基本功能乃是配置劳动力资源。

马克思认为劳动力市场形成的前提条件是劳动力成为商品，这包括两个基本条件：一是劳动者成为自由人并且拥有独立支配其劳动的权利；二是劳动者除了自己劳动之外一无所有，没有别的可以出卖。希克斯认为，劳动力市场应当具备两个条件。一是工人能自由地变换其雇主；二是就业应当是稳定的，使雇主至少和大部分雇员保持持续性的关系。罗伯特·伊兰伯格指出，劳动力市场应具备三个条件：一是买卖双方有交易行为；二是劳动力买卖双方建立了机构，有中介服务；三是双方取得一致后，签订合同达成契约。

一般而言，劳动力市场是劳动力的供给方（劳动者）和劳动力的需求方（企业等用人单位）通过市场竞争，自主达成劳动契约关系的载体，因此构成劳动力市场的三个基本要素是劳动力的供给、需求和价格——工资。

劳动力供给和需求双方是劳动力市场的主体，工资是双方都认同的交易条件。除此

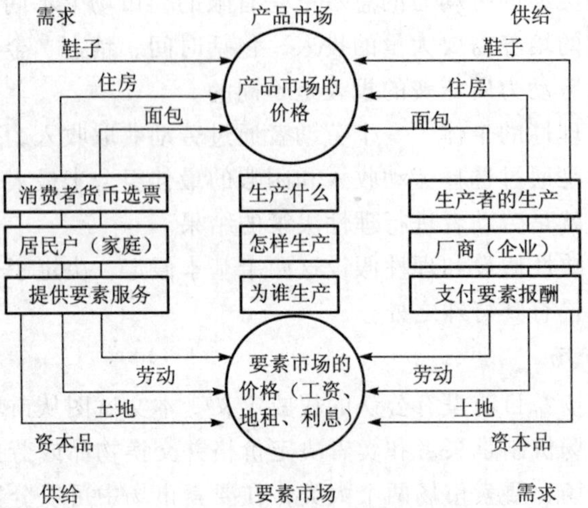

图 3－1 产品市场和要素市场的关系图

之外，劳动力市场还有市场的载体，也就是集中进行劳动力交易的场所，比如，职业介绍所，劳务市场，以及现在非常普遍的“网上劳动力市场”。在我们的现实生活中，我们可以看到每个城市都有职业介绍中心，都有劳务市场，但是这些是为低层次的劳动者提供的劳动力市场。现在企业招聘正式员工都是通过网络进行，企业在网站公开发布招聘信息，求职者按照要求填写简历，并发送到指定的邮箱或者直接在网上填写，企业收到简历，再筛选简历，进行面试。因此，网络劳动力市场逐渐成为就业者寻找就业的重要渠道，求职者应该熟悉国内常见的招聘网站。

二、劳动力市场的类型

在现实经济生活中，劳动力市场的类型丰富多样，可以从多个角度对它进行分类。这里只介绍几种主要的劳动力市场类型。

（一）完全竞争的劳动力市场和不完全竞争的劳动力市场

在竞争性的劳动力市场上，劳动力的配置完全由供求关系调节。劳动力的供求双方市场主体地位明确，实行自愿的双向选择。劳动力在部门间、行业间、区域间的配置，表现为市场供给与市场需求之间，通过自由交换达到自动平衡的结果。这种纯粹由市场力量决定的劳动力在部门间、行业间、区域间的流动，形成竞争性劳动力市场。

然而在现实生活中，并不存在完全竞争的劳动力市场。在不完全竞争的劳动力市场上，各种社会或制度性因素阻碍了劳动力在市场上随供求关系和价格因素的自由流动，并引起劳动报酬上的显著差别。

(二) 主要劳动力市场和次级劳动力市场①

劳动力市场分割理论认为，劳动力市场存在主要劳动力市场与次级劳动力市场的分割。在主要劳动力市场中，劳动者收入高，工作稳定，工作条件好，培训机会多，有良好的晋升机制；而次级劳动力市场则与之相反，劳动者收入低、工作不稳定、工作条件差、培训机会少，缺乏晋升机制。

(三) 内部劳动力市场和外部劳动力市场

所谓内部劳动力市场，指的是存在于企业内部的劳动力市场，即企业内部的各种劳动合约与就业安排的制度总和。外部劳动力市场，即劳动力的供求调节主要在企业外部的市场上发生，按照市场规律来进行劳动力的配置。

(四) 全国性劳动力市场和地方性劳动力市场

劳动力供求双方如果是在全国范围内进行配置，这种市场就成为全国性劳动力市场。如果劳动力供求双方仅在地区范围内进行配置，这种市场就是地方性劳动力市场。

三、劳动力市场的特征

(一) 劳动者和劳动力具有不可分割性

劳动力是指人的劳动能力，包括智力、体力、知识、技能和人的创造力等，它以劳动者为载体，与劳动者具有不可分割性。劳动力与劳动者的不可分割，决定了劳动力具有强排他性、转让的有限性和使用弹性等特点。强排他性就是指作为劳动力载体的劳动者拥有对其劳动力的“垄断”性。例如，奴隶主必须花费相当的成本和资源才能监督奴隶的劳动，否则奴隶有可能消极怠工。

劳动者和劳动力不可分割带来的另一个问题就是，劳动力的卖方非常关心劳动力卖出以后劳动力的使用。因此，劳动力市场的劳动力不是卖出去的，而是租出去的。也就是说，在租用的期间内，劳动者出卖了劳动力的使用权。因此，在所有商品中，我们最关心劳动力在出售以后是如何使用的，比如在什么样的条件下工作，有什么样的保障制度和福利待遇，这些都会影响劳动者的劳动态度、工作热情和生产能力。

在现代市场经济条件下，会产生企业员工“偷懒”、“搭便车”等现象，降低劳动力资源的使用效率。在工会与雇主进行工资谈判的过程中更容易产生“搭便车”的现象，因为不可能每个工人都去和雇主谈判，只能挑选几个代表去谈判，而谈判的结果是所有的雇员都享受了相同的待遇。

由于同样的原因，劳动力市场是规制最多的一个市场，有各种各样的立法，政府会

① 主要劳动力市场也可以称为一级劳动力市场，次级劳动力市场也可以称为二级劳动力市场。

直接干预劳动力市场。虽然其他的产品市场有消费者权益保障法、反垄断法，但是劳动力市场的立法是最多的。比如许多国家都有最低工资法的规定，都有对劳动者进行劳动安全保障的规定。又比如，发达国家的工会通常直接介入劳动者工资的确定，甚至是劳动者雇佣的过程。在我国，最近几年出台的法律有《劳动合同法》和《就业促进法》。

（二）劳动力市场存在严重的信息不充分和信息不对称

比如一个潜在的劳动者想就业，但是他并不知道哪里有最适合他的就业岗位；如果信息是充分的，该劳动者就知道在哪里能够找到他最适合的雇主，那么交易就能够顺利、愉快的进行。但是，劳动力市场的信息不是充分的，这个劳动者会不断地尝试，不断地寻找，他可能去了不适合他的地方工作，自己的能力没有发挥，而且导致企业的生产也受到了损失，这就是信息不充分带来的问题。与此类似的问题就是，雇主需要雇佣一个员工，但是他也不知道在哪里能够找到最适合他的员工，在不断的搜寻过程中会耽误很多时间。举个极端的例子，刘备在年近五旬的时候才找到了最适合他的雇员——诸葛亮，设想刘备在30岁就得到了诸葛亮这样的雇员，他可能早就统一了中国。

信息不对称的例子非常普遍。雇员对自己的人力资本是有充分了解的，也知道自己具备什么样的能力，知道自己的工作兴趣，但是雇员拥有的这些内部信息不会让雇主知道，他向雇主展示的完全是自己最优秀的部分，结果雇主不了解雇员。与此相反，雇主也知道自己企业的优势和劣势，知道自己企业的工资福利水平，雇主也不会轻易就向雇员透露这些信息。因此，现在才有专门的人力资源招聘部门，专门挑选合适的雇员。不过这也只能在一定的程度上获取真实的信息，很多雇员的信息还是没有办法得到。

在现实经济活动中，双方的有限理性、衡量绩效的困难和信息不对称等三个因素阻碍了雇主与雇员之间制定一个完备的契约。有限理性指雇主和雇员在处理信息、应付复杂环境和寻求理性目标方面存在个人能力的局限性。衡量绩效的困难在于雇主难以确定一个准确地衡量雇员行为的标准，即雇主不能观测到雇员是否努力工作，只可观测雇员的任务完成状况。不对称信息是指雇主与雇员不能同等地获得有关契约的信息。

存在不充分信息和不对称信息的时候，交易就不是新古典的交易，这就是市场的失败，也可以说是劳动力市场的失灵，这时就需要对劳动力市场进行干预。比如，为了应对不充分信息，政府站在中立的立场上，收集公共信息支付给每一个人，这是提高劳动力市场的交易效率的手段。

（三）交易存在障碍，交易费用较高

劳动力市场上的雇佣行为是一种交易，新古典假设交易是没有什么障碍的。事实上我们从来没有生活在无交易障碍的劳动力市场中，交易障碍永远存在。有各种各样的交易障碍，信息不充分也是一种障碍，这里着重强调的是制度障碍。

比如，很多农民工到城里打工，有很多岗位适合他们，但是由于他们没有城市户口，这些岗位不招收农民工，这些农民工也就不能到这些岗位工作。这就是由于户籍制度带来的交易障碍。

在很多经济学家的眼里，最低工资制度也是一种障碍。在最低工资制度下，政府规定必须支付给雇员800元的工资，其实有的劳动者可能愿意接受600元的工资，当然雇主也是非常愿意雇佣这样的员工，但是由于最低工资的存在，雇主不能雇佣这样的员工。前不久，武汉的一名大学生打出一个标语：不要工资，只要岗位。这个学生想得非常好，希望有岗位，积累经验，以后再要求提高工资，但是他的这个良好愿望是不能实现的，因为最低工资制度是存在的，他要么找到工作获得工资，要么找不到工作，也没有工资。

再比如，法律规定对女性同工同酬。实际上女性会有一两年的时间用于生孩子和照顾孩子，给企业带来一定的损失，而企业不能支付女性较低的工资。因此，雇主会从企业自己发展角度来考虑，在面临众多求职者的时候，雇主就会雇佣男性。同工同酬制度的初衷是好的，但是结果可能是给女性带来了更大的损失。

第二节　劳动力市场的均衡

在劳动力市场上，最为主要的关系就是劳动供给和劳动需求之间的均衡关系。虽然在现实的生活中，劳动力市场的均衡状态从来都没有实现过，但是劳动力市场的均衡分析是我们理解劳动力市场运行状态的基础和坐标。其他关于劳动力市场非均衡的分析都是在劳动力市场的均衡分析基础之上进行改进和扩展的。

一、均衡工资和就业量的决定

（一）均衡工资率的含义

在劳动力市场是存在劳动供给曲线和劳动需求曲线，在前面的章节中有详细的介绍，在这里不做介绍，在下一节中会简单推导劳动需求和供给曲线。在这里我们假定，劳动的供给和需求曲线是已知的。那么，所谓均衡工资是指劳动力市场的需求与供给相等时的工资水平，或者说，劳动需求曲线和劳动供给曲线相交时的工资水平（如图3-2）。

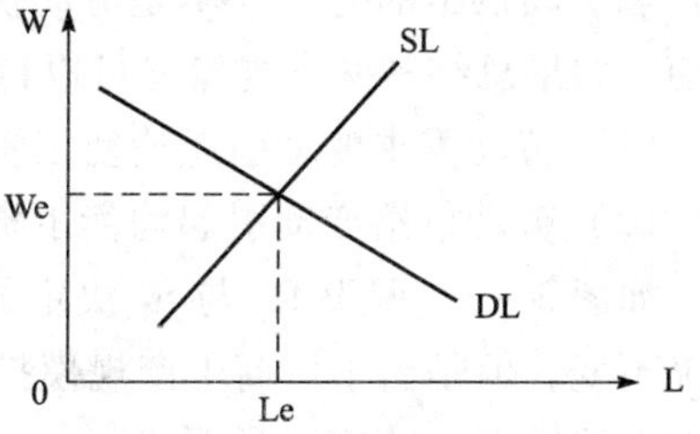

图3-2　均衡工资的含义

在劳动需求曲线和供给曲线的交点，劳动

者愿意出卖的价格和厂商愿意支付的价格，以及劳动者提供的劳动供给数量和厂商愿意购买的数量恰好相等，这时劳动市场达到均衡状态。劳动力市场供求达于平衡状态时的价格，就称为均衡工资，或者叫均衡工资水平，与均衡工资相对应的劳动供（需）量，称为均衡就业量。

劳动力市场的均衡是指模型中的劳动供给者和劳动需求者都选择了最优决策（人们预期这种决策将给自己带来最大利益）从而不再改变自己决策时的状况。正确的预期，是均衡的基本特征。

（二）均衡工资的决定

均衡工资和均衡就业只是一种理想状态。在工资高于均衡点时，就会出现超额劳动供给，劳动者之间的竞争将迫使劳动者降低要价，从而迫使工资下跌。反之，在工资低于均衡点时，就会出现超额需求，这种情况使劳动者提高工资要价水平，从而迫使工资上升。买卖双方的竞争，将最终趋于均衡状态。

由于两种非均衡工资都趋于均衡工资，因此，劳动供给与需求相等时的价格不仅是均衡的，而且也是稳定的，如果其他因素不变，这种价格将一直维持下去。

用经济模型来表示，均衡工资决定的条件为：

$$\begin{cases} Q_d = Q_s \\ Q_d = Q_d(w) \\ Q_s = Q_s(w) \end{cases}$$

均衡工资（Equilibrium wage）是指供给与需求相等时的价格，或者说是买卖双方都愿意接受的市场价格。在均衡工资下的交易量称为均衡就业（Equilibrium employment）。

二、需求与供给的变动对均衡工资的影响

均衡工资由劳动需求和供给决定，所以，劳动需求的变动（不是劳动需求量的变动）和劳动供给的变动（不是劳动供给量的变动），就会引起均衡工资和均衡就业发生变动。如果总结其基本规律，可以得到：

（1）劳动需求变动引起均衡工资与均衡就业同方向变动。

（2）劳动供给变动引起均衡工资反方向变动，均衡就业同方向变动。

如图3－3，假设 D_1 与 S_1 决定的均衡工资是 w_1，均衡就业量是 L_1。假设劳动供给状况不变，但是由于厂商生产规模扩大，对劳动力的需求增加，这表现为劳动需求曲线向右上移动 D_2。均衡工资将由 w_1 升为 w_2，均衡就业量由 L_1 增为 L_2。因此劳动需求的增加，引起均衡工资上升。与此相反，劳动需求的减少引起均衡工资格的下降和均衡就

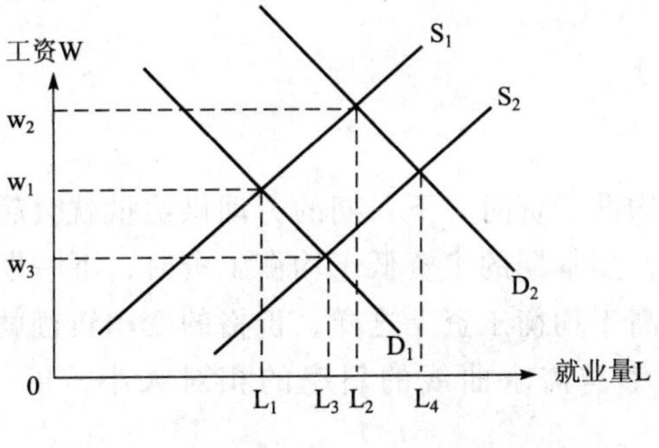

图 3-3　供给和需求变动对均衡工资的影响

业量下降。

再假定需求状况不变，但由于劳动年龄人口增加，导致劳动供给增加，这表现为劳动供给曲线向右下方移动至 S_2 的位置，S_2 与 D_1 交于所决定的均衡工资 w_3 比 w_1 降低，而均衡就业量 L_3 则比 L_1 增加。劳动供给的增加，引起均衡工资下降，和就业量增加；相反，劳动供给的减少引起均衡工资的上升和就业量的下降。

当劳动需求和劳动供给都增加时，即需求曲线 D_1 移到 D_2，供给曲线 S_1 移到 S_2，均衡就业量将增加很多，新的均衡工资则可能高于或低于原来的均衡工资。

三、蛛网模型

上面采用静态分析法和比较静态分析法分析了均衡工资的决定和变动，撇开了从非均衡工资走向均衡工资或从一种均衡工资走向另一种均衡工资所需的时间因素。蛛网模型则将时间因素考虑进去，主要描述劳动力市场价格从非均衡状态走向均衡状态的动态调整过程。

蛛网模型假定本期劳动供给（用 Ls_t 表示）是上期工资（用 w_{t-1} 表示）的函数，即劳动供给函数为：

$$Ls_t = Ls(w_{t-1})$$

因此，蛛网模型中的劳动者完全根据过去的价格来预期未来的工资（静态预期），并相应决定提供的劳动量。

本期的需求（用 Ld_t 表示）由本期价格（w_t）决定，即需求函数为：

$$Ld_t = Ld(w_t)$$

且任一时期的劳动力，无论多少，都必须按当期的工资水平卖掉，也就是不允许存在失业。于是有如下的价格决定模型：

$$\begin{cases} Ls_t = Ld_t \\ Ls_t = Ls(w_{t-1}) \\ Ld_t = Ld(w_t) \end{cases}$$

当本期的工资高于均衡工资时，下一期的劳动供给量就会超过均衡就业量，同时工资低于均衡工资。反之，当本期的工资低于均衡工资时，下一期的劳动供给量就会小于均衡就业量，同时工资高于均衡工资。这样，价格的变动轨迹就显示出蛛网般的形状。

根据供给曲线的斜率与需求曲线的斜率的相对大小，可以将蛛网模型分成 3 种情况：

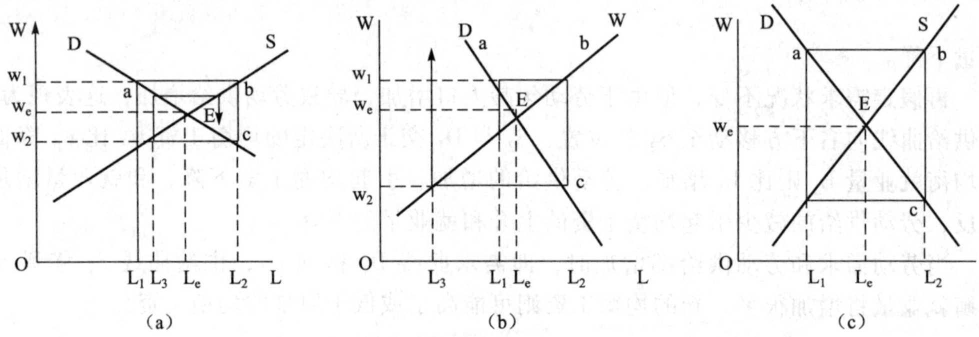

图 3－4 收敛式蛛网模型

（a）收敛形蛛网；（b）发散形蛛网；（c）封闭性蛛网

第一，收敛式蛛网模型。供给曲线的斜率大于需求曲线的斜率的绝对值时，均衡工资在动态上是稳定的。任何冲击导致的实际价格对均衡工资的偏离，在市场机制的作用之下，一定会随着时间的延伸逐渐消失，使得实际工资最终趋于均衡工资。如图 3－4（a）所示。

在图中，市场劳动需求曲线 D 和市场劳动供给曲线 S 的交点所决定的均衡工资为 w_e，均衡就业量为 L_e。为了分析更加方便和贴近现实，我们假定，该蛛网模型代表了我国东南沿海的劳动力市场。

在 2001 年的时候，经济形势很好，出口旺盛，导致劳动需求增加，第一期的劳动需求量为 L_1，低于均衡就业量。根据需求曲线 D，在 L_1 需求量上，厂商愿意支付的工资为 w_1。于是，第一期的实际工资就是 w_1，高于均衡工资 w_e。

西部地区的劳动者听说东部沿海的工资水平很高，劳动力供不应求，因此纷纷来到东南沿海找工作，结果 2002 年春节以后东南沿海的劳动供给迅速增多，达到了 L_2，高于劳动量市场均衡的就业量 L_e。这个时候厂商也发现劳动供给比较充足，雇佣工人比较容易，因此纷纷降低雇佣工资水平，最后形成工资 w_2，低于均衡的工资水平 w_e。因此，2002 年，到东南沿海工作的人发现自己的工资水平降低了，比起在家乡打工的工资还要低些，这个消息传到西部地区，西部地区的很多劳动者听到这个消息以后逐步取消了到东南沿海找工作的打算。

结果 2003 年春节以后，西部地区到东南沿海找工作的人数骤降，劳动供给减少到 L_3，低于均衡的就业量 L_e，这时厂商发现要雇佣一个好的工人比较困难，因此纷纷提高了雇佣的工资，使得均衡工资水平纷纷上扬，高于均衡的工资水平。

这个消息很快又传递到了西部地区，西部地区的劳动者这一次不再盲目冲动，变得更加理性，认识到：东南沿海的工作的工资水平是会上下波动，而且与劳动供给量有很大的关系。因此，一些意志坚定的、有熟练技能的劳动者决定 2004 年继续到东南沿海找工作，而哪些不愿意出远门的、技术不熟练的劳动者就没有到东南沿海找工作。最终，2004 年春节以后，到东南沿海找工作的人数依然增加了，但是增加的幅度不如 2002 年，因此 2004 年的普遍工资水平有一定的降低，但是降低幅度不如 2002 年。

如此循环下去，就会在东南沿海地区的劳动力市场上面形成一个最终的均衡状态（w_e，L_e），这就是一个收敛的蛛网模型。这个模型能够收敛的主要原因是：工资传递了劳动量市场的供求状况，而劳动者也通过工资的信息对劳动力市场的供求状况进行了准确的预期，使得劳动力的供给更加合理，更有理性，因此，预期准确是形成收敛的关键条件。

第二，发散式蛛网模型。市场劳动供给曲线的斜率小于市场劳动需求曲线的斜率的绝对值时，任何冲击导致的实际工资对均衡工资的偏离，在市场机制的作用之下，随着时间的延伸，会越来越大，使得实际工资远离均衡工资而去，永不复归，均衡工资在动态上是不稳定的。

第三，封闭式蛛网模型。劳动供给曲线的斜率等于劳动需求曲线斜率的绝对值时，任何冲击导致的实际工资对均衡工资的偏离，在市场机制的作用之下，既不会缩小也不会扩大，使得实际工资围绕均衡工资始终以相同的幅度上下波动，均衡工资在动态上也是不稳定的。

当然，在实际劳动力市场中，发散和封闭的蛛网模型是基本不存在的，收敛的蛛网模型更加符合劳动力市场的现实。

蛛网模型也可以用简单的数学方法说明。设蛛网模型为：

$$\begin{cases} Ls_t = Ld_t \\ Ls_t = -c + dw_{t-1} \\ Ld_t = a - bw_t \end{cases}$$

其中，a、b、c、d均为参数，都大于零。d为劳动供给曲线的斜率，b为劳动需求曲线斜率的绝对值。求解该模型可得第t期的工资，可得：

$$w_t=\left(-\frac{d}{b}\right)^t w_0+w_e\left[1-\left(-\frac{d}{b}\right)^t\right]=(w_0-w_e)\left(-\frac{d}{b}\right)^t+w_e$$

当t→∞时，有以下关系成立：

$$\begin{cases}\dfrac{d}{b}<1,\text{则 } w_t\rightarrow w_e\\ \dfrac{d}{b}>1,\text{则 } w_t\rightarrow\infty\\ \dfrac{d}{b}=1,\text{则 } w_t\text{ 与 } w_e\text{ 的差额为一常数。}\end{cases}$$

为了说明劳动力市场的动态均衡的形成过程，我们例举了东南沿海劳动力市场，这个例子证明了蛛网模型对现实的劳动力市场有很好的解释能力。

四、劳动力市场的非均衡与失业

前面我们分析了在完美的劳动力市场上面，劳动的供给和需求会形成一个稳定和惟一的均衡，即使出现了非均衡状态，也会由于蛛网模型的动态调整而达到均衡状态。虽然我们坚信只要时间足够地长，劳动力市场就一定能够到达均衡状态，但是在现实的劳动力市场中，均衡状态永远都只能是一个目标，而不是现实。因为：第一，时间是有限的，我们不能无限期地等待下去，当劳动者失业了之后，失去了经济基础，他没有耐心等待劳动力市场完全实现均衡。其二，经济周期和波动是永远存在的，因此即使我们有足够的耐心等待，但是在一定的时间之后，经济形势发生了变化，劳动力市场的需求或供给出现了异常的波动，那么我们又会调整最后追求的那个均衡目标，最终导致我们在不断地追求均衡，但是我们始终不能达到均衡，因此就会产生劳动力市场的失业。鉴于我们会专门安排一章讨论失业，这里就集中讨论与劳动力市场特征相关的内容。我们主要关注三种类型的失业：周期性失业、自然失业和结构性失业。

（一）周期性失业

周期性失业又称为需求不足失业，也就是凯恩斯所说的非自愿失业。根据凯恩斯的分析，就业水平取决于国民收入水平，而国民收入又取决于总需求。周期性失业是由于总需求不足而引起的短期失业。它一般出现在经济周期的萧条阶段，故称周期性失业。

结合前面的关于劳动力市场均衡的分析，在图3－5中，由于金融危机的影响，导致劳动需求减少了，在短边需求约束下，均衡就业量由短边需求决定，使得均衡的就业

量从 L_e 降低到 L_1，而这时候愿意提供的劳动供给为 L_2，因此在 L_1 和 L_2 之间的距离就是由于有效需求不足造成的周期性失业。不过严格地来说，L_1L_2 之间的失业是总的失业，也就是说在这个失业之中包括摩擦性失业。

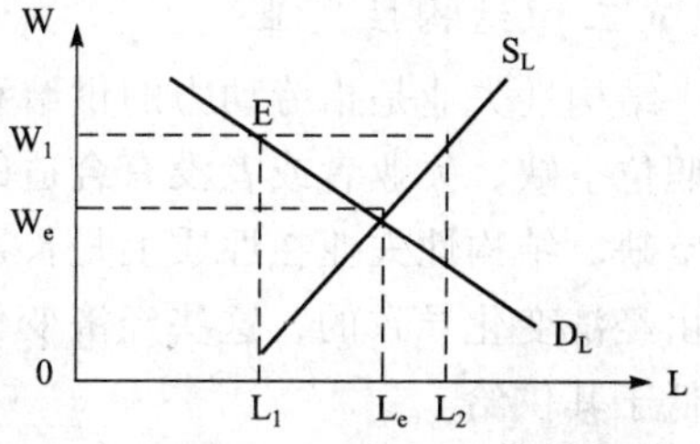

图 3-5　周期性失业

出现周期性失业有两个原因：一方面是由于 GDP 萎缩了，导致岗位供应不足；另一方面，工资刚性使得市场难以出清。如果劳动者能接受任何水平的工资，就不会存在失业问题。而实际情况是人们只能接受越来越高的工资，这就会加剧周期性失业。要解决周期性失业，政府需要刺激总需求，发挥宏观调控的作用，重建市场的供求平衡。如果经济比较萧条，政府通过积极的财政政策，大力兴建投资项目，提供就业岗位。1997 年和 1998 年我国的经济增长率下降，失业率较高，这就是周期性失业。

比如，美国在 1929 年～1931 年的大萧条时期，失业率迅速上升，高达 25%，这实际上是因为总需求萎缩，无法提供足够的岗位导致的，这也是周期性失业。

（二）摩擦性失业

摩擦性失业是指生产过程中难以避免的、由于转换职业等原因而造成的短期、局部失业。这种失业的性质是过渡性的或短期性的。它通常起源于劳动的供给一方，因此被看作是一种求职性失业，即一方面存在职位空缺，另一方面存在着与此数量对应的寻找工作的失业者，这是因为劳动力市场信息的不完备，厂商找到所需雇员和失业者找到合适工作都需要花费一定的时间。摩擦性失业在任何时期都存在，并将随着经济结构变化而有增大的趋势，但从经济和社会发展的角度来看，这种失业存在是正常的。

摩擦性失业实际上是短期的。摩擦性失业的存在并不意味着经济中存在着根本的结构性问题，也就是不是经济运行本身的问题。一方面，摩擦性失业与经济结构调整没有关系；另一方面，即使是在劳动力市场竞争性很强的国家或经济中，也存在摩擦性失业。因此，摩擦性失业与宏观政策的联系并不是十分紧密，不是政策作用的重要方面，不足以引起政策的关注。企业和个人的搜寻行为都有可能带来更有效率的资源配置。对于个人来说，摩擦性失业可能会找到更好的工作，资源配置的效率会得到改善。

如果摩擦性失业在失业问题中居于主导地位，政策的着力点就在于提供劳动力市场信息。

(三) 结构性失业

结构性失业是指劳动力的供给和需求不匹配所造成的失业，其特点是既有失业，也有职位空缺，失业者或者没有合适的技能，或者居住地点不当，因此无法填补现有的职位空缺。结构性失业在性质上是长期的，而且通常起源于劳动力的需求方。结构性失业是由经济变化导致的，这些经济变化引起特定市场和区域中的特定类型劳动力的需求相对低于其供给。

造成结构性失业的主要原因：第一是技术变化，原有劳动者不能适应新技术的要求，或者是技术进步使得劳动力需求下降；第二是消费者偏好的变化。消费者对产品和劳务偏好的改变，使得某些行业扩大而另一些行业缩小，处于规模缩小行业的劳动力因此而失去工作岗位；第三是劳动力的流动性较差。流动成本的存在制约着失业者从一个地方或一个行业流动到另一个地方或另一个行业，从而使得结构性失业长期存在。

对于经济结构迅速调整或者不断调整的国家来说，结构性失业是经常发生的，特别是像中国这样一个起飞的国家，起飞在某种意义上说就是经济结构迅速改变，即 GDP 到达一定水平后，产业结构出现大的转折，经济结构发生很大变化，最后不仅仅是 GDP 水平上升，而且经济结构也向一个更高级的模式转变。中国现在正处于这样一个起飞的阶段，从人均 1 000 美元到 3 000 美元的阶段，经济结构在迅速改变，比如农业部门的劳动力向非农部门转移，第二产业和第三产业即非农部门内部的结构转变，以及第二产业自身的结构调整，这都会产生结构性失业。

(四) 周期性失业与摩擦性失业、结构性失业的主要区别

周期性失业与摩擦性失业、结构性失业的主要区别在于，后两者即使在劳动力市场处于均衡状态时也会存在，而周期性失业则是劳动力需求不足引起的失业。存在周期性失业时的劳动力市场必然处于非均衡状态，一些人愿意工作却无业可就，因此周期性失业属于非自愿失业。

第三节 不完全竞争劳动力市场的均衡

一、劳动的供给曲线

劳动的供给不仅取决于劳动的价格——工资，而且也取决于既定时间资源的分配，或闲暇时间的多少，当然也受到其他因素的影响，如劳动者拥有的财富状态、社会习俗和人口总量及其构成情况等。

劳动的供给曲线主要由工资率和闲暇的效用两者决定。工资率的提高刺激了劳动供

给量的增加，即工资率与劳动的供给量呈同方向变动。闲暇的效用与劳动供给量呈反方向变动，即闲暇的效用越大，劳动者越愿意放弃工作而去享受闲暇。闲暇的效用取决于工资率，工资率是闲暇的机会成本，工资率越高，闲暇的机会成本越高，闲暇的效用越大。

因此，劳动的供给曲线是一条向后弯曲的曲线（参见第二章）。这是因为在工资率较低时，闲暇的效用较小，工资率的提高对劳动的诱惑很大，劳动者愿意放弃闲暇去工作，以提高生活水平，在这一阶段，劳动的供给量会随着工资率的上升而增加。但是，当工资率提高到一定程度后，闲暇的效用增加，闲暇的诱惑变大，而工资率的连续增加导致工资率的诱惑不断下降，工资率的增加会使得劳动者放弃部分工作时间以维持原有生活水平而去享受闲暇，在这一阶段，劳动的供给量会随着工资率的上升而减少。

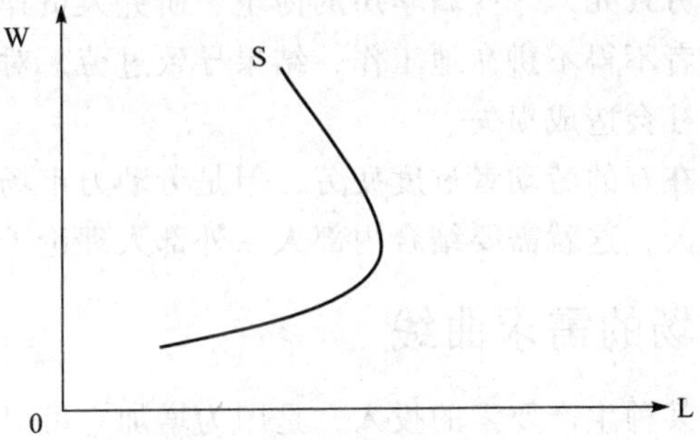

图 3-6 劳动的供给曲线

实际上我们可以借助价格上涨的收入效应和替代效应分析劳动供给曲线的斜率。劳动供给曲线向后弯曲的程度取决于工资率提高的替代效应和收入效应。

替代效应是指工资率越高，对牺牲闲暇的补偿越大，劳动者越愿意增加劳动供给以替代闲暇。收入效应是指工资率越高，个人的经济实力得以增强，包括闲暇在内的正常需要相应增加。当替代效应大于收入效应，劳动供给量随工资率的提高而增加，劳动供给曲线为正斜率，即向右上方倾斜。当收入效应大于替代效应，劳动供给量随工资率的提高而减少，劳动供给曲线为负斜率，即向左上方倾斜。

以上分析的是单个劳动者的供给曲线，整个劳动力市场的供给是由各个劳动力的供给曲线汇总得到的。

在现实生活中，我国的经济发展水平比较低，大多数劳动者的收入水平比较低，因此，对多数劳动者而言，工资提高的替代效应大于收入效应，因此多数劳动者的劳动供给曲线是向右上方倾斜的，仅有少数劳动者的劳动供给曲线是向左上倾斜。因此，整个社会加总的劳动供给曲线是斜率为正的，向右上方倾向的曲线。

这个结论在现实生活总有什么验证呢？如果你走在北京、上海、广州的大街上，看看来往的行人，就大概能够知道现在多数劳动者是在抓紧时间工作，与时间赛跑，大家是不会在大街上悠闲的散步的。一般的规律是：在经济发展水平较低的国家，人们更加勤奋，更愿意增加劳动供给，减少闲暇；在经济发展水平较高的国家，人们更多休息和闲暇，劳动供给相对较少，西欧就是如此。当然，也有个别的例外，在经济发展水平最高的美国，劳动者也非常繁忙，这与美国人的文化和市场的竞争程度有关；在印度和孟加拉非常贫困的地区，很多人每天宁可乞讨也不参加劳动，这可能是因为这些居民穷得没有劳动生产的工具和机会——既不能自我雇佣，也不能被雇佣。对于这些例外我们应该从文化和经济背景来理解。

如果理解力劳动供给与经济发展水平之间的一般关系，我们就能理解一些现象：许多公司的管理者过度疲劳致死，一些高学历的博士、研究人员猝死。我国的经济发展水平很低，因此很多劳动者不得不拼命地工作，结果导致过劳，对身体过分损害，这最终也影响了劳动供给，对社会造成损失。

更有意义的是，现在有的劳动者过度疲劳，但是劳动力市场上还有很多大学生找不到工作，真是冰火两重天，这就需要结合内部人-外部人理论予以解释。

二、劳动力市场的需求曲线

厂商之所以要增加某种生产要素的投入，是因为增加它可以增加产量，相应地增加收益。在其他条件不变的情况下，增加一单位某种生产要素所增加的产品（ΔQ/ΔF）或者这种产品所带来的收益（ΔTR/ΔF）叫做该生产要素的边际生产力。每增加一单位某种生产要素所增加的产品（ΔQ/ΔF）叫做边际物质产品（Marginal Physical Product, 缩写为 MPP），有时被简称为边际产品（MP）。而每增加一单位产品所增加的收益（ΔTR/ΔQ）叫做边际收益（MR）。因此，这里需要引进一个新的概念，厂商每增加一单位某种生产要素所增加的收益，或者说厂商每增加一单位某种生产要素所增加的产品所带来的收益（ΔTR/ΔF），叫做边际收益产品（Marginal Revenue Product，缩写为 MRP），它等于边际产品与边际收益的乘积，即 $MRP = MPP \times MR$。边际收益产品（MRP），是指厂商增加单位要素投入所增加的收益，即厂商的要素增量带来的收益增量，因此 MRP 就是厂商的劳动需求曲线。

边际收益产品是厂商自己的投入要素和效益之间的关系，是否能够实现这样的效益，还取决于产品市场的价格。根据产品市场上价格 P 和边际产品 MP 可以得到另外一个衡量厂商收益的定义：边际产品价值（Value of the Marginal Product，VMP）——增加一单位要素投入所增加的产量的销售值，用公式表示就是 $VMP = MP \times P$。

三、不同市场结构下的劳动需求曲线和供给曲线

在劳动力市场上，厂商要作出两方面的决策：一是购买多少劳动力，二是以什么价格（工资）购买劳动力。如同产品市场一样，在劳动力市场上，追求最大化利润的厂商仍要根据边际劳动力成本等于劳动力的边际收益产品决定要素的需求，即 MFC = MRP。该公式的含义就是：厂商通过投入劳动要素的最后一个单位带来的收益（边际收益产品 MRP）恰好等于厂商增加最后那个单位的劳动力投入所增加的成本，称为边际要素成本（Marginal Factor Cost，缩写为 MFC）。显然，如果 MRP > MFC，这表示继续增加劳动力的投入带来的收益会超过为此付出的成本，因而增加劳动力投入量可以使利润总量有所增加；反之，如果 MRP < MFC，这表示最后增加的那单位的劳动力反而造成损失，从而导致利润总量的减少。因此，无论是 MRP > MFC，还是 MRP < MFC，厂商的利润都不是最大的。只有在 MRP = MFC 时，利润才达到最大。也就是说，MRP = MFC 是劳动力市场的厂商均衡的一般条件，这也是理解劳动力市场均衡的关键性概念。

（一）完全竞争与不完全竞争市场条件下的劳动供给曲线

在完全竞争性劳动力市场上，劳动力的所有者提供的劳动是完全同质，而且单个劳动者改变劳动供给不足以影响劳动力的市场供给，他们都不能制定工资水平，只能以既定的市场工资卖出全部劳动。这即是说，完全竞争性劳动力市场上厂商面临一条以既定工资为高度的完全弹性的劳动供给曲线 S_L。在要素供给完全弹性的情况下，厂商为它购买的每一单位劳动都支付相同的价格，厂商的边际劳动力成本就等于劳动力价格，从而厂商的边际劳动力成本曲线就与劳动供给曲线重合。

与完全竞争性劳动市场不同，完全垄断劳动市场上的厂商面临一条向右上方倾斜的劳动力供给曲线。这即是说，劳动力价格越高，劳动力供给量越大；劳动力价格越低，劳动力供给量越小。正相关的供给曲线意味着厂商不仅要为所增加的最后单位的劳动力支付更高的价格，而且还要为它所使用的其他单位的劳动力支付更高的价格。因此，厂商的边际劳动力成本总是大于劳动力工资，并随劳动力投入的增加而递增。这即是说，完全垄断性劳动市场上厂商的边际劳动力成本曲线也是正相关的，但不同于劳动力供给曲线，而是位于劳动力供给曲线上方的比劳动力供给曲线更为陡峭的曲线 MLC。

（二）完全竞争与不完全竞争产品市场条件下的劳动需求曲线

产品的需求曲线是边际产品收益 MRP，但是在不同的市场情况下，劳动需求曲线的位置是不一样的，正确把握不同产品市场上劳动需求的特征对于分析均衡条件下劳动力的需求量和工资水平有重要的意义。

在完全竞争产品市场上，产品的边际收益等于平均收益，同时就是产品的价格，即

MR = AR = P，因此可以得到：

MRP = MP × MR = MP × PP = VMP，也就是说在完全竞争的产品市场上，边际收益产品和边际产品价值是相同的，实际上 VMP 就是完全竞争市场上的劳动需求曲线。

在不完全竞争市场上，因为边际收益小于平均收益，从而小于产品的市场价格，即 MR < AR = PP，所以可以得到：

MRP = MP × MR < VMP = MP × PP，即 MRP < VMP，也就是说，在不完全竞争市场上，边际产品收益曲线在边际产品价值曲线的下方，而边际产品价值是厂商的劳动需求曲线，因此可以认为在不完全竞争的劳动力市场上面，厂商对劳动的需求减少了。

四、不同市场条件下均衡点的比较

在产品市场上，通常假设买方为完全竞争，只有卖方（厂商）才分为完全竞争和不完全竞争。在要素市场上则买卖双方都可以分为完全竞争和不完全竞争。因此，不同的劳动力市场和不同的产品市场，就会出现错综复杂的市场组合，产生各式各样的供给曲线和需求曲线，形成彼此互异的劳动力市场均衡。使得劳动力市场上的均衡比产品市场的均衡更为复杂。为了简化分析，我们只分析 4 种情况（组合）：

A. 劳动力要素市场完全竞争　产品市场完全竞争

B. 劳动力市场完全竞争　产品市场完全垄断

C. 劳动力市场完全垄断　产品市场完全竞争

D. 劳动力市场完全垄断　产品市场完全垄断

在图 3－7 中，VMP 曲线（劳动的边际产品价值曲线）是产品市场完全竞争时企业的劳动力需求曲线，这条曲线是边际劳动生产率与价格相乘的结果。S_L 曲线表示当劳动力市场也是完全竞争市场时的劳动力供给曲线，那么，均衡的工资和就业就由 E 点表示。

当劳动力市场是完全竞争市场，而商品市场是垄断市场的时候，劳动力供给曲线不变，但劳动力需求曲线却变为劳动的边际收益产品（MRP）曲线。由于产品的边际收益总是低于价格，所以 MRP 曲线也总是低于 VMP 曲线。MRP 曲线和 S_L 曲线的交点 A 决定，均衡的工资和就业分别是 W_1 和 L_1。与完全竞争市场时的情况相比，均衡工资和就业均有所下降。

当商品市场是垄断市场，而且工会组织是劳动力市场上惟一的劳动力出售者的时候，劳动力的供给曲线就不再是 SL，而应由 MLS 曲线（劳动力的边际成本曲线）表示。由于边际上新雇佣的劳动力所得到的工资水平也必须同样支付给已经雇佣的劳动力，所以劳动力的边际成本总是高于其工资水平，MLS 曲线的位置要高于 S_L 曲线。这时，均衡的工资和就业由 MLS 和 MRP 的交点 C 决定，均衡的工资和就业分别为 W_2 和

L_2。与商品市场垄断而劳动力市场竞争的情况相比，工资有所上升，而就业则进一步下降。

如果劳动力市场是一个双边垄断市场的时候，企业是惟一的劳动力购买者，工会组织是惟一的劳动力出售者。我们假定企业在其所处的商品市场上拥有垄断力量，劳动力需求曲线由 MRP 曲线表示。如果企业能够单方面地决定工资，那么，企业将首先根据 MRP 与 MLC 两条曲线的交点决定均衡的就业量 L_2，但企业不会支付给职工 W_2。由于企业是单方面决定工资的，企业将把工资压低到 SL 曲线与 L_2 相对应的 W_3 水平之上，W_3 与 W_2 之间的距离就是企业对职工的剥削。如果工会的力量比较强大，则工会最多可以将工资提高到 W_2 这一水平，这时工资主要由工会组织单方面决定的。

因此，当工资是由企业和工会组织共同决定时，最终的工资水平将位于 W_3 与 W_2 之间，一旦工资被决定了，那么企业的边际劳动成本曲线也会发生相应的变化。例如，当工资位于 W_1 时，那么企业的边际劳动成本曲线的前一段将变为 W_1A，这时企业雇佣的劳动力数量也会有所上升。

但是，我们不知道最终的均衡工资和就业到底在什么位置，均衡的工资和就业水平取决于企业和工会的谈判（议价）能力，而企业和工会之间的相对议价能力则取决于一些比较模糊的因素，比如工会组织的参加率等。可以使用议价理论（Bargaining Theory）① 对此问题进行深入分析。

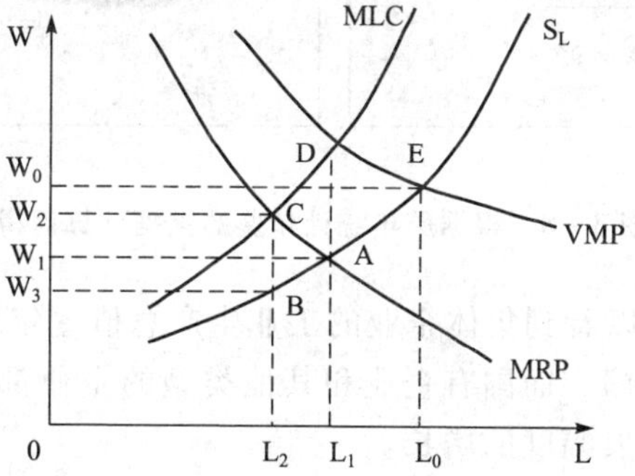

图 3－7　双边垄断劳动力市场上工资和就业的决定

从上面的分析我们可以看到，市场结构可以影响劳动需求。但是，这仅仅是从理论上分析，在实证研究中，如何验证产品市场和劳动力市场的垄断对劳动需求的影响是一个非常困难的问题。

---

① 桑普斯福和桑纳托斯. 劳动经济学前沿专题. 北京：中国税务出版社，2000 年 1 月.

五、我国的现实情况

前面我们从理论上分析了完全竞争和不完全竞争情况下市场工资和就业量的决定。在我国的具体现实情况中，首先不存在完全竞争或者完全垄断的劳动力市场，其次劳动力市场也不是同质的，也就是说，在不同的劳动力市场上竞争和垄断的特性也有一定差异。具体而言，我国的就业可以分为国有、集体和其他三种类型，也就是说我国可以分为国有、集体和其他三种劳动力市场——当然这只是为了分析的方便，其实这三种劳动力市场是不能完全分开的。国有企业在产品市场上是具有较强垄断地位的，因此具有较强的垄断性；集体企业现在发展不好，很多集体企业逐步改制成了私企，生产萎缩，不具有垄断性；其他类型的企业，特别是私企，更具有较强的竞争性。

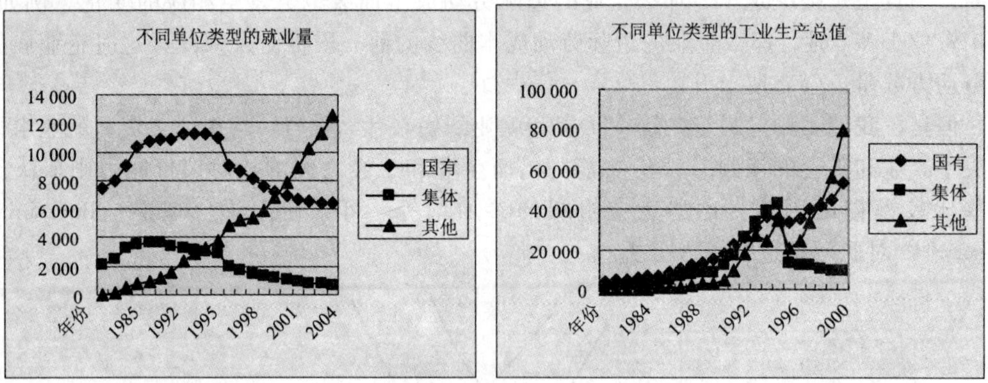

(a) (b)

图 3－8 根据历年统计年鉴的数据计算而得

从图 3－8（b）中可以看到集体企业的工业生产总值逐年下降，这表明集体企业总体发展情况不好，生产萎缩。而国有企业和其他类型的企业都维持了较大幅度的增长，其他类型的企业则维持更大幅度的增长。

但是从图 3－8（a）可以看到，国有企业在 1998 年以后的就业大幅度下滑，在 2004 年以后基本稳定。集体企业的就业在 1998 年以后也是快速地下降，直到 2007 年，这种趋势都没有停止。相反，其他类型的企业就业量一直处于上升阶段。

为什么国有单位的产值在增加，但是就业量却没有变化呢？我们可以认为国有企业具有较强的垄断地位，根据前面的理论，在产品市场上具有垄断地位的企业对劳动力的需求更少，至少要小于这些企业在完全竞争条件下的劳动需求量，因此我们可以认为国有单位产值增加而就业不增加的原因之一就是国有单位具有较强的垄断性。

相反，其他单位的产量和就业量都是直线上升的，根据前面的理论，在产品市场上具有竞争特性的厂商对劳动的需求量更大，至少大于这些企业在垄断条件下的劳动需求量。因此其他单位的就业量增长幅度很大，这在一定程度上证明，产品市场上具有竞争性的企业能够增加就业。

集体单位的就业比较特殊，集体企业就业量的减少不是因为集体企业垄断性很强，而是因为集体企业发展不好，总量萎缩造成的。

当然，国有企业产量增加就业不增加，其他单位产量、就业都增加，可能是由于国有企业劳动生产率比其他企业劳动生产率提高更快造成的，这需要进一步的研究证明。

当然直接验证垄断对就业的负效应也是可以做到的，但是这需要更多的数据和更细致的计量研究工作，有兴趣的读者可以参阅相关文献。

第四节　劳动力市场分割

一、劳动力市场分割理论的概述

前面的第二节的分析认为劳动力市场是完整、统一、同质的，劳动力市场会形成一个惟一、稳定的均衡，在均衡条件下，相同的劳动者获得相同的工资，同一个企业雇佣相同的员工应该支付相同的工资。第三节认为，劳动力市场由于不完全竞争的存在，导致具有垄断特征的劳动力市场上会降低就业和工资。实际上，前面的第二节的分析只能给我们提供一个参考的坐标系，现实的劳动力市场是分割的、异质的，同样的劳动力在不同的劳动力市场上会得到不同的工资。比如，一个大学生毕业后，如果在东部地区找到了工作，那么他的工资水平就可能比在西部地区找到的工作的工资水平要高，如果他在垄断部门找到了工作，就比在非垄断部门找到的工作的工资水平要高，这样的现象就不能用第二节的理论进行解释，我们就应该使用劳动力市场分割的理论来解释。

劳动力市场分割理论认为劳动力市场是分割的、非竞争性的。劳动力市场分割是指由于政治、经济等外在的制度因素或者经济内生因素的制约，使劳动力市场划分为两个或多个具有不同特征和不同运行规则的领域，不同的领域在工资决定机制、工作稳定性、劳动者获得提升的机会等方面有明显的区别，而且劳动者很难在不同的市场之间流动①。劳动力市场分割实际上是对劳动力市场的非竞争性的一种表述。

劳动力市场分割理论的源头可以追溯到约翰·穆勒和凯恩斯。他们反对亚当·斯密关于劳动力市场具有竞争性质的学说，认为劳动力市场具有非竞争性质。现代劳动力市

---

① 王飞. 中国劳动力市场分割问题研究. 西南财经大学硕士论文，2006.

场分割理论产生于20世纪60年代末、70年代初。该理论有两个主要特点：(1) 劳动力市场不再被视为一个连续的统一体而被分割为几个不同的市场，各个市场有着不同的特点，有着自己分配劳动和决定工资的特点和方式；(2) 各个劳动力市场之间是相对封闭的，造成这种封闭的原因是集团势力（Power groups）的联合和制度因素的约束。

二、劳动力市场分割的主要理论

（一）二元分割理论

由 Doringer. p 和 M. piore（1971）提出的二元劳动力市场理论是分割理论最重要的形式。二元结构理论将劳动力市场分为一级市场（Primary market）和二级市场（secondary market）。一级市场工资福利待遇高，工作条件好，就业稳定，有很多晋升和培训机会；二级市场的工资福利低，工作条件差，劳动力流动高。两个部分的劳动力市场结构及决定工资和劳动分配的机制有着明显的不同。一级市场以结构性的内部劳动力市场（internal labor market）为主体，是一个完全存在于某一企业内的有高度组织的正式劳动力市场，通常它有一套指导雇佣抉择的详细规则和程序，这些规则和程序代替了劳动力市场供给和需求的力量，市场力量基本不发挥作用。内部劳动力市场的工资结构安排主要根据组织内部的需要来制定，与外部劳动力市场的供求状态没有多大关系，内部劳动力市场解决供求失衡的措施主要有招聘、培训、工作的重新设计、分包、调整产出量等。而二级劳动力市场，企业按照劳动的边际贡献与边际成本的比较决定雇佣数量和工资水平。二元劳动力市场理论不仅区分了劳动力市场的两个不同部分，而且指出一级市场与二级市场之间的劳动力流动受到严格的控制，且流动性很低。

那么为什么会形成一级和二级劳动力市场的分割呢？

(1) 产业结构的影响。由于劳动需求是一种派生需求，是人们对一般商品和服务派生出来的，因此研究劳动力市场必须联系产品市场。

产品需求稳定或产品市场虽然不稳定但市场份额相对稳定的企业愿意进行大规模的投资，以形成资本密集型生产，会创造出含有就业保障条款在内的一级市场；如果产品市场不稳定或难于预测，企业就不会从事大型项目投资，会看好劳动密集型生产方式，从而在二级市场从事生产活动。

产业组织的二元结构不仅对工作的稳定性带来了重要的影响，还直接影响了两个市场的工资报酬差异。一级市场的厂商一般而言生产规模大，资本密集程度高，赢利能力强，因此具备支付高薪的能力，而二级市场的企业生产规模和资本密集程度低，产品市场的竞争多集中在价格竞争方面，因此支付的报酬较低。

如果结合我国的现实情况来看，该理论具有一定解释能力。比如，在我国电力、石油、电信、通信交通等行业的产品需求相对稳定，因此这些行业的工资水平会高些，而纺织服装、木材加工、废品收购、家政服务等行业的产品需求不稳定，因此这些行业的盈利能力较差，工资水平较低，有可能形成二级劳动力市场。

（2）制度和工会势力的作用。工会可以通过集体合同的条款，要求雇主必须雇佣会员劳动力，同时提高加入工会的标准，控制会员人数。通过双重的控制，工会就能制约该市场的劳动力供给，从而提高工资水平。除了工会的影响，一些企业内部的工人还能借助自己的谈判力量刺激内部劳动力市场的扩张，限制外部劳动力的进入，通过内部市场机制维护自身的优势。鉴于我国工会制度发展不完善，因此在我国很难观察到这一点。

（3）新古典理论认为，工资水平和劳动力流动最终取决于人力资本，政策建议集中于劳动力的供给方，强调对劳动者的教育和培训，而分割理论则更多地强调劳动力市场的需求方和制度因素，因此主张对雇佣条件不利的工人进行补贴，引入反歧视法；通过最低工资立法，鼓励工会的发展及资助在职培训等。

二元分割理论更多地是给我们描述了劳动力市场存在一级、二级劳动力市场的分割，但是对于劳动力市场为什么存在这样的分割，该理论提供的理论和分析方法不是很充分。效率工资理论和内部人——外部人模型更能够解释劳动力市场分割的形成。

（二）效率工资理论

效率工资理论认为，工资不是简单地通过计量劳动的边际成本来配置劳动力资源。支付效率工资既有成本，也有收益。收益主要包括两个方面：一是通过支付较高的工资可以提高工人的努力程度和劳动生产率，二是支付较高工资能减少离职率，增加企业雇佣新员工的能力。

Stiglits（1984）提出的怠工模型是效率工资理论中最有代表性的模型：在绝大多数工作中，工人在其工作业绩完成好坏上都有一定的自由。劳动合同不可能准确规定员工绩效的所有方面。由于监督成本太大或者不准确，再加上劳动产品不可能单独计量，在这种情况下，企业支付高于市场出清水平的工资就是一种激励工人努力工作而不是偷懒的有效手段。

因为企业不能完美监督工人的努力程度，工人决定是努力工作还是偷懒，偷懒的工人有被发现的可能，一旦被发现，就要受到解雇的惩罚。解雇的威胁为工人不偷懒提供了激励。市场均衡条件下，如果不存在失业，工人偷懒就不会有任何损失，那么所有的工人都会偷懒，因此每个企业为了杜绝偷懒，就会提高本企业的工资。当所有的企业都提高工资，平均工资水平就会上升，就业率随之下降。失业（使被解雇的工人面临损失）就成为了一个惩罚工人的手段。失业工人即使愿意在较低工资水平下工作，也不可能得到工作机会，因为如果企业以较低工资雇佣他们，这些工人一定会偷懒。

Bulow and summers（1986）以该模型为基础，提出了一个二元劳动力市场模型，假定二级市场的劳动能完美监督，而一级市场则不能，根据效率工资模型理论，一级市场的工人获得高于市场出清水平的效率工资，而二级市场工人则只能获得边际生产率工资。因此在均衡状态下，即使所有的工人都是同质的，一级市场的工资也要超过二级市场。二级市场的工人即使要求更低的工资，也不可能在一级市场获得一份工作。因为如果他们接受了更低的工资，他们就有激励偷懒，企业明白这一点，所以不会降低工资雇佣二级市场的工人。从这里可以看出，均衡状态下劳动力市场会形成分割，具有同样人力资本的工人由于工作本身特征的差异而获得不同水平的工资。

（三）内部人—外部人模型

内部人—外部人模型（Insider — outsider mode）把已经在企业就业的工人定义为"内部人"，把劳动力市场上的失业者称为"外部人"，内部人在工资决定上有着重要的讨价还价能力，工会只代表内部人的要求。因此，企业要雇佣外部人来替代内部人起码存在三个方面的成本：

第一，企业解除合同需要支付给内部人补偿工资，在外部人当中寻找合适的替代者需要支付搜寻成本和考核成本，由于"内部人"在"干中学"中已经积累了一定的专业技能和知识，因此企业要使外部人和内部人一样有效率还必须支付大量的培训成本。

第二，企业解雇内部人和外部人的进入决策会引起内部人的强烈不满，内部人之间会团结起来采取一些联合行动降低外部人的劳动效率，最终迫使企业对外部人支付的工资远远低于内部人的工资和福利水平，这不仅会损害外部人的利益，而且会导致内外部人群两种不同的劳动效率。

第三，由于企业会形成对内部人可能产生敌视态度及其后果的预期，因此，他们如果想提高效率和降低成本而需雇佣外部人时，就不得不对外部人提出不同于内部人的工资。总之，由于内部人利用已经就业的优势，与外部人不是处于同等的竞争地位，因此他们就可以与企业讨价还价，然后使那些愿意接受比内部人更低工资水平的外部人不能被企业所雇佣。

内部人—外部人模型能够解释很多现象。比如，在我国存在城乡分割的劳动力市场，雇佣城市劳动者支付的工资水平要高，支付农村劳动力的工资水平要低，企业和用人单位是愿意雇佣农村劳动力的，但是城市劳动力是内部人，他们不允许企业优先雇佣农村劳动力，而是优先雇佣城市劳动力，结果城市劳动力始终处于就业条件优越的一级劳动力市场，农村劳动力始终处于就业条件较差的二级劳动力市场上就业。

劳动力市场分割理论的启示就是完善的、公平的劳动力市场不可能自发形成。劳动力市场并不能靠市场自身力量达到完善的竞争状态。劳动力市场的非竞争性、不平等性是一种常态，人们不能指望通过市场化来消除它。因此，从一定程度上说，劳动力市场不能完全靠市场本身来自我完善，需要有更多的政府干预和规制。

三、我国的劳动力市场分割情况

西方劳动力市场分割理论以成熟的发达国家为研究对象，因此这种分析对于解释发育相对完善的劳动力市场，是有说服力的。但是中国的劳动力市场发育还很不成熟，正处于新旧两种体制转轨的过程中，因此在分析中国劳动力市场分割时就需要借鉴、发展西方劳动力市场分割理论，同时考虑我国劳动力市场自己的特征。我国劳动力市场分割有很多自己的特征，劳动力市场分割既有二元劳动力市场理论描述的正式劳动力市场、非正式劳动力市场的分割，又有城乡分割、地区分割，而且彼此之间相互渗透。所有这些使我国劳动力市场呈现多重分割的格局。

（一）我国劳动力市场的城乡分割

1958 年通过的《中华人民共和国户口登记条例》规定：公民由农村迁往城市必须持有城市劳动部门的录用证明、学校的录取通知或者城市户口登记机关的准予迁入的证明向常住地户口登记机关办理迁出手续。国家以立法形式形成了限制农民进城的二元户籍管理制度。因此，我国形成的城乡就业隔离政策，不仅是行政上的隔离，而同时又是体制上的隔离，即不允许农村劳动力自由进入城市就业。改革开放以来，特别是 80 年代中后期以来，政府在一定程度上认可农民的自由流动和就业选择权，城市对农村劳动力的进入逐步放松，使得剩余劳动力日益流向城市。

但城乡两种就业体制的差异性并未消除，流入城市的劳动力大多从事强度大、条件差的非技术性岗位，领取比城市劳动者相对低得多的报酬。城市中的农民工形成明显的二级劳动力市场，即工资低、工作条件差、就业不稳定、不易监督管理、易受需求波动影响。城市居民劳动权力受法律保护，可以享受较高的工资和福利待遇，而大量愿意在较低工资水平就业的农村劳动力却难以找到与本市劳动者相同的就业岗位。城市劳动者即便处于失业状态，也往往不愿意到二级市场就业，在较低工资水平下从事那些脏、累、差的工作。

从企业的角度来看，国有企业不能自由解雇效率低的员工，企业成本上升，反过来限制了企业对二级市场劳动力的需求，进一步加强了对这部分劳动力的歧视。相反，非国有部门则可以充分利用二级市场上廉价劳动力的供给，从总体上降低成本，并有实力吸引国有部门高素质人才。

城乡劳动力市场分割，集中反映在城乡居民收入的差别上。我们很难统计到农村劳动力进城务工的工资水平，因此我们只能通过我国城乡居民收入的差异来间接的反映我国城乡劳动力市场的分割情况。图 3－9 画出了 1978 年到 2007 年，我国城镇和农村居民人均收入的变化趋势，不难看出，城乡居民的收入差异越来越大。因此，我国的城乡劳动力市场分割非常严重。

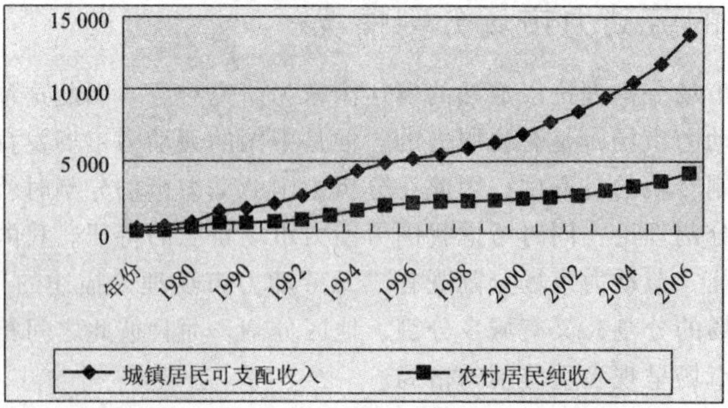

图 3-9 我国城镇和农村居民人均收入的变化趋势

（二）我国地区劳动力市场的分割

劳动力市场分割还表现在不同区域之间的隔离。为了反映我国劳动力市场的地区分割，我们画出了1980年~2007年十三个代表省份的职工平均工资图。由于数据比较多，要单独观察具体的某个省份工资比较困难，但是我们观察整个数据图的集中和离散趋势，就可以看到各省职工平均工资的差异越来越大：在1980年的时候，各省的工资基本集中在一起，各省职工的工资不存在显著的差异，但是到了2007年的时候，各省职工平均工资出现了高度的发散趋势，因此职工工资差异扩大了。

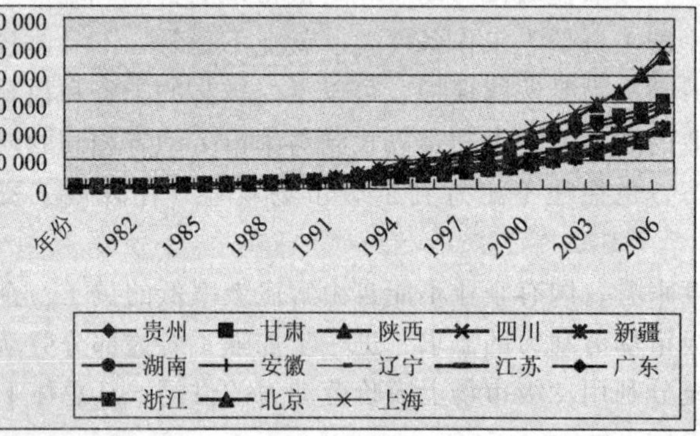

图 3-10 1980年~2007年不同地区职工工资比较

为了进一步比较各地区的职工工资差异，把2006年的工资水平进行排序，然后画出图，可以看到工资水平较高的省份全部在东部地区（西藏除外），而中西部地区职工的平均工资水平普遍较低。因此我国工资水平的分布从东部到西部呈现出递减的一个趋势。

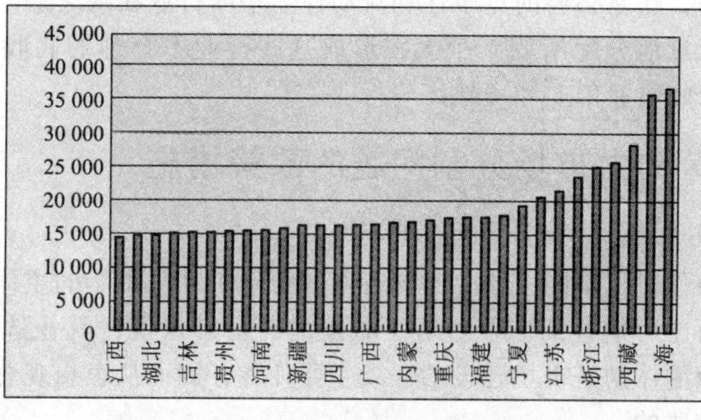

图 3－11　2006 年不同地区职工工资比较

（三）行业工资差异与劳动力市场分割

劳动力市场分割，也表现在行业之间劳动报酬的差别上。也就是说，在行业之间，也没有形成统一开放的竞争型劳动力市场。1980 年，我国最高行业的平均工资为电力、煤气水的生产和供应业，平均工资是 1 035 元，最低行业的是社会服务业，平均工资为 475 元，极值比 2.17。2001 年时候，最高的科学研究、综合技术服务业，平均工资 16 437，最低的农林牧副渔服务业，平均工资为 5 741，极值比 2.86。2007 年的时候，工资最高的行业为信息传输、计算机服务和软件业，平均工资 47 700，最低是农林牧副渔服务业，工资为 10 847，极值比 4.39。因此行业之间的工资差异越来越大。图 3－12 进一步显示，从 1980 年以来，我国各行业的工资水平一直呈现发散的趋势，各行业之间的工资差异越来越大。

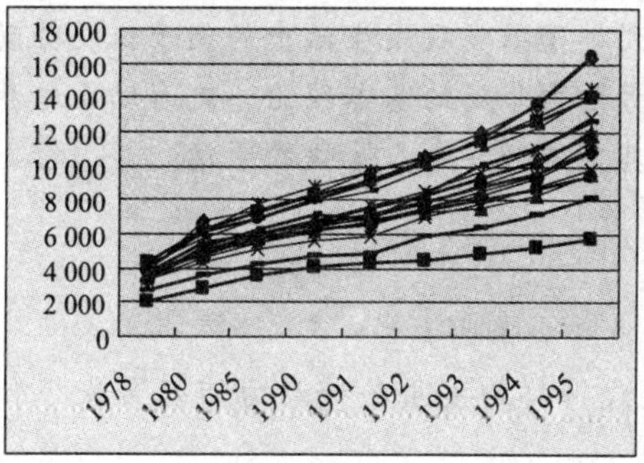

（a）1980年~2002年行业工资差异

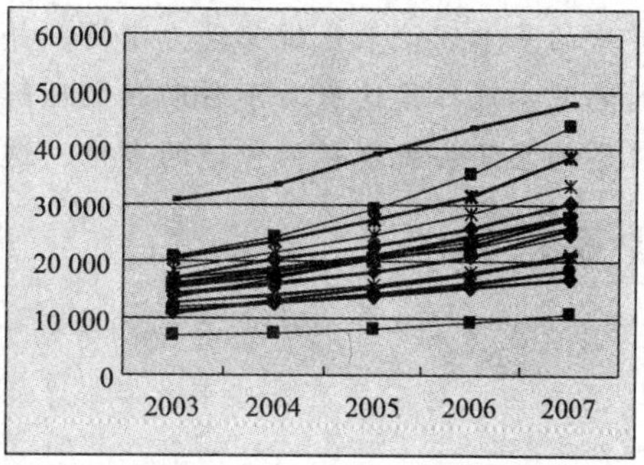

（b）2003年~2007年行业工资差异

图 3－12　行业工资差异

特别是我国垄断行业高工资、高福利，说明城镇内部不同行业的劳动力市场仍然处于相互分割的状态，缺乏必要的竞争性和流动性。垄断行业在缺乏适当约束机制的条件下，将垄断收益大量地分配给职工个人，形成这些行业不合理的高收入，如金融保险业、城市供应业、邮电通信业和房地产等行业。

四、解决劳动力市场分割问题的政策措施

（一）消除就业歧视观念

在市场经济条件下，不同区域、不同行业的劳动者都是市场的主体，他们完全有权利、有理由选择自己所适合的职业。对于城乡的劳动者来说，就业选择权应该是平等的。建立公平竞争的体制是市场建设的一项主要任务，因而从思想观念上消除劳动力市场的歧视是极为重要的。

（二）消除户籍隔离体制

要进一步消除城乡户籍制度。小城镇户口应完全放开，大中城市应该逐步放开户口，尽快从目前的户籍管理向身份证管理过渡，为居民异地就业创造条件。建立统一的社会保障体系，把城市非正规就业者和农村劳动力纳入这一体系中。

（三）规范劳动关系，出台就业法

要建立统一的、公平的、竞争性的劳动力市场，是一项长期的任务，不可能一蹴而就。为逐步减缓劳动力市场分割问题，应该出台就业法，以进一步规范劳动关系创造公平就业的法律环境。

本章小结

我们从劳动力市场的一般特征、劳动力市场的均衡、不完全竞争条件下的劳动力市场、劳动力市场分割四个方面介绍了劳动力市场的基本特征和运行情况。我们使用微观经济学中的基本理论来分析劳动力市场，并列举了很多现实生活中的例子证明劳动力市场运行的基本规律，这有助于帮助我们理解劳动力市场的基本理论，更有助于培养我们用经济学的思维去观察我们身边的事件，这其实是一件令人愉快的事情。

思考题

1. 什么是劳动力市场？你身边的劳动力市场有哪些类型？
2. 劳动力市场主要有哪些要素构成？现代网络的发展给劳动力市场带来了什么样的影响？
3. 劳动力市场的有哪些主要的特征？请你结合身边的事例进行分析。
4. 劳动力市场的均衡是什么？有什么样的经济含义？

5. 请你运用蛛网模型解释大学生就业困难的变化趋势，作为大学生应该如果面对就业市场的压力？

6. 周期失业、摩擦性失业和结构性失业的基本内涵是什么？它们之间的区别是什么？

7. 在不完全竞争条件下，均衡工资和就业是如何决定的？

8. 请你举例证明效率工资理论的合理性。

9. 请你结合内部人－外部人模型分析我国城乡分割的劳动力市场。

第四章

劳 动 时 间

关键概念

劳动时间　劳动投入量　准固定成本　集体作业　制度劳动时间　余暇时间

在前几章的讨论中，为了简化说明，没有劳动时间，所有的说明都是在抽去了劳动时间（以及劳动强度）之后的只有劳动者人数（质量已假定为同质）为劳动投入量这一假设前提下进行的。

但是，毫无疑问，如果劳动时间不同，为达到一定产量（或工作量）所需要的劳动者人数也会随之变化，或者劳动者人数不变产量（或工作量）发生变化。按经济学的标准说法，企业为了完成生产而决定的劳动投入量，并不是仅指雇佣了多少劳动者，即不是仅指以人员为单位的劳动量，而是指劳动者人数乘以劳动时间，也就是以“人员·时间”为单位的劳动服务量。资本也是一样，为达到一定的产量，不仅需要若干台机器，重要的问题还有让机器开动多长时间的资本服务量。

本章的讨论以劳动时间为主，需要的地方将论及劳动强度。通过本章的讨论，我们将回归到劳动投入量的完整的实际状态，从而可以从整体的量的角度出发，更准确地把握劳动经济现象。

第一节　劳动投入量的计量尺度

在经济学中流量和存量是被区别使用的。如果以蓄水池的水量为例，表示在某一时点蓄水池中有多少水的是存量，表示在某一时间段有多少水流过了蓄水池的是流量。如图 4－1 模型所示。

图 4－1 中从水龙头口流出来的水就是流量，在它下面水平保存的状态就是存量。

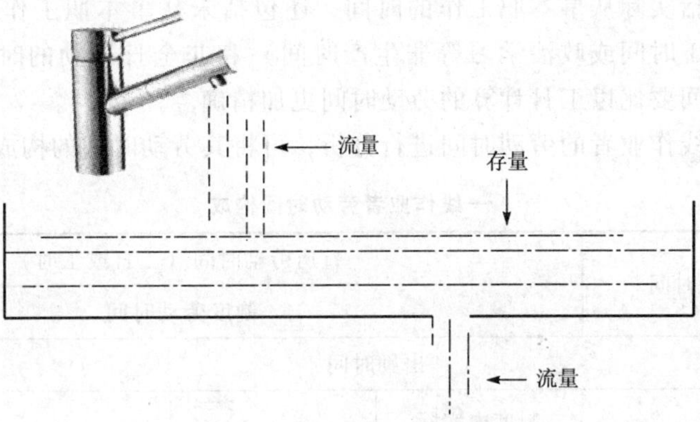

图 4-1 流量和存量的概念图

另外从水的底部的小洞中流出的水也是流量。这就意味着存量是流入水和流出水的一瞬间静止时的观察值。

在劳动投入量中，某一时点受雇劳动者的人数是存量，一定时间内的总劳动时间是流量。换个角度说，产量是在一定时间内发生的流量，与此相对应的劳动投入量则应是以“人员·时间”为单位的流量（作为计量劳动量的单位，除此之外，有时会考虑劳动强度）。

一、劳动时间的计量

劳动时间又称工作时间，是指劳动者从事有酬社会劳动所花费的时间。在劳动时间内，劳动者支出劳动力，生产物质和精神产品；在劳动时间以外（非劳动时间内），劳动者通过多种方式恢复和再生产出自己的劳动力。

在考虑劳动时间问题时，另一个重要因素是计量劳动时间的单位时间长度，是以一小时的劳动时间为单位时间长度，还是以一天、一个星期、一个月为单位时间长度，以及从劳动力供给者角度以一生为单位时间长度。随着单位时间长度的不同，其结果也有很大不同。每星期休息两天的制度普及后，缩短了以星期为单位的劳动时间，带薪休假的增加缩短了以年为单位的劳动时间。一般在国际比较中，是以年平均劳动时间为问题点的。虽然还没有把生涯劳动时间的缩短纳入国际比较的研究视野，但是，退休年龄的提前与推后，在条件相同时会影响到生涯劳动时间的缩短与延长。

劳动时间的计量单位一般为工日和工时。工日指一个劳动者工作一个轮班的时间；工时指一个劳动者工作一个小时的时间。在某些特定的条件下，例如在制定劳动消耗定额和核算单位产品劳动消耗量时，也用“分钟”作为劳动时间的计量单位。

工日不仅包括实际从事本职工作的时间，还包括未从事本职工作的时间（如停工待料、停电等停工时间或政治学习等非生产时间）和非全日缺勤的时间。因此，以工时计算的劳动时间要比以工日计算的劳动时间更加精确。

为便于对一线作业者的劳动时间进行分析，可将其劳动时间的构成如表 4－1 所示：

表 4－1　一线作业者劳动时间构成

<table>
<tr><td colspan="2" rowspan="2">制度闲暇休息时间</td><td colspan="4">日历劳动时间（工日或工时）</td></tr>
<tr><td colspan="4">制度劳动时间</td></tr>
<tr><td></td><td colspan="4">出勤时间</td><td>缺勤时间</td></tr>
<tr><td></td><td>加班劳动时间</td><td>制度内实际劳动时间</td><td>停工时间</td><td>非生产时间</td><td rowspan="2"></td></tr>
<tr><td></td><td colspan="2">全部实际劳动时间</td><td colspan="2"></td></tr>
</table>

相应的劳动时间利用指标有：

$$\text{出勤率（\%）}=\frac{\text{出勤工日（时）数}}{\text{制度工日（时）数}}\times 100\%$$

$$\text{出勤时间利用率（\%）}=\frac{\text{制度内实际劳动工日（时）数}}{\text{出勤工日（时）数}}\times 100\%$$

$$\text{制度劳动时间利用率（\%）}=\frac{\text{制度内实际劳动工日（时）数}}{\text{制度劳动工日（时）数}}\times 100\%$$

$$\text{加班加点比重（\%）}=\frac{\text{加班加点工日（时）数}}{\text{全部实际劳动工日（时）数}}\times 100\%$$

$$\text{平均加班加点长度（\%）}=\frac{\text{加班加点工日（时）数}}{\text{制度内实际劳动工日（时）数}}$$

二、劳动时间的特征和功能

（一）劳动时间的特征

1. 它是法律规范的工作时间

劳动者每日或每周工作时间的最长限度由法律规定，用人单位安排劳动者每日或每周从事劳动的时间不得超过法律规定的最长限度。

2. 它是劳动者履行劳动义务和用人单位计发劳动报酬的时间

劳动者按照用人单位依法规定的时间从事劳动；用人单位则按照劳动者在工作时间内提供劳动的数量和质量计算和支付劳动报酬。

3. 它是实际劳动时间与从事有关活动所花时间的总和

劳动时间既包括劳动者的实际劳动时间，也包括劳动者从事与生产有关的活动的时间，还包括劳动者依照法律规定或有关行政机关指令参加社会活动的时间。

(二) 劳动时间的功能

正是有了人们在劳动时间创造的财富，才使人们获得了越来越多的消费资料和劳务，丰富了人们的物质、文化生活，使人的个性和自身的潜能都得到发展。

1. 计量功能

劳动时间是计量劳动投入量多少的主要尺度。无论过去、现在、还是将来，劳动时间在计量劳动投入量方面的作用是其他任何度量工具难以替代的。

2. 指示功能

劳动时间的变动还是经济发展的指示器。当经济进入衰退时，即使失业尚未增加，劳动时间却已减少了，这是因为产量的减少首先反映在超时工作的取消上。同样，当经济复苏时，在失业人数减少以前，工作小时数就增加了，因为在失业者被重新招回之前，工作时间被迫缩短的工人恢复了正常的工作时间。

3. 保证个人及社会维持和发展的功能

劳动者在劳动时间里进行劳动，为社会创造物质及精神财富。这些财富对于个人来说，一方面维持了劳动力的简单再生产，另一方面为劳动力素质的提高和劳动力的更新提供了物质保证；对于社会来说，一方面维持了社会的简单运行以保证社会的存在，另一方面为社会的发展提供了物质、文化保证。

4. 人际交往功能

人是社会的人，要在社会共同体中生活，不可避免地要与他人发生各种交往，而其中最基本的交往是社会劳动中的交往。在劳动时间内，人们可以实现广泛的人际交往。

研究是企业握有主动权决定劳动时间、还是在决定劳动时间时反映劳动者的意向计量劳动时间的时间单位长度也很重要。如果时间单位很长，即使各个企业劳动时间已定，但就某一个人的劳动时间来说，可用辞职或再就业的方法进行调节。

第二节 从劳动供给者的立场看劳动时间

按照经济学传统的标准思考方式，劳动时间是由劳动的供给者作为最佳时间进行选择的。企业基于由市场决定的每小时工资率决定以“人员·时间”为单位的劳动投入量。即10个人平均工作5个小时和5个人平均工作10个小时，只要以“人员·时间”为单位的劳动投入量相等，则他们的产量，生产所需要的费用也相等。所以，企业没有必要关心雇佣的人数和劳动时间，最关心的应该是以“人员·时间”为单位的劳动投入量。

在这种情况下，决定劳动时间的是劳动的供给者。正如第二章第二节所述，供给者根据既定的工资率，选择对自己效用最大的最佳劳动时间。其结果被认为是实际观察到的劳动时间。

根据这个前提，劳动时间的变化仅仅由工资率的变化和人们对收入及余暇的偏好的改变引起。既然如此，法律和政府干涉劳动时间的决定不仅会妨碍人们对最佳行为的选择，而且对于劳动者来说也不是一件所希望的事。

用这种观点观察现实生活中的劳动时间，很难看到在很长的一段职业生涯中每天平均只工作短短一两个小时的劳动者，这种现象被解释为是人们的偏好。还有一种说法是，作为最佳时间，劳动者不选择超短时工作，并不是偶然的，而是劳动的供给者一方存在着某种必然的理由。如果人们受雇于某企业工作，他们就必须支付和劳动时间长度无关的准固定成本。例如，为了在单位工作，需要支付上下班费用。在我国，虽然很多单位承担直接的交通费用，但是只要上下班就需要花费一定的时间，不工作一定量以上时间，效用就会低于闲暇。

由于存在这种准固定成本，人们选择的劳动时间就不超出一定的范围。如图 4－2 所示，假设某人未参加市场性工作，但有财产收入等一定的基本收入 TI；当他出去工作时，假设他需要承担包括机会成本的准固定成本 IA，则他的收入约束线就是 IABC；AB 在横线 I 之下。说明虽然在工作，却因准固定成本使收入下降，同时余暇时间减少，效用也在下降。因此，就业人员都不会选择比 h_0 更短的劳动时间，实际被选择的劳动时间会比它长。

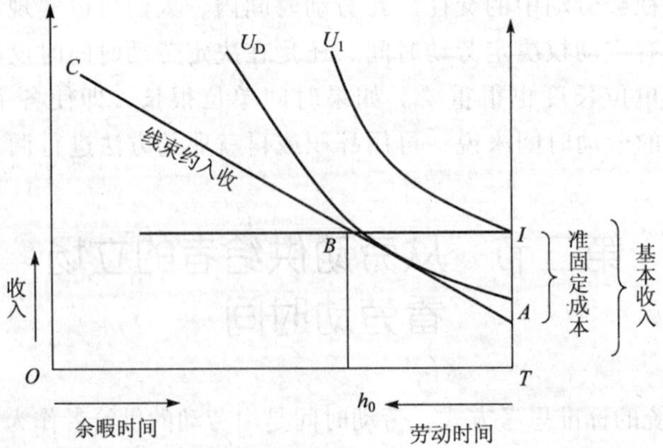

图 4－2　劳动者的准固定成本和劳动时间的最低供给

以上是从劳动供给者的立场说明了劳动时间的下限的存在，而关于它的上限，可以从劳动供给者的生理要求进行解释。人们在工作一定时间后，会感到疲劳，对余暇时间的需求就会急速上升。这样，没有人工作时间超过某种长度。

这是根据劳动供给者方面的理由说明的劳动时间不会超出一定范围。但是企业方面会不会存在规定劳动时间的动机？关于这一点，将在下面进行论述。

第三节 从企业的立场看劳动时间

一、规范性的说明

回到第一章，复习一下关于劳动力需求量的决定。假设产品市场、劳动力市场是完全竞争市场，则商品价格 p 和工资 w 由市场决定，企业将这些条件为已知，生产函数为约束，以自身利润最大化为目标决定劳动投入量。

假设劳动投入量是以“人员·时间”为单位计量的。如果劳动者人数为 L，平均劳动时间为 h，则总劳动时间 H 是 Lh。设产量为 X，资本量为 K，则生产函数是

$$X = f(H, K) = f(Lh, K)$$

收入 R 是产量和商品价格 p 的乘积，所以，可表示为

$$R = p \cdot f(Lh, K)$$

另外，总成本 C 由劳动力成本和资本成本构成，设对应于总劳动时间的每小时的工资率为 w，资本价格为 r，则可表示为

$$C = Hw + Kr = Lhw + Kr$$

图 4－3 表示在资本不变的情况下，随着劳动投入量的变化，总收入和总成本是如何变化的。就总收入曲线来说，即使 p 不变，由于收益递减法则作用于生产函数，在增加劳动投入量的情况下，虽然产量会增加，其增量却会递减，收入曲线凸向上方。另一方面，总成本等于资本的固定成本加上劳动力成本，但因为 w 不变，所以劳动力成本随 H 的增加而成比例增加，总成本曲线如图 4－3 所示，呈直线。总收入减去总成本就是利润 π，使总收入超过总成本的部分最大的点决定劳动投入量。图 4－3 中，L^* 是最佳劳动投入量，有无数个 L、h 的组合能够构成 L^*。

假如，劳动者愿意，企业可以减少劳动时间，增雇新人，在高失业率的情况下，通过这种方式增加雇佣人数是增加就业的可选措施之一。

另一方面，企业会特别关心劳动者人数和劳动时间的决定，这是因为生产函数中人数的增加和劳动时间的增加对产量产生不同影响，或者成本函数中两者的增加对总成本产生不同影响。

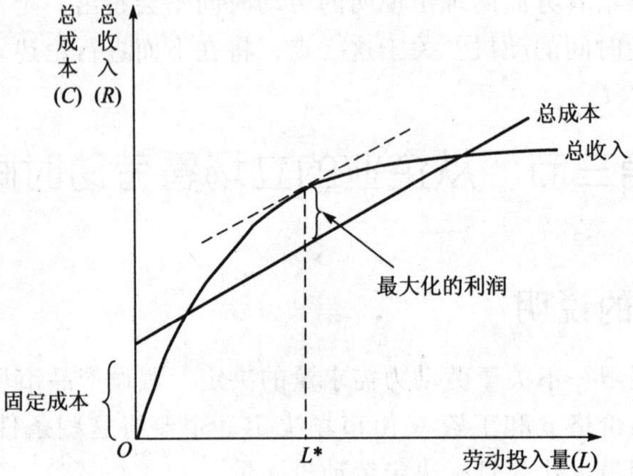

图 4－3　劳动需求量的决定

二、集体作业的影响

现实中企业的工作方式在很多情况下是进行集体作业的。例如，生产过程中的流水作业，如果只考虑到每个人的具体情况而选择分散的劳动时间，就会给工作带来很大的障碍。为了有效利用分工的优势，提高生产效率，必须统一规定集体作业的时间。

另外，在白领工作中，让劳动者自由地选择劳动时间，在很多情况下是不可行的。例如，在会计和计划、人力资源管理工作中，需要和其他部门及他人保持联系。需要收集各种知识和信息，并将它积累起来才能完成的工作中，每个人都分散地掌握着知识和信息是没有意义的。虽然不在一起，只要他们能完全共享信息，就算信息分散在很多人手中，也不会影响效率，但在现实中这是很难做到的，为了交换这些知识和信息，需要在一定时间内一起工作。

在上述情况下，10 个人每天工作 4 个小时和 5 个人每天工作 8 个小时，共同工作的时间不同，总劳动时间相等，产量却不同。更何况每个劳动者根据自己的情况选择分散的工作时间，整体工作效率必然会下降。

考虑到这些实际情况，生产函数需要改变为将劳动者人数和劳动时间当做不同的生产要素的函数，如下所示：

$$X = f(N, h, K)$$

费尔德斯腾（Feldstein）和弗莱明（Flemming）把劳动者人数和劳动时间当作不同的生产要素代入到生产函数中，研究了它们不同的变化是否对产量有不同的贡献。他们得出结论，劳动时间对生产的影响大于劳动者人数的影响。

三、劳动时间和工作效率

不管怎样延长劳动时间，最终是有限度的。这不仅由劳动时间的延长所带来的疲劳度增加导致对休息的需求上升等来自劳动供给者方面的理由所决定，同时如果疲劳度增加，工作效率会下降，企业利润必然减少。

正如平时所见，人们从开始工作到完全进入状态的期间，效率比较低。随着工作时间的推移，效率会提高。但效率的提高也有限度，疲劳会导致效率下降。这种情形可以用图 4 -4 表示。

劳动时间的增量所引起的产量的增量是边际效率（边际生产率），它由经过曲线上各点的切线斜率表示。最初，边际效率低，但随着劳动时间的增加边际效率会逐渐上升，而超过一定的劳动时间后，边际效率再次下降。平均效率是曲线上各点与原点的连线的斜率，它随着劳动时间的增加而上升，超过一定的劳动时间后下降。平均效率达到最高的点为图中点 A，此时边际效率和平均效率相一致，与这个点对应的劳动时间为 h。

在不受劳动者人数影响的情况下，存在图 4 -4 中劳动时间和人均产量之间的关系。那么应该如何确定使企业利润最大的劳动时间？假设工资率为 w，则如图 4 -5 中的总成本曲线，雇佣一个人所需要的成本随时间的增加成比例上升。（即使需要支付固定成本，它也只能使成本曲线平行上移，并不影响结果。存在加班补贴率的情况下，在制度劳动时间界限处，向上弯曲。）收入是产量和产品价格的乘积，如果假设产品价格不变，就能得到图 4 -5 中的收入曲线。此时，工资率和边际收入相等的点 B 成为利润最大点，与其对应的劳动时间是 h^{**}。将该劳动时间和平均效率最大的点 A 相比较（产品价格固定不变，所以平均效率最大的点和平均收入最大的点相一致），可以发现，利润最大时的劳动时间 h^{**} 比平均效率最大时的劳动时间 h 长。（只要工资率低于最大的平均收入，就会存在上述情况。如果工资率高于最大的平均收入，则最终成本曲线高于收入曲线，企业无论怎样增加劳动时间也不能得到利润，由于出现亏损，所以不会增加雇佣劳动者数量。）

不同的工作疲劳程度不同，它对生产效率的影响也不同。劳动强度高的工作，它的效率有可能在短时间内达到最高点。所以，对于不同的工作，企业所要求的劳动时间也不同。由于收入曲线为产品价格的变动所左右，所以，假如经济萧条、产品价格低，企业所希望的劳动时间随之变化。另一方面，近些年来逐渐出现了业绩和劳动时间长度无

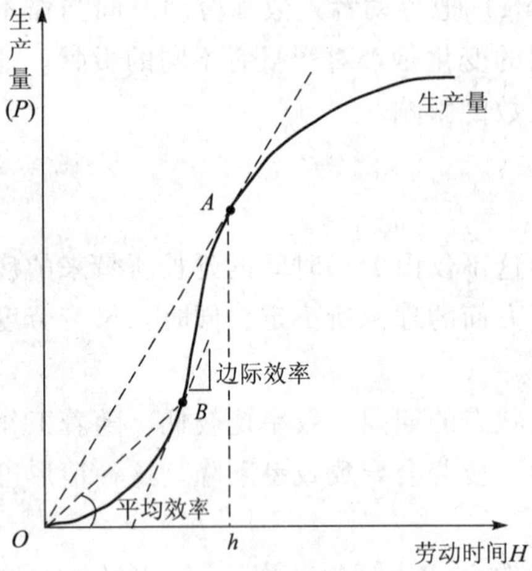

图 4－4　工作效率的变化和平均效率最大的劳动时间

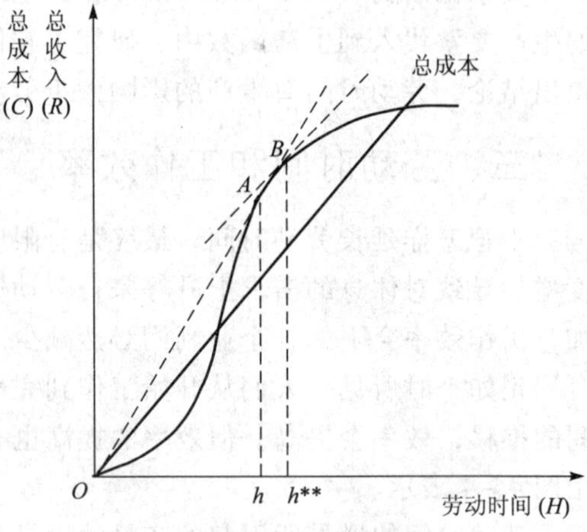

图 4－5　平均效率最大的劳动时间和利润极大化劳动时间

关的工作以及随着信息设备的发达，虽然是集体作业，但员工没有必要总在一起工作。其中有些工作如果硬性地受制度劳动时间制约，业绩反而会下降。因此一些企业为了对应此类工作，提高业绩，引入了劳动时间管理由个人自由决定的制度，以及在家上班的制度。

四、准固定成本

以上是从分析劳动者人数和劳动时间的增加对产量带来的不同影响的角度，寻求企业选择劳动时间的依据，另外，还需要考虑的是它们对成本的不同影响。

延长劳动时间、增加劳动者人数，即使总劳动时间相等，所需要的成本不同。为增加劳动者，就要支付面试等工作所需的招聘成本，为了培养胜任工作的人才，也需要教育培训费。相反，为削减人员，必须支付很多退职金。除此之外，企业还承担着与劳动时间的长度没有直接关系的成本。例如，交通津贴、福利保健费等。为了区别于随时间变化而变化的可变成本，这些成本被称为准固定成本。

加入准固定成本后，成本函数变成下列函数式：

$$C = f(Nw_1,\ (N - N_{-1})w_2,\ N(h_s + h_0\rho)w_3,\ K_r)$$

N 是雇佣劳动者数，$N-1$ 表示上一期的雇佣劳动者数。w_1 是增加一个雇佣劳动者所增加的准固定成本（交通津贴、福利保健费等）。w_2 是对一个雇佣劳动者进行调整而引起的准固定成本（招聘成本和教育培训费，或者是退职费）。如果增加和减少雇佣人数时的成本不同，就要根据增减条件改写上式。h_s 表示固定劳动时间，h_0 表示加班时间，W_3 表示制度劳动时间内的工资率，p 表示加班补贴率。在此，可以认为工资不是小时工资，而是月工资制的制度劳动时间内的固定工资（w_3、h_s），K_r 是资本成本。

企业以延长劳动时间来满足产量的增加，劳动成本将如何变化？如果延长加班时间，每延长 1 小时，企业就要支付以高补贴率计算的计时工资。下面以日本为例进行说明。日本的法定补贴率在实际劳动时间超过 8 个小时但不到深夜时是 25%，到深夜时和节假日上班时是 50%，所以企业必须支付这些比例以上的补贴率。根据中央劳动（纠纷调停）委员会的《工资情况调查》（平成 3 年），在加班未到深夜时，补贴率为 25% 的企业占 37.6%，补贴率在 25.1% ~29.9% 之间的企业占 13.5%，30% 的企业占 44.6%，而补贴率超过 30% 的企业仅占 4.3%，按平均值来看是 27.9%。由此可见大多数企业的加班补贴率仅仅比法定补贴率高一点。与日本向对照，美国最低法定补贴率是 50%。英国、法国、德国依据产业不同，分别适用 25% ~50% 的补贴率，而实际上很多企业的补贴率超过 50%。

在日本，不仅加班补贴率低，而且在计算补贴工资的基本工资中并不包含准固定成本，所以延长时间所需要的成本低廉。假设增减劳动者人数和增减劳动时间同样影响产量，为了满足产量的变化，决定是变更劳动者人数，还是调整劳动时间的时候，要根据相对成本的大小决定。

如果延长劳动时间比增加劳动者人数更为低廉，就要用延长劳动时间来满足产量的增加。事实上早在 1985 年的《劳动白皮书》就指出，如果不把加班补贴率从现在的 25% 提高到 62.9%，延长劳动时间的成本比增加劳动者人数的成本低。在日本准固定成本如此之高，相反延长劳动时间的成本低。正是因为这个原因，日本企业才会形成减少劳动者人数、增加劳动时间的成本结构。

此外，人数在 500 名以上的日本大企业中，不仅加班的基本工资高，准固定成本更高。据日本劳动省计算，延长劳动时间的成本和增加劳动者人数的成本相等时的加班补贴率达到 74.4%。它明显高于人数在 100 ~499 名规模的企业的 61.0% 和人数在 30 ~99 名规模的企业的 47.4%。正因为如此，使大企业延长加班时间的诱惑力很强。

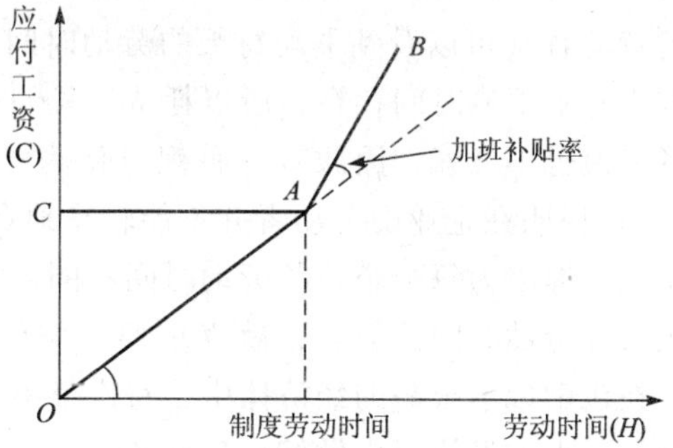

图 4 –6　劳动时间的增加和应付工资

另一方面，企业对缩短制度劳动时间感到为难的是按月工资制应付工资。如很多计时制工作，工资如果是按计时工资支付，则企业的工资支付就如图 4 –6 的 OAB 部分，如果缩短了制度劳动时间，支付的金额就会减少，也可以减轻企业的负担。

但是如果工资和制度劳动时间的长度无关，企业需要支付的金额就是CAB，此时企业就认为制度劳动时间的缩短会提高工资率。

在经营者层的年薪制和股票期权制度下，相应人员的工资主要由业绩决定，跟劳动时间的长度无关。但是对于一般员工，即使工作量相同，只要加班，企业就要按法律规定支付加班津贴。因此，如果缩短制度劳动时间，相反，不得不增加加班时间，即使工作量不变，企业的人工成本也会增加。这些事实，会使企业反对缩短制度劳动时间。

第四节 制度劳动时间、不规则劳动时间与有效劳动时间供给

即使人们的时间资源总量一定，即使法定劳动时间一致，但有的人乐于超时工作，有的人乐于身兼多职，又有的人乐于从事零星的工作。总之，人们的实际劳动时间并不像上述假定的那样规则。另外，即使当人们的劳动时间供给量确定下来以后，由于人们在劳动时间内努力、勤奋程度不同，事实上每个人在劳动时间内所提供的有效劳动时间也是互不相同的。凡此种种都必将对劳动力供给产生一定的影响。

一、制度劳动时间

在前面的说明中，假设每个劳动者可以根据自己的最佳时间来选择劳动时间。但是在企业工作的劳动者，真能如前面假设的那样自由地选择劳动时间吗？

企业的工作或多或少需要共同工作，所以，企业是不可能任由每个劳动者根据自己的情况调整劳动时间的。或者在第三节谈到的那样，企业存在招聘费用、人才培养费用等与劳动时间的长度没有关系的准固定成本时，企业会尽量不录用只工作极短的劳动时间的劳动者（可以看到平均每天的劳动时间很短，如仅为2~3小时的劳动者不多，这是因为有上下班时间存在，所以耗费较长的通勤时间而只工作短短的两三个小时，对劳动者来说也不合算，因此有一种观点认为这也是劳动者对最佳劳动时间进行选择的结果）。这说明在企业中劳动者并不能轻易地调整劳动时间。但是，也有可能存在一种反对意见，即因为每个企业的劳动时间不同，如果连更换工作单位也考虑在内，就有可能达到最佳劳动时间。但是，就算更换工作单位能够选择的劳动时间的范围还是会有限度，在跳槽成本很高的经济体中，每次都根据自己的情况更换工作单位，就要对将由此引起的巨大的经济损失做好心理准备。

如果劳动时间作为劳动条件，和工资绑缚在一起由企业来规定，前面的说明会怎么

变化？日本女性的劳动力参与率曾经保持低水平。除了最近几年，男性高龄层的劳动力参与率也长期保持着低水平。研究其背景，包括农村家庭、家庭副业的自营业主和家属劳动者等容易调整劳动时间的就业形态减少，而由企业规定劳动时间的就业形态增加，可能是一个重要原因。

如果企业将劳动时间和工资绑缚在一起进行规定，则劳动者只能从接受劳动条件在该企业工作或拒绝条件不工作，两者选其一。显示这种两者选其一的状况的就是图4－7。点b表示无职业状态，点c表示接受企业所规定的劳动时间 h_0 和工资率 w_0 的雇佣条件的状态。图中通过点b的无差异曲线 U_b 在通过点c的无差异曲线 U_c 的上方，劳动者选择不就业。点d的小时工资率和点c相同，但是它表示只有劳动时间短的雇佣条件。通过此点d的无差异曲线在无职业时的无差异曲线的上方，所以，如果存在这种职业，劳动者就会选择就业。

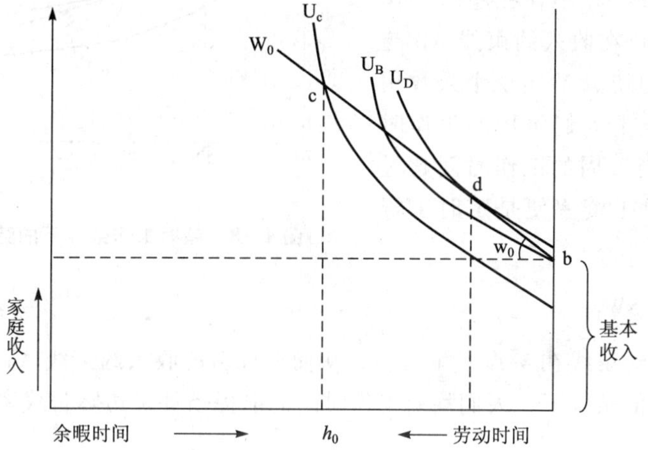

图4－7　制度劳动时间下的就业选择

如前所述，如果劳动时间由企业规定，即使工资率相同随着劳动时间的不同劳动力参与率也会变化，而且缩短劳动时间会使劳动力参与率上升的可能性增强。如此看来，可以认定增加零工的雇佣机会对于提高女性劳动力参与率起了很大促进作用。

二、超时工作

超时工作在世界各国是一种很普遍的现象。这里所说的超时劳动是指在法定劳动时间以外继续劳动，通俗地说就是指“加班加点”。超时工作与制度劳动时间内的工作相比，要给付较高的劳动报酬，而且各国的法律对此都有相应的规定。这点在前面已经做了说明。在超时工作问题上，超时工作时间已经开始向人类的生理极限领域发展，因此，其长度不仅受着人类脑力、体力等生理因素和道德因素的制约，在近代以后，还受到法律制度的制约。纯粹从经济的角度来说，超时劳动需求（超时劳动力的需求）方企业对超时工作，即延长劳动时间的追求完全建立在该劳动时间内能否为企业带来利益的基础之上，这方面的内容前文已经做了分析，不再赘述。下面讨论超时工作的劳动供给（超时劳动力供给）方如何在超时工作报酬（加班费等）和超时工作时间等劳动条件下进行劳动供给决策的。

图 4－8 包含着两点假定：（1）超时工资率是定时工资率的 1.5 倍；（2）人们对是否接受超时劳动具有自由选择权。假设定时工资率为 W_1，由此得到收入约束线 AB。在不存在超时工作的条件下，人们可在收入约束线 AB 与无差异曲线 U_1 的切点 V 实现个人效用最大化；在 V 点上人们每周的工作时间是 40 小时。当每周的工作时间超过 40 小时，则超时工资率便是定时工资率的 1.5 倍，即

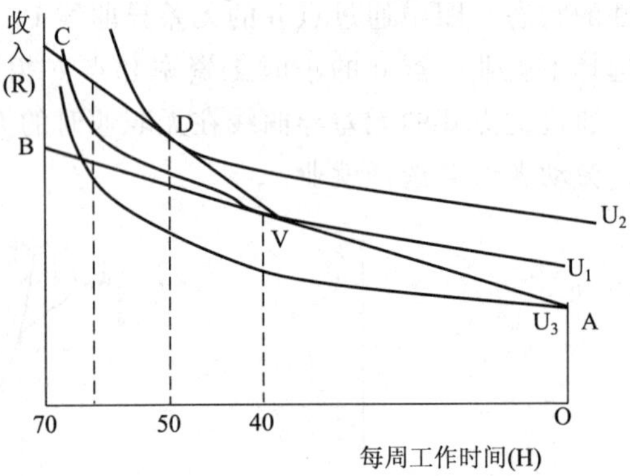

图 4－8　超时工作条件下的劳动供给时间

$$W_2 = 1.5W_1$$

这使得收入约束线在 V 点发生扭转，从而形成新的收入约束线 AVC。

在定时工作的条件下，人们均衡工作时间的前提条件是边际替代率等于工资率，即

$$MRS_1 = W_1$$

由于在超时工作的条件下市场所给付工资水平是 $1.5W_1$，人们均衡工作时间的前提条件便转化为 $MRS_2 = W_2 = 1.5W_1$。显然，$MRS_1 < MRS_2$，原来的均衡点 V 已经不是劳动者实现效用最大化的均衡水平。这样，一个理性的劳动者将沿着线段 VC 向右上方移动，直至在新的条件下再度实现均衡为止，即

$$MRS_2 = 1.5W_1$$

D 点是收入约束线 AVC 与无差异曲线 U_2 的切点，满足在超时工作条件下的前提条件 $MRS_2 = 1.5W_1$。无差异曲线 U_2 位于无差异曲线 U_1 的右上方，代表的效用水平高于无差异曲线 U_1。D 点所对应的工作时间是 50 小时，较之于原来的均衡点 V 增加了 10 小时。据此分析可见，人们对超时工作往往是欣然而受之。当超时工作并不经常发生时，

收入对劳动时间长短的效应几乎等于零，替代效应发挥着绝对的支配作用。因此可以说，作为诱使增加劳动时间供给量的一个手段，超时工资率不宜定得过高。

三、兼职工作

兼职工作实际上也是一种超时工作。二者的区别在于，超时是在第一职业的制度工作时间之外，在同一地点为同一雇主提供额外的劳动；而兼职工作则是指在第一职业之外寻找其他的工作。超时工作带有季节性和随机性的特征，而且，在各行业和各企业的分布很不均衡。因此，对一些乐于从事超时工作但苦于没有这种机会的人来说，在工作之余开辟第二"战场"，一身兼任二职甚至是兼任数职，便成为一种顺理成章的选择。

无差异曲线是由个人偏好决定的。乐于从事兼职工作的人对余暇的主观价值判断较低，因而，乐于提供更多劳动时间以取代余暇。这就决定了他的无差异曲线以及他所认定的效用标准与其他人存在着一定区别。这些人的劳动力供给行为如图 4－9 所示。

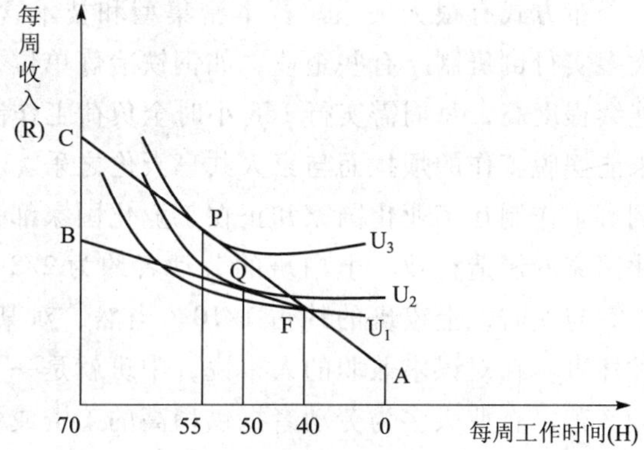

图 4－9　兼职者的劳动供给时间

在图 4－9 中，假定乐于兼职的人能够在本单位、本职工作范围内随意地决定自己的劳动供给时间。当他的偏好以及无差异曲线如图 4－9 事先给定时，无差别曲线 U_3上的 P 点则代表着他所乐于实现的最大效用，也就是说，每周乐于工作 55 小时。但是，当雇主每周需求的劳动时间限定为 40 小时时，则该人在本单位别无选择，每周必须工作 40 小时。这样，他的收入约束线 AC 与无差异曲线 U_1相交于 F 点。设收入约束线 AC 的斜率即该人的工资率为 W_2（抽象掉负号），显然，无差异曲线 U_1上点 F 处的边际替代率 $MRS < W_2$。如是，该人为了提高自己的效用，则一定乐于放弃更多的余暇而从事更多的工作。

现在进一步假定，除第一职业之外该人可以获得第二职业，不过工资率 W_1低于原来的水平 W_2，即当工资率为 W_1时，其收入约束线以 F 为扭转点变成 OAFB。线段 FB 的斜率小于收入约束线 AC 的斜率，是 $W_1 < W_2$的几何表现形式。据图 4－9 可知，与线段 FB 相切的无差异曲线是 U_2，切点 Q 代表着从事兼职活动可获得的效用满足程度，该人乐于提供的工作时间是每周 50 小时。从效用的满足程度来看，以兼职方式实现超

时工作所实现的效用虽不如在本单位加班加点高，但不管怎么说，与不从事兼职活动相比，毕竟是获得了一定程度的提高。但由于 $W_1 < W_2$，使余暇的成本比工资率 $= W_2$时低，因而，该人所情愿提供的劳动时间将比工资率 $= W_2$有所减少，即由每周 55 小时减少到 50 小时。

所以，一般性的结论是，当其他条件保持不变时，从事第二职业的工资率越低、第一职业的工资率越高——劳动收入越高，则人们乐于提供的劳动力供给数量就越少。

四、倒班与非全日制工作

工作时间供给不仅取决于每周法定工作时间的长短，是否存在超时工作，还与劳动时间的分布方式有很大关系。资本密集型和技术含量高的企业，为提高生产设备利用率，大多实行倒班制。有些企业，如钢铁冶炼单位、石油加工单位、电力部门等，生产过程连续程度高，每周需实行 168 小时全负荷工作制。但人们往往讨厌夜班，也迫切希望周末能摆脱工作的烦扰而与家人共享天伦之乐。

倒班工作制在工业化国家和正在工业化国家都是极为普遍的现象。有资料表明，在工业化国家的制造行业，上白班的劳动者约为 2/3 左右，上中班（16：00 至零点）的约为 1/5 与左右，上夜班的约占 1/10。当然，对某些劳动者而言，倒班制也并不完全是一件坏事。在对谋求兼职的人来说，中班就是一个很好的选择；另外，由于中班和夜班比较辛苦，企业大多为劳动者提供稍高的工资或各种补贴，但总的来说，补贴工资的给付量较低，并不足以诱使人们提供更多的劳动时间。

非全日制工作指每周的工作时间低于法定劳动时间。从事非全日制工作的劳动者大致分为两类。一类是由于各方面原因，从业者志愿从事非全日工作；一类是从业者被迫从事非全日制工作，如难以找到全日制工作等（见表 4－2）。

表 4－2　部分发达国家劳动力选择非全日制工作的理由（1997 年）

国家	喜好非全日制工作	找不到全日制工作	其他原因（如求学、残疾等）
美国	32.2	12.1	55.6
德国	66.3	5.5	28.3
法国	58.5	41.3	0.2
英国	71.3	12.3	16.4
荷兰	72.9	5.5	21.5

资料来源：日本劳动省．海外劳动白书．1998.

欧洲很多国家的企业按经营需要为员工提供了宽幅度的非全日制工作安排。根据此类安排，工作时间最少的缩减至正常全日制工作时间的10%。例如，法国巴黎银行为其职员提供了7种为周正常全日制工作时间38.45小时的40%、50%、60%、70%、75%、80%以及90%的非全日制工作。1991年有221名职员选择了不同种类的非全日制工作。①

纵观各国的劳动力市场，非全日制就业模式主要有以下几方面特征。

（一）经济性因素在决定非全日制就业态势方面起主导性作用

劳动时间供给弹性较大。有材料表明，在非全日制劳动力市场上，工资率每上升1%，劳动力供给量将随之上升5%。工资上升对工作时间供给的总效应也比较大，有数据表明：工资上升对非全日制已婚妇女的总效应大约是全日制已婚妇女的二倍。这说明，非全日制劳动者对工作报酬的敏感程度要比全日制劳动者高得多。另外，其中也隐含着深层次的原因，如非全日制劳动者的工作技能欠佳、雇主给付的工资水平较低，从而导致劳动者的家庭收入水平较低，使他们对工资的变化比较敏感。另外，由于劳动力供给弹性较大，雇主们解雇劳动者的成本较低，因而，非全日制劳动力市场上劳动力的流动速率比较高。

（二）市场经济国家非全日制就业者较多，非市场经济国家非全日制就业者较少

这主要是由两点原因造成的：一是非市场经济国家实行计划经济体制，对劳动者实行终身雇佣制。二是由于经济体制方面的原因，排斥要素市场尤其是排斥劳动力市场的存在。自20世纪80年代以来，原计划经济体制国家大多进行了不同程度的经济体制改革，要素市场正在缓慢的发育成长，劳动力的流动性正在日益加强。因而，非全日制就业者的数量正在与日俱增。

此外，非全日制的就业群体多为青少年、养育未成年子女的妇女、老年人；在正在工业化的国家，随着农村城市化进程的加速进行和农村人口流动性的提高，农村劳动力中非全日制就业者的比重将呈日益提高的趋势。

五、有效劳动时间供给及其影响因素

以上关于劳动时间长短的讨论都是按劳动者在工作地点所花费的时间来衡量的，认为每人每小时的工作都是等效的。然而，现实生活中的实际状况并非如此。例如，如果劳动者不能始终如一地坚守工作岗位，偷懒、怠工或出工不出力，则单位时间内的工作效率势必下降，企业的成本势必提高，有时为了维持正常的生产经营过程得以顺利进

① 国外多种灵活就业方式研究．国际劳工与信息研究所，2001.

行，企业甚至要留有余地，即雇工规模超过正常需要量。这里所说的有效劳动时间或称工作效率，是指人们在工作期间每小时、每天或每周克尽职守所实际支付的脑、体力总量。有效劳动时间在工作过程中实际上很难监测和计量。

影响有效劳动时间供给的因素是多方面的。

（一）劳动力生理方面

在既定的时间内，人的脑力和体力支出的能力是有限的。劳动者脑、体力的运用与绩效之间的关系跟微观经济学中生产函数具有一定的相似性。

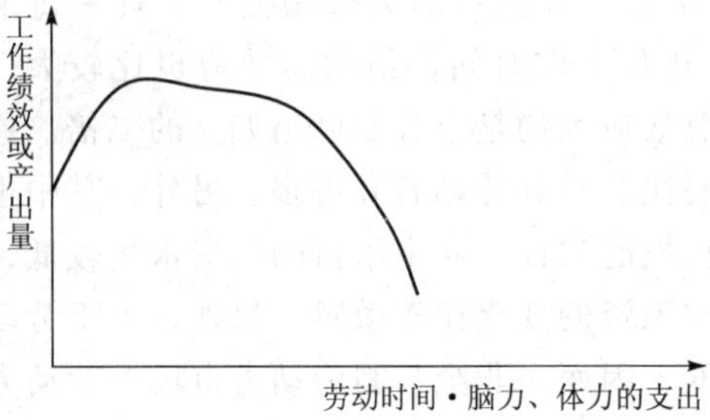

图 4-10 脑、体力与工作绩效间的函数关系

图 4-10 的横轴代表劳动者在 8 小时之内的脑、体力支付数量或程度，纵轴代表工作绩效或产出量。在一个工作日里，劳动者刚开始工作时处于启动状态，工作绩效不高，随即进入绩效峰值，而后依次递减。也可以说，劳动者的边际工作绩效依时间顺序和脑、体力支付程度经历了递增、高峰、递减三个阶段。

实证方面的研究也可以佐证上述理论观点。S·P·弗罗伦斯早在 1924 年通过研究不同劳动者群体的工作绩效与工作时间之间的关系就发现，在最初工作的一个小时内，劳动者的工作绩效最高，其后便依次递减，在临近下班的 2 个小时内，工作绩效急剧下降。

研究脑、体力与绩效之间的关系对确定劳动力供给有两点重要启示：（1）需要支付大量脑、体力生产作业或活动的工作时间不宜过长。因为超过劳动者脑、体力支付的生理极限之后，工作绩效将急速下降。世界各国的法定工作时间均为 8 小时，缺乏变动弹性，因而并不完全可取。应考虑到有效劳动时间供给极限的因素，允许某些特殊性的工种或活动的工作时间存在一定的弹性。（2）对高强度脑、体力支付的工种或活动给付较高的工资。

（二）道德风险方面

道德风险又称隐蔽行动问题，最早是源自于保险行业，现在已经延伸到现实经济生活中的诸多领域，成为微观经济学中的一个重要概念。广义的道德风险，是指市场交易中的一方难以观测或监督另一方的行动；狭义的道德风险，是指保险机制使投保人缺乏一种自我约束或自我防范的动力。体现在有效劳动供给中的道德风险，主要指在生产过程中或由于不便监督或是由于监督不力，人们的脑、体力的支付程度不足，低于实际工资水平。生产过程中人们工作的努力程度很难监督、计量，是滋生道德风险的主要原因。生产过程中道德风险的表现形式很多，如出工不出力、怠工、偷懒、增加休息次数、延长休息时间等等。

解决道德风险，增加有效劳动供给量的措施，一是建立和完善一种监督制衡机制，但事实上有些劳动行为是难以有效监督的，或者说由于监督成本过于高昂，以致实施某些监督措施是得不偿失的；二是完善和强化劳动报酬激励机制。工作绩效或产出量是脑、体力支付程度的一个函数，因而检测或鼓励人们提高脑、体力支付程度的一个有效措施，就是将劳动报酬与工作绩效或产出量紧密联系起来。具体地说，就是要实行按劳付酬，实行计件工资，实行定额制度等。但有些劳动行为的绩效和产出量难以计量和检测，只能实行计时工资，因而有效劳动供给量势必受到影响，工作效率损失也在所难免。

第五节 经济状况对劳动时间的影响

在经济衰退、产品需求下降时，企业是缩短劳动时间呢，还是削减劳动者人数呢？削减劳动者人数的方式包括不续签合同，不补充退休以及辞职人员的空缺。要减少更多的劳动者，就需要支付超额的调整成本。

人员调整所需要的成本越高，或调整时间所需要的成本越小，企业就会倾向于依靠时间进行调整。选择调整人员还是调整劳动时间时，不仅对该时点的调整成本的预测，而且对将来产品需求的预测也产生很大影响。准固定成本中包括人才开发费等只要投入一次对将来也能产生效果的投资性项目。如果在短期产品需求不足时，削减了人员，迄今投入的投资成本就会被浪费。这种时候，企业不减少劳动者人数，缩短劳动时间才是上策。换句话说，企业的人力资本投资越大，越难判断是否应该削减人员。同时，在以后的长时间内，如果产品需求回升的可能性越小，削减人员的必要性就越高。

相反，在经济复苏时期，也是同样的道理。要雇佣新人，就需要招聘费、人才开发费等巨额的投资成本。如果判断经济的复苏只是短期的，对企业来说，延长劳动时间比增雇新人更能节省成本。所以越是需要巨额的招聘费和人才培养费的工作，这种倾向越强。增减人员的决策，并不是由短期利润最大化为依据，而是以长期目标为依据。

经济景气与否不仅影响加班时间，也影响到制度劳动时间。但是，制度劳动时间不同于加班时间，在经济繁荣时期有缩短的倾向。经济复苏、产品需求增加，则劳动力需求也增加。但是在强大的劳动力需求的压力下，企业为留住紧缺的劳动力，不得不改善劳动条件。提高工资是有效的方式，引入每周休息两天的制度、缩短劳动时间等的措施也是吸引员工的好方法。劳动时间由企业规定的时候，有的劳动者会因为它太长或缺乏弹性而放弃就业。为了吸引这些人，企业往往采取缩短劳动时间以及提供灵活就业方式以加大弹性工作时间等方法。例如，《European Labour Force Survey 1998》刊载的数据显示，1998 年欧盟 15 国非全日制就业占就业总量的 17%，短期就业占 13.7%。又如，日本的短期就业者比率在 1997 年达到 21.1%。[①] 另外，据劳动和社会保障部国际劳工与信息研究所《国外多种灵活就业方式研究》（2001 年）称，1999 年远程就业劳动者在欧盟 15 国、美国、日本分别达到劳动力总数的 4.5%、12.9%、7.9%。

从以上的讨论可知，短期性经济复苏会使企业为适应产品需求的增加而延长加班时间，而长期性经济增长，则会使企业在供不应求的劳动力市场中，为确保一定人数的劳动力，加紧缩短以制度劳动时间为中心的劳动时间，并且积极发展弹性劳动时间制度。

第六节　劳动时间的变化趋势及其对经济的影响

一、劳动时间变化的趋势

从人类发展的历史来看，劳动时间的不断缩短、非劳动时间的不断延长，是生产力发展的必然趋势，也是人类劳动力扩大再生产水平极大提高的体现。一切社会的进步和发展都取决于劳动的节约，而由于时间是劳动的天然尺度，因此“一切节约归根到底都是时间的节约”。[②] 每个历史发展阶段劳动时间的节约都为下一阶段劳动时间的节约奠定了基础。

在原始社会，生产力水平低下，人们以采集野果和捕鱼打猎为生。为了满足最基本的生存需要，人们终日劳动，过着“日出而作，日落而息”的生活，劳动时间极长。

随着生产力的发展，人们逐渐用较少的时间生产较多的产品，这样便产生了余暇时间。但起初，它只对少数人有意义，因为不仅劳动者创造的物质财富被剥削阶级所占有，而且他们的余暇时间也被攫取了。

人类进入工业社会之后，集约化的工业大生产使劳动时间的缩短和余暇时间的延长成为可能。经过工人阶级的长期斗争和其他社会因素的促成，可能终于变为现实。资本主义发展最早的英国在 1750 年，终于把家庭手工业工厂手工艺人的工作时间从“日光工时”改为一天工作 10 小时，1848 年，英国又把 10 小时工作日制以法律形式固定下

① 日本劳动省．劳动白皮书，1999，P165.

② 马克思恩格斯全集，第 46 卷上册，P120.

来。1886 年 5 月美国芝加哥工人为争取 8 小时工作制举行罢工，并取得最后胜利，这使缩短工时的斗争有了根本性突破。1919 年，国际劳工大会通过的第一号公约中规定，工业企业的工作时间，一天不得超过 8 小时，一周不得超过 48 小时。此后，8 小时工作制得到资本主义国家的普遍认同。随着工人运动的发展、现代科学技术的进步和管理水平的提高，许多工业发达国家进一步缩短了工作时间，余暇时间随之增多。1935 年，国际劳工大会通过了《关于一周工作时间缩短为 40 小时的公约》。据统计，1910 年在非农业部门中，平均每周工作时间下降到 50. 3 小时，1920 年下降到 45. 5 小时，1930 年为 42. 2 小时，到 20 世纪 30 年代，8 小时工作制已成为标准工作日。据国际劳工局 1985 年统计，在 150 个国际劳工组织成员国中，有 80 个国家的周工时不到 48 小时，其中大多数国家为 40 小时。近年来，一些发达国家的周工时已缩短为 35 小时左右，最短的为 30 小时。另外，一些发达国家大部分行业的带薪休假、带薪节假日和休息时间的总天数已达 150 天左右。劳动时间的变化趋势一方面表现为工作周和工作日的缩短，另一方面表现为因一年中带薪休假日、带薪节日和休息时间的增加，而使工人年度平均工时缩短。

劳动时间的变化呈现出一定的规律，即增加劳动时间可能不会增加工作量，也不会提高工作效率；减少工作时间可能不会减少工作量，也不会降低工作效率。换言之，劳动时间的增加和产量的增加并不总是成正比，而呈现单峰型曲线，增加劳动时间有一个限度，超过这个限度，产量反而会下降。这一规律也被称为“帕金森定律”。

二、缩短劳动时间对经济可能产生的积极影响

在现实的结果和理论的说明上，与经济发展水平相适应、一定范围内劳动时间的缩短大致有下述几个方面的积极意义。

（一）劳动时间的缩短使劳动的各个要素得到充分的利用

劳动时间的缩短是活劳动和物化劳动节约的总和，它使人、财、物得到充分利用。在社会经济活动中，劳动时间的缩短表现为劳动生产率的提高。正如马克思所说，“从社会的角度看，劳动生产率还随同劳动的节约而增长”①。一般来说，劳动生产率提高是原因，劳动时间缩短是结果。劳动生产率是决定工时水平的首要因素。但是，劳动生产率与劳动时间缩短并不永远是正向因果关系，有时也呈现出逆向因果关系。也就是说，在一定条件下，劳动时间缩短也可以是原因，劳动生产率提高又会成为结果。这是因为“节约劳动时间就等于增加自由时间，即为充分发展个人所需要的时间；而充分

① 马克思恩格斯全集，第 23 卷，P578.

发展起来的个人自身又作为最大的生产力反作用于劳动生产力"①。

劳动时间缩短后，制度工时虽减少了，但有效工时却提高了。这样，在不减少工作量的前提下，单位时间的工作量增加，劳动生产率随之提高。例如，北京精密机床研究所从1983年起先后将周工时48小时减为42.5小时、40小时，而且从1984年开始，全所科技人员和工人每年享受半个月带薪休假。三年中，工作时间虽然减少了1/5，但产值却翻了两番，人均劳动生产率提高近5倍。

日本劳动省编纂的《劳动白皮书》② 披露，1975年～1996年间，在日本，伴随劳动时间每减少1%，劳动生产率上升了0.29%。此外，劳动时间缩短对劳动生产率的影响在不同行业和企业也会有所区别。意大利曾作过一项研究，结果表明，工作周在40小时以下时，工时每减少5%，煤气、供水、电力行业的劳动生产率提高0.5%，建筑业提高3.5%，整个工业部门劳动生产率提高2.2%。

应当指出的是，劳动时间的缩短并不总是立即引起劳动生产率的提高。在缩短工时后，企业还要加强管理才能提高劳动生产率。

（二）劳动时间的缩短使劳动产品增多

在一定社会生产方式条件下，总劳动时间通常是既定的，只是相对缩短了单个劳动产品所耗费的劳动时间。这必将使人们能在既定的社会总劳动时间内创造出更多的产品，包括它们在数量和品种方面的增多。如重庆机床厂从1993年起实行5天工作制后，1993年前两个月，该厂产量、产值、利税分别比上年同期增长了55.7%、68.6%、115.64%。

（三）劳动时间的缩短有利于节约能源

我国的能源等基础工业一直落后于国民经济的发展。以电力为例，据统计，新中国成立以来我国约有2/3的年份电力供应不足。近年来，虽然政府不断增加电力投资，但因用户急剧增加，电力供应仍很紧张，"开五停二"、"开四停三" 的现象在不少企业常有发生，造成了大量能源浪费和不合理消耗。缩短劳动时间有利于提高企业的能源利用率。例如，北京雪花集团缩短工时后，设备停机率下降了3个百分点。北京医用设备厂缩短工时后，1991年与1990年相比，节电1万度，节水3万立方米。重庆机床厂实行五天工作制后，仅1993年前两个月，能源消耗就节支20.64万元。

（四）劳动时间的缩短有利于扩大就业

例如，从19世纪中叶起，美国工会就认为缩短工时不仅会消除短期失业，而且，增加职工的余暇时间会刺激其消费需求，从而扩大就业岗位。资料显示，从1959年到

---

① 马克思．政治经济学批判大纲，第3分册，P364.

② 1999年版，P484.

1975年的16年间，奥地利的工作时间从48小时减至40小时，年休假从3周延长到4周，因而国内就业机会增加了60%；法国从1967年到1976年，其工作周每减少半小时，就业机会就会增加50 000个（事实上，短期内劳动生产率的提高抵消了部分就业机会）。

对我国来说，缩短劳动时间对解决就业的积极影响可能具有更为特殊的意义。我国劳动力市场的一大特征是供大于求。20世纪80年代末，国内新的就业高峰出现。城镇每年大量新成长的劳动力、农村众多剩余劳动力及企业诸多冗员使得我国显性和隐性失业问题都很突出。产生失业的原因不是单一的，因而解决问题的措施也是多方面的。缩短劳动时间不失为一种对策，可以富余出一些就业岗位。这些岗位不仅可以解决企业内部冗员问题，还可以安置一批社会上的失业人员。

缩短劳动时间的积极意义还在于，它可以在不增加固定资产的条件下增加就业岗位。因为它只是缩短了每个职工的劳动时间，而工作班次的增加可以延长机器运转的时间。

当然，缩短劳动时间对于解决就业问题的成效在不同行业和企业是不同的。在那些冗员比较严重的企业，缩短劳动时间所产生的新的就业岗位将首先消化企业内部的富余人员，只有那些所产生的新的较先进合理、生产任务较饱满的企业缩短工时后产生的新的岗位空缺，才能吸收社会上的失业人员。从长远看，缩短劳动时间在客观上对缓解全社会的就业压力将起到一定的积极作用。

（五）劳动时间的缩短有利于提高劳动者素质

由于生产日益自动化，生产劳动过程的节奏加快，劳动者的身体和精神处于高度紧张状态中，造成脑力和体力的透支，为了劳动者的身体健康，缩减劳动时间是很必要的。

科学技术的进步对劳动者的知识水平提出了越来越高的要求。目前，我国劳动者的整体文化素质较低。例如，我国企业技术工人队伍中高级技工的比例仅为3%，这种现状很难满足现代经济发展的需要。缩短劳动时间可以为劳动者创造更多的学习、进修机会，使其获得全面的发展。

（六）劳动时间的缩短有利于促进第三产业的发展

我国目前产业结构不合理的状况表现之一是第三产业发展滞后。政府已将积极发展第三产业作为今后五年国民经济的发展战略之一，并力争使第三产业的增长速度高于国民生产总值的增长速度。

缩短劳动时间对于促进第三产业的发展具有直接的积极意义。劳动时间缩短后，因休息时间增加，劳动者的生活方式将趋于多样化，他们将有更多的时间进行家庭活动、文化活动、体育活动、娱乐活动及其他社会活动。这种由余暇时间增多而引起的生活方式的改变会大大促进消费，从而刺激第三产业的发展，使全社会的经济运行良性发展。

三、缩短劳动时间对经济造成影响的重要因素

研究缩短劳动时间的经济效果时，需要深入了解哪些方面呢？下面考虑几个重要的因素。

（1）随着加班补贴率的提高，劳动时间和劳动者人数的替代程度。考虑到缩短劳动时间所引起的劳动效率的变化，即使产量不变，10%的缩短劳动时间并不能使劳动者人数增加10%。不同的生产函数式及成本函数式会产生不同的结果。

（2）劳动时间的缩短使劳动力需求增加，这会给工资带来了什么样的影响？缩短劳动时间不仅使劳动力需求增加，劳动力供给也有可能增加。那是由于一直因劳动时间过长而放弃就业的人们也开始选择就业。劳动力的供需双方发生变化后，工资会受到什么影响？

（3）如果工资率一定，缩短劳动时间会使单个劳动者的收入减少，但如果劳动者人数增加，则整体受雇者的收入有可能增加。哪一方的影响力更大？影响力大的一方在消费需求的增减比例中占重要地位。还有消费需求的变化对中间产品等的需求会产生什么影响？

（4）即使受雇者收入一定，缩短劳动时间也会影响到消费需求的扩大吗？有人说由于缩短劳动时间而余暇时间增加，总体来说支出会增加，这种说法正确吗？它对扩大内需有多大的作用？

（5）劳动力成本的增加，对企业的投资活动产生什么样的影响？是因为工资提高而加大节约劳动力的投资呢？还是因为企业利润下降，投资被抑制呢？

（6）投资的变化会影响到市场利率，但其影响程度如何？如果加大节约劳动力的投资，则会因为投资需求的扩大，国内市场利率上升，在外汇市场对本币的需求上升。这样会使本币汇率上升，进而抑制出口，削减经常收支的盈余。结果，这种影响会有多大程度的效果？

（7）加班补贴率的提高，一方面向上移动产品的供给曲线，通过消费和投资、出口的变化，改变需求曲线的位置。这种供需双方的变化对商品价格和交易量产生什么样的影响？物价和国民收入会如何变化？

在考虑政策的变化给我们的生活所带来的影响的时候，我们往往只从与其直接相关的局部出发谈论政策的是与非。但是，即使是微小的变化，这些变化集中起来，便可成为改变市场的力量。

在研究加班补贴率对整体经济带来的影响时，也必须充分注意到上述的复杂问题，

考虑各种相互的依存关系。为此，在分析企业和家庭的主体行为的同时，必须研究以它们作为各个要素加以组织的相互依存关系的模型。

第七节 劳动时间的国际比较

世界上各个国家的劳动时间可以分为法定劳动时间、集体合同劳动时间和实际劳动时间。法定劳动时间是国家法律规定的一种统一的“最低标准”；集体合同劳动时间是某行业或企业的劳资双方通过集体谈判签订集体合同加以确定的行业或企业执行的劳动时间；实际劳动时间是对某一国家或具体行业的实际劳动时间的长短进行统计的结果。一般地，后两者往往比政府法定的劳动时间短，但在一些国家和地区，因加班加点时间较多，也有实际劳动时间高于集体合同规定的劳动时间，甚至高于法定劳动时间的情况。

一、美国的劳动时间

1884 年，美国劳工联合会决定，从 1886 年 5 月起，8 小时工作日为正式的工作时间。

为了实现这一决定，美国劳工联合会请求劳动骑士会的支持，但遭拒绝，该决定也未得到实施。1890 年美国劳工联合会首先在有关行业全力推行 8 小时工作制。到第一次世界大战时，8 小时工作日运动全面铺开。在以后的年代里，劳动时间的发展趋势是在 8 小时的基础上逐渐缩短。

20 世纪 20 年代后期，每周工作 5 天半的做法已比较普遍，每周工作 5 天的制度也日益受到社会各界的重视。据美国工业协商委员会对 390 万工人所作的调查，到 1930 年，大约有 43.3% 的汽车工人、34.8% 的无线电工人和大约 1/4 的飞机工人每周工作 5 天。在被调查的 390 万工人中，有 5.6% 的工人每周工作 5 天。但炼钢业当时的情况还比较滞后，1930 年，高炉工人半数以上仍然每周工作 7 天，全部炼钢工人有 11% 以上每周工作 72 至 84 小时。

1933 年，《全国工业复兴法》的制定为美国工业界缩短劳动时间打下了基础。它规定，在政府的监督下，各行业制定其工时标准，如果某一行业的大多数人同意缩短工时，则在该行业中施行缩短工作周。

1938 年的《公平劳动标准法》第七条第一款第一项规定：“除了本条另行规定外，雇主不得使经商和从事商品生产或受雇于经商和从事商品生产的企业雇员在一个工作周内工作时间超过 40 小时，除非该雇员在超过上述规定的时间受雇得到的报酬不低于基本工资一倍半。”自此，40 小时成为全国的标准工作周时间。从实行情况看，40 小时工作周的贯彻也有不彻底的方面。例如，1949 年之前，铁路业的非操作工人并未普遍实行之。乡村小城镇的零售业和服务业的工人直到 1970 年还经常实行超过 40 小时的周工作时间。这是由于，乡村小城镇受农场传统的较长工时的影响很深，且《公平劳动标准法》的适用范围不包括乡村小城镇的零售业和服务业。1990 年美国的实际周工时数为 34.5 小时。

自《公平劳动标准法》实施后，美国的劳动时间呈现出以下特点：

（1）周期性的波动。例如，制造业在第二次世界大战期间和朝鲜战争期间，平均工时每周超过 40 小时。在第二次世界大战结束之后的衰退时期，平均工时缩减至略低于 40 小时的水平。1965 年至 1969 年，越南战争以及为刺激充分就业而制定的货币政策和财政政策再次将平均工时提高到每周 40 小时以上。

近几十年来，劳动时间的周期性的波动不明显。美国虽然在 20 世纪 70 年代中期经历了严重的经济衰退，20 世纪 90 年代又进入长期的繁荣，但其实际工作时间几乎没有什么变化。例如，20 世纪 70 年代以后，美国制造业生产劳动者年总实劳动时间基本上在 1 890 ~ 1 990 小时（见表 4 – 5）。

（2）不同行业的实际劳动时间有所不同。根据美国劳动部的调查，1962 年后期至 1964 年中期，以下行业的部分工人已实行少于 40 小时的周工作时间：98% 的印刷业工人、97% 的妇女服装工人、64% 的酿酒工人、15% 的橡胶工人、13% 的建筑工人和 12% 的零售业工人。总计约有 800 万人（即全部工薪职工的 15%）每周工作时间少于 40 小时。其中，纽约市电气工人每周工作时间最短，只有 25 小时。

（3）劳动时间缩短的两种方式，即直接方式和间接方式并用。前者是对每天或每周的劳动时间本身予以削减；后者是通过全薪休假、节假日、工间休息等方式缩短劳动时间。

1890 年到 1930 年间，美国缩短劳动时间的速度相对较快。1938 年以后，缩短劳动时间的速度慢了下来。这是由于 30 年代之前缩短劳动时间的以直接方式为主，而 30 年代以后则以间接方式居多。

二、德国

德国的劳动时间是通过立法及劳资双方签订的集体合同加以规定的。其关于劳动时间的基本法律是《工作时间法》（1938 年 4 月 30 日颁布）。此外还有一些法律对劳动时间进行了专门规定，如《职业法》（1869 年 6 月 21 日颁布）、《联邦休假法》（1963 年 1 月 8 日颁布）、《商店停业时间法》（1969 年 7 月 23 日生效）、《青少年劳动保护法》（1976 年 4 月 12 日颁布）等。这些法律主要包括以下内容：（1）每日工作时间不得超过8小时。经企业委员会同意后，全年可有30天时间延长工作时间，但每天延时不得超过2小时。（2）除特殊情况外，节假日一般不得工作。（3）禁止青少年从事夜间及节假日工作。（4）成年雇员每年享受不少于18天的带薪休假，青少年享受不少于24天的带薪休假。

德国劳动时间的变化表现出以下特点：

（1）劳动时间逐渐缩短。这源自社会各界的努力，特别是工会的争取。1825年至1990年，德国的周工作时间变化见下表：

表4-3　　1825至1990年德国周工作时间变化表

年份（年）	1825	1875	1900	1913	1932	1941	1950	1960	1970	1980	1990
周工作时间（小时）	82	72	60	57	42①	50	48	45	41	40	38.5②

资料来源：星期天报，1990年5月25日。

说明：① 1932年周工作时间为42小时是因当时正处于经济危机时期。

② 自1990年起，在五金业和宣传媒体逐步实行35小时工作周。

另外，从1850年至1983年，德国劳动时间与非劳动时间的变化见表4-4：

表4-4　　1850至1983年德国劳动时间与非劳动时间的变化表

年份	1850	1875	1900	1925	1950	1975	1983
全年劳动时间（小时）①	3 920	3 780	3 485	2 910	2 640	1 830	1 769
除睡眠时间外的全年非劳动时间（小时）②	1 920	2 060	2 355	2 930	3 200	4 010	4 071

资料来源：时间周刊，1984年4月27日，第18期。

说明：①项与②项之和为5 840小时，即从年全部时间8 760小时（24小时/天×365天）中减去全年睡眠时间2 920小时（8小时/天×365天）。

从表4-3、4-4可以看出，除了1932年受世界性经济危机的影响外，德国的工作时间并没有随经济发展的周期而上下波动，这与美国不同。

（2）集体合同的规定高于国家的法律规定。在德国的历史上，工会运动不仅直接影响国家有关工作时间的立法，而且某些势力较大的行业工会有时与雇主谈判签订集体合同，以规定本行业雇员实行优于国家法律规定的工作时间制度。在19世纪工业化初期，工人每周工作6天、82小时，平均每天工作14小时。1900年，经过工会斗争，每日工作时间缩短至10小时。1918年法律规定每周工作48小时。直到1953年，劳资签订的集体合同规定每周工时仍是48小时，但同年工会联合会已开始提出40小时5天工作周的要求。1956年五金行业将每周工作时间从48小时缩短至45小时。同时，五金工会系统在一个区签订了第一个40小时工作周的合同。1979年初，五金工会组织钢铁工人大罢工时的要求之一就是实行35小时工作周，结果劳资双方以延长休假作为妥协。1982年工会联合会提出35小时工作周的要求。1985年五金工会又提出实行35小时工作周，并于1995年在印刷和五金行业实行。

（3）年休假是缩短工作时间的另一种主要手段。德国职工在实行40小时工作周的同时，还通过签订集体合同使每年的带薪休假时间不断延长，以达到使实际工作时间逐渐缩短的目的。1933年以前，五金工人每年只有3天带薪休假，1933年以后延长到6天。1945年至1962年，根据工龄的长短，五金工人每年可享有15天至21天的带薪休假，1980年延长为20至29天，1982年起为30天。职工在休假期间除工资照发外，还能领取一定的休假补贴，1965年休假补贴为本人月收入的30%，1974年增加到50%。

三、日本的劳动时间

日本劳动者的年工作时间在发达国家中一直是最长的。据《劳动白皮书》披露，1960年是2 432小时，1970年是2 252小时，以后年份的数据见表4-5。

表4-5　部分发达国家制造业生产劳动者年总劳动时间的比较　　单位：小时

年份（年）＼国别	日本	美国	英国	德国	法国
1972	2 221	1 960	1 986	1 775	1 938
1975	2 043	1 888	1 923	1 675	1 830
1980	2 162	1 893	1 883	1 719	1 750
1985	2 168	1 929	1 910	1 663	1 644
1988	2 189	1 962	1 948	1 618	1 682
1990	2 124	1 948	1 953	1 598	1 683
1993	1 966	1 976	1 902	1 542	1 679
1995	1 975	1 985	1 943	1 550	1 680
1996	1 993	1 986	1 929	1 517	1 679

资料来源：日本《劳动白皮书》，1998年，P471。

说明：1990年以前为西德的数据。

实际休假率低和加班加点较多是造成日本劳动者劳动时间较长的直接原因。对此，其他发达国家颇有微词。日本缩短劳动时间的主要阻力来自企业和雇员自身，许多雇员都自愿延长劳动时间。经多年努力，情况有所改观。日本 1987 年修订的《劳动标准法》规定，劳动者的工作时间每周不得超过 40 小时，每天不得超过 8 小时（特殊情况例外）（第 32、33 条）。同时，该法第 131 条又解释说，周 40 小时工作时间的规定指的是在 40 小时至 48 小时幅度内由国家命令专门规定的时间。政府应考虑劳动者的福利、劳动时间的动向及相关情况，通过国家命令的形式分阶段缩短工作时间，以迅速实现周 40 小时的目标。根据 1992 年 8 月劳动省修改的《关于劳动时间的暂行措施和政令》的规定，从 1992 年 9 月 1 日起，法定工作时间为周 44 小时，少数特殊单位从 1993 年 4 月 1 日起实行周 44 小时工作制。公务员从 1992 年 5 月 1 日起实行 5 天工作制。1990 年，日本包括渔业的实际周工时为 39.1 小时，不包括渔业的成年雇员的工时数为 39.5 小时。

日本的工作时间表现出以下特点：

（1）传统文化对实际工时影响很大。日本人一向以勤劳、刻苦、进取而闻名。激烈的竞争又使人们养成了上进心强、不甘落后的性格，因此许多人主动放弃休假，且乐于加班。

（2）工作时间的长短因企业的大小而不同。日本大企业的工时在 90 年代初已经缩短到每年 2 000 小时。但是，中小企业的工时则要长一些。这是因为，中小企业的许多业务是承揽大企业的加工订货，需灵活应变市场的结构性变化或周期性变化。其管理人员和工人不得不随时处于临战状态。此外，政府机关和一些大银行根据劳资双方的协议，以倒休的方式实现了个人的每周休息两日制。

（3）工作时间参与劳动力市场的调节，与经济周期同步变动，呈现出周期性。这一特点主要表现在加班加点的变动上。日本每周的工作时间比欧美等国灵活得多。由于日本企业多实行实际上的终身雇佣制，因此日本的失业率受经济周期波动的影响不大。为了适应经济变动的状况，日本的企业总体上把调整劳动时间作为调整劳动投入量的主要工具。因此，日本的劳动时间同其他发达国家相比还有一个显著特点，即波动比较大。

1975 年，日本制造业工人平均年工作时间为 2 043 小时，相比之下，同年英国同行为 1 923 小时，美国为 1 888 小时，法国为 1 830 小时，联邦德国为 1 678 小时。日本比工作时间最长的英国多 120 个小时。到了泡沫繁荣期，许多公司因工作性质或出于管理等方面的考虑并不愿意过多地使用女性、短时间受雇者及其他非正式雇员。在难以招募到合适的雇员时，这些公司不得不利用延长工作时间的办法弥补空缺。1988 年，日本制造业工人的年工作时间增加到 2 189 小时；同期英国和美国略有增长，英国为 1 962 小时，美国为 1 961 小时；法国则大幅度缩短至 1 647 小时；联邦德国略有缩短，为1 624小时；日本比工作时间最长的英国多227个小时。这个数字比1975年提高了107个小时，是1975年的1.89倍，增幅非常大。

泡沫繁荣崩溃后，经济长期萧条，在失业率上升的同时，劳动时间大幅缩减。1996年制造业工人的年工作时间已降至1 993小时，比1998年减少了196小时，减幅达9%。

四、中国的劳动时间

自新中国成立之后，我国绝大部分行业实行48小时工作制。20世纪50年代，我国发布了一系列规定，对从事特别繁重或有害健康的工作的职工，实行缩短工作日的制度。缩短工作日的工作时间应为7小时或6小时，如矿山、井下、化工等行业的有毒有害工种。在化工行业曾部分实行了年休假制或每周两天休息制（有的实行一段时间后被取消）。

纺织行业在1979年至1980年间逐步实行了“四班三运转”工时制，这样工人每周工时从48小时下降到42小时。这不仅提高了设备利用率，而且利于劳动者的全面发展。

1993年我国工人的年平均工时为2 448小时。

我国国务院于1994年2月发布《关于职工工作时间的规定》，将我国已实行四十余年的48小时工作周缩短为44小时。《劳动法》制定时确认了此项工时改革的成果，规定“劳动者每日工作时间不超过8小时，平均每周工作时间不超过44小时”。此后，国务院又于1995年3月作出决定，进一步缩短工时，实行五天工作制（40小时工作周），于同年5月1日起施行，施行有困难的企业可延期至1997年5月1日起施行。《劳动法》在工作时间制度上的另一重要规定，是限制加班加点以保护职工的身体健康。法律规定，企业因生产经营需要进行加班加点时，在程序上要与工会和职工协商，在数量上要有所限制（即每日不得超过1小时，特殊情况下不得超过3小时，总计每月不超过36小时）。同时，企业加班加点须向劳动者支付不低于工资的150%~300%的劳动报酬。

本章小结

本章把劳动时间作为分析经济活动的一个重要的支点，从劳动时间的计量入手，围绕劳动力市场，围绕劳动力的供求，分别从劳动力供给者和劳动力需求者的立场，从不同类型的劳动时间及其相应的劳动时间供给效果等方面，说明了劳动时间在劳动投入量和劳动投入过程中的作用，说明了劳动时间与经济状态的关系。最后简要地介绍、分析了包括中国在内的几个有特点的国家与劳动时间有关的情况。

思考题

1. 劳动时间有哪些类型？不同的劳动时间分别对劳动力的供需有什么影响？
2. 讲述劳动时间的主要功能与特点。
3. 分析劳动时间与劳动投入量的关系。
4. 分析在劳动力供需双方眼中，劳动时间的主要差异。
5. 分析弹性劳动时间发展的社会经济原因。

第五章

内部劳动力市场

关键概念

内部劳动力市场　外部劳动力市场　企业组织　内部晋升　长期雇佣　长期激励

前几章的说明与分析都是针对企业之外的劳动力市场，但是，企业中很多岗位的劳动力供求问题，往往可以通过企业内部原有人员之间调剂解决。这就导出了内部劳动力市场概念，并引起相应的思考。内部劳动力市场是企业人力资源管理的主要依据和基本平台，内部劳动力市场问题是企业人力资源管理的主要研究对象之一。

第一节　企业组织与雇佣活动

在劳动力市场上，雇佣活动的大部分是由企业来进行的。企业中既有管理机构复杂的大企业，又有小型的家庭企业。雇佣活动依各自的组织结构的特征而受一定的制约。

截止到此，我们一直在使用企业是在生产技术和市场的相对价格的制约下，遵照为达到一定的生产目的进行最佳选择这样一种经济学分析模式。在此模式中，企业在可以得到的技术的可能性限度内，以市场上的产品及生产要素的各种价格自身作为判断标准来决定采取什么行动。

但是，从企业的活动受到其组织结构特性的某些制约这个观点来看，以上的归纳显然是片面的，不充分的。换句话说，就企业的组织行为而言，决定它的要素不仅是各种资源的相对价格，还包括围绕着组织的其他多种重要的因素。

在把生产规模和相对价格都当做企业行动的决定要素的经济分析中，作了这样的假定，即：在此条件下选择了生产要素的最佳组合，若条件变了组合也立即发生变化。换言之，这里的前提条件是生产要素的结合与分解，是可以无阻力地自由进行的。

这个前提具有与组织本身的性质所不吻合的方面。因为，组织形成的基本原理是组织的构成者属于它的组织，而不能随着相对价格和生产量的变化随便进出。显而易见，即使仅取组织的一个特性来观察，要说明作为组织活动的企业活动，必须注意深入考察与组织有关的要素群。

例如，从经济的汇总资料的水平上看雇佣变动，由于其中含有很多性质不同的构成部分而难以搞清情况。但如果将观察的对象按不同产业、不同的企业规模等来细分，企业组织行为的特性就可以更明显地反映出来。为了在细分后的水平上更准确地分析雇佣变动的状态，有必要理解作为企业组织行为一环的雇佣行为的结构。

下面来说明体现企业组织内部的劳动力分配机制的内部劳动力市场这一概念，并根据这一概念仔细研究反映雇佣变动形态的企业雇佣调整活动的意义与内容。

第二节　内部劳动力市场的概念及构成要素

内部劳动力市场（Internal labor market）是相对于外部劳动力市场而言的，是指在一个用人机构（主要是企业）范围内，以特定的规则和习惯来调节劳动力供求的资源配置机制。1954 年，克拉克·科尔发表了《劳动力市场分割》一文，首次提出了内部劳动力市场和外部劳动力市场的概念。系统的内部劳动力市场理论产生于 20 世纪 70 年代。1971 年，美国经济学家多林格和皮奥尔共同发表了《内部劳动力市场及人力政策》一书，系统阐述了内部劳动力市场的概念、起源、特征、运行机制以及运行效率等问题。内部劳动力市场如今已成为劳动经济学的一个基本概念。

在内部劳动力市场中的资源配置，各有关利益主体之间是通过合作和竞争以及企业内部计划来实现的，目的是使企业资源达到最优配置。由于人力资源的效率并不是一个定值，它与产权主体的努力程度密切相关，因此，在这一实施过程中，长期的激励制度是直接提高资源配置效率的基础。当然过度的竞争又将造成企业资源的浪费和竞争的无序，因而企业各有关规章制度又成了保障企业激励制度得以发挥作用的保证。因而改善管理，促使物质资本和人力资本的积累和有效利用，也就成了提高企业运行效率的基本保证。

内部劳动力市场的概念由几个要素构成。

一、组织的结构

企业组织有一定的结构，但它在很大程度上是由生产活动的技术所规定的。在组织中有保证企业活动，协调一定的合作关系的横向联系和按照服从决策、指挥、命令系统的责任与权限排列起来的纵向联系。在很多小企业这些职能不大专门化，也没有什么结构划分。但是，在大型组织中，这些职能的专门化都有比较明确的规定，这一点从组织结构的特性也可以反映出来。

横向的联系建立在生产、销售、营业、财务、人力资源计划、总务、研究开发等不同职能部门的分工与协作的体制之上，但生产和销售活动经常因产品的种类和特性，选址条件等分为不同的工厂和营业部来进行，另外，特定的产品和企业活动也有采用事业部制的。

纵向联系是从工作现场的一般工作人员开始，经过现场监督人员或管理人员、中间管理人员直至最高经营者的层级序列。这个序列对应组织管理上的责任与权限的序列，在很多情况下因可以证明企业组织内的经验和管理能力以及技能的高低而成为组织内的报酬序列和企业内晋升的梯级。

二、组织的原理

组织形成的最本质的原理是其成员属于组织。按照这一原理，进入市场的买卖双方形成的只是以市场价格为依据做交易的互补关系而不是什么从属关系。卖方在价格高时进入市场，低时退出市场。也就是说，可以把市场称为将“价格”信号作为媒介的经济主体自由进入或退出的社会性系统。

当然组织成员“所属”的组织并不一定都是固定的，但却由与按价格自由进出市场的截然不同的原理支配。组织与成员的结合受着价格以外的技术的、组织的以及制度的等等各种各样重要因素的影响，它们的关系被或明或暗的契约及规定制约着。从而那种所属关系并不能按照相对价格的变化直接地产生出来或消解掉。

作为市场的“人”，工资如果下降，员工会辞去原有职务去干工资高的工作。但是，作为组织成员的“人”不能因工资变动和工资差别而立即脱离其所属的组织。人们一旦进入了组织，他们在很大程度上就不再是市场的“人”，而成为组织的“人”了(在组织中的时间越长久，工作岗位越重要，组织的“人”的性质越强)。这样，他们与其离开组织倒不如采取在组织中表达自己的意见，要求改善劳动条件。

雇佣关系具有归属于企业组织这种性质的倾向，不仅因经济以外的许多重要原因而得到加强，而且还因经济本身的原因被强化。这就是从信息的共同占有中生成的经济性。通过长时期对组织的所属关系和以这种关系为中心产生出的组织成员间的人际关系，以每个人的特点和工作为中心的多种详细的信息随着时间的推移积累起来。这种大量的信息收集在以群体为单位而进行生产作业的场合，有着重要的作用。没有这些信息便存在着在作业计划的设计制定，作业集团的组成，工作的分派、安排、贯彻、变更等作业过程中的摩擦及显著妨碍作业效率的可能性。然而，这类信息不是短期内能得到的，是在时间的流逝与经验的积累中培植出来的。因此，即使从生产的效率性乃至经济性的观点来看，雇佣关系也必然会成为在所属关系上可以看到的那种本质的、长期的关系。

第三节　内部劳动力市场产生与存在的原因

新古典经济学的观点认为，资源配置完全是通过外部劳动力市场的竞争，当企业雇佣的劳动力边际生产力等于其工资率时企业利润达到最大化，从而劳动力资源也实现有效配置。与此假设不同，现实经济活动中大量的劳动力是通过企业内部劳动力市场进行配置和调整的。实证研究表明，即使在发达的市场经济国家，企业内部劳动力的职业稳定性也较高且内部劳动力市场也是配置劳动力资源的重要途径。

一、劳动力替换成本和潜在风险的存在

存在高昂的替换成本是导致内部劳动力市场产生和稳定的重要因素。随着社会经济的发展以及劳动法、企业法的逐步完善，企业在雇佣新劳动力和解雇原有劳动力上都将付出较大的直接与间接成本。首先，从企业来说，为了寻求合适的员工，需要花费招聘、筛选、培训等成本。另一方面，雇员为了寻找理想的工作，也需要不断搜集信息、权衡比较，从而需要支付各种工作转换或寻职成本。显然，这些成本是与雇佣合约签订的次数成正比的。因此，在企业内部形成相对独立的劳动力市场或稳定的就业关系，可以降低频繁利用外部劳动力市场所发生的交易成本。其次，由于企业原有员工不愿与企业新成员合作而故意破坏与新成员的关系所引起的成本。最后，由于劳动力的替换对劳动力的生产效率也会产生较大的负面影响，这在很大程度上也增加了企业的成本。

由于员工的努力程度及其绩效很多是难以度量的，尤其是对于经营者、技术人员等一些核心员工的监督难度更大，为了减少偷懒和机会主义行为的发生，就必然给企业带来巨大的监督成本，即使发现员工偷懒而解雇了，企业又怕这部分员工流到竞争对手那里泄露商业秘密，造成企业更大的损失，因此，在这种状态下，企业往往对解雇员工（核心员工）是持谨慎态度的。下表粗略地表示了企业的招聘新员工的替换成本。

表 5－1　　招聘新员工的替换成本构成

成本类型	替换成本的相关构成
雇佣成本	招聘费用　考核费用　录用费用　管理费用
适应成本	适应教育费用　人际关系费用　技能培训费用
解雇成本	辞职补助　效率损失　职位空缺　管理费用

为了降低替换成本，企业一般的做法是：一是加大对新员工的入职把关，诸如员工素质测评、职业生涯规划等一系列人力资源管理手段；二是建立健全企业内部劳动力市场，让其充分发挥内部劳动力市场的资源配置作用，这在大型或高科技企业更是如此。由于一系列的替换和潜在风险的存在，企业对于劳动力的替换常持谨慎态度，这样既减少了雇员失业的风险，有利于其人力资本的积累，也促进了企业内部劳动力市场的形成。

二、劳动力市场的信息不对称

新古典劳动力市场理论以买卖双方的信息对称和信息完全确定为前提。而事实上企业不可能完全了解雇员的行为以及其私人信息，也不可能完全观察到雇员的各种表现，由于这种信息的不充分和不完全就要求企业设计有关的制度安排来进行长期的激励。雇员在入职前一般较容易了解企业的薪水、工作条件、工作职责和要求，而企业则处于信息的劣势，因为要了解所雇员工的生产效率和劳动态度是要在事后一个较长的时期后才能可能实现。在以专业化分工为前提的现代企业中，要了解员工的充分信息，也是需要花费高昂的成本为代价的。但在内部劳动力市场上，由于多采用内部晋升的方式来填补岗位空缺，对应聘的员工已经有了长期的了解，对其生产效率和劳动态度能够作出科学的评价，由此来决定某个员工是否能够胜任某个职务比较合理，因此，内部劳动力市场能够在很大程度上避免信息不对称所带来的风险。这不仅减少了员工“卸责”等机会主义行为的发生，而且降低了企业从外部劳动力市场上招聘员工时所花费的收集信息的直接成本乃至聘后所花费用与监督其工作的间接成本。

三、存在知识专有性和岗位特殊性

现实经济中，分工进一步深化，企业中各岗位上的人力资本和知识的专用性得以提高，很多岗位对从业人员提出了特殊的要求。按照威廉姆森的观点，人力资本专用性特征是指在企业中部分员工具有某种专门技术、工作技巧或拥有某些特殊的信息。这种专用性容易产生“锁住效应”。因为具有某种专有性人力资本的员工若要离开特定的企业会给离开者和企业均带来损失。一般认为，这种“锁住效应”越强，员工偷懒的动机就越弱。此外员工的稳定性还有利于其在干中学中积累的人力资本，因而，雇佣双方均有在企业内部结成稳定和谐的劳动关系的愿望。

专有性的人力资本在任何短期雇佣关系条件下都是难以实现有效的激励和最优积累的，正如我国现在很多的企业只想招聘有经验的员工，而不愿意对其进行任何培训的短视行为。因为他们担心一旦雇佣关系不能维持，将会导致企业的投资付诸东流。这将会导致一种恶性循环：

员工素质低→生产率低、产品质量差→企业效益差→企业减少人力资本投资费用→员工离职率高→企业更加不愿增加人力资本的投资

因此具有长期雇佣性质的内部劳动力市场将人力资本（专有性人力资本）投资是为企业的“沉淀成本”，当企业与员工实施这种人力资本投资后，他们就被“捆绑”在了一起，员工对企业的依赖关系变得更强，不会轻易离职，企业也不会轻易解雇员工。

四、异质性人力资本产权较难计量

所谓异质性人力资本是指具有边际报酬递增生产力形态的人力资本。在现代企业中，异质性人力资本主要包括企业家人力资本、特殊性人力资本和专有性人力资本三种类型。这些异质性人力资本的产权归属的特殊性表明，它的“所有权限于体现它的人”。由于人力资本天然属于个人的产权属性，可能由此导致的机会主义行为倾向，这就决定了对人力资本“激励”是主要的运用手段，因而只有在长期雇佣合约中不断激励才能使之充分地发挥作用。由于人力资本产权特性带来的根本无法做到“事先全部讲清楚的不完全合约”问题，也决定了在劳动力市场上无法完全对其按照教育、培训等人力资本投资额的大小来直接进行计量定价。同时，在人力资本的使用过程中对其质或量的监督成本也非常高昂，这也决定了在人力资本产权交易过程中对其进行一次性定价非常困难，必须经过多次重复博弈后才能逐渐给出较为合适的人力资本产权定价。此外，异质性人力资本在运用过程中创造利润的动态性、不确定性、时间性和潜在性也决定了其人力资本产权报酬计量的困难、或者计量工作的艰巨性以及相应的报酬给付方式选择的困难，因此可行的办法是实行无需直接进行定价的“异质性人力资本享有剩余索取权的激励性报酬安排”。这种制度安排的较恰当的形式就是以长期雇佣合约为特征的内部劳动力市场上的报酬决定机制。

五、存在企业内部组织

有关内部劳动力市场的研究难以避开工会和企业内部组织的作用。工会与内部劳动力市场之间的关系非常复杂。尤其是欧美国家的工会力量非常强大，他们主要都代表着企业内部的正式员工的利益，因此工会即使不是内部劳动力市场形成的决定因素，也至少是一种重要的促进因素。反过来内部劳动力市场形成又对工会的形成、发展和其作用的充分发挥起促进作用。在内部劳动力市场上，有着较稳定职位的雇员，为了维护自身的利益需要像工会这样的正式群体作为自己的代表，而职工特定的职业技能和知识的专有性也会增强工会中会员的谈判能力。

在企业中，除了工会等正式组织外，还有一系列非正式组织也在起着很重要的作用，这一点在日本、韩国和东亚其他国家表现得十分明显。

第四节 内部劳动力市场的运行机制

一、内部劳动力市场与外部劳动力市场的关系

以上论述了内部劳动力市场的一些独特的特性且体现出来的效率，但正如外部劳动力市场作用的发挥作用会面临一系列影响其效率的限制因素一样，内部劳动力市场作用的发挥和其对劳动力资源配置的效率也会遇到某些限制条件的影响。内部劳动力市场的长期合约安排所具有的刚性特征，如就业安排的刚性、工资决定的刚性等，可能会在很大程度上限制管理层的相机抉择行为，这将使企业缺乏在变动经济形势下灵活调整的可能。而且在相对绩效为基础的晋升制度中，如果没有相关的制度约束，可能会出现“合谋偷懒”和“相互拆台”的极端情况，这些情况表明，内部劳动力市场如果没有完善的内部管理制度和外部劳动力市场的适度竞争压力，其效率将大打折扣。虽然内部劳动力市场在企业内部并不直接受外部劳动力市场的竞争，其运行规则有一定的相对独立性，但从整体来说，它还是要受到整个经济环境和外部劳动力市场的影响。如果外部竞争压力不足和内部激励不足并存，则无论对管理者还是对一般员工都会增加偷懒的可能也会导致“X－低效率”。比如，我国计划经济时期的国有企业将长期雇佣的隐性契约变成了实际中的无限期就业保障，长期雇佣预期也变成了一种“铁饭碗”，内部晋升变成了职务终身制的“铁交椅”，层级工资制则变成了“铁工资”。这样员工所担心的只是能否晋升，绝无“丢饭碗”的顾虑，可见没有外部劳动力市场的竞争或竞争不足必将影响内部劳动力市场的效率。

此外，由于内部劳动力市场旨在维护稳定的就业关系和长期激励的长期雇佣政策，它与外部经济运行的周期性特征往往是不一致的，当外部经济较好时，长期雇佣合约就有利于促进企业管理效率的提高，当外部经济不景气，企业面临较严重的市场收缩时，客观上要求企业缩减生产规模，并且减少人力资源和其他生产要素的投入，此时如果片面强调长期合约将意味着企业不能裁减员工，这使得企业无法降低成本来度过危机，如现在席卷全球的经济危机，对于很多企业，尤其是美国的汽车制造业由于工会的力量使得通用汽车公司无法削减成本不得不走向破产的边缘。

因此，企业应将正向激励和负向激励有机结合，将企业内部的竞争激励作用和企业文化以及内部协调作用有机结合。内部劳动力市场运作机制的完善以及打通内部与外部劳动力市场的联系，将有助于减少信息不对称带来的激励偏差问题。所以，没有良好的外部劳动力市场机制，内部劳动力市场的优越性和效率就体现不出来。

内部劳动力市场特别强调企业组织内的劳动力分配要通过企业内的组织惯例、章程或者制度等等来进行。在传统经济学的劳动力市场分析中，由于劳动力的分配被认为是通过市场的价格竞争机制进行的，因此，诸如工资差别的状况就被看成是决定劳动力分配的重要因素。内部劳动力市场论并不否定市场的价格机制的作用，但同时强调企业内的劳动力分配机制与企业外的即外部市场的劳动力分配机制之间有着重要的性质差异。这种差异并不是作为个别的异质性而可以抽象掉的，它是理解、说明在劳动力市场上观察到的劳动力分配情况的极为重要的因素。

对外部劳动力市场上的雇佣与劳动力转移现象，用传统经济学的市场分析能够比较容易地说明。但是，一旦劳动力的分配和转移、工资决定等被纳入到企业组织内的雇佣关系中，仅仅简单地用价格机制来说明就不那么恰当了。因为，训练、配置、晋升等人力资源管理制度将介入到企业的长期规划、用人习惯、工资制度和劳动关系的各种决定中去。

对与企业组织内的劳动力配置和工资决定等有关的实际状态迄今已有很多研究成果问世。在日本，围绕雇佣惯例、工资制度、劳动关系，所谓的“年功制度”的研究非常深入。在美国，在制度经济学派传统的影响下，研究的领域从雇佣惯例中的“先任权制”、工资决定中的职种群到劳动工会对组织结构和经营的影响等等涉及的范围十分广泛。

二、内部劳动力市场的规则

内部劳动力市场上劳动力的分配和各个组织的结构是以受雇佣的劳动者作为其所属组织的成员这一原则为前提而形成的。分配的状况在很多情况下稳定在雇佣常规或雇佣制度上，制约着雇主与劳动者的行动。我们可以把这种制约条件叫做规则。与劳动力分配有关的规则如下。

（一）人事、劳务管理上的规则

这是与录用、配置、晋升、退职管理等有关的规则。这些相关活动基本上是按企业生产活动的需要进行的，但具体实施却依稳定的常规、规则或制度方面的手续进行。劳动力的配置和投入量转换、工作人员的管理等是在劳动契约的基础上根据生产活动的变动比较灵活、机动地进行的，而录用、晋升、退职等直接与雇佣关系相联的活动则是受到不明显的长期雇佣习惯制约的。例如在无临时解雇习惯的日本企业中，退职管理按退休年龄为原则进行，而晋升和新职工录用的决定则不得不受到长期雇佣常规的强力制约。

（二）工资、劳动报酬管理上的规则

这方面的规则是与工资体系、增资、奖金、退职金、养老金及其他福利关联在一起

的。企业内部工资率的结构基本上反映着每个劳动者的生产状况，但其具体的决定要依照工资管理上的各种协议和惯例等规则进行。在我国，工资率实际上当然由每个人的工作成绩的评价所决定，然而最终工资率结构却受连续工龄和大的行业、职业区分等要素的影响。反映出工资管理是在企业的用人、员工培训、劳动关系等的制约与整个规则体系下进行的。

（三）教育、培训的规则

教育培训活动在很多情况下是由企业直接或间接负担其费用的，它按照企业的人力资源规划和长期的经营目标进行的。

（四）劳动关系的规则

围绕以工资、劳动时间等劳动条件为主，再加上配置转换、工作环境等问题的处理形成劳动关系的规则。在我国，有关基本的劳动条件一般由劳动法阐明，进一步用劳动合同的形式加以确认。美、日等国的劳动契约要通过团体交涉缔结，与事前磋商和劳资双方广泛关心的事项有关的信息交换要通过劳动契约来进行。另外，在很多场合，一般性的非成文的常规对劳动关系的运行发挥着重要的作用。

以上说明了内部劳动力市场规则的梗概，这对企业雇佣活动的分析有以下几个方面的意义。

（1）组织的稳定。由于劳动力的分配以劳动者对企业组织的所属关系为前提，按照多种组织制度的常规来进行，劳动关系对相对价格的短期变化作出反应便不那么灵敏，有利于提高长期性或稳定性。

（2）组织的惰性。组织的结构、机能的运行植根于过去的传统、常规和已明文化了的规则、制度之中，它的变化常常需要很多时间和能量，这样就强化了组织原来所具有的惰性。组织的惰性有延缓人力资源管理方式、制度、模式改变的作用。

（3）组织调整的成本。组织产生于大规模和严密之中，传统及常规的影响越强，制度上的劳动关系上的规定造成的制约越有力，组织结构和规则以及组织内部的多方面的调整代价就越大。

如果就雇佣调整的成本而言，那么调整劳动投入与变更雇佣关系可以不同步进行，这种组织调整其范围与同时变更劳动关系的调整所需成本是不同的。前者以劳动时间的调整和人员配备的转换为主，组织调整的成本较轻。相反，后者却有可能付出极大的成本，因为它包含着解雇和随之而来的大幅度调整人员的事前协商与调整所需的机会成本及各种补偿所需的直接费用。还将包括发生劳资纠纷的情况时所需的各种费用等等。

第五节　内部劳动力市场的特征及效率

一、长期雇佣提升雇佣双方的合作效率

按照新古典劳动力市场理论，员工的工资应等于其边际的劳动生产力，但现实中，由于信息不对称，企业很难做到这一点，因此，在内部劳动力市场上常表现为长期雇佣关系，它相对于短期雇佣合约有明显的效率优势。长期雇佣合约作为一种重复博弈，将会增强雇佣双方的合作激励，弱化机会主义行为倾向，从而有利于提高经济运行效率。在许多市场经济国家，尤其是在一级劳动力市场上，稳定长期的雇佣关系在众多大公司中也普遍存在，而在日本更发展成为第二次世界大战后著名的大企业终身雇佣制，且被视为创造了持续的高效率和促成日本经济奇迹的重要原因之一。其实，即使在强调劳动力高度流动的美国、英国、德国、法国的一级劳动力市场上，员工的雇佣期限也很长，而流动强的只是这些国家的二级劳动力市场上的员工。在美国，一般工人在同一企业平均年限为8年，有25%的工人在同一企业工作超过25年，在年龄超过30岁的职工中，有40%的职工在同一企业工作至少20年①。

在内部劳动力市场上，长期雇佣实际上并非完全通过正式契约来规范，它相当大的程度取决于一个企业的文化和习惯，是企业与员工间的一种“隐性契约”，是不成文的习惯。一方面，企业通过长期雇佣方面形成信誉、惯例和企业文化；另一方面是“报酬后置”等制度安排使员工形成一种强烈的预期，即企业会信守承诺，不会出现临时解雇或非企业不可抗拒力的解雇现象的出现。

可以看出，长期雇佣是雇佣双方的一种长期的合作关系，是一种雇佣双方的多次的重复博弈，就其产生的效益来说，明显优于单一博弈，所以，长期雇佣的预期一旦达成，对雇佣双方都是有利的。

首先，长期雇佣可以降低劳动力的替换成本。长期雇佣不仅可以减少解雇员工所支付的直接成本和间接成本，还可以减少劳动力市场上招聘、筛选、雇佣劳动力的一系列费用。由于企业内各科层大多以团队合作的形式出现，长期雇佣显而易见有利于团队合作，减少彼此不协调造成的效率损失。据《经济学家》杂志2000年7月的一份关于美国员工流动率的调查，员工流动的损失是员工平均薪酬的1.5倍。

---

① R. Hall. The Importance of Lifetime Jobs in the U.S. Economy. American Economic Review, 1982, 72, p.716～724.

其次，长期雇佣可以通过增加人力资本尤其是基于专用性的企业特殊人力资本的积累达到提高效率的目的。按照贝克尔的观点，人力资本分为一般性的人力资本和特殊性的人力资本。特殊的人力资本是企业的核心资源。长期雇佣正是使员工通过“干中学”，在同一企业积累丰富的经验，从而形成这一类型企业的特殊人力资本，而这种特殊人力资本一旦形成，反过来又使得员工与企业的关系密不可分，他们中途离职的可能性以及企业随意解雇员工的可能性都大大减小。

再次，长期雇佣还通过鼓励个人与企业增加人力资本的长期投资行为和长期雇佣行为来达到间接提高效率的目的。在任何短期雇佣合约下，雇主都没有动力为员工提供培训。而长期雇佣合约下，双方具有长期合作的预期，由此可形成人力资本投资的客观基础，最终在适当分配的制度下形成雇佣双方对人力资本投资分摊的均衡，这对双方的效率改善都有促进作用。与此同时，企业特殊人力资本的积累又强化了长期雇佣关系的稳定性。因为这种人力资本的投资事实上使雇佣双方被“锁定”在一起了。

此外，长期雇佣为员工的长期发展目标和企业对员工的长久使用和职位安排提供了一个可预见的环境，并将二者的长期利益结合在一起。长期雇佣使劳资博弈由一次性和短期性变成重复性和长期性博弈，强化了信誉机制对双方机会主义行为的约束，从整体和长远来说，有利于企业效率的提高。此外长期雇佣还可以通过保持员工队伍的相对稳定，从而能够较准确的获得有关员工劳动能力的态度及潜能等方面的信息，在很大程度上杜绝了外部劳动力市场上劳动力信息不对称、不准确现象。

二、工作等级制明确员工的职业生涯路径

在很多企业中都存在工作等级制度，其中每一个等级系列都围绕着一种特定的技能、一个共同的职能或者一项工作中心。企业的新成员进入企业的位置一般都是在这个等级制度的最底层，这一位置被称为“进入口”，这里也是内部劳动力市场的工作阶梯和外部劳动力市场的连接处。当进入企业之后，员工再依一定的规则和程序逐步晋升到更高的位置上去。工作等级制可以让新进员工明确自身的职业生涯路径，从而树立自身的事业目标，有利于员工的成长以及企业对员工的培养，从而使员工按照既定的工作阶梯实现个人人力资源效率的充分发挥。

三、内部晋升促进员工的竞争与合作

内部晋升是一种有效的激励手段，这一机制的实施可以给内部劳动力市场的效率提供保障。首先，对于员工而言，内部升迁是上司及同事对自己工作成绩的肯定，这种肯定对员工来说是种极大的鼓励，因此，当员工晋升到更高的职位上时便会发挥其更大的工作潜能，从而工作效率进一步提高，为新一轮的晋升创造条件。其次，对于企业而

言，内部晋升无疑一种有效的激励手段。因为，尤其是对于核心员工，货币奖励只能是一种短期激励，有时并不能起到应有的效果，而晋升则需要以长期业绩和团队成员认同为基础，因而提供的激励是一种长期激励，而且具有示范效应和扩散效应。因此，内部劳动力市场上的内部晋升有利于员工间的竞争与合作。一旦员工进入企业就将个人的职业发展与企业的长期发展紧密结合起来，最终使企业与员工达到“双赢”。

四、锦标赛制度

锦标（Tournament）制度常被作为企业内的激励机制。在内部劳动力市场上，升迁不是根据员工的绝对表现决定，而是根据相对表现决定。为什么要根据相对表现决定？这主要有两个好处：其一是绝对业绩表现往往难以衡量，而相对业绩表现则相对容易衡量，比如选拔经理，有两个员工同时竞争经理这一职位，有时很难去定量描述每个人的业绩表现，但是要想比较谁更好一些则相对容易得多。其二是可以利用更多的信息减少噪音信号，从而由于不确定因素造成的业绩评估误差的情况。因为在内部劳动力市场上，个人的业绩并不是仅由个人的努力程度决定的，还受其他很多的企业内外部市场上因素的影响，而这些因素往往是员工无法控制的，这些无法控制的因素就是业绩评估中的噪音。噪音越大，评估系统就越扭曲。但如果根据相对业绩表现来评估，噪音就会减少很多，因为这些无法控制的噪音对每个受评者是一样的，这增加了对员工业绩评价的公平性，体现了企业内部升迁的效率。

五、报酬后置为企业锁住核心员工

在内部劳动力市场上，不同岗位的收入并不完全是按生产力原则确定的。各个岗位的收入水平是与企业内的锦标制度相配合的。雇主往往以长期雇佣为基础，在隐性契约或默契契约的条件下采取事先承诺高报酬而随后陆续支付的这种延期支付（报酬后置）的报酬制度。这种做法一般是，在员工职业生涯的早期支付低于其边际贡献的工资，而在后期支付高于其边际贡献的工资。员工在一个企业终身的报酬轨迹将表现为一条正斜率的曲线，并且它将比本人的边际生产力曲线更陡峭（见图 5-1）。在这里，虽然工资与边际生产力并没有维持短期中的均衡（静态均衡），但就每个员工的终身职业生涯来看，它们却是相等的，即追求的是一种动态均衡。近几年日本的案例研究（Lazear, 1998）表明，在信息不对称、不完全的情况下履约这种报酬后置制度能够提高员工的劳动生产率，尤其是对那些职业生涯内在企业内部获得晋升的预期渺茫而可能变得消极的员工，由于报酬后置模型中陡峭的年龄工资曲线的作用效应，就更可能起到积极的激励效果，因而对雇佣双方都是有利的。

上述报酬方案（年龄工资曲线）所示，假定 MRL = MRL × MR，在长期雇佣预期

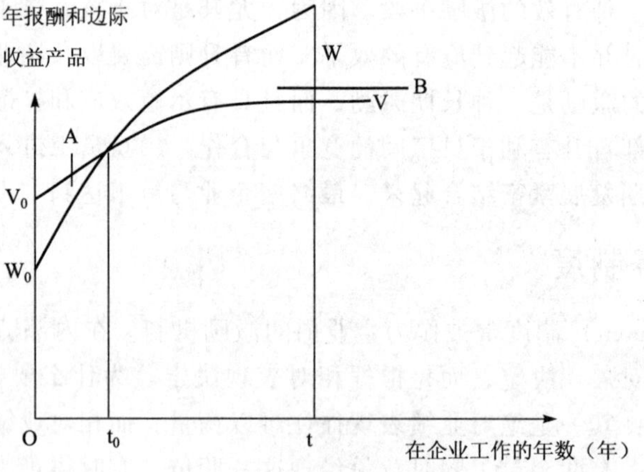

图 5-1　年龄工资曲线

下，它在员工的职业生涯中逐渐上升，直至进入企业后第 t_0 年，报酬一直低于其 MRL，而当员工在该企业工作到 t_0 年后，报酬开始超过 MRL，t_0 年后员工的工资也开始超过外部劳动力市场上再其他相关企业相同等级员工可能得到的工资（即当时的 MRL），一个企业如果能在劳动力市场和产品市场保持竞争力，就应该保持图 1A 区域的现值等于 B 区域的现值。

合同 W 成为延期支付合同，V 为按实际报酬支付的合同，其中 W 是时间 t 的函数，可写成 W(t)，V 也是时间的函数，写成 V(t)。假设从 0 到 t 的 W 的现值等于从 0 到 t 的 V 的现值，则意味着合同 W 曲线和合同 V 曲线所表示的总报酬的现值相等，用数学表达式表示为：

$$\int_0^t W(t)e^{-rt}dt = \int_0^t V(t)e^{-rt}dt$$

上式中 r 为贴现率，e 为员工的工作努力程度。从图中可以看出除 t_0 外，每一时点上的 $W(t) \neq V(t)$。这说明新古典边际收入等于边际贡献的报酬理论并不成立。这种陡峭的年龄工资曲线使员工与企业的长期利益趋于一致，在 t_0 以前，员工的工资低于其边际贡献，相当于将这部分工资储蓄在企业中，这使得员工更加努力工作，以便 t_0 之后获得更大的收益，而且在此过程中，由于员工与企业的长期“绑定”，员工会得到企业的长期的人力资本投资，有助于自身的技能、素养的提高；对于企业来说，更加关注员工的长期行为，t_0 之后，虽然企业要支付高于员工边际贡献的工资，但是在高工资的情形下，员工的工作努力程度将大大提高，因为今天的偷懒且明天被辞退的损失将远远大于获得的收益。此外陡峭的年龄工资曲线增加了企业人力资本的蓄积，而且密切了员工与企业的关系。虽然从静态效率看，这种工资制度看似是一种低效率的工资制度，它没有为员工提供等于边际劳动生产力的工资，但从动态（长期）效率来看，这种报酬制度却能激励员工长期为企业服务，且发自内心地努力提高自身和团队工作业绩，从而有利于可见，内部劳动力市场上的报酬后置分配制度提高了雇佣双方的效率，而且有助于建立一种和谐、稳定的劳动关系。

本章小结

在劳动力市场上，劳动力供给和劳动力需求相互作用，以此形成劳动力市场的均衡和非均衡状态。当劳动力供给等于需求时，即实现了劳动力市场的均衡。均衡有古典和现代之分，古典均衡是一种“市场均衡”，包含两层含义：变量均等和行为最优。现代均衡将“市场均衡”演变为一般意义上的经济均衡，同时承认存在失业均衡和非均衡现象。非均衡理论有助于人们理解现实经济生活中的各种现象，如劳动力短缺和过剩。与一般劳动力市场相对，企业在现实经济活动中还要利用内部劳动力市场。内部劳动力市场既是一般劳动力市场的补充，也是企业人力资源管理操作的基本平台。

思考题

1. 何谓内部劳动力市场？
2. 内部劳动力市场产生与存在的原因是什么？
3. 内部劳动力市场主要特征是什么？
4. 内部劳动力市场是如何运行的？
5. 内部劳动力市场与外部劳动力市场的关系是怎样的？

第六章

雇 佣 调 整

关键概念

雇佣调整　准固定劳动成本　裁员　减薪　工作分享制　工作岗位分享　过渡性退休　时间购买计划

本章介绍了雇佣调整的含义和特点，借助准固定劳动力成本的概念，分析了企业有关雇佣人数与工时调整策略的决策，对不同雇佣制度背景下的日本、美国和德国雇佣调整模式进行了介绍。介绍分析了主要的雇佣调整方式以及典型国家的具体措施，对三个典型雇佣调整方式的效用和影响的问题进行了讨论。最后结合当前金融危机的背景，介绍了各国应对失业的主要措施和企业雇佣调整的策略选择。

第一节　雇佣调整的内涵

一、雇佣调整的含义

雇佣调整又称劳动调整。理论上，雇佣调整是指用人机构为应对业务量的变化而采取的改变劳动投入量的措施，可以是增量，也可以是减量。在一般情况下，是指企业在经营不景气或感觉冗员较多时，为降低人工成本改善企业经营状况而采取的降薪、减少工作时间、调整员工工作岗位、提前退休、中途解约、裁员等措施。这些雇佣调整方式在速度、特点等方面不尽相同，对雇佣总成本产生不同的影响。

雇佣调整这一用语来源于日本，终生雇佣制、年功序列制是日本企业雇佣制度的一大特征，在这一特定制度下形成的企业雇佣调整，与其他发达国家大相径庭。从 20 世纪60年代开始，日本企业由于经济形势变化，出现了几次较大规模的雇佣调整：第一次为60年代的能源革命，导致煤炭行业的衰退，出现了行业性劳动力调整问题。第二次为1975年的石油危机，38%的制造业企业，17%的运输、商业和饮食业企业进行了劳动力调整。第三次为1985年~1986年日元升值导致的危机，40%的制造业企业，13%的运输、商业、饮食业企业进行了劳动力调整。第四次为1991年~1993年的泡沫经济崩溃，日本称之为"平成不足"，50%的制造业企业，36%的运输、商业和饮食业企业进行了劳动力的调整，这一时期雇佣调整的力度最大。

二、雇佣调整的特点

(一) 雇佣调整的战略性

从表面上看，企业雇佣调整不过是通过调整雇员数量或工作时间，来应对企业外部经营环境的变化，事实上，它不仅仅是企业人力资源管理部门的一项简单决策，更是关系整个企业战略发展的重要任务。它是组织为了达到目标，对与人员数量和工作时间等有关的各项活动进行计划和部署的模式，也是组织战略不可或缺的有机组成部分，从本质上看，它是组织通过人来达到组织目标的一项全面工作。一方面，它的实施理念是将人力资源视为获取竞争优势的首要资源，强调通过雇佣调整的规划、政策及管理实践来达到具有竞争优势的人力资源的优化配置；另一方面，它强调雇佣调整的强度、速度等与组织战略相匹配，不同的战略目标要对应不同的雇佣调整策略，以灵活的雇佣调整策略实现组织战略的灵活性。

(二) 雇佣调整的被动性

企业的雇佣调整策略一般都来源于外部经营环境的压力。在经济不景气，需求下降时，如果企业能够降低产品价格以扩大销量，需求变动就不会给企业带来较大的冲击。但是，一方面如果产品的需求价格弹性较小，降价就可能带来销售收入的下降；另一方面，价格的变化也是不灵活的，粘性已成为一种常态，相关的理论有菜单成本理论、不完全信息理论等。那么在价格不可调整的条件下，企业产量会下降，劳动力就显得过剩，劳动力成本就成为了企业调整的对象。由于企业雇佣政策还受到政策环境的制约，因此，企业为了维系原有的雇佣规模，只能通过缩短工时同时降低工资来应对。如果只缩短工时而不调整工资，工人工作时间减少而收入基本不变，这样的调整反而于企业不利。可是，正如产品价格存在粘性一样，工资变化也存在粘性，不仅有名义工资粘性，而且有实际工资粘性。因此，在工资调整受限时，企业主要通过调整工人数量和工时来维持企业的正常运转。

(三) 雇佣调整的主动性

尽管企业雇佣调整的初始原因来源于外部的经营压力，但是企业在进行雇佣调整策略选择时，仍然具有一定的主动性，主要是雇佣调整策略的排序和选择。例如日本企业主要采用的雇佣调整方法的顺序为：加班规制、中途招聘的削减或停止、调整岗位或调职或派遣或转籍、停止临时和季节工及小时工等的合同签约或解雇、终止定期采用、一时归休（休假）或改行援助、缩减董事或管理层的工资、招募希望辞职人员、最后才是鼓励辞职（指名解雇）。

三、企业的决策：调整雇佣人数还是工时?

当需求下降时，企业可采用的雇佣调整方式有很多，一般包括限制加班、停止中途招工、停止应届毕业生录用、实行岗位轮换和留职外派、解雇等，但归纳起来，各种雇佣调整方式无外乎两个角度：减少雇佣数量和缩短工作时间，通过这两种方式，都能够减少总劳动成本。面对这两种可以减少总劳动成本的方法，企业如何决策？这就涉及一个概念：准固定劳动力成本。

所谓准固定劳动成本，是指随工人人数而非工作时间发生变化的非工资成本，包括雇佣与培训成本和福利成本。具体来看，包括增加劳动者要支付的面试等工作所需的招聘成本、为了培养胜任工作的人才所需要支付的教育培训费，以及其他与劳动时间的长度没有直接关系的成本，如交通津贴、福利保健费等。准固定劳动力成本对于劳动力需求的一个重要影响就是，延长劳动力时间和增加劳动者人数，即使总劳动时间相等，所需要的成本也不同，因此它使企业面临这样两种不同的选择：一是雇佣更多（或更少）的员工；二是增加（或减少）现有员工的工作小时数。

（一）基本模型

企业雇佣一位新员工的边际费用（ME_M），是准固定劳动力成本加上周工资以及在特定的工作周内（随工时）可变的员工福利成本的一个函数。同理，对企业将现有员工的平均周工作时间延长一小时所面临的边际费用进行分析，也是非常重要的。这种边际费用将会等于小时工资率加上可变员工福利成本之和乘以员工人数。当然，如果雇主必须在员工加班时支付加班费，那么在计算后一种边际费用时，工资率就必须使用这种水平更高的加班工资率。

由此可见，一家企业在作出最优雇佣人数与工作小时数组合决策时，为了生产某一既定水平的产出时实现成本最小化，企业就需要通过调整雇佣人数和平均周工作时间，从而使再生产一个单位的额外产出时，下面的等式成立：

$$\frac{ME_M}{MP_M}=\frac{ME_H}{MP_H}$$

因此，如果 ME_M 相对于 ME_H 上升了，那么追求利润最大化的企业将会希望用工时来替代员工，即减少雇佣人数，而让每一位员工每周工作更长的时间。反之，如果 ME_H 相对于 ME_M 上升了，则雇主将会通过增加员工人数而减少每位员工的平均周工作时间的方式，来生产能够达到利润最大化水平的产出。[①]

（二）调整工时的决策

在需求下降时，企业采取调整工时的方式，每个工人的劳动时间缩短，大家共同分享工作。但是，一方面调整工时存在着组织和技术上的困难，另一方面，企业的劳动成本会相对上升。虽然工人减少劳动时间可以减少支付与计时或计件工资相挂钩的工资，但工人的固定劳动成本比如福利支出却不能相应减少。这样一来，在经营不景气的条件下，企业实际的劳动成本负担反而上升了。有时过多的劳动力会带来低效率，企业会主动要求一部分人“内退”，给予其基本工资，但收入低于在岗者。在中国国有企业改革过程中这一方式得到广泛的运用。

考虑到劳动保护法规，有的国家对工时向下调整有限制，主要是来自内部职工的力量，他们不希望自己的劳动时间缩短从而影响收入。在这样的背景下，企业会解雇一部分工人，而让在职者满负荷工作甚至加班加点。虽然企业需求下降，但现有的员工得到充分的利用，既能使企业保持较低的工资成本，又满足了现职工人的收入要求。虽然对加班行为有法律上的限制，并要求支付加班费。但这一限制并没有阻止企业普遍采用加班这种调整方式，甚至需求下降也不会对其有多大的抑制作用。它成为企业长期采用的调整方式。从美国的情况看，虽然受加班管制的企业比例从 1970 年的 66% 上升到 1989 年的 84%，但有加班行为的企业数由 1970 年的 23% 上升到 1989 年的 24%，即管制对企业的加班行为没有抑制作用，原因可能在于正常工作时间的工资灵活性加强，加班时间虽然支付较高的加班费，企业运用这样的调整方式带来的总成本并不高。1989 年加班时间平均到每个工人身上为每周 2.9 小时（1970 年为每周 2.8 小时）[②]，这必然会影响到雇佣数量。在一些行业如制造业、交通与公共服务业、批发业加班时间还有较大的上涨。与这些行业的特性相结合，可以说明其较高的解雇数量和失业率。

可以进一步用图形来说明工时降低与否的雇佣效果。如图 6－1 所示，工人数和工时的不同组合会形成等产量线，而工人和工时的单位价格决定了等成本线的形状。初始的均衡点 A 是等产量线 q_0 与等成本线 C_0 相切之点。当产量由 q_0 降为 q_1 时，如果等成本线 C_0 向左平移，即产量的减少不会影响工时与工人数的相对成本，则 C_1 与 q_1 相切

---

① 罗纳德·G·伊兰伯格，罗伯特·S·史密斯．现代劳动经济学：理论与公共政策．8 版．北京：中国人民大学出版社，144－145．

② 转引自 Stephen J. Trejo. Does the Statutory Overtime Premium Discourage Long Workweeks. *Industrial & Labor Relations Review*, 2003, 56（3）．

于B点，工人数下降很少，而工时大幅度缩短，就业保持稳定状态。如果缩短工时导致固定工资成本相对上升，则等成本线C_2是现行的等成本线，它与q_1切于C点，这时工时基本不降，而雇佣数量却大幅度下降。

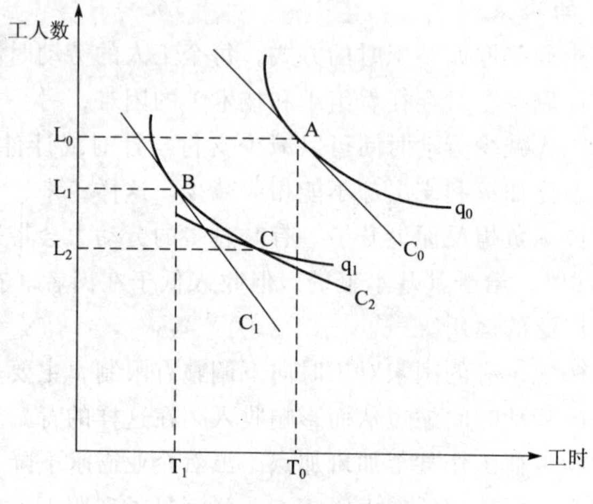

图6-1 工时调整与雇佣数量的调整

对需求下降时缩减工时的做法不可行这一问题的反驳是劳动专业化分工要求每个职工各司其职，在产量减少的情况下也需要劳动者全员参与，职工之间不能相互替代。这样只能靠缩短工时而不是解雇工人来调节。大企业一般劳动分工细化，从而会采用缩短工时的做法。对于小企业来说，往往对节省劳动成本更敏感，所以即使需求下降，它们一般也不缩短工时，而是解雇工人。而且劳动者之间可以相互替代，加班费较低，使企业更愿意采用充分利用有限劳动力的做法。对于工人而言，小企业工人正常劳动时间的工资通常较低，他们也希望通过加班来获得较高的收入，即使加班费并不高甚至与正常工作时间工资相同。

此外，缩短工时、工作分享的做法往往会在股权分散的企业中看到。比如职工持股占企业总股份的很大比例，在企业经营不景气时，大家愿意共渡难关，实行缩短工时，而不愿意让任何一个职工失业。它们甚至自愿降低工资，这样一来，工作分享就有了进一步发挥的空间。

（三）解雇成本与调整雇员数量的决策

在调整工时存在困难或仍然无法解决问题时，调整雇员数量就成为企业必然的选择，企业雇佣数量调整的策略受到两个方面的影响。

一方面，企业面对的冲击类型不同，作出的雇佣数量调整措施也不尽相同。如果是宏观经济下滑，有两种可能性，一为企业所受影响有限且预估不景气时间不会太长，则倾向于减产并调整工时。此时企业一般不会大规模解雇雇员，即使解雇，也会采取临时解雇的方式，等经济好转时再重新招回；二为企业所受影响很大，或预估不景气时间很长，企业为了生存，很可能会大规模解雇雇员。如果是行业的冲击，处于衰退行业的企业往往认为重新振兴无望，会加大解雇手段的运用。最后，由于企业自身的原因而造成的经营不景气，企业采取的调整措施是模糊不定的。如果认为企业的困难是暂时的，也不会过多地解雇雇员，否则，会加快裁员以减轻负担，对就业的影响介于上述两种情况之间。由于解雇雇员会给外界传递消极信号，会被认为企业本身出现了问题，所以即使行业不景气或企业经营不善导致经营发生困难，一般企业也会慎重进行雇员数量的调整。

另一方面，企业雇佣人数的调整还受到政府宏观政策的影响。在中国，国有企业在很长一段时间由于存在劳动的保护，不能动用解雇手段。在西方国家，虽然禁止解雇的保护逐渐减少，但通过提高解雇成本（增加对被解雇者的补偿支付）来抑制企业解雇的做法也普遍存在。

上述两方面影响因素作用的发挥，都是通过影响雇员数量调整的成本来实现的，解雇成本可分为可变成本和固定成本两类。例如，由于法律规定要对被解雇者一次性支付3个月工资，这属于变动成本。一般认为变动成本是递增的。固定成本包括整个解雇过程的组织以及解雇给企业带来的震荡（对士气的影响等），它是无论解雇几个人还是解雇几百个人都要承担的费用，平均固定费用随着解雇数量的增加而减少。解雇还会对企业的声誉造成影响，形成声誉成本，该成本既给企业的外界名誉造成损害，也包含在员工心目中的声誉损害，该成本随解雇规模的增加而递增，属于变动成本范畴。如果固定成本在总成本中所占的比重较大，企业倾向于一次性解雇。如果包括声誉成本在内的变动成本在总成本中所占的比重较大，由于解雇成本随解雇人数而递增，企业会不断地小规模解雇，以降低解雇成本。

同时，声誉成本也是冲击类型的函数，如果是总冲击，则声誉成本较小，因为解雇的合理理由是宏观经济不景气。相对而言，如果是企业自身的冲击，则声誉成本就较大，解雇的直接原因是企业经营不善，大规模解雇会给外界传递不好的信号，从而影响企业的长远发展。从声誉成本的角度来看，就可以解释某些企业将长期经营中积累的过剩职工在宏观不景气时释放的行为了。

另外，还应考虑到企业再雇佣困难这一因素。一次解雇很多雇员会给劳动力市场传递不良的信号，让求职者对这一企业敬而远之，一旦企业再次招聘时，会发生难以吸引合适人才的问题。考虑到再雇佣的成本，如果是企业长期发展需要的劳动者，在经济不景气时企业也不会解雇，而是做人才储备，只要这样做的成本小于再雇佣的成本。前面已经论及，总需求的冲击一般只会让企业暂时解雇工人，待经济好转时再招回，这对于企业特殊人力资本的保有是有利的。但如果企业此时不是临时解雇，而是永久性解雇，就可能说明这类冗员不是宏观不景气带来的，而是企业累积的隐性失业，是企业真正不需要的人员，因而借宏观不景气来一次释放。

此外，如果解雇存在着法律上的限制，人为增加了解雇成本，企业只能在解雇对象上作出一些调整（解雇临时雇佣者）或不采用解雇方式（关系企业内调整）。无论是临时雇佣还是关系企业内部的雇佣调整（日本企业采用较多，称为派遣者和请负者），本质上都是非正规雇佣，这些劳动者的就业波动较大。除了劳动力的外向使用，许多企业（尤其是大企业）也将产品生产分包给小企业，因为小企业在解雇等方面承担的法律义务很少，雇佣调整成本较小。这会使大企业的雇佣规模缩小。这样，大企业既能够实现较高的利润，又减轻了雇佣方面的压力。

（四）企业处于完全竞争行业中的决策

下面综合分析追求利润最大化的企业如何进行工时和雇佣数量的调整。假设企业处于完全竞争的行业，即单个企业对价格没有控制力，则在需求下降时不能单方面降价。企业的产量 Y 是雇佣劳动力数量 L 和工时 T 的函数，有：$Y=Y(L, T)$。企业调整工时需要花费的成本为：$C_T=a+bT'+cT'^2$，前一项是固定成本，后两项为变动成本。同样，雇佣数量的调整成本为：$C_L=d+eL+fL^2+gL'+hL'^2$，前一项是固定成本，后四项为变动成本，其中后两项可以反映声誉成本的情况。则企业的利润函数为：

$$\pi=PY(L, T)-L\times T\times W-C_T-C_L$$，其中 W 为小时工资。

将工时和雇佣数量调整成本函数代入，得到

$$\pi=PY(L, T)-LTW-(a+bT'+cT'^2+d+eL+fL^2+gL'+hL'^2)$$

用变分法求企业的动态最优问题，假设期初的雇佣数量已知，为 L_0，期末的雇佣数量为 L_t①，要求出企业的最佳雇佣策略，以实现 $\int_0^t \pi(L,L')dt$。

对于这个问题 $\partial\pi/\partial L=PY_L-TW-e-2fL, \partial\pi/\partial L'=-2hL'-g$

欧拉方程为 $\partial\pi/\partial q-d/dt(\partial\pi/\partial L')=PY_L-TW-e-2fL-d/dt(-2hL'-g)=0$

化简得 $2hL''-2fL+PY_L-TW-e=0$

解特征方程可以得到关于欧拉方程的通解，也就得到最优的雇佣调整路径，解的具体形式受生产函数具体形式的影响，因此解并不确定。但最优调整路径与工时、工资有关，还与 e、h、f 有关。在涉及需求下降时的调整选择时，则意味着单位解雇成本、解

---

① 在国有企业，可能是政府要求企业在期末实现的就业量。

雇成本随解雇数量递增程度、企业声誉成本随解雇数量递增程度都会影响企业的调整路径。同样，可以解出最优的工时调整路径，并考察其决定因素。

同时，还可以动态考察企业工资、工时、雇佣数量的调整情况，了解调整是如何应对需求的变化、调整速度的快慢、如何接近理想的状态。

以雇佣数量调整为例，借鉴日本庆应大学樋口美雄（1996）的分析，引入下面的关系：

$$\Delta L = L_t - L_{t-1} = \lambda_1 (L_t^* - L_{t-1}) \quad (6-1)$$

其中 ΔL 为雇佣数量的变化量，它等于两期实际雇佣数量的差。L_t^* 为 t 期最适宜的雇佣数量，λ_1 为雇佣调整的速度，如果它等于 1，说明雇佣数量调整非常迅速，实际雇佣数量等于理想的雇佣数量。如果它等于 0，则说明不可能进行雇佣数量调整。即 λ_1 数值越大，雇佣数量调整速度越快，在需求下降时，则意味着某一时点解雇的数量越多。上面的式子可以改写成：

$$L_t = \lambda L_t^* + (1-\lambda) L_{t-1} \quad (6-2)$$

之后，可以建立企业雇佣数量的计量模型，即：

$$L_t = a_0 + a_1 Y + a_2 P + (1-\lambda_1) L_{t-1} \quad (6-3)$$

其中 Y 为产量，P 为价格，它说明 t 期的雇佣数量受当期的产量和价格的影响，当期的经济变动要求企业向理想雇佣量调整。但是 t 期雇佣数量还受到前一期雇佣数量的影响，也可以理解为滞后的影响，如果调整速度越快，滞后影响就越小。

同样道理我们可以分别得到工时变化量和工资变化量的关系式：

$$\Delta T = T_t - T_{t-1} = \lambda_2 (T_t^* - T_{t-1}) \quad (6-4)$$

$$\Delta W = W_t - W_{t-1} = \lambda_3 (W_t^* - W_{t-1}) \quad (6-5)$$

其中 T 和 W 分别表示工时①和工资，λ_2 和 λ_3 分别表示工时的调整速度和工资的调整速度。进一步地得到工时和工资的计量回归方程：

$$T_t = b_0 + b_1 Y + b_2 P + (1-\lambda_2) T_{t-1} \quad (6-6)$$

$$W_t = c_0 + c_1 Y + c_2 P + (1-\lambda_3) W_{t-1} \quad (6-7)$$

将公式（6-3）、（6-6）、（6-7）放在一起分析，在需求下降的情况下，企业产量和产品价格下降，工资应该下降，如果由于各种原因，工资调整的速度缓慢，即 λ_3

① 可以用单位工人的工时和企业总工时分别考察。

较小。则在存在有工资粘性的情况下，需要采取其他调整方式。在需求下降时，企业起初也会采用缩短工时的做法，但是如果由于法规或劳动成本的问题，工时的调整速度缓慢，即 λ_2 较小，工时就不会出现大幅度下降。如果工时调整不能顺利进行，企业只能解雇工人。而雇佣调整速度也受到解雇成本的影响，在法规限制和各种解雇成本比例的作用下，若 λ_1 较小，则某一时点雇佣波动较小，产生的失业数量也较小。三种调整方式产生的就业波动不同，雇佣数量调整产生的就业波动较大。三种调整是相互关联的，工资和工时的缓慢调整要求雇佣数量的快速调整，同时还发现，影响三种调整速度快慢的重要变量是制度变量。①

第二节　雇佣调整的模式与主要方式

一、不同雇佣制度背景下的雇佣调整模式

（一）日本模式

日本是最发达的市场经济国家，也是第二次世界大战以来就业管理最成功的国家之一，长期以来日本失业率基本上是在1%到3%之间徘徊，与其他发达国家相比，大多数时间失业率最低，失业人数最少。日本的终身雇佣制度是典型的长期雇佣制度，它有着成功的历史，一直以来，日本的终身雇佣制度吸引了众多理论研究者的极大关注。日本终身雇佣制产生于明治后期和大正时代，当时正是日本模仿欧美，引进西方科学技术，大量兴办工厂企业，发展民族工业的时代。技术人才、熟练工人是企业兴衰存亡的关键，为了确保企业的稳定，规模较大的一部分企业对员工采取了终身雇佣的经营战略。军国主义时代的军事化管理，使这一用工制度被大大加强了。二战以后，日本采用终身雇佣制度的企业范围不断扩大，以终身雇佣制和年功序列工资制为基础的日本企业，是日本经济发展的一个重要基础。终身雇佣制度被视为“日本式经营”的核心内容，它与年工序列制和企业工会，被称为日本经济成功的“三大神器”。在这样的雇佣制度背景下，形成了日本独特的雇佣调整方式，企业经常使用的方法有加班规制、调整岗位、调职、派遣和中途招聘的削减或停止等。

从各项雇佣调整方法的采用比例来看，1977年和1978年加班规制方法的使用率达31%，1981年和1987年下降到14%。因1998年日本国内减少劳动时间运动对加班规制方法的使用率有较大影响，因此，到2001年和2002年时加班规制方法的使用率仍然

① 宁光杰．需求下降、企业调整成本与雇佣波动．中南财经政法大学学报，2008（4）．

是14%；削减或停止中途招聘的方法有明显下降趋势：1977年和1978年的使用率平均达到33%以上，1981年和1987年却减至7%，2001年和2002年锐减到5%，相应地其他调整方法的使用都有明显的增加。

但是从总体上来看，日本企业在陷入困境时仍然尽可能地不采取解雇员工来进行雇佣调整。1977年和1978年不采取解雇方法的企业比率是51%，1981年和1987年是77%，2001年和2002年是73%。虽然最近有所下降，但日本企业还是想尽办法，去减少因被解雇而给本企业员工带来的精神压力和经济压力，缓解他们的不安。从这个角度看，日本企业终身雇佣制度中的雇佣调整方法虽略有改动，但至今变化不大。

纵观日本经济的发展史，从20世纪60年代开始，日本企业由于经济形势变化，出现了几次较大规模的雇佣调整，调整力度和方式都产生了一定的变化。

第一次为20世纪60年代的能源革命，导致煤炭行业的衰退，出现了行业性劳动力调整问题。当时，九州地区三池煤矿为了减少冗员，采取募集提前退休人员的办法，但没有达到企业预期的目标。企业随即采取“指名”退职的办法，导致劳资纠纷，迫使政府干预并采取相应的就业对策。由于认识到企业劳动力的调整不能在一个企业或行业内完成，也不能在一个地区内完成，因此，政府采取两项措施：一是在广泛领域的再就业政策，二是在煤炭行业新兴产业振兴政策。这在日本的经济史上，为产业结构的调整和制定就业政策起到了很好的借鉴作用。

第二次为1975年的石油危机。38%的制造业企业，17%的运输、商业和饮食业企业进行了劳动力调整。

第三次为1985年～1986年日元升值导致的危机，40%的制造业企业，13%的运输、商业、饮食业企业进行了劳动力调整。其中比较典型的是日本造船业的雇佣调整。1986年，世界性船舶需求急剧减少，加上日元升值的经济危机，使日本的造船业受到严重的打击，还出现订单退货的情况。在这一形势下，日本造船企业又不得不采取“募集希望提前退职者”的办法，使企业得以保存和发展。为了顺利解决这一问题，日本企业主要采取了以下一些措施：

（1）与工会和职工充分协商。在实施“募集希望提前退职者”办法的一年前，管理人员通过劳资协商会议介绍本公司的经营状况及公司的考虑，并与工会干部多次秘密开会协商解决的办法，取得了工会方面的谅解，并达成了一致意见。

（2）限制加班。将加班时间减少到零，一方面减少加班工资支出，另一方面使得每位员工都仍然保有一定的工作量。

（3）削减工资，降低劳动条件。对公司董事、部长、课长等管理人员进行工资削减，同时，减少出差补贴和人员劳务开支。

（4）在企业人事部设立留职外派办公室。主要负责向子公司、合作公司进行人员外派交流。员工留职外派一般以六个月为期限，外派到一些需要使用季节工的行业，如汽车、家电组装等。

（5）制定补贴措施，对自愿提前退职的员工，除了正常支付100%的退职金外，还根据职工工龄的长短，发给相当于本人3~12个月薪的补贴。对于年满55周岁的老职工，其退职金加上自愿提前退职的补贴，相当于3年的工资收入。

在实行上述措施的同时，基层车间主任、班组长对职工做了大量的思想工作，不少班组长、车间主任带头提出自愿退职，使企业劳动力调整最终得以顺利进行，募集的自愿退职者中，55岁以上的占90%，50~55岁的占8~9%。政府也给予企业一定的支持。这种支持以劳动省为主，给企业支付雇佣调整助成金，组织职工进行转业训练，政府给予相当于工资40%的补贴。

第四次为1991年~1993年的泡沫经济崩溃，日本称之为“平成不足”。50%的制造业企业，36%的运输、商业和饮食业企业进行了劳动力的调整。这一时期雇佣调整的力度最大。

总的来看，日本企业的雇佣调整力度是不断加强的，尤其是“平成不足”和“日元升值”的两次经济危机，制造业受到的打击巨大，因此也采用了相对激烈的雇佣调整方式。但是，日本企业的雇佣调整策略仍然是在终身雇佣的框架下进行了，尽管方法和力度有所调整，但是基本的出发点和政府与企业的态度，并没有大的改变。

（二）美国模式

美国是世界上主张积极雇佣制度的典型的市场经济国家。从二战后到20世纪七八十年代很长一段时期，美国劳动关系的特点是正规的专职工作，通常劳动者终生只为一位雇主效力。主导美国劳动力市场的雇佣模式有两种。一种被称为产业工会模式。在这一体系中，确定工资时年资比个人的业绩更为重要，工作职责在雇佣合同中规定得非常明确。公司可以通过临时解雇来自由调整雇佣水平，尽管大多数临时解雇都以召回结束。另一种模式被称为竞争雇佣模式。在这种体系中，公司寻求通过沟通计划和雇员调查等方式来建立与雇员的直接性的关系。工资中个人因素的成分较重，而工作安排则比较灵活。二战后的几十年里，这两种模式一直在雇佣关系模式中占据着主导地位。它们的差异很大，甚至在许多方面互相对立，但它们有一个基本的共同点，这就是雇员与企业存在一种长期性的雇佣关系，相互承担明示和默示的义务。这两种模式都将公司视为一种具有长期性和一贯性的组织形式，有相对固定的界限和关系。在这一时期，就业安全被认为是一个值得追求的目标，企业被看成“扩大的家庭”，对工人承担的义务也不仅是发工资，在这一时期的雇佣制度背景下，公司一般不会通过永久性的解雇来实现雇佣调整的目的，转而采取一些柔性的方式，降低员工的失业风险，维持企业雇佣的稳定。

到20世纪90年代，情况发生了很大变化，原有的长期雇佣关系模式已发生根本性动摇。这方面一个突出的表现是公司的解雇已不再仅因为经营业绩不佳，经营状况良好的公司也常因各种原因裁员，而最常见的理由是公司的“结构性调整”。美国学者的研究发现，七八十年代时公司裁员的理由中近70%是公司经营业绩不佳，而到1994年时，一半多的公司裁员理由是结构性调整。在这样的背景下，美国企业的雇佣调整策略和调整结果都发生了较大的变化，主要的变化体现在以下两个方面：

（1）就业年限的变化。所谓就业年限指的是雇员在某一家企业就业的时间长短。美国劳工统计局的有关调查表明，35～44岁的男性劳动力平均就业年限从1993年的7.3年下降至1998年的5.5年，同期45～54岁男性劳动力平均就业年限从12.8年下降至9.4年。

（2）临时性工作的大量增加。临时性工作本身就是与长期雇佣制度相对立的。按美国劳工统计局的统计口径，临时性工作包括兼职工作、自我雇佣工作、临时性雇工提供机构的工作、短期合同工、雇工出租和企业服务机构的工作等，1999年这类雇员总数约为560万人，在总就业中所占比例约为4.3%。这一数字从绝对数来看并不很大，但它并不能完全代表劳动力中从事临时性工作的人的比例。因为它统计的仅是以临时性工作为业的人，也就是说任何时候都从事临时性工作的人，却并不包括偶尔从事临时性工作的劳动力。如果将他们计算在内，这一数字可能会增加一倍左右。

（三）德国模式

德国企业实行的也是以自由雇佣为主要特征的雇佣制度，即企业和个人在建立和解除劳动关系方面具有自主权。对个人而言，可以自由地选择雇主；对企业来说，可以根据企业生产经营的实际需要任意招收和解雇工人。

但实际情况是，雇员原则上不需要特别的理由就可以终止劳动关系，改签合同即可；但雇主想要解雇员工则受到多方面的制约，其中最主要的就是法律制约，即德国《解除雇佣关系保护法》确立的解雇保护制度。《解除雇佣关系保护法》规定，企业解雇员工的正当理由主要包括三方面：首先，员工行为不端，企业有义务向其发出一封警告信，如果员工再犯，企业可下达解雇通知。其次，员工健康状况欠佳，继续工作对于个人和企业利益都有损害。最后，企业自身经营原因导致的裁员。在具备正当解雇理由的情况下，《解除雇佣关系保护法》规定企业必须提供一段解约期限，一般需要提前四周给雇员下达离职通知。雇员在企业服务的时间越长，解约期限也要相应延长。不过，不论解约期限的长短，都必须以书面形式告知个人，以保证解约期限具备法律效力。即使员工处在试用期，企业若想将其解雇也必须提前两周通知。同时，德国法律还规定，对于一些特殊群体，企业不能解雇，比如怀孕或者子女不足四个月大的女员工，申请以及正处于子女抚育期的员工，严重残疾的员工，服兵役的员工以及企业职工委员会的成员。很多劳资协议还规定，雇员服务超过一定年限（比如10年或15年）就不得辞退。

其次，在德国，资方解雇员工困难的另外一个原因是裁员必须经过集体谈判，一般来说，企业直接解雇员工个人的情况很少，资方面对的往往不是员工个人而是代表员工的工会组织。资方必须与工会进行谈判，进而确立具体标准，诸如工资、休假和解雇的正当理由。

同时，企业的大规模裁员还必须得到劳动部门的批准，解雇人员超过一定规模，必须提前一个月向劳动部门申报。比如，拥有60至499名员工的企业，解雇人数达25人以上，就必须申报，若解雇人数超过50人，劳动部门要成立专门的委员会考核审批。

在这样的背景下，德国企业的雇佣调整策略较少涉及永久性裁员，而是采用其他的一些方法，其中比较典型的是工作分项制度的推广，其主要形式有工作岗位分享（Job sharing）、缩短法定工作时间、工作岗位分割、周期性休假、提前和阶段性退休、部分时间工作、增加年度假日和阶段性拓展教育培训等。其中，工作岗位分享是最主要的形式，即两个人共享一个工作职位，共同承担工作责任，共同分享工作收益，却不会给组织机构增加额外的成本。如德国大众公司已经将工人每周工作时间从20世纪90年代初的36小时缩短为现在的28.8小时，虽然工人的工资减少10%，但保住了大约2万个就业岗位。

二、雇佣调整的方式

（一）停止招聘

停止招聘又称冻结招聘，就是停止从企业外部招聘员工，通过自然减员来减少企业的劳动力成本。常见的方式包括停止中途招工，即停止根据需要随时招收有经验的专业技术人员和工人；停止应届毕业生录用，比如日本企业一般每年4月份招收应届毕业生，然后在企业进行培训成为合格的工人，在平成不景气的1993年，增加录用应届毕业生的企业数量开始减少。

（二）缩短法定工作时间和限制加班

政府颁布缩短法定工作时间的法令或企业主动缩短法定工作时间，由于工作的连续性，企业为保证组织的正常运转需要雇佣更多的人员或放弃已有的裁员计划。例如法国从1996年就开始实行了法定每周4天工作制，将每周法定工作时间缩减到32小时，为此增加了约150万个工作岗位。这一方式在日本企业中也很常见，因为日本企业总体劳动时间比欧美长，尽管实施周五天工作制，每天正常工作7小时制度，但日本企业经常有加班的习惯，7小时之外17～20点再加3小时班，使每天工作时间达10小时。因此，调整劳动时间的空间很大，就成了企业劳动力调整的首选方案。在平成不景气时期（1991年～1993年），32～33%的企业采用了该方法进行雇佣调整而不减少企业用工。迈克尔·休伯曼对德国大众汽车公司的研究认为，在德国大众公司实施缩短工作时间的雇佣调整方式后，生产能力持续上升，缺勤率下降。在原来的生产基础上，增加了150个工序，这样既满足了员工的需要，也满足了顾客的需要。

（三）提前退休和过渡性退休

提前退休是让接近退休年龄的人自愿提前退出工作的一种劳动力调整方式，有些国家称其为“工作让渡计划”。英国在1977年开始实施自愿退休计划，让失业人员接替提前退休人员让出的工作岗位，同时对自愿提前退休人员给予适当的补偿。过渡性退休则是让接近退休年龄的员工减少工作时间或减少工作责任，让他们逐渐从工作岗位上退出，直至正式退休。这一方式在美国企业中较为普遍。根据沃森·怀亚特的调查，美国大约600家大公司已经有类似的工作安排。这种非全日制的工作或逐步递减的工作，可以看作是一个人结束其职业生涯的前奏。与此同时，企业让这些有经验的和专业化水平较高的老员工培养新雇佣的不熟练的非全日制青年员工。随着老员工的工作时间递减，青年员工的工作时间则递增，直到老员工正式退休时被青年员工完全取代。

（四）延长休假时间或弹性假期

休假时间的延长可以使在岗员工的实际工作时间缩短，从而使企业增加员工来弥补岗位空缺。延长休假时间的形式有：不付薪的延长休假、储蓄性休假、周期性休假、自愿休长假等。例如瑞典政府自2002年起开始试行自愿休长假的制度。自愿脱离工作岗位休假12个月的员工，虽然在休假期间没有工资，但可以领取85%的失业保险金。

“弹性假期”是允许雇员离开公司一段时间，这段时间可以是几个月到半年不等的弹性时间，在这段时间内，员工仍然能够有收入，也仍然像过去一样允许使用公司的一切设施。但是在“弹性假期”里，公司允许他们去找除了公司竞争对手之外的其他任何工作，只需在约定的时间内回到公司。“弹性假期”的办法既减少了公司经营的开支，又保留了雇员对公司的忠诚和信任。

（五）时间购买计划

这是一种以年为单位进行工作时间分割的雇佣调整方式。例如在加拿大，企业员工可以自愿加入政府支持的“四一工作计划”，每工作四年，即可休假一年。在工作的四年中，员工每月只领取工资的80%，另外20%存入银行为其开设的专门账户，这部分延付工资加上利息成为第五年的收入来源。同时，政府为鼓励员工加入该计划，对其存入银行的20%工资实行免税政策，并通过法律保障参加该计划的员工在休假一年后能够回到原公司的原岗位上工作。通过这一方式，可以减少一定时间内的员工工资支付和工作时间，从而使更多的劳动者能够在这一周期内得到工作，并降低企业的劳动力成本。

（六）自愿减薪

“自愿减薪”是对裁员方式的一种替代，即通过减少员工工资，降低劳动力成本，以保证不裁员或提高雇佣水平。这种方法一般都会先从董事或管理层开始。采取这种方法，虽然减少了员工收入，但他们明白这是受整个大环境的影响，员工不仅不会有太多的抱怨，反而认为公司的做法有人情味而进一步增加凝聚力。

（七）工作岗位分享

所谓工作分享制，是指为了减少非自愿失业，通过对一个经济系统内，如一个企业、一个地区或一个国家的工作总量和工作时间进行重新分配，以增加就业机会而采取的措施。简单说，就是原来一个人做的工作，由两个或多个人分享，一方面增加了失业者的就业机会，另一方面也增加了在职者的闲暇时间。具体到一个企业内部来看，就是通过对现有工作岗位的劳动时间（工作日或工作周）进行不同形式的分割和重组，从而创造出更多的工作岗位来，使就业机会增加。例如，甲、乙二人分享一个岗位，每人每天分别工作 4 小时，或者每人每周分别工作 2 天半，就能使就业机会增加一倍。同理，也可以让三个人分享两个岗位，或者四个人分享三个岗位等等。

（八）调整岗位或留职外派

岗位轮换主要是在一个单位内部进行，是指企业通过进行人员职位的重新规划和调整，使得人员数量和质量与岗位的匹配得以优化。留职外派则把本企业职工在保留关系的前提下派到下属子公司和有关联的其他公司。在企业不景气时，留职外派的力度加大，同时也出现“转籍外派”或称“向下派遣式裁员”，即人事关系也转到了子公司和关联公司的做法。例如日本电信电报株式会社裁员 10 万人的计划中，有 4.5 万人分流到新成立的子公司去工作。这个方法的好处是使一些才能出众的员工进入公司的核心地带，让那些平庸的员工得到锻炼、提升自己的机会。这些方法都增加了企业用人的灵活性和职工升迁、深造的机会，不仅不会影响到公司的稳定，还很好地维持了企业文化。

（九）通过培训或其他方式储备员工价值增值潜能

企业可以安排员工做一些别的事情，比如养护和维修设备以及企业在繁忙的时候来不及做的一些工作：把生产和管理人员推向销售第一线，为企业挖掘新的需求，积累潜在需求；鼓励员工选修培训课程，甚至可以采用脱产学习的方式来分流员工，企业可以给予部分学费的资助。这些事情很可能为危机过后企业的快速恢复和发展提供强大的爆发力。

（十）灵活工作制

灵活工作制即企业对员工实行不固定的灵活工作时间，这样可以使企业增加用工的灵活性，同时扩大就业面。灵活工作制的种类主要有：计时工作制、随叫随到制、压缩工作周制、弹性工作制、机动工作制、团队自我排班、远程工作制，等等。这一变化趋势有两种原因，其一是由于经济状况的变化。对于那些成本居高不下的企业，不得不进行再造和重组，大规模削减其雇员数量。随着时间的推移，企业逐渐形成了以核心员工（Core work-force）、机动员工（Contingency workforce）和外围员工（Peripheral workforce）构成的员工队伍。由于失业率的存在，企业在其需要时可以轻易雇佣到临时性的员工，因而减少了招聘和培训的成本。另一个原因是由于越来越多的女性员工参与就业。以前通常由男性担任的工作，现在许多都由女性来担任。女性愿意在收入低又缺乏吸引力的岗位上工作，导致男性工作人员居高不下的失业率。一般来说，男性专业人员有两方面较高的回报，高收入和高满意度的全日制工作，他们从女性为工作而争取权利的过程中获得了利益，但同时也有被“边缘化”的趋势。

（十一）采用灵活用工形式

经济不景气给企业用工带来的压力，使得临时雇佣服务行业得以快速发展。这些临时雇佣服务公司专门从事这样一种业务，即招募一些劳动者，然后再把他们派往需要使用临时工的公司客户那里去，向接受服务的公司客户收取费用。对每一个小时的服务所收取的费用往往要高于这些公司自己直接雇佣员工时所支付的小时工资——但这是这些公司愿意支付的一种补贴，因为它们通过使用这种服务就可以节约一部分雇佣成本。同理，由于劳动者通过临时雇佣服务公司来找工作，可以使他们节约因为不断寻找和申请各种可能的临时性就业机会而需要付出的成本，所以他们也愿意接受一种比自己去找工作时可能得到的工资要低一些的工资率。

（十二）对临时工、季节工、小时工等人员不再续签合同

这一方式在日本企业中比较常见，因为在日本企业内，享受终身雇佣的正式工并不签合同，只有口头形式的合同，而临时（1~2年左右）雇佣的临时工才签合同。因此对临时工、季节工和小时工不再续签合约则可调整为数不少的人员数量。与此同时，日本企业还大大增加了合同工的人数，目的也是降低成本，因为合同工的人工费用会低一些。

（十三）临时息工

这一方法的目的比较直接，即企业在保持雇佣关系、给职工发息工补贴的前提下，临时停工以达到雇佣调整的目的。例如1995年，马自达公司就实行了全体职工息工三天的做法。

（十四）适当回收外包业务

把以前外包给其他企业的工作收回一部分来自己做，这样做不仅可以为内部员工提供新的工作岗位、节约费用支出，还可以塑造员工“当家须知柴米贵”的主人翁意识

和责任感。

第三节　主要雇佣调整方式的效用和影响

一、工作分享制的影响

欧洲工会组织将工作分享制（Work-sharing）解释为："为了提高所有希望工作的人就业机会，根据对目前工作需求短缺的观测与分析，采取在特定的经济系统中重新分配工作总量的方法提高就业水平"；德雷兹（Dreze）将其定义为："为了减少大范围的非自愿失业而在员工之间进行的工作重新分配"；汉弗莱斯（Humphreys）的定义为："为了维持或提高就业水平，通过重新调整付薪工作时间安排的方法"。简单地说，工作岗位分享就是两个人共享一个工作职位，共同承担工作责任，共同分享工作收益，却不会给组织机构增加额外的成本。概言之，工作分享包括这样一些措施：重组和重构工作岗位及付薪的工作时间。其包括的主要方式有：工作岗位分享（Job-sharing）、缩短法定工作时间、时间购买计划、工作岗位分割、周期性休假、提前和阶段性退休、部分时间工作、弹性工作制、增加年度假日和阶段性拓展教育培训等。

（一）工作分享制的作用

实施工作分享制这一雇佣调整方式，对于企业、员工和社会都具有非常重要的作用，主要的影响有以下几点。

第一，在经济困难、波动时期，有助于缓解就业压力。通过实施工作分享制，减少用工支出而又保持员工就业在岗，企业与劳动者共渡难关，有助于提高劳动者的责任意识和忠诚度。另一方面，不把在职的员工变为领取失业救济金的失业者，尽量减少社会就业压力，有助于社会稳定和经济周期后企业的快速恢复。

第二，有助于增加就业，却不增加组织运行成本。比如在工作岗位分享中，两个人共同承担同一个工作岗位，在不影响工作效率的情况下增加对劳动者的需求，而不会给组织增加额外的成本。因为两个人共用一张办公桌、一部电话甚至一个电子邮箱账户、共享一份薪水和福利，每个人的报酬根据其实际工作时间支付，组织机构一般不需给予额外的补贴。

第三，有助于组织稳定和发展，降低成本。工作分享制减少了员工流失，节省了招聘、培训等劳动力重置费用，可以保证组织工作岗位在任何时候都有员工在岗，避免了因员工请假、辞职等而出现岗位空缺。

第四，有助于员工平衡工作与生活关系。组织在不影响正常工作秩序和经营绩效的前提下，为有需要、有特殊困难的员工提供灵活工作安排方式，可以使从业人员有更多时间照顾家庭、教育子女，平衡好家庭和工作关系，使家庭更和睦，社会更和谐。

第五，有助于激励员工发展，提高自身素质。闲暇时间增加，员工有更多时间用于进修学习，增长知识，积累经验，或者开拓其他有兴趣的领域，实现自己的抱负。

（二）工作分享制在发达国家中的应用

1. 工作分享制在加拿大发挥的作用

加拿大是一个职业相对自由的国家，劳资双方是一种契约买卖关系，一直以来都存在较高的失业率。然而加拿大又是一个工会力量强大的国家，注重尊重和保护员工的合法权益。因此当企业遭遇不景气，生产萎缩时，他们通过实施“工作分享补助计划”、“缩短标准工作时间”等措施，推迟和避免了员工下岗失业。

第一，“工作分享补助计划”在加拿大可以看做是反周期（指与商业周期既定阶段发展方向相反的），如在商业周期高涨阶段采取通货紧缩政策，以防止通货膨胀等问题出现的干预政策，用以在经济萧条时期缓解就业的损失。

第二，重新分配失业的社会成本。在职员工变为失业者，社会成本的主要承担者是政府和社会，政府需要为失业者支付失业救济金，同时还要采取一系列措施促进员工的再就业；社会也将面临较高的就业压力和维护稳定的压力。通过工作分享制，企业分担了一部分失业的社会成本，在一定程度上帮助政府和社会减少了就业压力。

第三，促进生产率提高。企业的长远发展，促使企业必须能够保留关键员工，这些人往往是经过系统培训、工作努力、充满工作热情的员工。工作分享计划提高了员工士气、使员工改善了工作态度、拥有了出色的生活质量、满意的社会关系和高度的福祉。

第四，加拿大还通过“时间购买计划”，让在职员工腾出一年时间的工作岗位，解决那些长期失业者的就业岗位问题，缓解社会由于失业造成的两极分化的局面。

2. 工作分享制在美国发挥的作用

美国的劳动力市场高度自由化，劳资双方是买卖契约关系，员工流动非常频繁。知识经济的崛起对美国的工作结构进行了重构，雇主与员工双方都有自愿实施工作分享的愿望，主要是工作岗位分享、过渡性退休等等，来改善工作场所，促进员工工作和生活之间的平衡。特别是“9·11”之后，工作分享在美国的旅馆业、航空服务业、旅游业等行业广泛实施，避免了许多关键员工的下岗失业。

3. 工作分享制在德国发挥的作用

德国是一个双向选择、自由雇佣的国家，但工会、劳资委员会和集体谈判的力量很大，因此在劳资关系方面形成了稳定的职工社会伙伴关系。德国工会争取缩短工作时间的努力一直没有间断过，通过实施缩短标准工作时间创造和挽救了许多的工作岗位，一直使德国维持着较为持续高速的经济发展。

二、减少加班时间对就业影响的讨论

前文指出，劳动时间和雇佣数量具有替代作用，为了减少失业率，企业可以采取减少加班时间或称限制加班的方式来实现雇佣调整。但是减少的加班时间，能够全部或真正转化为新增就业从而减少失业吗？这是劳动经济学界一直在探讨的问题。

第一，对劳动力成本的影响。

即使所有的加班时间全部都被取消，企业的平均劳动力成本也会上升。原因是，一旦企业不再让员工加班，那么就必须增加雇佣人数，从而必须承担我们在前面曾经说过的与雇佣有关的准固定成本。那些在加班工资提高到正常工资两倍之前就让员工加班加点的企业，本来也是可以通过雇佣更多的员工来减少员工的加班时间的，但是，这些企业却并未这样做，这一事实说明这种做法是一种成本更高的选择。如果两倍的加班工资现在导致这一选择的成本更高了，那么，企业的劳动力成本很显然就会上升。而劳动力成本的这种上升将会导致企业转而采用更为资本密集型的生产方式，从而减少所使用的总的劳动工时数。

第二，对生产规模的影响。

即使是那些在两倍的加班工资实施之前采取加班加点做法的企业，现在转而采用更为资本密集型的生产方式，它们的单位产出成本也仍然有可能会增加（他们本来过去也是可以选择用资本来替代劳动力的，但是他们当时却没有这么做——这可能是因为这种做法的成本更高一些）。如果这种成本的增加通过提高价格的形式转嫁给消费者，那么产出的数量就会下降。这种规模效应同样会导致雇主所使用的劳动力的总工时数量下降。

第三，新员工的替代能力。

那些目前从事加班工作的员工与那些失业者之间的替代性程度可能很低。例如，如果那些从事加班者主要是技术工人，而失业者却主要是非技术工人，那么就很难将加班时间转化为失业者的新就业机会。

第四，工资的调整。

雇主和员工双方之间可能会就周工作小时数和总薪酬达成一个“一揽子”的协议。如果法定加班工资提高，那么常规性地安排员工加班的企业所作出的反应可能会是，将正常工作时间内的小时工资率降低到一定的程度，从而使得每一位员工所获得的总薪酬水平保持不变。这样，雇主和员工双方过去所约定的周工作小时数和总薪酬组合并没有发生改变。经验证据证明，当加班工资水平发生变化时，正常工作时间内的小时工资水平确实会出现部分的调整。这种调整会进一步弱化提高加班工资水平所带来的岗位创造效应。①

三、政府对雇佣调整进行工资补贴的效用

企业所采取的替代裁员的一系列雇佣调整措施，一般都会得到政府的肯定和经济上的补贴，常见的就是政府向雇主支付工资补贴。比如，如果政府采取按照每个劳动工时向雇主支付 X 美元的补贴，那么市场劳动力需求曲线就将会垂直向上移动 X 这么远的距离。劳动力需求曲线的这种上移，会带来一种提高雇佣量以及员工所得到的工资的压力；那么到底是雇佣量受工资补贴的影响更大，还是工资水平受工资补贴的影响更大，最终都将取决于市场劳动力供给曲线的形状。

向雇主支付的工资补贴可以采取多种形式，既可以直接以现金补贴的形式进行支付，也可以以税收减免的形式出现。这些形式的税收减免既可以采取直接降低企业需要交纳的工薪税税率的做法，也可以采取减免一定数量的雇主需缴纳的其他税收的做法——这种税收减免量往往根据雇主雇佣的实际工时数的一定比例来确定。在上述这两种情况下，税收减免都起到了降低雇主雇佣劳动力成本的作用。

此外，这种工资补贴可以采取以下三种不同的提供方式：一是根据一家企业的雇佣水平来提供补贴；二是将补贴对象圈定为在某一特定日期之后受雇的新员工（即使这个人是被用来替换已经离开企业的其他人的）；三是仅仅针对导致一家企业的雇佣水平提高的那些新员工提供补贴。最后，这种工资补贴既可以是普遍性的，也可以使有选择的。普通性的工资补贴没有条件限制，它不需要根据受雇员工的特征来发放，而有选择的或目标性补贴则有条件限制，雇主只有在雇佣了属于某些特定目标群体（比如弱势群体）中的劳动者之后，才有资格得到工资补贴。

美国对这种针对目标群体的工资补贴计划进行了一些试验，但是效果却一般。这种目标岗位税收减免计划开始于 1979 年，终止于 1995 年，在此期间，这一计划几乎没有发生什么变化。该计划以处于不利地位的青年人、残疾人以及福利领取者为对象，它向雇佣上述这些劳动者的雇主提供为期一年的税收减免。在现实中，这一计划所涵盖的工作岗位的平均存续期间只有半年，同时在这一时期，工资补贴计划为雇佣规定对象的雇主所带来的成本节约为 15% 左右。

对目标岗位税收减免计划的实施效果产生限制性影响的一个问题是，政府要求该计划的参与者必须达到的资格要求具有一定的负面影响；也就是说，劳动者为参与该计划

---

① 罗纳德·G·伊兰伯格，罗伯特·S·史密斯．现代劳动经济学：理论与公共政策．8 版．北京：中国人民大学出版社，2007：147.

所必须满足的那些资格要求（比如在领取福利等），常常被雇主们视为生产率低下的标志。尽管如此，最近的一项评估发现，目标岗位税收减免计划对于处于不利地位的青年人的就业还是起到了一定的积极作用。具体地说，此项研究发现，随着该计划在1989年时的调整，即将23~24岁这一年龄段的青年人排除在此项目之外，处于这一年龄段的弱势青年人的就业水平下降了7%以上。①

第四节　全球金融危机下的雇佣调整策略

从2008年年底开始，全球经济环境急剧恶化。国际货币基金组织（IMF）2009年1月预测，今年全球经济增长率将降至0.5%，比该组织2008年11月份的预测低1.7个百分点，为二战以来的最低增速。发达经济体成为世界经济增长的最大"反作用力"，IMF预测，今年发达经济体经济将出现二战以来首次全年负增长，降幅将达2%，远大于该组织2008年11月份预测的0.3%的降幅。新兴和发展中经济体的情况较之以往危机时略好，但由于受金融危机和发达经济体衰退的冲击，其增速将从去年的6.3%猛降至3.3%，远低于该组织2008年11月份预测的5%的增速。

与此同时，就业形势急转直下，大大超出了预计。国际劳工组织发表2009年全球就业趋势报告说，受国际金融危机影响，今年全球失业人数将大幅增加。报告说，2007年全球失业人数大约为1.79亿，2009年这一数字将进一步增加1 800万至3 000万。如果形势继续恶化，2009年全球失业人数甚至有可能比2007年增加5 000万。

具体到世界各国的情况来看，美国2008年12月失业率由11月的6.8%增至7.2%，系1993年1月以来最高水平。2008年全年平均失业率由2007年的4.6%增至5.8%，创2003年以来新高，失业人数达1 110万。同时，2008年全年净减少260万个工作岗位，创1945年第二次世界大战结束以来最高纪录（1945年减少近280万个工作岗位）。

日本厚生劳动省2008年12月的劳动力调查结果，经过季节因素调整后的失业率是4.4%，比11月（3.9%）提高了0.5个百分点。特别是在制造业中，不续签与派遣员工的合同或合同未到期就提前解除合同的情况迅速增多。根据厚生劳动省2009年2月4日的估计，在春季之前失去职务的非正式员工将达到约12.5万人。由于无法估量经

① 罗纳德·G·伊兰伯格，罗伯特·S·史密斯. 现代劳动经济学：理论与公共政策. 8版. 北京：中国人民大学出版社，2007：88.

济恶化带来的影响，今后的就业形势也不容乐观。

中国人力资源和社会保障部2008年年底公布的数据显示，城镇新增就业人数增速不断下降，前9个月每个月的平均增速是9%，进入10月份，新增就业的增速是8%。据人保部对84个城市劳动力市场职业供求信息调查显示，第三季度以后的用工需求下降了5.5%，这也是多年来在第三季度持续增长用工需求的情况下第一次出现下滑。据重点监测显示，第三季度监测的企业有一半存在岗位流失的情况，而且新增加的岗位和流失的岗位增减相抵，出现了负数。

为应对金融危机带来的严重就业压力，世界各国纷纷出台政策，从宏观层面刺激经济，稳定就业。

美国计划兴建公路、桥梁、校舍、医院和节能工程等基础设施，力争创造400万个就业岗位。德国、智利分别计划投入500亿欧元和7亿美元建设城市和农村基础设施，增加就业机会。日本和墨西哥分别向金融机构注资12万亿日元和1.5亿美元，以稳定金融领域的就业市场。日本还计划出资2万亿日元购买企业债券，并为创造就业岗位的企业增加1万亿日元的地方退税。智利放宽中小企业信贷条件，投入11.5亿美元促进中产阶级和中小企业发展。越南为用工多的困难企业提供基准利率4%的贷款贴息，同意困难企业缓缴失业保险和工会基金，稳定中小企业用工。中国政府推出“国十条”、“金九条”，外贸损失内需来补等措施，同时中央财政将投入4万亿元拨款应对危机，这些都将对就业产生积极的影响。

面对金融危机，企业通常会有两种不同类型的表现：一种是企业的收入减少、利润降低，支付能力明显不足；另一种是企业的营业收入和利润没有明显变化。对后者而言，企业尚未遇到生存危机，更重要的是做好预防措施，提高防范意识。对前者来说，企业已经遇到了生存危机，应采取果断措施来降低成本开支，裁员或降薪就是能够快速见效的人力资源手段之一。企业在实行裁员、降薪策略时需要知道，裁员、降薪以及裁员和降薪并举三种策略使用的前提条件不同，对企业产生的影响也存在差异。

一、裁员

裁员的前提假设是岗位的市场价值保持不变。比如，某企业遇到支付危机，某部门现有人员3人，每个岗位的市场价值均为年薪15万元，那么，如果想要节省15万元的人力成本，可以裁掉一个人。

对于企业而言，裁员可以在短时间内降低企业的人工费用和经营成本，为企业渡过难关、赢得重生提供机会。同时，裁员可以促使企业生产经营的结构调整，实现企业的流程再造规划，使人员和岗位达到更好的匹配。另外，裁员还可以提高企业内部的竞争程度，促使员工的自我提高。

然而，裁员也不可避免地给企业带来许多负面影响。首先是显性成本的损失和支出，包括遣散费以及有可能产生的诉讼费用等。其次是一些隐性成本的损失，包括已支出的被裁减人员的招聘、培训费用以及有经验的人力资源的流失等。此外，裁员会使员工对企业的信任感降低，造成员工士气低落，从而导致生产效率的降低和顾客满意度的下降。

二、降薪

降薪的前提假设是员工对企业有足够的忠诚度。以前面裁员的案例为例，企业采取每人年薪减少5万元的举措，同样可以节省15万元的人力成本。但是，该岗位的市场价值仍然是年薪15万元，这时，外部市场必然会对被降薪员工产生一定的拉力。如果员工在降薪之后仍愿意留下的话，必然是因为员工对企业文化的高度认可和对未来前景的认同。

降薪和裁员一样，是把双刃剑。相对于裁员来讲，降薪不但避免了留任员工“兔死狐悲”的消极心理影响，而且可能会更加促进企业的凝聚力。降薪同时也考验着一个企业的“文化”，一家没有“文化”的企业一旦降薪，越是优秀的人才就会走得越快。因此，降薪的最大风险在于人力资源的流失。

三、裁员与降薪并举

如果某一个岗位的市场价值降低，从理论上来说，企业可以采取裁员和降薪并用的举措。

这里需要强调的是，无论企业采取哪一种措施，都要按照其适用的前提条件来实施：裁员重点考虑的是岗位市场价值，降薪重点考虑的是员工的心理感受。同时，企业决定采取哪种措施，就要做好承担相应风险的准备。

这些前提条件和假设，在不同的国家有不同的表现，例如在美国解雇普通员工比较容易，所以就让他们下岗。结果发现，普通员工每个年龄层的平均工龄下降。而在日本由于难以解雇普通员工，企业就以岗位调配、调职、雇佣非正式员工的形式来应对不确定性。虽然日美企业面临着同样的经济环境，而由于各自拥有不同的历史和制度，所以采取不同的形式进行调整。

四、雇佣调整

雇佣活动实际上是以上述的企业组织为前提并将其机能当做媒介来开展的。雇佣活动意味着以它对企业内各个部门和环节施加影响来体现其自身和组织的调整。因此，一般可以说企业的雇佣活动就是雇佣调整。

按照雇佣调整函数的分析，雇佣调整一般可以说就是如何使现有的雇佣量接近最佳目标雇佣量 N_* 的调整活动。如果用简单的关系式来表现调整活动，那么可以写成下式：

$$\frac{N_t}{N_{t-1}} = f\left(\frac{N_{t*}}{N_{t-1}}\right) \tag{6-8}$$

式中：N_t、N_{t-1}是用 t、t-1 期各自的实际雇佣人数所表示的雇佣量；N_{t*}是最佳雇佣量。

使现实的雇佣量接近最佳目标雇佣量的过程中，出现组织调整的某些阻力是常有的事，调整需要时间。调整所花时间如果能用一定的调整系数来表达，那么这个调整系数的数学表达式如下：

$$\frac{N_t}{N_{t-1}} = \left(\frac{N_{t*}}{N_{t-1}}\right)^a \tag{6-9}$$

式中：a 是调整系数。调整系数是表现在各个时期中能够把目标雇佣量和现实雇佣量的差距缩小多少的系数。如果组织调整上的阻力小，就能使各期差距缩小很多，调整可以较快地完成；相反，如果阻力大，各期差距的调整幅度受到限制，调整时间就要长。换言之调整系数与调整速度是一种倒数的关系。

调整速度受组织调整阻力的影响。下面进一步探讨调整滞后的问题。

调整滞后与调整代价有关，代价小调整得快，大则慢。如前述的内部劳动力市场概念所阐明的那样，在雇佣调整中有不改变现有雇佣人数的调整和变更雇佣关系的调整，不同的调整代价的种类和大小各不相同。前者劳动时间的调整是主要的，而后者则付出与解雇、录用等有关的代价。如果从代价的观点来看，雇佣调整的内容不仅包括雇佣人数，而且把劳动时间也考虑为已实现的劳动投入量（雇佣人数 × 劳动时间）来进行定义的方法是更常有的事情。

如将以上内容归纳成雇佣调整的函数形式，那么，可以列出下式：

$$\Delta \ln L_t = f(\ln N_{t*} - \ln N_{t-1}, \ln H_{t*} - \ln H_{t-1}, \Delta \ln X_t) \tag{6-10}$$

其中：L 为劳动投入量，N 为雇佣人数，H 为劳动时间，X 为产出量，Δ 表示变化，“*”为最佳目标值，t 为观测时点。

这个函数式的含义是：以劳动投入量表示的雇佣调整，是由雇佣人数中的目标与现实的偏离、劳动时间中的目标与现实的偏离以及反映生产变动的需求变动所规定的。

因为劳动时间的调整比雇佣人数的调整成本小一些，所以，在进行雇佣调整时企业首先把劳动时间的调整作为首选。可以认为对实际劳动时间来说存在着一定的生产水平和雇佣人数之下的最佳时间。如右起第二项（$\ln H_{t*} - \ln H_{t-1}$）所示，决定雇佣调整的是最佳劳动时间水平与现实劳动时间的差距。然而，靠劳动时间的调整余地有限。因为，例如，作为劳动时间调整的手段之一，加班的实际可能性充其量不过一天几个小时，一周几十个小时。此外，还因为在实际劳动时间低于契约所规定的劳动时间的情况下必须支付与规定劳动时间相当的薪金。所以，在大幅度的雇佣调整成为必要时，仅进行劳动时间的调整不能奏效的企业便不得不对人员做直接的调整。

决定雇佣调整在人员方面的调整的要素如函数式右起第1项（$\ln N_{t*}-\ln N_{t-1}$）所表明，它是最佳目标雇佣人数与现实雇佣人数的差距。人员的调整包括解雇和录用新职工。这类行动必须进行与整体有关的调整和劳动关系的调整，因而所谓的组织调整代价当然很高。迄今对劳动力所投入的人力资本会因解雇而失去。相反，必须对新录用人员进行教育、训练等人力投资，在人员调整中企业要承担这种人员的费用。但是，因对产品需求的停滞或减退，在劳动力成本上给经营带来显著的压力，威胁企业生存的情况下以及用延长劳动时间适应不了需求大幅度增长，因而可能失去获取利润的机会的情况下，企业即使付出高额调整代价，一般也要进行直接的人员调整。最佳目标雇佣量和现实雇佣量的差距扩大到超越一定的临界点时，企业就不得不进行人员调整了。

本章小结

1. 雇佣调整又称劳动调整，一般是指企业在经营不景气或感觉冗员较多时，会主动采取一些调整方式来降低经营风险，从而对雇佣总成本产生不同的影响。

2. 雇佣调整的主要特点有战略性、被动性和主动性。

3. 准固定劳动成本是指随工人人数而非工作时间发生变化的非工资成本，包括雇佣与培训成本和福利成本。准固定劳动力成本对于劳动力需求的一个重要影响就是，延长劳动力时间和增加劳动者人数，即使总劳动时间相等，所需要的成本也不同，因此它使企业面临这样两种不同的选择：一是雇佣更多（或更少）的员工；二是增加（或减少）现有员工的工作小时数。

4. 同是发达资本主义国家的日本、美国和德国由于不同的雇佣制度背景，在企业的雇佣调整策略和雇佣调整方式的选择上出现了各具特色的典型的日本模式、美国模式和德国模式特征。

5. 主要的雇佣调整方式有停止招聘、缩短法定工作时间和限制加班、提前退休和过渡性退休、延长休假时间或弹性假期、时间购买计划、自愿减薪、工作岗位分享、调整岗位或留职外派、通过培训或其他方式储备员工价值增值潜能、灵活工作制、采用灵活用工形式、对临时工等人员不再续签合同、临时息工、适当回收外包业务等。

6. 有关主要雇佣调整方式影响的讨论主要有，工作分享制的影响，减少加班时间对就业影响的讨论，以及政府对雇佣调整进行工资补贴的效用。

思考题

1. 什么是雇佣调整?

2. 雇佣调整的特点有哪些?如何理解雇佣调整的主动性和被动性的关系?

3. 举例说明准固定成本对于企业雇佣调整决策的影响。

4. 解雇成本包括哪些?解雇成本对于企业调整雇员数量的决策有什么影响?

5. 结合日本、美国和德国的雇佣制度背景,比较三国雇佣调整模式的异同。

6. 雇佣调整的主要方式有哪些?试结合实际,分析各种雇佣调整方式的优缺点。

7. 工作分享制的作用有哪些?国外工作分享制的经验对我国雇佣调整有何借鉴意义?

8. 试分析减少加班时间对就业的影响;分析政府对雇佣调整进行工资补贴的效用。

9. 结合金融危机的背景以及对我国经济环境的影响,分析和评价我国企业雇佣调整的主要策略。

第七章

工资与劳动收入

关键概念

工资　薪酬　基本工资　绩效工资　保障功能　调节功能　生存工资　边际生产力分享工资　效率工资工资水平　劳动负效用

在现代社会，随着经济的发展和市场化的推进，以工资为主要收入来源的雇佣劳动者数量越来越多，工资作为主要生活来源，对于家庭生活质量、促进经济发展的作用也变得越来越清晰。劳动力市场中良好的工资生成与变化制度对于充分发挥劳动力效率、促进经济的有效运行也起着不可替代的作用。本章从工资的概念与功能入手，对工资的重要理论进行介绍，分析工资差距，使学生对工资理论和收入差距有一个全面的了解。

第一节　工资形式与工资职能

一、工资的概念

（一）工资的内涵与本质

工资是雇佣劳动的报酬。在生产要素市场中，包括了劳动力、资本、土地等生产要素，生产要素的所有者提供这几种要素，并得到相应的报酬，即工资、利息与地租。可见，工资是在有了市场，或者说产生了商品经济之后才诞生的。工资有着广义与狭义之分，它们之间的区别在于是否包括非货币性的福利收入。狭义的工资是用人单位定期的以货币的形式支付给劳动者的报酬，它是指实实在在的货币，包括了基本的工资、奖金、津贴。而广义的工资则包括了各种非货币的报酬与收入，如带薪休假、实物福利、改善健康状况等。

工资实质上是对员工的劳动投入的报酬，包括劳动者的体力、脑力的消耗。工资遵循公平的理念，劳动者付出了多少劳动与其得到的工资是对应的，二者是正方向的关系。现代工资理念中讲求的内部公平与外部公平，体现了工资收入与贡献的对应。劳动者付出一样的劳动，作出同样的劳动成果理应得到同等的报酬，只有这样才能发挥市场中工资的信号作用。

（二）工资的发展

从工资的产生到现在，工资的叫法大体上经历了三个阶段，工资的内涵也相应地发生了变化，有了内涵与外延之分。在工资产生之初到 1920 年以前，工资主要是指对蓝领工人支付的报酬，这时工资的英语是 wage。它主要是货币性的保障基本生活的基本工资，这时候的工资形式单一，大部分都是货币，而很少有非货币性的福利；从 1920 年到 1980 年，这一时期的工资已经转化为 salary，它不是仅指支付给体力劳动者的报酬，也指支付给管理者和政府工作人员的报酬，在构成上也更加复杂，不只有货币形式的基本工资，也包括了一定的福利，例如医疗、养老保险等，这时福利在工资中的比重已经出现了较大幅度的上升；从 1980 年到现在，工资出现了新的代名词 compensation（薪酬）。在现代管理中，它已取代工资成为劳动者报酬的代称。这时的工资不仅有传统的基本工资，而且更重要的是它引进了激励性报酬，使工资真正的起到了信号作用，并促进了效率的提升。在作用上它也不仅仅起到保障工人基本生活的作用，更重要的作用是调节与激励。而在构成上，薪酬的构成因素很多，既包括了传统的基本工资、福利，也有了激励性的绩效工资、特殊的福利、长期激励的股票期权、培训等。

（三）对工资的分析视角

工资作为市场经济活动中的基本要素，其在经济社会中的作用是不容忽视的，对其的研究也从来没有终止过。归结起来，主要有两个视角：经济学与管理学视角。

1. 经济学视角

从经济学角度对工资的研究主要是探讨工资是如何产生与决定的以及工资的性质。在经济角度对工资研究的显著成果就是各种工资理论，例如威廉·配第的最低生活维持费工资理论、边际生产力工资理论、集体谈判工资理论、分享经济工资理论、效率工资理论等，以及对各种工资现象，如工资粘性、工资刚性、工资高低与通货膨胀的关系、工资的决定因素等的研究与解释。

2. 管理学视角

从管理学的角度对工资的研究主要侧重于细节的、具体的问题，例如对工资结构、工资体制、工资作用、工资设计的工具与技术等的研究。同时管理学对工资的研究主要是侧重于如何使工资发挥其应有的作用，因此在管理学上对工资的内涵进行了扩展，工资的形式更加的多样化。同时管理学还在微观企业层面将工资与企业的总体战略相结合，研究如何使工资发挥促进公司战略实现的作用。

（四）工资与收入的关系

在实际的经济生活中，劳动者的收入与工资是有区别的，这种区别对于我们工资理论的研究是有影响的。

在经济学中，工资是劳动者付出雇佣劳动所取得的报酬，它是对劳动者付出劳动所得到的认可的货币表现，它是劳动者的货币工资。而收入不仅包括了劳动者的工资收入，还包括了很多其他正当的收入。例如，股票、债券等的收入、各种补贴收入等。可见工资只是劳动者收入的一部分，并不构成劳动者全部的收入。在我国工资收入在劳动者总收入的比重已上升到60%以上①，因此虽然工资并不是劳动者收入的惟一构成，但却是劳动者主要的收入构成。对这一点的认知，对于我们收入差距的测量与缩小收入差距的政策有着深刻的影响。

二、工资的功能

工资作为劳动力市场中一个重要的组成部分，对劳动力市场的平衡与有效运作起着至关重要的作用。一般说来，工资具有保障的功能、调节的功能与激励的功能。

（一）保障的功能

工资是雇佣劳动的报酬，随着社会的进步，传统农业社会向工业社会的转变，工资已成为人们主要的生活来源。这就决定了工资具有保障的功能，即保障劳动者的基本生活及其家庭成员的基本生活。工资水平只有使劳动者能买到生活必需品，保障生存所必需的生活资料的获得，才能吸引劳动者进入劳动力市场。工资中的基本工资就发挥着保障劳动者基本生活的作用。

（二）调节的功能

工资的调节功能主要表现在两个方面，即劳动力的合理配置和劳动力素质的调整。在经济社会发展的过程中，客观存在着地区之间、产业之间、企业之间、职业之间的工作环境、劳动的难易程度以及社会地位的差别。人们在物质利益的驱动下，总是愿意到工资高、环境好、体力付出少，并且社会地位较高的地区、企业与部门工作。因此，可以运用工资这个劳动力市场运行的参数来引导劳动者向合理的方向流动，促进地区之间、产业之间与不同部门之间的平衡，使劳动力资源达到合理的配置，流动到最需要、最能发挥其效用的地方。同时，由于科学技术的迅速发展和产品结构与技术结构的改变，以及国民经济的发展和产业结构的调整等，对劳动力素质结构的需求也发生了变

① 我国工资分配的基本情况和主要问题．国家发展和改革委员会．http：//www. ndrc. gov. cn/. 2007 年 1 月．

化，对劳动力的技术与技能结构的要求也越来越高，从而劳动力素质结构方面的供求失衡就成为了一种普遍的、经常的现象。在这种情况下，就可以运用工资的变化和调整，例如，实行技能工资制，对有着高技能的员工提供特殊的福利等，来促进劳动力素质结构的调整，使劳动力的供求达到结构上的平衡。

（三）激励的功能

在现代社会，劳动已成为主要的谋生手段，物质利益也是人们所追求的。在现代社会中，人们收入的高低不仅决定了人们的物质文化生活的好坏，还是衡量一个人社会地位高低的重要因素。劳动者工资的多少，直接影响到他们的生活水平、社会地位与各种生理的与心理的需求的满足程度，劳动者要获得高工资就必须提供尽可能多的、高质量的劳动。这就决定了工资具有激励的功能。员工追求的利益与效用最大化必然演变成追求工资最大化，从而促进劳动者积极的工作，提高自身的素质，提供高质量的、高效率的劳动，促进经济的发展和社会的进步。从微观上来讲，工资中的绩效工资是典型的激励工资，它对劳动者工作的促进作用已被经济生活中的实践所证明，激励员工提高自身技能与绩效的同时，也促进了经济的发展。

案例讨论

我国常见工资项目的主要功能是什么？

随着经济的不断发展与企业管理的不断进步与深化，工资构成项目也由单一变的多样化。大体上可以将工资分为基本工资、绩效工资、津贴与补贴、福利等。

1. 基本工资

基本工资是员工在企业中定期得到的数量比较固定的工资。它不会随着员工的工作成果的变化而变化，它主要的作用是保障员工的基本生活，并且是以货币形式支付的。基本工资的支付方式，运用比较普遍的是计时工资制与计件工资制，工资中的职位工资与工龄工资都属于基本工资。职位工资是与劳动者所在的职位相关的，它的大小可以通过职位评价得到。

2. 绩效工资

绩效工资是随着员工的工作努力程度与工作成果的变化而变化的工资。它不是固定的，所以保障的功能就相对较弱，绩效工资可以促进工人提高工作的努力程度，并不断的提高自身的素质与技能水平。绩效工资的支付可以是货币性的（奖金），也可以非货币性的（长期股票期权）。

3. 津贴与补贴

津贴与补贴是对员工在特殊的工作环境与工作条件下工作所支付的额外的劳动消耗

与费用支出的一种补偿。一般将与生活费用相关的补偿称为津贴；与工作环境与工作条件相关的补偿称为补贴。津贴包括了交通津贴、出差津贴、住房津贴等，补贴主要是补偿性工资。

4. 福利

保险福利其实是对工资的一种补充，是对员工工作与生活的一种保证，它提升了员工的生活水平，为员工提供了长期的保障，并为员工提供了安全感。一个企业福利的好坏会影响到其对劳动者的吸引力，并关系到企业的形象。福利一般是以间接的方式支付给员工的。从形式上看，福利包括了社会强制性福利与企业补偿福利。社会强制性福利，包括了养老保险、医疗保险、工伤保险、失业保险、生育保险。通常现在的企业一般还会提供住房公积金。企业补充福利则是企业在提供强制性保险的前提下，根据企业的财务状况提供的。它体现了企业对员工的关心，也展现了企业的实力。一般补充性福利包括了企业年金、企业补充医疗保险、出国旅行、家庭日、海外培训等。

案例思考题

1. 通过以上对工资项目的讲解，你觉得在我国现在的形势下工资各部分都发挥了什么作用？

2. 各种项目的工资在我国的现行工资体系中如何体现？举例说明。

第二节 工资理论

18 世纪工业革命的开始，拉开了雇佣劳动的序幕，从那时起，工资就成为各个时期的经济学家研究的对象，各种工资理论也层出不穷，对劳动力市场中的工资现象从不同的角度进行了大量的研究与实践推导。在此我们介绍几种不同功能的工资理论。

一、生存工资理论

（一）产生背景

生存工资理论最初是由魁奈与杜尔阁的“纯产品”理论演变而来的，它产生于 18 世纪末 19 世纪初，并由亚当·斯密与大卫·李嘉图进行了全面的阐述。在 18 世纪初，以分工为基础的工场手工业广泛的发展，18 世纪中叶已达到鼎盛时期，工业革命的发生使得各资本主义国家逐渐向工业社会转变，雇佣劳动成为历史的必然，工资也伴随着社会的转变成为许多人的主要生活来源。这一时期，社会对工资的认识还处于十分初级的阶段，各经济学家从现实出发提出生存工资理论。

（二）主要观点

生存工资论的要点是：从长远看，在工业化社会中，工人的工资等于他的最低生活费用。这也就是说，工人的工资只能保持在维持其生存的水平上，只能保持在使其勉强糊口的水平上。其理论的基本思想是：劳动者的工资应当等同于或者略高于能够维持其生存的水平。

大卫·李嘉图对生存工资的解释主要有以下几点：

1. 工资的决定

他认为，劳动也是一种商品，具有自然价格和市场价格。劳动的自然价格是让劳动者大体上能够生活下去并等量地延续其后裔所必需的价格，取决于劳动者维持自身与家庭所需的食物、必需品和享用品的价格。而劳动的市场价格则是根据供求比例的自然作用实际支付的价格。

2. 工资变动规律

李嘉图从劳动的供求两方面分析对工资变动的影响并企图从中找出工资变动的规律。他认为，工资的高低与工人人口的自然增长率成反比。他认为劳动的供给影响工资的高低，当劳动力的市场价格超过其自然价格时，劳动者的境况是繁荣的，但是，随着工人人口的增加会引起劳动的供给超过需求，于是劳动的市场价格又回降到自然价格以下，工人的生活状况就会恶化，这又会促使工资水平提高到自然水平上来。从劳动的需求上看，它主要取决于资本数量的增减。他认为，如果资本积累的速度大于工人人口增长的速度，就会引起劳动的需求大于供给，从而是工资水平上涨。反之，工资则有下降的趋势。他的这一理论是以马尔萨斯的人口论为基础的。他的核心是设法降低一国过高的人口增长率，以求实现其长远的福利。

3. 相对工资

李嘉图从劳动价值出发论证了工资和利润的关系，说明劳动创造的价值在工人和资本所有者之间进行分配，前者得到工资，后者得到利润。工资的升高或降低只会引起利润的减少或增加，而不影响商品的价值。

综上所述，生存工资理论认为工资水平决定于维持工人自身及其家人生存所必需的生活资料的总价值或价格。

（三）理论评价

生存工资理论是早期比较流行的理论，它有其产生的必然性，但是生存工资理论并没有解释为什么在某一时期、某些地区工人的工资趋向于高过维持生存的水平并继续维持这种水平。所以这一理论不能正确的说明工资水平变化的趋势，也未能深刻地揭示工资的本质，它只是一种初级的工资理论。但是工资必须保证劳动者生存所需要的最低的生活资料为我们提供了有益的启示，为确定最低工资理论提供了理论框架。在 19 世纪中叶，生存工资理论逐渐被其他工资理论所替代。

二、边际生产力理论

（一）产生背景

边际生产力工资理论是在19世纪70年代，由美国经济学家约翰·贝茨·克拉克提出来的，他在他的著作《财富的分配》中首先阐述了该理论。该理论的产生与19世纪70年代产生的边际效用理论是分不开的，克拉克是把旧庸俗经济学与边际效用理论现结合，构成一个边际生产力理论，作为其分析工资的理论基础。

（二）主要观点

克拉克认为劳动和资本（包括土地）各自的边际生产力决定它们各自的产品价值，同时也就决定了它们各自所取得的收入，所以工资是由劳动的边际生产力决定的，在进行分析时，克拉克主要运用了静态分析，他是在没有任何的经济扰动的情况下，社会的组织形式与经济活动方式，包括人口、技术、资本、消费倾向不变时，经济自发力量对与财富分配所起作用的分析。

克拉克在做分析时，做了如下的假设：（1）在经济生活中，产品市场与要素市场是完全竞争的，工资水平不是由工会或者是政府操纵的；（2）资源的数量是一定的，并且生产技术也是固定的，所以工人总是用同样的技术与资源生产出同样数量的产品；（3）资本设备的数量被看作是固定的，但是它的形式可以改变，从而可以与任何可以雇佣到的劳动力达到最佳的配置；（4）工人是同质的，即工人之间可以相互的调配，并且具有同样的生产效率。

他认为劳动的边际生产力是递减的，即如果工人的人数不断地增加，在工人人数增加之出产量会不断地上升，但是当工人的人数增加到一定的人数时，每增加一个单位的工人就意味着每个工人分摊到的工具设备在不断地减少，从而使每一单位劳动力的产品比原来的要少，因而新增加的工人的劳动生产率依次减少，最后增加的那一单位工人的劳动生产力最低。克拉克把最后一单位工人的劳动生产力叫做边际生产力。根据这一理论，劳动者的工资是由最后一单位劳动者的边际产量决定的，也就是，雇主雇佣的最后一单位工人所增加的产量等于付给该工人的工资。

如果工人所增加的产量小于付给他的工资，雇主就不会雇佣他；反之，当工人所增加的产量大于了支付给他的工资时，雇主就会增加劳动的雇佣，以使资源达到最优的配置与组合，增加企业的利润；只有当雇主支付给工人的工资与工人的工作导致的产量增加相等时，雇主才会既不减少也不增加劳动力的雇佣。在这里需要说明的是，不仅最后一单位工人的工资是由他所增加的产品的产量所决定的，而且其他所有的工人的工资都是由它决定的。该理论可以用图7-1来解释。

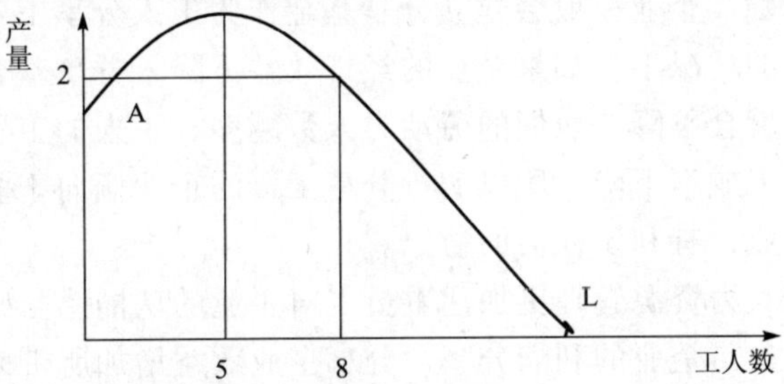

图 7－1　劳动的边际生产力曲线

在图 7－1 中我们看到，曲线 AL 代表的是边际生产力曲线，并且它是先上升后下降的，这表明了劳动的边际生产力在劳动者的投入数量到达一定的水平时是递减的。在其他条件一定的情况下当雇佣工人的数量为 5 时，劳动的边际生产力达到最大，在此之后，随着工人数量的增加边际产量开始减少。当雇佣工人的数量达到 8 时，员工的产量为 2 个单位，而雇主支付给员工的工资正好是 2 个单位，此时符合克拉克的边际生产力工资理论，雇主此时不再增人也不再减人。

（三）理论评价

克拉克的边际生产力理论可以说是现代工资理论的先驱，他可以用来解释长期的工资水平的决定，也可以解释短期的工资水平的决定。并且为以后很多的工资理论创建了基础。但是，该理论的分析是建立在静态分析基础上的，显然这并不符合实际的经济生活状态，有一定的局限性，但它还是为劳动力工资的决定提供了可供借鉴的理论基石。

三、分享工资理论

（一）产生背景

分享工资理论是由马丁·魏茨曼在 1984 年提出的，他认为传统的资本主义经济的弊端不在与生产而是在于分配，特别是在雇员报酬制度方面。在传统的工资制度中工资同厂商的经济活动无关，而与一些厂商无法控制的因素，如生活费用指数等有关。由于成本固定，厂商按照利润最大化的原则，对于市场需求的变动，作出的反应就只是在产量方面，而不会在价格上作变动。因为，当市场中的需求下降时，由于成本不能动，所以价格也不能动，因为一旦降低价格就可能意味着亏损，这时必然会由于产量的下降而导致工人的失业。在这种背景与考虑下，他提出将工资制度改为分享制度。

（二）主要观点

分享工资理论是一种将工人的工资与雇主的利润联合起来的理论，主张以“分享基金”作为工人工资的来源，他与利润相挂钩，工人与雇主在市场上达成协议规定双方在利润分享中的比例。企业一般会建立分享基金作为工人分享工资的基础和来源。在雇佣的工人人数不变的情况下，如果企业的经济效益下降，分享基金的数量减少，那么工人得到的工资数量就会下降，雇佣的劳动力人数越多，工人的工资也就越少。这就意味着，单位产品的人工成本下降，所以实行分享工资的企业倾向于多雇佣工人，这就增加了就业，减少了失业，有利于社会的稳定。

在现代企业中，人力资源管理更加注重员工对企业的认同感与归属感，其中采取的一种措施就是让员工参与企业的利润分享，分享企业效益增加所带来的好处，这样，工人的工资就与企业经济效益的好坏联系起来了，工资的多少与企业的经济效益密切相关。例如现代企业实行的年终利润分红、企业成本节约的分享等，都是分享工资的体现。这就调动了员工的工作积极性，有利于企业的效率提高，同时也体现现代企业管理的人性化。

分享工资可能是单纯的，即工人的工资只由分享工资构成，完全的由企业的经济效益与利润的多少有关；也可能是混合的，即工人的工资由固定的工资与分享工资共同构成，现代企业的工资结构一般是混合的，即工人的工资既有保障员工基本生活的固定工资或者说基本工资，也有与企业的经济效益挂钩的分享工资。这种工资结构即给员工提供了一定的安全感，使员工能稳下心来工作，又有一定的激励，调动了员工的积极性。所以在现代企业中被普遍的采用。

（三）理论评价

分享工资理论将员工的工资与企业的经济效益挂钩，符合现代企业的管理理论与思想，它已超越了生存工资与边际生产力工资理论成为现代社会主流的工资理论。这一理论对于扩大就业、产量上升、效率提高、激励工人与协调劳资关系都起到了积极的作用。

但是我们也应该看到，分享工资在拉动就业的同时也带来了一个问题，即，企业为了吸引和留住工人提供的工资水平必须等于或高于同类企业的工资，所以分享工资对于增加雇佣量的作用值得研究，同时对于其留住工人的能力也有待进一步的分析与探讨。另外，分享工资在经济发展较快或者是经济过热时，由于企业经济效益的提高，会带来工人工资增加，也会带来社会需求的增加，这样是否会引起需求拉动型或成本推动型的通货膨胀，也是值得进一步研究论证的。

四、效率工资理论

（一）产生背景

在前几个工资理论中，我们更多的是关注员工的工作效率与工作成果对员工工资高低的影响。但是，现代企业发展以及管理理论的进步表明，工资的高低对于员工的效率是有影响的。另一方面讲，企业相对于员工来讲，是一种委托代理的关系，企业通过员工的工作来获得自己想要的结果和利润。但是由于市场经济中信息的不对称，企业并不能掌握员工全部的工作信息，员工存在偷懒的可能性与动机。在这种背景下，效率工资理论随之产生。

（二）主要观点

所谓效率工资（Efficiency salary），是指企业支付给员工高于市场平均水平的工资，以激励员工努力工作，避免偷懒。他的理论假设是，员工的工作效率与工资水平之间存在着正向的关系，即当工资水平比较高时，员工倾向于努力工作，因为如果员工不努力工作而被发现偷懒，被解雇的话，员工就要支付较高的机会成本，因为市场中的现行工资水平是低于企业所支付的效率工资的。所以，在这种工资水平下，员工倾向于努力工作。

在现代市场经济社会中，工资充当了劳动力市场中信号的功能，员工会对企业支付的工资与外部的工资水平进行比较，如果员工发现企业支付的工资水平低于市场中的其他同行业的工资的话，就会感觉到不公平，影响员工工作的积极性。所以企业要想吸引与留住优秀的员工就必须支付与市场的工资水平相当或高于市场工资水平的工资。

对这一理论的解释还可以通过“偷懒模型”描述。偷懒模型（Shirking model）①是指企业如果支付给工人市场出清的工资水平，那么工人就有足够的动机偷懒，因为被解雇的员工仍然可以在同样的工资水平下快速地找到工作。在这时，员工的工资并不构成员工的机会成本，为了避免员工偷懒企业就有必要向员工支付较高的工资，以激励员工努力工作。同时较高的工资水平也会在各方面发挥其积极的作用，包括提高员工的工作士气、调动员工的工作积极性、提高员工对企业的忠诚度等。

效率工资理论也可以用来解释失业，因为在市场中每个企业都可能面临偷懒问题，这样每个企业就可能提供高于市场出清的工资水平，这样就会使工资水平高于市场出清的工资，从而引起失业问题的产生。

（三）理论评价

效率工资理论在现代企业中被应用的越来越广泛，作为一种比较新的工资理论已被纳入企业的工资结构中。效率工资在一定程度上降低了企业的监控成本，有利于解决信息不对称所带来的种种弊端。在现代企业中，企业往往倾向于向高技能和高层的经理人提供效率工资，这是因为这些人的劳动大都是脑力上的，很难进行有效的监控。效率工资则有效地解决了这一问题。但是也应看到，效率工资的作用是有限的，因为高技能、高能力的劳动力是市场中的稀缺资源，别的企业可能会通过提供更高的工资挖走高效员

---

① 罗伯特·s·平狄克. 微观经济学. 6 版. 北京：中国人民大学出版社，2009.

工，所以在实行效率工资时，应该将其与股票期权、特殊的福利等长期的激励措施联系起来。

效率工资是一种保持长期的雇佣关系的有效措施，对其的应用也正趋于成熟，同时它也提供了一种筛选优秀员工的办法，降低了企业发生逆向选择的可能性。

案例讨论

高薪能否养廉？

效率工资理论从诞生之日起就受到了理论界和经济管理界的关注，并在各种企业中得以运用，也发挥了相应的减少流动与雇员辞职的频率，许多公司还将这种效率工资作为吸引高级管理人员与技术人员的手段。在企业界广泛运用这种理论的同时，这种理论也在政治领域得到了运用。

政府与其雇员之间的关系部分地类似于企业与工人间的关系，但远比后两者间的关系复杂。因为政府本身具有委托人和代理人的双重特征。政府本身就是一个代理人，其收益来自于纳税人，而其成本主要用于支付公务人员的开支，一套制度既可以更多的使纳税人受损而使其雇员获益，也可能出现相反的情况，总之存在着道德风险。同时腐败问题一直是困扰各国政治的一个重大问题，它是社会进步和政治民主文明的毒瘤，反腐败一直是各国政治生活的重要方面。特别是我国，经济的高速发展以及企业与政府之间复杂的关系，产生了腐败滋生的“温床”，“高薪养廉”被认为是防止腐败的有效的措施，这种政策在新加坡的有效运用，充分的证明了这一点。

我国近年来也不断的提高公务员的工资水平，改变了一直以来公务员的低薪政策，但是对于这种政策的有效性还是值得探讨的。首先，这种“高薪”应如何的界定。究竟高多少才算是高，毕竟政治部门与企业是不一样的。企业可以参照市场的平均工资水平，而我国政府是一种为人民服务的机构，它是人民的权益的“代理人”。我国政府的定位对于公务员的工资水平是有影响的，那么什么样的工资水平才算是恰当呢？这是很值得探讨的。其次，这种“高薪养廉”政策在我国究竟能不能起到作用。政府官员的贪污是因为工资水平低，这个简单的原因吗？政府官员贪污是仅仅为了钱吗？是否存在深层次的原因呢？在我国，经济改革是需要政府改革同步或作为支撑的，例如，在我国国企改革中，各地方政府与各大国企在“国退民进”中的利益博弈，靠什么保证政府公务员的公正呢？

高薪养廉在我国还是一个新议题，还有许多需要深入研究与探讨的地方，对于这种政策的运用是要依靠其他的政策相配套的，例如，监管体系的建立，政治思想觉悟的提高，对于不同的公务员需求的分析等等。

案例思考题

1. 对于高薪养廉政策，你认为有效性如何？

2. 根据本文的论述与我国政治生活实践，你认为效率工资理论在我国的运用条件是否成熟？

3. 效率工资理论作用机理在我国政府部门是否适用？你是如何看待公务员提薪的？

第三节　工资水平的影响因素

工资水平是指在一定的时期和一定的统计范围内劳动者平均的工资数额。在数量上，工资水平是总工资额与劳动者总人数之比。工资水平并不是一成不变的，它会随着经济的发展，社会的进步变化，不同时期的工资水平是不一样的，即使同一时期，处于不同地区的工资水平也会有所差别，而在同一地区，从事不同行业的劳动者的工资水平也会有所差异。所以工资水平是一个变量。

什么因素影响着工资水平的变动？这一直是众多的经济学家所探究的问题，从亚当·斯密到现在的经济学家都一直试图用各种方法，综合各种因素来解释劳动力市场上工资水平的决定因素。对工资水平影响因素的研究可以较好地解释市场中工资水平变动的原因，有利于对未来的工资水平作出预测。总体而言，影响工资水平的因素包括了外部宏观因素、中观因素以及微观的劳动者个人因素。

一、影响工资水平的外部宏观因素

外部因素主要是强调国民经济中的宏观因素对工资水平的影响。所谓外部因素是指，与劳动者所从事的工作特性与工作状况无关的，但却是对工资水平构成重大影响的因素。

（一）国民经济的发展水平

国民经济的发展水平与平均水平是决定工资水平的基础性因素。不论在什么样的生产方式下，消费水平的高低最终取决于社会生产的可供消费的产品数量的多少。离开了这一点，工资水平的高低也就无从谈起。国民生产总值这一指标有三个相互关联的内涵：第一，从生产的角度看，他是国民经济的各个部门增加的净产值之和；第二，从分配角度看，他是国民经济各部门劳动者个人收入、税金、利润、利息与固定资产折旧等项目之和；第三，从消费角度看，是最终用于消费、积累和出口的产品与劳务之和。而人均国民生产总值是指一个国家在一定时期内（通常为一年），平均每一个国民所拥有的最终产品与劳务量。一国或地区的人均国民生产总值越高，即使在工资所占份额不变的情况下，工资总额的绝对量也会增大，从而为工资水平的提高提供根本的保障。

（二）社会劳动生产率

社会劳动生产率是指一个国家和地区社会劳动者在单位时间内人均创造价值量的多少，它代表了一国或地区的财富创造能力。从根本上看，工资的增长只能源于劳动生产率提高所带来的财富的增加。从理论与实践看，要提高工资水平只有两个途径即：增加工资总额与减少劳动者人数。工资总额的增加则又依靠于国民生产总值的增加，而国民生产总值的增加，很大程度上是依靠于社会劳动生产率的提高。只有社会生产率提高了，才能从整体上把蛋糕做大，为提高工资水平奠定基础。

（三）国民收入分配比率

国民收入分为积累基金和消费基金两大部分，二者在国民收入中的比重制约着劳动者工资的增长和工资水平的提高，二者是此消彼长的关系。消费基金增加，积累基金就会减少，反之亦然。如果国民收入中消费基金占的比重加大，就会提高劳动者当前的生活水平，但是消费基金比重如果过于庞大，就会影响社会扩大再生产的速度与水平，因为社会再生产是依赖于积累基金的，这会影响到劳动者的长远利益。反之，如果积累基金占的比重加大，虽然为社会扩大再生产提供了足够的资金支持，但是却会影响到劳动者的工作积极性。所以，一定要使国民收入在两者之间的分配上确定一个适当的比例。实践充分的证明，当二者的比例比较合理时，经济的发展就会比较顺利，国民收入也会获得相应的增加，从而劳动者的工资水平也会增加。

（四）就业规模

根据微观经济学中对边际生产力理论的研究，当劳动力的投入与其他生产要素的投入达到最合理的配置时，生产率将会达到最高水平，获得最佳的效益。此后如果继续增加劳动的投入量将会导致生产要素配置的失衡，使社会劳动生产率的提高减缓，从而不利于劳动者工资水平的提高。当社会劳动生产率下降到一定程度后，继续增加劳动力的投入就会导致劳动生产率与国民收入绝对量的下降，必然使全体劳动者的工资水平受到影响。而这里对劳动力的投入就决定了经济中整体的就业规模，如果在经济的发展中考虑到资源配置的总体效率对劳动力的投入加以限制，可能就会造成一定的失业。但是如果过度的投入劳动力，也会降低总体的社会生产率，从而影响到全体就业的劳动力的工资水平。所以，在实际的经济生活中一定要妥善地处理好就业量与劳动生产率的关系。

二、影响工资水平的中观因素

工资在经济的宏观与微观方面都受到广泛的关注，上面对工资水平影响因素的探究主要集中于宏观方面，但是微观因素对工资水平的影响可能更直观、更深刻也更容易理解与接受。对这些因素的影响可概述为以下几方面。

（一）市场劳动力供求状况

在市场经济条件下，资源是稀缺的，作为其中的一份子，劳动力也不例外，它也是“以稀为贵”。微观经济学我们知道，劳动力的需求是一种派生的需求，即它是由人们对产品的需求派生出来的，当人们对某一产品的需求增加时，相应的会使得生产该产品的劳动力的需求增加，在劳动力的供给不变或是劳动力需求的增加大于了劳动力供给增加的情况下，劳动者的工资水平就会增加。可用图 7－2 解释。

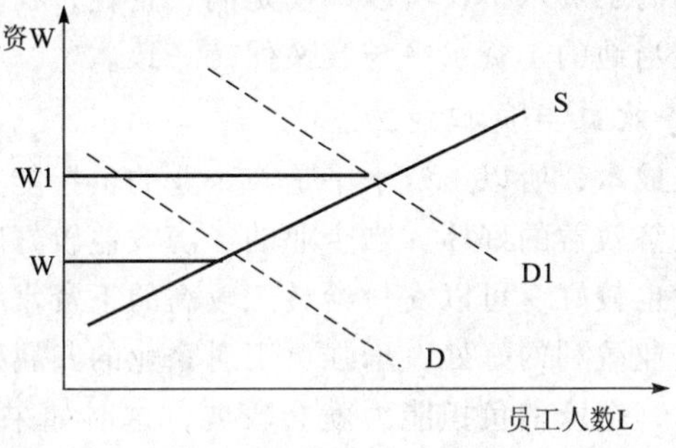

图 7－2　市场劳动力供求对工资水平的影响

图 7－2 中 S 表示的是劳动力的供给曲线，D 表示的是原来的劳动力需求，D1 则表示了由于产品需求增加而形成的新劳动力需求曲线。从图 7－2 中可以看出，原来的需求曲线 D 与供给曲线相交所决定的工资水平为 W，但是当在劳动力的供给不变是由于需求增加，导致需求曲线上移至 D1，形成的新工资水平为 W1，可看出 W1 是高于 W。

在实际的经济生活中，高级经理人员的工资水平远远高于一般员工的工资水平就是由于劳动力市场中，对高级经理的需求很多，而高级经理的供给则相对地处于一种不足的状态，也就是高级经理的供给相对于需求来讲是稀缺的，所以高级经理人员拥有较高的工资水平。而一般的员工，它们的供给量很大，相对于对它们的需求来讲，供给可能是过剩的，从而工资水平较低。也就是说，如果劳动力的需求大于供给，工资水平就会较高；反之，如果劳动力的需求小于了供给，工资水平就会较低。

（二）生活费用与物价水平

所谓生活费用是指维持一个人正常的衣食住行育等所需要的花费，生活费用主要取决于物价水平的高低。工资一个最基础的职能就是保障职能，即保障员工最基本的生活，所以在决定工资水平时，生活费用的高低是一个必须考虑的因素。当物价水平上涨时，生活费用也会随之上升，这时人们手中的货币就会贬值，如果不提高工资水平，人们实际的生活水平就会下降，这会影响到员工工作的积极性。所以，员工的工资水平一定要随着物价水平的变动而变动，与物价指数挂钩。

（三）地区或行业的工资水平

企业所在的行业与地区，对工资水平有着较大的影响。现代工资的设计要求企业的工资要具有外部的公平性与竞争力，这就必然要求企业在制定工资水平时考虑自己所处的行业的工资水平。现代企业一般通过薪酬调查来达到这一目的。这一方面，可以为企业招聘到合格的人才，并保留与激励优秀人才；另一方面，又可以帮助企业降低人工成本。同时，企业所在的地区也会对工资水平产生一定的影响，例如，我国西部地区工资水平明显低于东部地区的工资水平，所以即使是同一企业，在不同地区也可以制定不同的工资水平，以确保与当地的工资水平与政策保持一致。

（四）企业的经济效益与负担能力

工资是企业的人工成本，所以工资水平是与企业的负担能力相联系的，而企业的负担能力又取决于企业经济效益的好坏。当企业的经济效益较好时，企业就会有较高的盈利水平，从而负担能力也较好，可以支付给员工较高的工资水平，作为对员工工作的回报，使员工充分享受企业盈利的好处，增强员工对企业的归属感与忠诚度。当企业的经济效益不好甚至较差时，企业的负担能力就会较弱，这时如果支付给员工较高的工资，就会增加企业的负担，使企业的经济效益进一步恶化，从而可能会导致企业的破产或倒闭。所以工资水平一定要与企业的负担能力与经济效益相挂钩。同时应该注意，当企业的经济效益较好时，也不能盲目的提高员工的工资水平，而要有一定的增长限度，以保证当企业的经济效益不好时，员工的工资水平不会出现大幅度的下降。

（五）劳动差别

在现实的经济生活中，各种工作的工作环境、工作条件与工作要求是不一样的，从而使员工的工作付出也不尽相同。一般来讲，从事比较繁重、要求高、责任重的工作的员工会获得较多高的工资，反之，对于从事不需要负多大责任、工作要求较低的工作的员工则不需要支付较高的工资。劳动差别对工资有影响的一个显著例子是——补偿性的工资。补偿性工资是为了弥补员工在工作条件方面的差异而建立起来的工资理论，这一理论认为在员工的特征不变的条件下，从事条件较差的工作的员工工资水平要高于那些在较舒适的条件下进行工作的员工的工资。这是因为，较差的工作条件可能会带来一定的危险，从而使劳动者从事该项工作的欲望下降，导致较低的劳动力供给量，所以建立其补偿性的工资以保证该项工作的劳动力供给。

三、影响工资水平的微观个人因素

以上对影响工资水平的因素的论述主要集中与劳动者无关的外在的因素，但是劳动者作为工作的主体，其自身的条件也会对其所获得的工资水平产生影响。具体包括了以下几个因素。

（一）员工的劳动与工作努力程度

企业之所以雇佣劳动者，是为了用劳动者所提供的劳动来创造出对企业有价值的产品，为企业盈利。劳动者的工作努力程度，直接决定了劳动者产出水平的高低，即绩效的高低，而绩效的高低则直接影响着企业效率，从而影响着企业的效益与盈利水平。有着高绩效员工的企业往往是成功的企业，从而员工的工资水平也会较高。现代企业建立的绩效工资制度就是根据员工的工作成果或者说是绩效来支付给员工的，而工作绩效的好坏归根结底是由员工的工作努力程度决定的，所以员工的努力是取得高工资的基础。

（二）技术水平与学历

技术水平与学历是员工位于冰山上部的一种胜任力，它是对员工进行初步的筛选与聘用的标识。一般来讲，技术水平较高的人将会得到较高的工资。这可以运用人力资本理论加以解释，技术水平较高意味着员工的人力资本投入较多，高工资是对他们的高人力资本投入的一种回报；并且技术水平高意味着员工将会给企业作出较多的贡献，而且工作的质量也会比较高；另外，高技术水平的员工是一种比较稀缺的人力资源。所以高技术水平的员工的工资水平必然较高。对于学历来讲，高学历本身就意味着劳动者较高的智力水平，高学历的人往往具备比较强的学习能力，能较快地进入工作角色。对高学历的员工支付较高的工资，既是对其高人力资本投入的一种补偿，也有利于鼓励员工学习文化知识，提高自身的素质与修养，促进企业整体员工素质的提高，从而有利于企业的发展。

（三）员工所担任的职务高低与权力大小

传统的工资体系都是以职务的高低来决定工资水平的，我国事业单位与行政部门的工资设计就是一个例证。职务的高低，决定了员工所具有权力的大小，而权力是与责任相对产生的，权力大，相应的责任也大。因为权力大意味着，员工所做的事情对企业的运行与经营有着较大的影响，从而工作所产生的结果也必然对企业产生较大的影响。例如，企业的总经理，在企业中拥有较大的权力，可以决定公司员工的留任与辞退，决定着员工的升迁，同时还掌握着企业整体的发展方向与运营战略，从而会对企业的声誉、发展的潜力、企业的市场等产生决定性的影响。也就是说职位越高，在企业中的职位相对价值就会越高，根据权责利的对等，理应对较高的职位支付较高的工资。现代很多企业的基本工资都是建立在职位分析基础之上的。

（四）员工的年龄与工龄

一般来讲，员工的能力或是绩效的大小与年龄或工龄并没有多大的关系，但是现在的大多数企业的工资体系中仍包含工龄工资。工龄越高，往往意味着员工对企业的过去贡献越大，企业设立工龄工资就是对员工过去贡献的一种认可，这可以提高员工对企业的忠诚度；另一方面，工龄工资会在一定程度上减少员工的离职率，当存在工龄工资时，员工在离职的时候往往会慎重地考虑，因为离职意味着较高的机会成本与一定的经济损失，这会在一定程度上减少员工的流动性，从而替企业节省了人工成本，包括在新员工的招聘、培训等方面的花费。

第四节　工资差距测量与收入差距分析

在对工资理论的研究中，工资差距的研究一直就是热点的问题，因为工资的差距对于社会的稳定与经济的发展起着很大的作用。工资差距关系到社会公平的问题，因为工资水平的高低一定程度上决定了劳动者对各种产品与服务享受的能力，也决定了单个劳动者在社会中相对地位的高低。但是工资是对劳动者的劳动进行的支付，而劳动者在能力、教育背景、经验与学习能力等各方面都存在差距，不同的劳动者获得不同的工资也是一种相对公平的体现。

一、工资差距的概念与成因

（一）工资差距

所谓工资差距，是指劳动要素供给者之间在要素服务收入数量方面的差距与相互关系。工资差距按照时间可以分为短期的工资差距和长期的工资差距。这里短期与长期的区别在于，短期中有的因素是无法改变的，包括劳动力的素质结构、劳动力市场中信息获取状况、劳动力的流动等。

工资差距并不是一成不变的，而是随着社会的进步与经济的发展不断地变化。从整个社会看，工资差别的运动大体遵循这样的规律：工业化开始之初，工资差别呈扩大的趋势，这是因为这时对高技能的劳动力需求较大，但是这样的劳动力是稀缺的，而这种技能与素质又不是短期内可以获得的，所以这类劳动力会获得相对较高的工资，从而使工资差距扩大；当一国的工业化发展起来时，工资的差距则会变小，这是因为已建立起庞大的技术队伍，扩大了教育培训的机会，工作之间的技术差别缩小，并且工会在这时也建立起来了，这时工资的差距会进入一个高度稳定的时期，但随着经济和制度要素的发展，工资差别可能会再度出现扩大。

（二）工资差距的成因

从我国改革开放到现在，我国的经济取得了高速的发展，人民的生活水平也从温饱到了小康，人民总体的生活水平得到了改善。但是，我国的收入差距却是不断地扩大的，这在一定程度上影响了我国经济的发展和社会的稳定。当然，由于经济生活中，不同的工作有不同的技能与经验水平、教育程度的要求，并且各种工作自身在工作条件、工作环境与责任大小上就有区别，劳动者之间收入的差别是正常的，但是这些并不能解释全部的收入差别。现在我们就从差别的种类与原因上，对收入差距进行解释。

1. 产业间工资差距

产业间的工资差别也可以称之为行业间的工资差别，在我国这一工资差别随着经济的发展变得越来越明显。产业间形成工资差别的原因有很多，但归结起来，主要有以下几点。

（1）产业性质的不同。所谓行业的性质，这里主要是从是否是垄断产业来讲的。显然在经济中，很多行业是垄断型的，它们占有很多的资源，并且能得到国家的各种贷款与资金的优惠，更重要的是它们享有税收上的减免，并且，由于进入壁垒的存在，不必要担心竞争所带来的利润的下降。各种优惠的政策都促成了垄断行业的高工资与高福利。例如石油化工、电力、电信、铁路等。而非垄断型的行业则面临着激烈竞争，并且也没有那么多的优惠政策，利润与市场的危机意识，使得这些产业的工资远没有垄断部门的工资高。

（2）产业的技术构成不同。在这一点上主要是讨论不同的密集型产业间的差距。根据各种资源在产业中所占的比重，可以将产业分成劳动密集型、资本密集型、知识密集型等几个类型。实践的经验告诉我们，资本与知识密集型的产业，工资一定是高于劳动密集型产业的，这是因为，资本密集型的产业对资本的要求比较高，从而存在一定的进入障碍，使得产业中企业的数量不如劳动密集型产业数量多，从而竞争也相对的比较弱。

（3）产业中劳动力的差别。这主要体现在，不同的产业有着不同的技能要求，而按照人力资本理论，工资在一定程度上是对劳动者的人力资本投入的回报，高技能意味着，劳动者较大的人力资本投入，从而获得较高的工资。例如，建筑行业中，泥瓦匠或者是木匠他们对技能有着一定的要求，并不是每一位劳动者都可以做。而像餐饮、零售业，他们的员工则大部分由技能水平不是很高的人构成，从而工资相对于建筑行业来讲是低的。

2. 职业间的工资差距

在现代的经济中，有些行业的工人有着相同的素质，但是工资上也存在差别。对于这种现象的解释，促生了职业间工资差别的解释。职业间工资差别关注的主要是工作的一些精神的非货币的特征。对于他的解释有如下几点。

（1）职业的劳动负效用。职业的劳动负效用，是指某些职业的劳动环境恶劣给劳动者造成的身体、精神上的损失。例如，煤矿工人，虽然当煤矿工人并不需要多大的技能，但是这一工作的工作环境较差，比较危险、劳累、肮脏，工人心理与身体上都要承受巨大的压力，会造成精神上与身体上的紧张，这些非货币的损失都必须在工资上予以补偿，否则就招不到足够的工人。这种工资被称为补偿性的工资。

（2）职业稳定性。不同的职业在稳定性上是有差别的，有的比较稳定，从而工资也稳定，例如银行业员工。有的职业则很不稳定，工资也就处于一种不稳定的状态，例如运动员、季节性农民工。这些不稳定的状态会给工人造成精神上的不安全感，必须在工资上体现对劳动者的人文关怀。不稳定的职业意味着风险的存在，对于这种工资差别我们称之为风险性补偿工资。

（3）职业的人力资本要求。在这一点上，主要是涉及单个的劳动者在技能、教育水平与经验的差距，而不是从整体上来探讨。不同的职业，对于劳动者的素质要求是不同的，例如高级经理人，这一职业要求劳动者有较高的领导力、组织能力、人际沟通能力与领导艺术等，这种高要求必然伴随着劳动者较大的人力资本投入，不管是自身经验的积累，还是对于管理经验的学习。从人力资本补偿说，高级经理人的工资必然是处于较高的水平。

3. 地区间工资差距

地区间的工资差别是一种广泛存在的工资差别，例如我国的中西部与东部地区工资上存在显著的差异。从根本上讲，这种工资的差别主要是由地区间经济发展的不平衡造成的。经济水平的差异是影响工资水平的重要因素。地区间工资水平的差异主要与以下几方面有关。

（1）地区间经济发展速度的差异。不同的经济发展速度会带来不同的地区收入，发展较快的地区由于经济的高速发展会带来大量的就业机会，在劳动力可以一定程度自由流动的条件下，必然会吸引优秀劳动力向该地区的流动，从而进一步促进地区经济的发展和效率的提高，地区的生产总值进一步的加大，相应的工资水平也会进一步的提高。

（2）地区间教育水平的差距。地区的发展差距通常伴随着教育水平的差别，发达地区由于有着充足的资金和较好的基础设施，在教育上的投入明显高于欠发达地区。教育水平虽然不是劳动者能力与工资的决定因素，但是教育水平的差别会影响到劳动者的素质、学习能力、知识结构，从而造成效率上的差距，并且教育水平是一种筛选优秀劳动者的强有力的信号。所以发达地区工资水平较高，而不发达地区的工资水平则相对较低。

（3）政策上的原因。我国实行改革开放政策，提倡一部分人先富，先富带动后富，对于有着较好的经济基础的地区给予了各种优惠政策，包括资金的引入、贷款优惠、税收优惠以及高技能优秀劳动者培养与引进等。这些带动了当地经济的发展，也带来了当地劳动者工资与收入的增加。

(4) 自然环境的影响。不同地区有着不同的自然环境，虽然自然环境不会直接影响劳动者的收入，但是较好的自然环境意味着好的投资环境，从而在吸引资金与劳动者方面有着相对优势，例如我国的中西部与东部，东部地区处于沿海地区，在吸引外资方面有着中西部无法比拟的优势。这些都会带来经济发展速度、生活水平的差异，从而带来工资与收入的差距。

4. 劳动者个人工资差距

以上工资差距都是由于劳动者外在的一些因素造成的，但是劳动者个人之间的差距也是造成差距的重要因素，或者我们可以称之为工资差距的内在因素。在一些非垄断性产业中存在较高的工资，一些劳动条件与环境都十分好的工作也有着高的工资水平，而不发达地区也存在大量高工资收入者，这些都可以通过劳动者的个人因素进行解释。

(1) 劳动者个人教育水平的差距。正如前所述教育是一种人力资本投资，投资必然要求相应的回报。如果进行了较多的教育投入后，得到的收入与进行了较少的教育投入的人一样，那么就不会有人进行教育的投入，这与社会的发展是背道而驰的。并且从经济发展对劳动力的需求上看，对教育程度较高的劳动者的需求增长明显高于对低教育水平劳动者的需求增长；从供给上看，低教育水平的劳动者的供给比高教育水平的劳动者的供给增长要快。需求与供给的双重效应，共同造成了低教育水平劳动者与高教育水平劳动者的收入差距。

(2) 劳动者的稀缺性。劳动力也是一种资源，也具有稀缺性，而不同的劳动者的稀缺程度是不同的，有的劳动者供给相对于需求来讲很大，有的劳动者的供给相对于需求来讲，则明显地处于稀缺状态。这种劳动者往往具有特殊的素质与天赋，能从事别人很难胜任的工作，例如球星、歌星等；另外，有些工作需要的能力与素质不是天生的天赋，但是却是劳动者很难在短期内具备的，例如高级经理人。这些工作由于能力的特殊要求，当求大于供时很难得到补充，从而使从事这些工作的劳动者处于一种垄断的地位，获得垄断性的高工资。

(3) 劳动者的性别与年龄差距。在实际的经济生活中，男女劳动者的工资是有差距的，这在一定程度上是一种性别的歧视，但是我们却不能否认这种原因所带来的工资差距。社会上普遍存在对女性劳动力的传统观念上的歧视，并且女性劳动者的受教育水平也相对较低，加上生理与心理上的因素，使女性劳动力进入高收入行列的机会受到限制。而对于劳动者年龄所带来的工资的差距，也是不容忽视的因素。年龄大的劳动者有的会获得较高的工资这是基于劳动者的技能、经验、与对企业的贡献会随着年龄的增加而增加这一假设的，这一部分就是我们在工资结构中常见的工龄工资。但是，在现实中，一些高龄劳动者寻找工作比年轻的劳动者要难得多，固然有些行业对年龄的要求有其必要性，但是这也一定程度上造成工资差距。

二、工资与收入差距的测量

对于工资与收入差距成因的分析是一种定性的研究，但是工资差距究竟有多大，并不能通过原因来解答，差距的大小直接关系到一国政治经济政策的制定与社会的稳定，所以有必要对一国的工资与收入差距进行测量，以反映差距的程度，为政府制定相应的政策提供参考。测量工资与收入差距的工具有很多，我们主要介绍两种测量的工具——库兹涅茨曲线、洛伦兹曲线和基尼系数。

（一）库兹涅茨曲线

库兹涅茨曲线是哈佛大学教授库兹涅茨在1955年发表的《经济增长和收入不平等》一文中提出的。他在该文中提出，收入的不平等与经济的发展速度之间存在着倒U型关系，即随着经济的发展收入的不平等程度首先上升，然后会稳定一定的时间，最后随着经济的进一步发展，收入的不平等程度会下降。库兹涅茨曲线如图7-3所示。

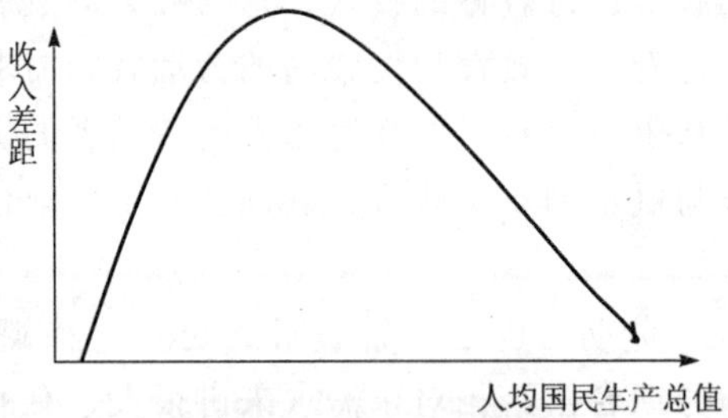

图7-3 库兹涅茨曲线

如图7-3中所示，横轴表示的是人均的国民生产总值，它反映了一国经济发展的水平，纵轴表示的是收入差距。从图7-3中可以看出，起初随着经济的发展，收入的差距是扩大的，这可以通过刚开始进入经济发展快车道的发展中国家的收入差距的事实加以证明。而随着经济的进一步发展，经济的发展进入一个稳定期，收入差距也进入一个稳定阶段，但随着经济的进一步发展，人均的国民生产总值进一步提高，收入的差距则出现下降，也就是说当经济发展到一定程度时，收入的差距会随着经济的发展与社会的进步减小甚至消失。据此，库兹涅茨认为，以人均国民生产总值衡量的经济发展水平是一个国家决定收入分配不平等程度的主要因素。

但是，库兹涅茨曲线有其局限性，库兹涅茨曲线实际上是想说明时间对于贫富差距与收入分配的影响。但是历史上贫富差距的数据是很难收集的，所以库兹涅茨本人以及他的追随者都是根据同时代不同发展经济水平的国家的数据进行分析的，所以并不是很有说服力。比如，在当今的社会，美国是世界上最发达的国家，但是他的贫富差距并不是最小的。但是我们也应该看到他对于平衡收入分配与缩小收入差距上的借鉴意义。

（二）洛伦兹曲线与基尼系数

1. 洛伦兹曲线

洛伦兹曲线是由美国的统计学家 M·洛伦兹提出的，用以判断收入分配的平等程度，洛伦兹把社会居民的收入按从小到大的次序排列。然后用横轴表示累计的家庭户数（或人数）的百分比，用纵轴表示累计的收入百分比，当累计量不断变化时，就可以从原点（0，0）到点（1，1）画一条单调上升的，下凹的曲线，这样一条曲线就是洛伦兹曲线。通过图 7-4 来看。

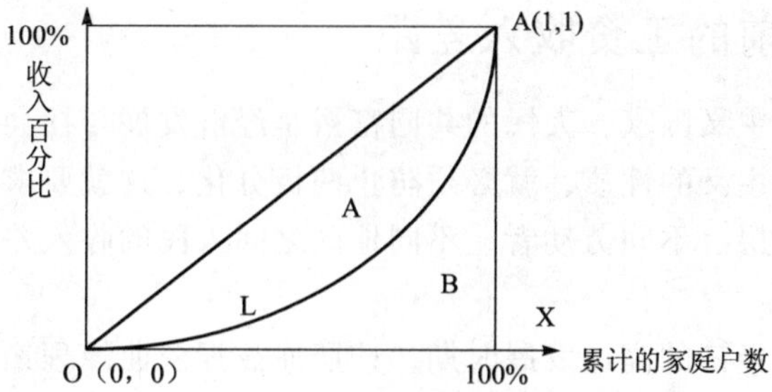

图 7-4 洛伦兹曲线

在图 7-4 中，曲线 L 即为洛伦兹曲线，洛伦兹曲线介于绝对平均线与绝对不平均线之间。其中绝对平均线是 OA 线，他表示在总的家庭户中，每一定百分比的家庭所拥有的收入，在总收入中也具有同样的比重。而曲线 OXA 是收入的绝对不平等线，他表示除 X 之外的家庭，其收入累计百分比是零，而 X 家庭则得到了 100% 的收入。洛仑兹曲线上的每一点与两轴的距离都不相等。每一点都表明占一定百分比的家庭，与其占有的收入在总收入中的百分比不相等。洛伦兹曲线与 OA 线越接近，就表明收入的分配越均等，越与曲线 OXA 接近，就表明社会收入分配越不均等。在现实生活中，绝对均等与绝对不均等线一般是不会存在的，一般都会位于二者之间。

作为一种描述收入均等程度的工具，洛伦兹曲线只是提供了定性的估计，并不能准确地给出收入不均等程度的量值。由此衍生出基尼系数，对收入的不均等程度进行定量的描述。

2. 基尼系数

基尼系数是由意大利经济学家基尼在洛伦兹曲线基础上提出的反映收入不均等程度的数量指标。在图 4 中，由绝对平均线与洛伦兹曲线围成的面积为 A，由绝对不平均线与洛伦兹曲线围成的面积为 B，则基尼系数可表示为：

$$基尼系数 = \frac{A}{A + B}$$

如果洛伦兹曲线与OA线重合，则基尼系数为零，表示收入完全的均等；反之。如果与OXA线重合，则B为零，基尼系数为1，表明收入分配绝对不均等。所以基尼系数一般位于0～1之间，并且基尼系数越接近于1收入分配就越不均等，反之，基尼系数越小，表明收入分配越平均。一般在国际上普遍将基尼系数做如下的规定：位于0.2以下，为绝对平均；位于0.2～0.3之间为比较公平；位于0.3～0.4之间为相对合理；位于0.4～0.5之间为收入差距较大；位于0.6以上则为收入差距悬殊。经济学家们普遍认为，基尼系数为0.4是一个社会收入不均等严重的警戒线。

三、我国目前的工资收入差距

我国是一个社会主义国家，人民的共同富裕是经济发展与社会进步的重要目标，并且为了保证我国社会主义的性质，就必须防止两极分化，这就要求我们在经济的发展过程中高度关注不同阶层、不同劳动者、不同地区之间人民的收入差距，防止收入过度地拉大。

目前我国正处于经济的高速发展时期，按照库兹涅茨曲线理论，我国的收入差距正处于上涨的阶段，并且在短期内是不会有所扭转的。另外我国近几年的基尼系数一直维持在0.46左右，已经超越了0.4的警戒线，更为严重的是0.46的基尼系数还是一种保守的估计。有的经济学家指出，如果考虑到其他的因素，如灰色收入，我国的基尼系数将会超过0.5，甚至有可能到0.6。总之，各种现象表明我国的收入差距已经比较严重，因此有必要对我国的收入差距进行研究与分析，为国家政治与经济政策的制定提供借鉴的素材。

（一）我国目前的收入差距

我国在改革开放以前，收入差距是比较小的，但是经历了改革开放与社会主义市场经济以后，经济在得到发展的同时也带来了收入差距的扩大与不平等。我国目前的收入差距主要表现在以下几个方面。

1. 城乡之间的差距

我国是一个典型的二元经济国家，也就是落后的农业经济与先进的工业经济并存，这样的经济结构不仅不利于我国城市化与工业化进程的推进，也造成农村与城市之间收入差距的扩大。农村处于一种相对落后的经济形态之下，效率低下，并且农村居民本身掌握的资源也较少，加之我国政策缘故，一直以来倾向于发展城市经济，对农村的投入不足，农村居民并没有享受到市场经济与我国经济进步的成果。从而一直以来我国农村居民的收入相对于发展的城市来讲，差距一直在不断加大。如表7－1所示。

表 7-1　家庭人均可支配收入　（单位：元）

年份	2000 年	2001 年	2002 年	2003 年	2004 年	2005 年
城市	6 280	6 859	7 702	8 472	9 421	10 493
农村	3 146.2	3 306.9	3 431.7	3 582.4	4 039.6	4 631.2

数据来源：国家统计局，国家统计数据库，根据农村住户与城镇住户的生活指标数据整理而来。

2. 地区之间的差距

我国的东部与中西部之间不论是在经济发展还是人民的生活水平上均存在显著的差异。东部有着比较好的自然条件和社会条件，比较容易吸引资金，生产力的水平也比较高，这种历史上遗留下来的经济优势，使我国的改革开放首先是在东部进行的。东部地区也伴随着国家良好的经济政策与高素质的劳动力队伍，发展出了高效率的生产力与良好的经济基础设施。所以，经济的高速发展使东部的工资水平与收入水平远远高于中西部地区，加之东部地区良好的生存条件，使我国高素质劳动力纷纷从中西部向东部流动，这又进一步加剧了工资与收入的差距。如表 7-2 所示。

表 7-2　城镇居民的家庭可支配收入　（单位：元）

年　　份	2005 年	2006 年	2007 年
北京市	17 652.95	19 977.5	21 988.71
湖北省	8 785.94	9 802.7	11 485.80
甘肃省	8 086.82	8 920.6	10 012.34

数据来源：国家统计局，国家统计数据库，根据各地区的统计年表统计而来。

3. 不同行业之间的差距

我国也存在着行业之间的工资与收入差距。在现实经济体中，像电力、电信、铁路、汽车制造等一直是工资水平比较高的行业，而传统的劳动密集的产业如纺织业、玩具业、零售业等工资水平则相对的较低。这是因为电力、钢铁等行业存在着垄断，能够获得垄断利润。而且，这些行业的劳动力所拥有的技术水平与知识水平也比较高，人力资本的差距也造成了工资差距。如表 7-3 所示。

表 7-3　不同行业职工平均工资　（单位：元）

年份	制造业	电力、燃气及水供应行业	交通、邮政行业	金融	住宿、餐饮行业
2004 年	14 033	21 805	18 381	26 982	12 535

续表

年份	制造业	电力、燃气及水供应行业	交通、邮政行业	金融	住宿、餐饮行业
2005 年	15 757	25 073	21 352	32 228	13 857
2006 年	17 966	28 765	24 623	39 280	15 266

数据来源：国家统计局，国家统计数据库，根据不同年份各地、各行业的职工平均工资整理而来。

（二）缩小收入差距的对策

我国不断扩大的收入差距已经影响到我国政治经济社会各个方面，较大的收入差距不利于社会的稳定、扭曲了工资在市场中的信号作用、不利于市场经济体制的不断完善、阻碍了经济的进一步发展，所以有必要采取措施缩小收入差距，减小收入差距过大的不良影响。我国学者对于缩小收入差距提出了一系列的政策建议与设想，这些建议有的已经在实施，并且起到了一定的作用。总起来说，这些政策包括：

1. 加快城市化进程，促进城乡协调

城乡之间的收入差距是我国收入差距的一个集中的表现，这种差距产生的根源在于二元经济结构的存在。我国是一个典型的二元经济国家，在工业化的进程中，又由于对先进的工业经济的过度关注，城乡之间的收入差距被进一步的扩大。所以要缩小城乡之间的收入差距就必须加快工业化与城市化的进程，大力发展第三产业与乡镇企业，促进农村地区剩余劳动力的转移，使农村劳动力转化为工人；促进农村地区向城镇的转化，建立小城镇；同时加大对农业经济的投入，提高农业经济的效率，提高农产品的附加价值，使农业成为一个中高收入的行业；加大对农村的教育与技能培训的投入，提高农业劳动力的素质，使农民成为“有知识、懂技能、会创造”的新型农民；国家在税收、金融上进一步给农村地区提供优惠，继续贯彻实施税费减免政策，加大对农民的种粮补贴，同时，完善农村的金融体系为农民致富与创业提供资金支持。

2. 进一步加大对中西部地区的扶持，促进资源在全国范围内的合理流动

我国收入差距的第二大表现就是地区之间的收入差距，即东部地区与中西部地区的差距。中西部地区在历史上就比东部地区落后，地理位置也相对较差，不能有效的吸引外资。同时教育水平也相对的落后，这些都造成差距的扩大。对于中西部与东部地区的差距，我国在90年代就已经提出了西部大开发的政策，在这一总的政策方针指导下，可采取如下措施：加大对中西部地区的资金扶持，包括国家的拨款与优惠贷款，加大中西部地区引入外资的力度，解决经济发展中资金短缺的问题；加大东部地区对中西部地

区的扶持，促进地区之间的交流，东部地区可以在条件允许的情况下，在中西部建立企业，为中西部提供就业的机会，同时将东部地区先进的技术与管理理念引入中西部地区，带动当地理念的转变；加大对中西部地区的教育投入，提高劳动力的整体素质，从人力资本的角度改变工资的低水平；更重要的是，要建立中西部地区自己的产业，使经济的发展具有持久的动力，根据各地区不同的地理环境与特殊资源，建立当地的特色产业，充分利用当地的资源，发展自身独特的优势。

3. 进一步完善市场经济体制，推进市场化进程

我国不同行业、不同的所有制之间的收入差距，很大程度上是由市场经济的不完善造成的。市场经济的不完善带来竞争的不充分、价格机制的扭曲、资源流动的扭曲等。所以要进一步的完善市场体制，推进市场化的改革，打破行政的垄断与市场的垄断，建立规范的充分竞争的机制；扫除资源流动中的障碍，使资源按照市场最优的配置方式进行流动，流动到资源的作用能充分发挥的地方，同时也要辅以相应的政府措施，使资源的流动符合社会的需求；继续进行所有制的改革，使不同的所有制企业，面临相同的市场竞争，相同的政府政策，相同的法制；尽最大可能减小或消除垄断行业的垄断利润，可以将其垄断利润收为国有。

4. 进行政府机构改革，加大政策法规的监管

在我国存在大量的“灰色”收入，这些收入也是造成极度不公平的重要因素。有一部分的灰色收入是政府官员利用其手中的权力，进行“寻租”的结果，所以一定要加大政府机构改革，实行“政企分离”，减少寻租产生的机会。同时加强对政府官员的监管，加大惩罚力度，调节权钱交易带来的不平等；同时在经济中还存在大量的“地下经济”，包括非法的走私、地下钱庄、毒品交易等，这些行业的收入是十分巨大的，远远超过普通行业的收入，在加大收入差距的同时，也带来了社会不稳定因素，所以一定要采取强有力的措施，打击非法交易行为，减少社会的不合法收入。

5. 进一步完善社会保障制度与税收制度

对于收入差距的调节，一个重要的方法就是在收入的再分配中进行调整。再分配中对收入的调节措施主要是两个方面：社会保障中的最低生活保障制度与税收中的个人所得税。社会最低生活保障制度是为了提高低收入阶层的收入而建立的，它可以一定程度上保障人民的基本生活，从而建立起一个保障劳动者基本生存的“安全网”；在税收上，通过征收个人所得税，可以调节过高的收入。通过这两个政策的相互作用可以使部分收入从富裕的阶层流向贫困阶层，从而减小收入差距。

本章小结

随着现代社会商品经济与市场经济的不断发展，工资逐渐进入人们的视野，并成为

经济生活中的重要组成部分。工资是雇佣劳动的报酬，从它产生到现在，共经历了几个不同的发展阶段，内容与含义也发生了变化，主要经历了工资——报酬——薪酬的转变。

工资是构成劳动者收入的主要部分，但并不是惟一的部分，现在工资基本上构成了劳动者工资收入的60%以上。工资作为劳动者主要的收入来源，必然有着很大的作用，从总体上讲，工资的作用主要有三个方面：保障、调节和激励。

从工资产生，对工资的研究就没有中断过，各种工资理论层出不穷，从时代的背景来看，主要对当时的时代产生过重大影响的工资理论主要有：生存工资理论、边际生产力工资理论、分享工资理论和效率工资理论。这样的理论变换过程，也反映了工资作用的不断扩展和工资形式的多样化。

工资中一个重要的研究对象是工资水平，工资水平影响到员工的生活水平与工作的积极性，从总体来讲影响工资水平的因素主要有宏观国家社会、中观企业与微观个人三个方面。尽管他们影响工资水平的机制不一样，但是都从总体上构成了对工资水平的影响。

现代社会，工资收入差不多构成了人们总的收入的60% ~70%，工资的高低直接决定了人们的收入差距与生活水准的差别，工资的差距不仅影响到经济生活，还会影响到政治生活与社会的稳定。工资差距按照产生的原因不同，可以分为：产业间工资差距、职业间工资差距、地区间工资差距和劳动者个人工资差距。造成工资差距的因素既有正常的因素，也有一些非正常的因素。

工资差距是造成收入差距的一个重要的因素，对于工资或者说是收入水平的测量方法有很多，国际上通用的主要有两个：一个是长期的宏观层面上的库兹涅茨曲线，另一个是洛伦兹曲线以及衍生出来的基尼系数，测量出的结果直接反映了社会的公平程度，影响到国家政策的制定与实施。我国的收入差距从改革开放以来就呈现出日益拉大的形势，各种形式的收入差距使我国的收入差距问题日益突出，对于这个问题的解决也已成为我们党和国家工作日程的重中之重。

思考题

1. 从工资产生到现在工资共经历了几个发展过程，在发展中工资的含义发生了哪些变化？
2. 工资的功能有哪些？对现代的工资设计有何启示？
3. 联系生存工资理论解释最低工资理论的实践意义？
4. 阐述效率工资理论的基本假设及其在现实工资中的应用？
5. 简述影响工资水平的宏观与中观因素有哪些？

6. 阐述影响工资水平的微观个人因素？
7. 洛伦兹曲线与基尼系数的关系以及他们对测量收入差距的意义？
8. 什么是工资差距？工资差距的类型有哪些？
9. 阐述我国主要的收入差距类型，及其形成的原因？
10. 阐述你对我国现行的工资与收入差距的认识以及相应的解决办法？

第八章

就业与失业

关键概念

失业　充分就业　失业率　自然失业率　就业结构　摩擦性失业　结构性失业　周期性失业　隐性失业　季节性失业　菲利普斯曲线

进入工业化社会以来，就业与失业问题一直受到人们关注。就业失业问题不仅关系着社会经济发展的大局，还与国民的切身利益密切相关。就业与失业问题既是劳动者个人的重大问题，也是关系着一个国家、一个地区经济发展、社会稳定的重大问题。在前几章中，重点分析了劳动者个体是如何作出短期和长期劳动供给决策的，同时还讨论了企业如何在不同的产品和劳动力市场条件下确定雇佣水平等内容。可以说，上述的着眼点主要是在劳动力市场的微观方面。本章将把注意力集中在劳动力市场的宏观领域，考察整个社会的就业与失业总水平的影响作用。

第一节　就业与失业的测定

一、就业与失业的界定

就业与失业是一个综合性的社会经济问题，在世界范围内引起广泛关注，对就业与失业的研究，也涉及经济学、社会学、统计学、管理学、人口学、心理学等多个学科。从本质上看，就业与失业问题主要是经济学范畴的活动和现象，是劳动经济问题中最重要、核心的问题。我们从就业、失业的描述入手，对就业与失业的本质进行概括，更好地把握这一经济现象。

（一）就业的定义

所谓劳动就业是指达到法定劳动年龄、具有劳动能力的劳动者，运用生产资料依法从事某种社会劳动，并获得赖以为生的报酬收入或经营收入的经济活动，简称就业。由这个定义我们可以看到，实现就业需符合下述几个基本条件：

第一，达到法定年龄并具有劳动能力。法定劳动年龄是实现就业的一个不可缺少的条件。在目前，世界各国都根据自己的情况规定就业者劳动年龄的上下限、就业时间的长短等具体内容，这种规定目的是为了更好地促进劳动者的身心健康，这种规定在保障劳动者的劳动权利实现的基础上，更有利于劳动者劳动行为能力的良好形成和发展。

第二，从事的是合法社会劳动。只要是符合国家法律规定的社会劳动，不论其所有制性质、不论其劳动用工形式、也不论是在什么部门工作，都是满足就业条件的基本要件。这表明，就业与生产资料所有制无关，与一定的劳动制度所决定的企业用工形式无关，与国民经济部门无关。劳动者不论是固定工，或是合同工，或是其他临时工，均属于就业者。劳动者不论在何种经济部门从事劳动并取得劳动报酬或经营收入，均是参与了就业活动的人。只有劳动者从事义务性劳动、社会救济性劳动、家务劳动或从事非法劳动，才不属于就业的范围之内。

第三，从事的劳动是有报酬的劳动。从事这种社会劳动可以获得赖以为生的收入。

不同国家和地区对就业的划分有较大的差异，这是由于各国经济制度、劳动就业制度、工业化程度和生活水平的差异造成的，即使是一个国家或地区，在不同的历史时期对就业的划分标准也会不同。

按照国际劳工组织的规定，就业是指一定年龄阶段内的人们所从事的为获取报酬或为赚取利润所进行的活动。凡是在规定年龄之内，符合以下条件者都属于就业人员：第一，正在工作的人，指在规定的时间内从事有报酬或收入的工作人员；第二，有职业，但临时因疾病、休假、劳动争议等不工作的人，以及单位因各种原因临时停工的人；第三，雇主和自营人员，或正在协助家庭经营企业或农场而不领取报酬的家属人员，在规定的时间内从事正常工作时间的1/3以上者；第四，已办理离休、退休、退职手续，但又再次从业（有酬和自营等各种方式）的人员。

（二）失业的定义

失业问题存在已久。现代市场经济国家一般接受下述的失业定义：凡是统计时被确定有工作能力，但没有工作，且在此前4周内曾做过专门努力寻找工作，但没有找到工作的人。按照国际劳工组织的定义，失业是指有劳动能力并愿意就业的劳动者找不到工作的一种社会现象。其实质是劳动者与生产资料相分离，劳动者不能与生产资料相结合进行社会财富的创造，从而也失去了获得劳动报酬的机会。从定义上看失业有四个要素：

第一，有劳动能力，指在体力上和智力上可以从事社会劳动的人员，其中包括有部分劳动能力的残疾人员。需要注意的是，劳动者必须从事的是面向市场的工作，从事家务劳动等非市场工作，且没有在市场上寻找工作，就不能算失业，也不能算就业。

第二，在调查周内未从事有收入劳动，指调查周内从事有收入的劳动时间不到1小时。

第三，当前有就业的可能，指在调查时点以后两周内能应聘上班。

第四，正在以某种方式寻找工作。寻找工作的方式可以是去职业介绍所登记，去各种劳务或人才市场应聘洽谈，通过电视、报纸等新闻媒体寻找工作，自登应聘广告，托亲友找工作，自筹资金、自找场地准备从事经营活动等。

此外，在一定年龄以上，有劳动能力，未参加或不要求参加社会经济活动的人口，则称为非经济活动人口。与此相对应，就业与失业两者组成了劳动力资源中的经济活动人口。见图8-1。

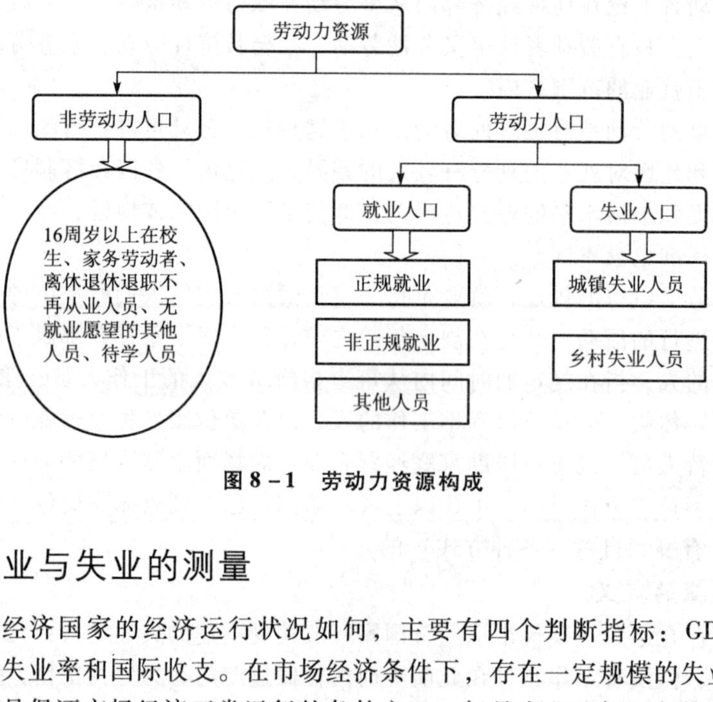

图8-1 劳动力资源构成

二、就业与失业的测量

一个市场经济国家的经济运行状况如何，主要有四个判断指标：GDP的增长率、通货膨胀率、失业率和国际收支。在市场经济条件下，存在一定规模的失业人口有一定的必然性，它是保证市场经济正常运行的条件之一，但是失业队伍不断扩大势必带来众多的经济和社会问题。因此，加强对劳动力的调查，研究失业的现状、规模、具体表现、变化态势，以及对社会经济和劳动力人口的影响非常必要。

（一）就业的测量

就业状况的测量，从劳动力资源利用状况考虑，主要有三个指标：劳动参与率、就业率与劳动力资源的实际利用率。

劳动力参与率又称劳动力资源的可能利用率，是指经济活动人口与劳动力资源之比，它是反映劳动力资源参与经济活动程度的指标（详见第二章）。

就业率是用就业人数与经济活动人口即就业人数与失业人数之和对比，可以反映就业的充分程度。就业人数占经济活动人口比重越高，表明劳动力越有活力，就业越充分。

$$就业率=\frac{就业人数}{(就业人数+失业人数)}\times 100\%$$

劳动力资源的实际利用率是就业人数同劳动力资源总数的对比，表明劳动力资源实际参与社会经济活动的程度。

$$劳动力资源实际利用率=\frac{就业人数}{劳动力资源总数}\times 100\%=劳动力参与率\times 就业率$$

由公式可以看出，劳动力资源实际利用率等于劳动力参与率乘以就业率，充分调动劳动力资源最大可能利用部分可提高就业率。

（二）失业的测量

1. 劳动力存量——流量模型

衡量一个国家宏观经济中失业状况的最基本指标是失业率。失业率是指失业人数占劳动力总数的百分比。失业涉及统计的技术指标和价值判断问题，每个国家对失业的统计口径存在着差别，所以关于失业的统计数值与实际失业量或多或少地存在着差别，不能准确地反映实际失业人数，还不能区分那些短暂并不严重失业的人员和那些可能长期失业的人员。假如在一个经济中仅有 12 个成员，在第一种情况下，每个人在一年中分别失业一个月，而在第二种情况下，一个人全年失业而其余的人全年就业。上述两种每月都有 1/12 的人员失业，然而，第二种情况更为社会所关注。这一例子表明，在统计中仅记载了三类人员——就业者、失业者和非劳动力的存量，没有表明其流量指标，即不同类型劳动力之间的流动状况。

因此，要了解一国经济的真实失业水平，了解决定失业水平的因素，不仅要对劳动力市场进行存量分析，即对就业人口、失业人口和非劳动力的人口进行划分，而且要分析不同的劳动力市场状态之间的流量，这就是劳动力市场存量——流量分析，其模型见图 8 - 2 所示。

从图 8 - 2 可以看出，即使处于失业状态的人是变化着的，失业率也有可能保持不变；同时，失业率的变化可以有多种原因引起，既可以是几个不同的流量要素的单独作用，也可以是彼此之间的相互作用。也就是说，一个国家或地区的总体失业水平，或者某一群体的失业水平，取决于各种劳动力市场状态之间的流量的相对流动比率，是各种

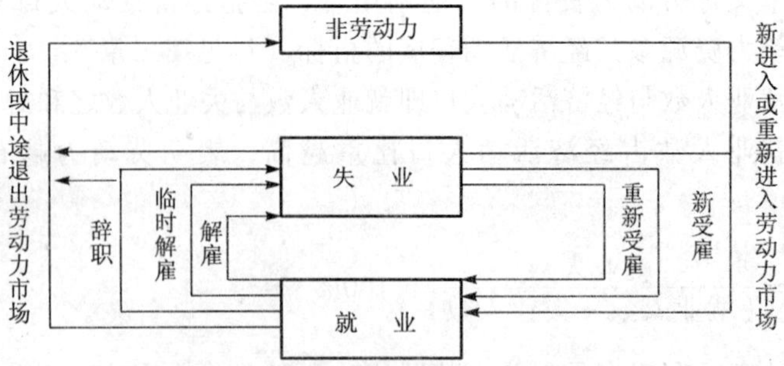

图 8-2 劳动力存量——流量模型

流量之间综合作用的结果。通过对劳动力市场进行存量——流量分析，可以帮助我们弄清楚单个劳动力失业者的时间间隔长短，以及造成失业率上升或者下降的因素是什么，从而使我们能够采取适当的对策与措施来降低失业率。

2. 劳动力的流量表

在劳动力的流量表中，首先劳动力资源是第一位要考虑的。根据前述的定义，劳动力资源可以划分为就业、失业、非劳动力三个状态，下面以 E、U、N 来表示（E：就业，U：失业，N：非劳动力）。

E、U、N 是存量，E + U + N 是劳动可能人口，即劳动力资源，E + U 是劳动力人口。

所谓劳动力的流量，是观测存量劳动力状态的时间点（例如每月或每年）的变化来定义的。例如，用 t 来表示时间，在 t-1 期的就业者中，到 t 期相当部分继续处于就业状态，另有一部分人则因失去岗位或自己辞去工作职位转化为失业状态，还有一部分人因生育等退出劳动力市场或者因退休转化为非劳动力。在 t-1 期的失业者中，到 t 期一部分继续失业，一部分转化为非劳动力，一部分找到了工作，进入就业状态，在 t-1 期的非劳动力中，到 t 期也会有上述相应的变化。上述所有变化的组合如下所示：

t-1 期是就业者，t 期还是就业者 = EE。

t-1 期是就业者，t 期是失业者 = EU。

t-1 期是就业者，t 期非劳动力者 = EN。

t-1 期是失业者，t 期是就业者 = UE。

t-1 期是失业者，t 期还是失业者 = UU。

t-1 期是失业者，t 期非劳动力者 = UN。

t-1 期是非劳动力，t 期是就业者 = NE。

t-1 期是非劳动力，t 期是失业者 = NU。

t－1 期是非劳动力，t 期还是非劳动力者＝NN。

那么这些组合如图 8－3，表示为 3×3＝9 的矩阵图，这就是劳动力的流量表。

在这个流量表中，对角列（EE、UU、NN）是对劳动力状态不发生变化的人们的流量，除此之外，是发生劳动力状态变化的人们的流量。另外，劳动力流量表所显示的 3×3 组合在一个时期是存量。

EE	UE	NE	E_t
EU	UU	NU	U_t
EN	UN	NN	N_t
E_{t-1}	U_{t-1}	N_{t-1}	

图 8－3　劳动的流量表

也就是说 E_{t-1}，U_{t-1}，N_{t-1} 是各种 t－1 期的就业者、失业者、非劳动力。E_t、U_t、N_t 是各期的就业者、失业者、非劳动力。t－1 期的存量是根据流量的变化而变化的，可以看成是 t 期的存量。另外，为了简单起见，劳动可能人口可以看成 t－1 期和 t 期是不变的。换言之，假定总有新加入的 16 岁以上的人口，或 16 岁以上的人口不会死亡。这样的话，就会出现以下的情况。

$$E_{t-1} + U_{t-1} + N_{t-1} = E_t + U_t + N_t$$

表示流量和存量的关系就像下面所示。

$$EE + EU + EN = E_{t-1}$$
$$UE + UU + UN = U_{t-1}$$
$$NE + NU + NN = N_{t-1}$$
$$EE + UE + NE = E_t$$
$$EU + UU + NU = U_t$$
$$EN + UN + NN = N_t$$

总之，满足流量矩阵纵列就是 t－1 期的存量，满足横列就是 t 期的存量。

即，在 t－1 期处于就业状态的人们（E_{t-1}），作为流量分为：继续就业者（EE）、失业转化为就业者（EU）、非劳动力转化为就业者（EN），再加上从失业向就业的转化（UE）和从非劳动力向就业的转化（NE）成为 t 期的就业者部分。还有在 t－1 期成为失业者的人（U_{t-1}）作为流量分为了就业转化（UE）、持续失业（UU）、非劳动力转化（UN），再加上持续失业（UU）中就业向失业的转化（EU），和非劳动力向失业的转化（NU）就成为 t 期的失业者（U_t）。再有 t－1 期是非劳动力的人们（N_{t-1}），作为流量可以理解为就业转化（NE）、失业转化（NU）、持续非劳动力（NN），再加上持续非劳动力（NN）中，从就业向非劳动力的转化（EN）和从失业向非劳动力的转化（UN）就成为t期的非劳动力（N_t）。

将相关数据代入流量表，可以开展政策分析。

3. 失业的测量方法

国际上，计算失业的方法很多，大致分为两类：一类，抽样调查法（Survey based），通过访谈向有代表性的样本人询问一系列问题，是否有工作，是否可以工作，是否采取了措施寻找工作。抽样调查的数据不仅包括符合国际劳工组织定义的失业，还包括就业和自营就业，以及大量详细的劳动力数据。另一类，以政府机构登记为基础的行政登记方法（Administrative counts），主要是为政府管理服务。英国和加拿大，登记人员既包括申请失业救济金的人员，也包括那些在政府职业中心或就业办公室登记求职的人员。

国际劳工组织对劳动力市场指标考察中，对失业的测量，主要包括：失业率、青年失业率、长期失业率等。衡量一个国家宏观经济中失业状况的最基本指标是失业率。失业率是指失业人数占经济活动人口即就业人数与失业人数之和的百分比，用公式表示为：

$$失业率(\%)=\frac{失业人数}{(就业人数+失业人数)}\times 100\%$$

式中，失业人数是指属于失业范围，并到有关部门登记的失业者人数。

青年失业是世界大部分国家的普遍现象，是一个全球性的社会问题，2004年8月11日国际劳工组织发布的《世界青年就业趋势报告》中说，青年失业者目前占全世界失业总人数近一半。在《2007全球就业趋势简报》中，又提到青年和女性失业问题最严重，2006年15~24岁青年失业者占失业者总数的44%。[①] 由于结构调整、技术进步和全球化等压力对世界经济造成的影响，使世界范围内青年就业问题更加突出，青年被界定为16~24岁这一人群，对于处于继续社会化过程中的青年来说，一旦处于失业状态，那么在经济、社会、心理、生理等方面带给他们的不利影响显而易见而又难以估量。

目前对青年失业的测量主要有四种，青年失业率，等于青年失业人数与青年劳动力人数的比值；青年失业率与成年失业率比，成年是指25岁及其以上人群；青年失业人数占总失业人数的比率；青年失业人数占青年人口的比率。其中，第一种情况的青年失业率用公式表示为：

---

① 引自联合国网站新闻中心. http://www.un.org/chinese/.

$$青年失业率=\frac{青年失业人口数}{青年失业人口数+青年就业人口数}\times 100\%$$

基于上面对劳动力市场的存量——流量分析，我们需要更好的衡量失业水平的指标——长期失业率和年失业率。长期失业，是指一年或一年以上的失业现象。长期失业率是指失业一年以上的人员数量占劳动力总数的比例，长期失业发生率是指失业一年以上的人员数量占失业人员总数的比例。

$$年失业率(\%)=\frac{该年度有失业经历的人}{劳动力总数}\times\frac{失业者的平均周数}{52周}\times 100\%$$

由上可见，失业的程度取决于两方面因素，失业人数所占的比重和实际的失业周数。这样就把短期、不严重的失业者和长期失业者区分开来，从而能更真实地反映出一国经济的失业状况。

阅读材料

中国的失业率到底是多少？

我国国家统计局根据国际劳工组织建议将失业定义为：16岁及以上正在寻找工作的人员。人力资源和社会保障部的登记失业人员必须符合以下条件：有非农业户口，在一定年龄内（男16至50岁、女16至45岁），有劳动能力，无业而要求就业，并在当地就业服务机构进行求职登记的人员。[①] 按照国际惯例，失业率在5%以下，属于充分就业的状态；在5%～10%时，进入失业预警线；超过10%时，则会造成重大的社会和政治问题。

据中国经济周刊报道，我国城镇失业率“五花八门”的数据让人迷惑，先是中国社会科学院于2008年12月16日发布的《社会蓝皮书》，称中国城镇失业率攀升到了9.4%，已经超过了7%的国际警戒线；而人力资源和社会保障部公布的2008年城镇登记失业率是4.2%。两相比较，前后数据竟相差一倍。中国的失业率到底是多少？

我国的失业测量使用了抽样调查法和行政登记法两种。目前的城镇劳动力调查失业率，使用的抽样调查法；城镇登记失业率，使用的行政登记法。由于城镇登记失业率的统计范围和统计方法遭到了很多质疑，认为它低估了真实的失业程度，自1996年，我国开始了有关劳动力的抽样调查，加入数据公布通用系统（GDDS）后，劳动力抽样调查制度与国际接轨，调查每年进行三次，每年5月、10月、12月进行，5月和12月的

① 中华人民共和国国家统计局．国家统计局综合司．http：//www.stats.gov.cn，2006.1.10.

调查只在城镇地区进行，10月的调查是全国范围（不包括我国香港、澳门、台湾），可以取得全国就业与失业的情况。调查采用分层、多阶段、整群概率比例抽样的方法，样本包括16岁以上人口，大约90万人。这一数据更能反映真实的失业率，但是我国没有公布调查失业率。

三、充分就业与自然失业率

各国政府都非常关注失业问题，那么什么样的就业状况是理想的状态呢？失业率是越低越好吗？什么样的失业率才是合适的呢？失业率是一国经济健康状况的晴雨表，过高，就会有很多人丧失经济来源，难以维持生活，而过低则意味着劳动力需求过剩，工资上升，工资上升又被认为会导致通货膨胀，所以，过高或过低的失业率都是人们不愿意看到的。

（一）充分就业

充分就业是凯恩斯在他的代表作《就业、利息和货币通论》一书中提出，定义为“在某一工资水平下，所有愿意接受这种工资的人都能得到工作”。现在劳动者就业水平成为各国现代宏观经济管理遇到的重要问题，充分就业成为了一个主要的社会经济目标。

对于充分就业的解释，主要是从客观角度、宏观的方面来描述的，大致有两种，一种认为充分就业是指劳动力和生产设备都达到充分利用的状态；另一种是指总失业率等于自然失业率的状态。从劳动力供求的相互关系看，所谓充分就业，是指劳动力供给与劳动力需求处于均衡，国民经济的发展充分地满足劳动者对就业岗位需求的状态。即凡是接受市场工资率愿意就业的人均能实现就业的状态。在统计学界，更多的是用某一具体就业水平指标的情况来描述充分就业，在20世纪50年代，一些经济学家认为失业率不超过3%～4%，可看作充分就业。20世纪80年代以来，有些经济学家提出只要失业率不超过6%，即为充分就业。

充分就业有一个与其相对的概念即不充分就业，界定不充分就业也是很难的，除了周工作时间、个人意愿等问题，还有工作内容、效率和是否发挥劳动者潜能的问题。在动态的市场经济中，保持劳动力供给与劳动力需求在总量及其结构上的持续均衡是极其困难的事情。我国在1995年就确定了不充分就业的统计定义，不充分就业是指非个人原因，在调查周内工作时间不到标准工作时间的一半即20小时，并愿意从事更多工作的人员。在实际的操作中，判断不充分就业人员的标准有三条，调查周内工作时间不到标准工作时间的一半，即不到20小时；工作时间短是非个人原因造成；愿意从事更多的工作。这三条同时具备才能统计为不充分就业人员。

充分就业，一般说来是一种理想的状态，当充分就业实现时，并不意味着失业现象的消失，摩擦性失业及其他类型的自然失业与充分就业并行不悖。

（二）自然失业率

自然失业率首先由弗里德曼提出。弗里德曼认为劳动力市场存在一种长期的均衡失业率，即使在充分就业的状态下也难以消除。自然失业率是指在没有货币因素干扰的情况下，让商品市场和劳动力市场的自发供求力量发挥作用时，应有的处于均衡状态的失业率。①

自然失业率是在工资和通货膨胀处于稳定状态或可接受水平的失业率，是指所有的失业都属于自愿性失业、摩擦性失业、季节性失业时的失业率。失业水平不变，并且流入失业状态的人的流量以及处于失业状态的时间都保持在正常水平时的失业率。

自然失业率是重要的宏观经济政策运营的判断标准，当自然失业率低于实际失业率时，应采取适当的宏观政策扩大有效需求，在不加速通货膨胀的程度下使实际失业率下降；当实际失业率低于自然失业率时，就应采取提高劳动力市场效率来降低自然失业率。自然失业率本身的水平和变动问题也是现代宏观经济学研究的一个课题。按照大多数计算结果，20 世纪 60 年代绝大部分时期自然失业率为 4% 左右；20 世纪 70 年代中期大约为 5.8%，现在则近于 6.5% ~7%。也就是说，自然失业率似乎一直在上升。那么影响自然失业率的因素是什么呢？

自然失业率是在劳动力市场处于均衡状态时还存在的失业率，自然失业率会受劳动力结构状况、市场信息沟通渠道、工资刚性、社会福利水平、科学技术发展等因素影响，具体归纳为三点：

第一，劳动力人口结构。劳动力统计中不同年龄组别有着不同的失业率，如果失业率较高的组别在劳动力占有很大比重，那么自然失业率会上升。实际情况表明，在劳动力结构中，妇女和青年劳动者所占的比重越来越大，而他们工作稳定性弱，较频繁地变换工作，使失业率上升。

第二，社会政策。社会福利、工资刚性及市场信息沟通渠道的畅通程度都会影响自然失业率，过高的社会福利水平会延长劳动力工作搜寻的时间，导致失业率上升，各国失业保险金的水平会影响劳动力寻找工作的动力和时间。工资刚性等因素在一定程度上阻碍了市场均衡，而劳动力市场信息的不充足和沟通渠道不畅通会增加劳动者和雇主搜寻时间，从而提高了自然失业率。

第三，社会发展和科学技术的创新。各国社会经济的发展和科学技术的创新，使得新兴行业崛起，传统行业、知识、技术结构已经不能满足时代需求，这样造成的结构性失业、技术性失业、周期性失业，使失业率上升，也提高了自然失业率，这是在所难免的。

---

① 袁乐平，李江帆．西方失业理论模型的演化．湖南社会科学，2004（6），96－99.

四、就业与失业研究的意义与影响因素

（一）就业与失业研究的重要意义

1. 经济方面——是衡量国民经济运行的重要指标

一方面从就业和失业与经济增长的角度看，国民经济中的就业数量既与国家产出总量有关，也与国民的消费总量有关。经济发展的波动直接带动着就业与失业状况的变化——经济增长，就业增加；经济衰退，失业增加。所以就业与失业的状况成为市场经济国家宏观经济形势好坏的一个判别标准。

经济增长有两种形式：粗放型增长和集约型增长。粗放型增长是在劳动力和资本的比例大体保持不变的情况下，通过这两种投入要素的共同增加所获得的，因此，这种粗放型的经济增长就意味着就业的增长，而且两种增长率之间的联系是很紧密的。集约型经济增长主要是通过要素生产率来实现经济增长的，即通过更经济、更有效地利用生产要素来实现产出和收入的增加，而要素生产率的提高往往被视作技术进步，技术进步对于就业规模的变动作用又是非常复杂的。从短期和局部看，依靠先进的技术，必然排斥大量的活劳动，在生产规模不变的情况下，必将减少就业人员。但是从长远和全局来看，技术进步与扩大就业又是统一的，技术进步在促进经济增长的同时，也会促进就业的增长。只有不断通过技术革新，劳动者才能在同样的时间内为社会提供更多的剩余产品，从而提供充分的资金积累，这是扩大就业必不可少的物质基础。技术进步加快了经济的增长，进而创造更多的就业岗位，扩大就业，实现了人尽其才，物尽其用，反过来又会极大地提高整个社会的经济发展。

另一方面，从资源配置角度考虑，资源的有效配置，即将有限的人力、土地和资本资源配置，使全社会产品和服务数量趋于最大化。失业现象的存在，意味着劳动力未尽其用，国民产出总量将减少。

2. 社会层面——是社会稳定的内在要求

解决失业问题，可以促进社会发展，缓解矛盾，促进民主法治建设，促进社会稳定发展。

第一，可以增进经济活力，促进社会发展。政府采取措施解决失业问题，一方面提升劳动力的素质，使他们更具竞争优势；另一方面，鼓励自主创业和自谋职业，提供多种优惠政策，创造条件，劳动者创业可以促进市场活力，促进经济的发展。

第二，化解人民内部矛盾和其他社会矛盾，保证社会稳定发展。解决失业问题，保障劳动者就业的基本权利，帮助劳动者实现自身的价值，可以控制协调不同社会群体之间的收入差距，化解人民内部矛盾，保证社会稳定发展。

第三，促进社会的民主法治。劳动力市场的规范运行和制定执行有关促进就业的政

策，都需要健全的法律、法规体系的支持，解决就业与失业问题，健全法律体系的建设，对促进社会民主法治有重要意义。

3. 个人层面——直接关系着国民的物质和精神生活

第一，物质方面。就业是人们获得经济收入的主要来源，劳动者一旦失业，正常的收入就中断，导致家庭收入减少，生活质量降低。对于工薪阶层、贫困家庭、家里的收入主要来源者来说更是如此。一般来说，短期失业不会给人们带来很大的损失，但是如果是家庭的主要收入者，失业持续时间较长，会造成生活十分困难。

第二，精神方面。失业是一个极其沉重的心理负担，除了影响家庭经济生活之外，对失业者的心理打击，自尊心、自信心都会受到影响。家庭生活的重担、孩子的教育问题、自身的竞争力问题，都直接关系着家庭生活的幸福，实证研究表明，失业率的高低与精神病障碍、自杀、离婚等社会问题发生的频率，具有很强的正相关性。此外，失业还与犯罪率、吸毒等社会问题密切相关，凡此种种，都提高了整个国民经济所必须承担的社会成本。

正因如此，各国经济学家以及政治家都将促进就业、降低失业率作为一项极为重要的社会政策目标来加以考虑。

（二）就业与失业的影响因素

影响就业与失业的因素主要来自劳动力供给、需求以及劳动力资源配置方式三个方面。劳动力供给量取决于人口和劳动力参与率，在一定时期内，供给具有相对的稳定性，就业主要决定于劳动力需求。劳动力需求派生于产品需求，而产品需求又主要由宏观经济发展水平和结构决定。因此，影响经济发展和经济结构的因素，例如投资、贸易、资本有机构成等都会对劳动力需求产生影响，经济管理体制和政策、就业制度模式也影响劳动力资源的配置。

1. 人口因素

人口是社会经济活动的主体，是劳动力资源再生产的基础，在一定的经济条件下，人口是决定劳动力供给量的决定性因素。人口数量和素质，直接决定着就业水平。

人口的总量、人口的年龄构成、性别构成、素质构成等直接影响着就业与失业。人口的总量及年龄构成直接影响着劳动力的供给；人口性别构成，影响着就业结构的合理性程度；人口素质因素主要是指人口的身体素质、思想素质和文化科技素质三个方面，影响着就业水平。

人口素质对就业影响直接表现在两个方面：一方面是人口身体素质是否适应产业结构、部门结构对劳动力资源的要求；另一方面是人口的文化科技素质是否适应产业结构、部门结构变化对劳动力资源的需求。这就是说，劳动力年龄人口中有就业要求的人能否充分就业，还要取决于该人口的身体素质和科学技术素质。特别是在科学技术迅速发展变化的社会化大生产中，在自然资源和人口总量一定的条件下，人口素质越高，就业结构越趋于合理。

2. 经济因素

就业与失业问题根本上是经济问题，经济发展水平、产业结构、劳动力市场的健全程度，是影响就业的决定性因素。

第一，就业弹性。经济发展水平与就业之间的关系，经济学家一般用就业弹性指标来衡量。就业弹性是指某一经济变量的单位变动率所引起的就业量的变动率，自变量可以是国民收入指标、消费指标、投资指标等，如通常讲的"投资增加一个百分点，就业增加多少"，实际上讲的是就业的投资弹性。一般情况下，就业弹性是指就业的收入弹性，计算时较常用的收入指标是国内生产总值 GDP，其计算公式为：

$$\text{就业弹性}=\frac{\text{就业增长率}(\%)}{\text{GDP 增长率}(\%)}$$

当就业弹性等于 1 时，说明就业量随着经济增长而保持同步增长；当就业弹性小于等于 0 时，说明经济增长并不能创造就业岗位，甚至减少了就业岗位。鉴于我国劳动力资源丰富，自然和经济资源相对短缺的现实，应千方百计提高就业弹性，实行增加就业的经济发展战略。

第二，产业结构。在社会化大生产中，劳动者与生产资料结合的自然形式和就业容量取决于社会各产业所提供的就业岗位总量，产业发展程度决定了社会所能提供的就业总量；二是产业结构的变化要求就业结构和劳动者素质随之变化。

社会经济发展表明：随着农业劳动生产率的不断提高，第一产业占用的劳动力不断减少，占社会总劳动力的比重不断下降，第二和第三产业部门占用的劳动力不断增加，占社会劳动力的比重不断上升；随着科学技术进步、生产力的发展和第一、第二产业部门劳动生产率的提高，第三产业部门所占用的劳动力不断增加，占社会总劳动力的比重不断上升。

各国经验来看，中小企业始终是解决就业问题的主力军。韩国 20 世纪 80 年代以来，中小企业得到了快速发展，制造业 51.2% 的就业岗位是由中小企业提供的，相当于中小企业创造出了制造业附加值的 34.9%。美国历来很重视小企业、自由创业精神，1991 年～1996 年，中小企业共创造了 1 500 万就业岗位，占新增工作岗位的 85%。①

3. 制度因素

经济体制是一系列经济制度的有机集合，通过在这一体制中活动的人的具体行为表

① 陆跃祥．就业、就业政策与经济增长．北京师范大学学报，2001 年第 1 期总第 163 期，64－69.

现出来，因而是权利结构、运行机制和经济行为人的行为目标三者的有机统一体。就业制度是经济制度的有机组成部分，在一定程度上对就业起到决定作用。

第一，经济体制对就业与失业的影响。

经济体制可以简单地分为商品经济体制和产品经济体制。市场就业与商品经济体制相适应，行政计划就业体制与产品经济体制相适应。经济体制主要通过就业体制、劳动关系调整对就业产生影响的。

在产品经济体制下，所有资源是掌握在政府手里的，政府根据行政渠道作出生产、投资、消费的具体决策，这种体制忽视就业规律一味地安置劳动力，导致企业生产效率低下，最终无法形成长期有效增加就业的稳定的经济增长机制。

在商品经济体制下，权利结构必须是一种产权结构，运行机制必须是市场机制，所有经济行为人的行为目标都是在其所拥有的资源限度以内追求利益最大化。因此，根据市场供求机制，拥有劳动力所有权的劳动者根据劳动力市场价格自主竞争就业，拥有经营自主权的用人单位根据实际需要选择用人，在市场的调整中，最终建立一种契约式的劳动关系。这样，有利于劳动力的合理配置、使用和流动，适应于市场经济中劳动力需求的动态性和灵活性，可充分发挥劳动者和用人单位的积极性，因而比产品经济体制更有利于开拓就业空间，增加就业岗位。

但是，完全的市场就业机制也有不利于就业的一面。由于通过市场价格信号进行的市场调节存在盲目性，市场波动较大，容易造成就业的波动。因此，通常政府要进行必要的调节。劳动制度就是政府调节的主要手段。

第二，劳动制度对就业与失业的直接影响。

劳动就业的方针政策直接影响着就业问题解决的程度。当方针政策正确，符合生产力发展要求和国情时，就业问题就解决得好；若方针政策不符合生产力发展要求和国情时，就业问题就解决得不好。新中国的劳动就业用历史充分证明了这一点。用工制度的内容和形式及其执行机构，直接影响着充分就业的实现。所谓用工制度，是指国家在使用劳动力方面所实行的各项制度。用工制度正确，有劳动能力而需要就业的人不但能够就业，而且在就业后充分发挥自己的聪明才智，为社会多做贡献。用工制度不正确，就会使一些本来可以就业而又要求就业的人不能及时就业，或者即使就业也不能充分调动其劳动积极性。

第三，工资制度和政策也是影响劳动就业的一个重要因素。

所谓工资制度是有关工资支付的原则和方法的总称。所谓工资政策是国家遵循客观经济规律及工资制度制定的、作为有关部门处理工资问题时的指导原则和依据。正确的工资制度和政策，既能吸引劳动力到各种就业岗位就业，又能吸引劳动力按照社会经济发展的客观要求流动。

4. 心理因素

影响劳动者就业的心理因素，实质上是就业意识，例如就业意愿、职业评价、择业动机以及对一系列就业行为过程及其结果的估计等。它是人们对于就业问题的基本认识和根本态度。就业意识影响和指导着人们的行为，使劳动者的就业行动具有目的性、方向性和预见性，影响着人们对某种职业的取舍。不同的时期由于受到不同的社会和家庭环境的影响，就业意识会发生相应的变化。另外，由于就业意识的影响，常常会造成劳动力在供求结构上的失衡。如在目前，一方面城镇失业人员增加，就业压力很大；另一方面，一些体力劳动岗位却招工困难，不得不从农村招收剩余劳动力。大多数就业者都向往到那些工资高、福利好、工作轻松悠闲的部门或单位就业，追求的是实惠、轻松的工作，这种状况则加剧了就业方面的矛盾。

第二节　就业与失业理论

就业理论产生于解决失业问题的实践中，失业现象最初产生于18世纪，19世纪后日益严重，使经济学家们对其展开了研究，就业理论成了经济学说的重要内容之一。在众多经济学家中，法国的著名经济学家萨伊（Jean Baptiste Say，1767 ~1832）、英国经济学家、剑桥派创始人阿尔弗雷德·马歇尔（Alferd Marshall，1842 ~1924）、约翰·梅纳德·凯恩斯（John Maynard Keynes，1883 ~1946）、英籍新西兰经济学家A·W·菲利普斯、美国经济学家弗里德曼（Milton Friedman，1912 ~2006），对就业失业问题都进行了研究，形成独特的理论。

一、萨伊的就业理论

（一）背景

现代西方经济学理论的雏形始于资产阶级古典经济学，主要的代表人物为英国经济学家威廉·配第、亚当·斯密和大卫·李嘉图，主要的观点是财富是物质产品，劳动是财富的源泉，市场自动调节比人为地调节更能符合社会整体利益。新古典经济学认为，市场完美有效，能够自动实现资源最佳的配置，奠定了现代微观经济学理论的基本框架。

19世纪以来，资本主义经济危机频繁出现，失业现象日益严重，法国著名的经济学家萨伊（1767年~1832年）和英国经济学家、剑桥学派创始人阿尔弗雷德·马歇尔（1842年~1924年），在他们的著作中，对危机和失业问题比较重视。

（二）内容

萨伊在 1803 年发表的代表作《政治经济学概论》一书中，提出了著名的“市场法则概论”。萨伊认为，市场经济内部不会有生产过剩危机和失业。因为商品的供应和需求只是一枚货币的两面，一种商品的供应量，相当于另一种商品的需求量。任何一种商品的市场价值，必然等于生产此种商品时所耗费的劳动力、资本和土地三要素之和。

劳动力需求与供给都取决于实际的工资水平，劳动力需求与实际工资水平呈反方向变化，而劳动力供给则与实际工资呈相同方向变化。由于劳动力市场是完全竞争的，工资可以适应劳动力市场的供求变化而迅速变动。在正常情况下，依靠价格机制，国家内部的经济失调会迅速地被商品市场和生产要素市场价格的自行运动所消灭。在正常情况下，市场经济会自动实现充分就业，偏离均衡的现象是暂时的，是不正常的，因此失业不是内在的。萨伊法则反对政府干预经济，主张自由放任的市场经济。“因为财产权意味着能够自由处理自己的财产。”“如果政府当局不作掠夺，那就是人民最大的幸福，财产就可以得到保护，不遭别人掠夺”。

（三）理论评价

萨伊的充分就业理论的错误，在于混淆了商品交换与物物交换的区别。萨伊认为，在以产品换钱，钱换产品的两道交换过程中，货币只一瞬间起作用，当交易最后结束时，我们将发觉交易总是以一种货物交换另一种货物。凯恩斯认为萨伊定律在只要执行正确的宏观经济政策，使投资等于充分就业下的储蓄时才成立。马克思认为萨伊定律与供需定律矛盾并漠视有效需求。在继承和发展萨伊的充分就业理论下，马歇尔 1890 年出版《经济学原理》分析了资本主义失业现象后，提出了自由竞争的条件下，只要劳动力市场没有人为阻力，就可以通过工资的自由涨落和劳动力供需之间的自发调节达到充分就业。提倡自由放任的原则，反对政府对劳动市场的干预行为。

二、凯恩斯的就业理论

（一）背景

1929 年 10 月 24 日，以纽约股市暴跌为起点，爆发了持续 7 年之久席卷整个资本主义世界的“大危机”。在此之前，传统的西方经济学主流观点是萨伊的“供给自身创造需求”，通过市场“看不见的手”，可以实现充分就业。而经济危机给各国人民带来了深重的灾难，商品滞销，商业停顿，银根奇紧，工厂倒闭，大量工人失业，整个资本主义世界的失业人数一度高达 3 500 万人以上，社会经济生活遭到了极大的打击。市场自动调节达到充分就业的理论彻底破产。在此背景下，1936 年英国经济学家凯恩斯出版《就业、利息和货币通论》一书，严厉批判新古典经济学，提出“有效需求原理”，主张由政府干预来拯救资本主义，被视为对传统理论的“重大突破”，被后人称为凯恩斯革命，标志着现代宏观经济学诞生。

（二）内容

凯恩斯的就业理论，在20世纪40年代至70年代，成为主要资本主义国家社会经济决策的理论依据。

凯恩斯主义的理论体系是以解决就业问题为中心，而就业理论的逻辑起点是有效需求原理，其基本观点是：社会的就业量取决于有效需求，所谓有效需求，是指商品的总供给价格和总需求价格达到均衡时的总需求。在消费倾向规律、资本边际效率规律和流动偏好规律三条心理规律的作用下，引起消费需求不足、投资需求不足，使总需求小于总供给，形成有效需求不足，导致了生产过剩的经济危机和失业，这是无法通过市场价格机制调节解决的。他承认资本主义社会中，除了自愿失业、摩擦性失业还有非自愿失业，即工人愿意按照现行货币工资水平受雇于资本家，却仍然找不到工作。这种状态的存在就说明社会尚未实现充分就业。为了系统把握，我们可以把凯恩斯的就业理论归纳为以下四点：

（1）非自愿失业是指由于来自其他市场的限制，劳动力市场上还会出现工人愿意按照现行货币工资水平受雇于厂商，厂商从其意愿来讲也希望能在现行货币工资下增雇这些工人，但实际成交水平，即实际就业水平却达不到双方所希望的就业水平所形成的失业。

（2）非自愿性失业不能通过削减货币工资来解决。因为，货币工资的下降会导致价格的下降，而价格的下降说明工人的实际工资水平并未改变（同比例升降不改变比值），而就业的扩大，根据边际生产率理论，是以工人的实际工资下降作为前提的，因此，仅有货币工资下降，就业不一定会扩大。也就是说，传统的关于失业必定是因为货币工资刚性造成的观点是站不住脚的。

（3）非自愿失业产生的原因是社会的有效需求不足。社会就业量被认为是由商品总供给价格和总需求价格达到均衡时决定的。但总供给在短期内不会有多大的变动，所以就业量实际上取决于总需求或有效需求。在一般情况下，资本主义经济使得在社会上还没有实现充分就业时，总需求就不再增加，总需求不足，产品无销路，工资再低，雇主也不会多雇工人，因此，在一般情况下，失业是不可避免的。失业是劳动力市场运行的常态，充分就业则只是一种特殊的极限。

（4）主张政府采取宏观调控政策使国民经济保持充分就业均衡。他认为在有效需求不足的基础上，市场机制本身往往不能使国民经济保持充分就业均衡。应扩大政府职能，采取政府干预和调节经济的一系列措施，增加投资、刺激消费、扩大需求，在消费水平既定的情况下，实行投资社会化，由国家总揽投资；增加政府开支、发行公债、赤字财政和温和的通货膨胀政策刺激经济，以达到充分就业。

（三）理论发展

1945年第二次世界大战结束以后，以美国麻省理工学院教授萨缪尔森为主要代表的一些经济学家，试图弥合凯恩斯理论与新古典经济学之间的分歧，遂形成所谓“新古典综合派”（Neo-classical synthesis），认为新古典经济学适用于经济繁荣状态，属于微观经济学；凯恩斯理论适用于经济萧条状态，属于宏观经济学。

新古典综合派认为，市场经济不能自动实现充分就业，因此政府应根据“逆经济风向行事”原则，运用财政和货币政策实施干预，以促进充分就业和国民收入增长。该学派的理论核心是英国经济学家希克斯1937年在《凯恩斯先生与古典学派经济学家》一文中最早提出，后来为美国经济学家汉森1953年在《凯恩斯学说指南》中推广的IS－LM模型，又称“希克斯－汉森模型”（Hicks-Hansen model）。

直到1980年代以前，新古典综合派一直占据西方经济学主流地位。

三、菲利普斯曲线及其发展

（一）背景

20世纪60年代，失业和通货膨胀显著上升，通过财政和货币政策降低失业率的宏观经济政策已经变得无能为力，于是许多经济学家认为宏观经济政策不可能永久地改善失业状况，降低失业率必然要以通货膨胀风险为代价。这就促使人们开始研究失业、工资与通货膨胀的关系问题。

（二）内容

最早研究失业与通货膨胀关系的是英国经济学家A·W·菲利浦斯。1958年，菲利普斯发表了题为《1867年～1957年英国的失业与货币工资变动率之间的关系》的论文。该文以货币工资决定于劳动供求关系的理论为基础，将失业率和货币工资变动率之间的函数关系表示为$y+a=bx^{c}$（其中，y为工资变动率；x为失业率；a、b、c均为待估参数）。然后，根据英国1867年～1957年间的有关统计资料，运用最小二乘法和试错法，估算配合而得出一条表示英国的失业率与工资变动率之间依存关系的函数式：$y+0.900=9.368x^{-1.394}$。根据此式，便可作出类似图8－4所示曲线，菲利普斯曲线由此得名。

基于这一曲线，菲利普斯推论出：在正常情况下，假设生产率每年增长2%，假如总需求保持在一个能维持物价稳定的水平上，则与此相关的失业水平不足2.5%；如果总需求保持一个能维持工资稳定的水平上，那么，与此相关的失业水平将达到大约5.5%左右。在这里，初步描述了一个以失业率和工资变动率相互替换为特点的宏观经济政策配合模型。①

菲利浦斯曲线说明，失业率与货币工资增长率彼此是逆相关或负相关的。换言之，

---

① A. W. Phillips. The Relation between Unemployment and the Rate of Change of Money Wage Rates in the United Kingdom, 1867－1957. Economica, New Series 25, p360－370.

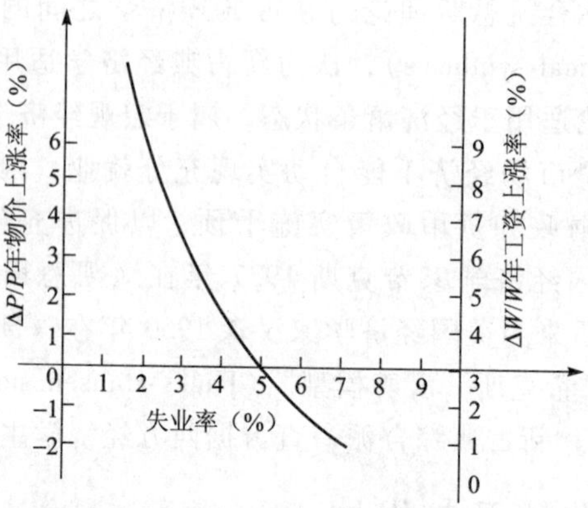

图 8－4　菲利普斯曲线

菲利浦斯发现在失业率高时，相应的货币工资变动率较低甚至为负，而当失业率较低时，货币工资的变动率往往较大。也就是说曲线表明：失业减少，工资增长就快；失业增加，工资增长就慢。理由是：失业率低意味着劳动力的短缺和较高的总需求水平，又使雇主竞相雇佣劳动力，结果引起工资较快增长；反之，失业率高，意味着劳动力过剩和较低的总需求水平，工资的增长也就会放慢。

（三）理论评价与发展——短期菲利浦斯曲线和长期菲利浦斯曲线

菲利普斯曲线自问世以来，围绕它的争论就从未平息过，P.A. 萨缪尔森等人在维持菲利普斯所着力论证的失业与通货膨胀的替代关系的同时，明确否定了这种关系在量上的长期稳定性。M. 弗里德曼认为，长期的菲利普斯曲线是垂直的或近于垂直的，凯恩斯学派的主将 J. 托宾也同意这一看法。大多数人同意失业率和通货膨胀率在短期内是可能交替换位的，但这种关系在长期内几乎是不存在的。

其中，弗里德曼对菲利浦斯曲线引入预期的因素，提出短期菲利浦斯曲线和长期菲利浦斯曲线。所谓预期，就是在产生通货膨胀的情况下，人们根据过去的通货膨胀率来预期未来的通货膨胀率，并把这种预期作为指导未来经济行为的依据。例如，上一年的通货膨胀率是10%，人们据此预期下一年的通货膨胀率也不会低于10%，这样，他们就以此作为下一年工资增长的基础，即下一年工资增长率为10%。

短期内，弗里德曼把劳动力供给变化描述为货币工资实际变动和工人预期的价格水平的函数，即想象的实际工资的函数，加上适应性预期的作用，工人按照原有的物价总水平来衡量自己的工资，名义工资的增加就代表实际工资的增加，从而增加劳动力的供给。当政府增加货币供应时，通货膨胀的作用使每个人只看到自己产品或劳动力价格的上涨，而没有时间看到整个社会产品和劳动力价格的上涨。雇主将产品价格的上涨错认为是对自己产品需求增加的信号，从而扩大生产规模和就业规模。在此期间，实际利润增加，刺激投资，就业增加，失业率下降。这里确实存在通货膨胀与失业交替关系。

但是，随着时间的推移，错误的预期会慢慢得到修正。工人逐渐认识到由于价格总水平的上升，名义工资的增长并不代表实际工资的增长，他们将根据修正后的实际工资来调整自己的劳动力供给，减少劳动力供给量，雇主也会发现产品价格的上涨并不是自己产品需求扩大的正确信号，从而削减生产规模和雇佣规模，一切都回到初始的水平，不过以更高的通货膨胀为代价，从而通货膨胀不会起到减少失业的作用。这就是长期菲利浦斯曲线，这时的曲线是垂直的，即无论通货膨胀率如何变动，失业率总是在自然失业率的水平上。所以宏观经济政策在长期中是无效的。

弗里德曼并没有提出具体的就业政策，因为他的就业理论是从属其货币理论的，他惟一的经济政策是单一的货币政策规则，即使货币供给量按固定的比例增长。他认为，如果依靠“单一规则”使资本主义经济保持稳定，就业问题将在这个正常的经济环境中逐步得到解决，最终使高于或低于“自然失业率”的市场失业率接近于“自然失业率”水平。

四、供给学派的就业理论—萨伊定律的回归

（一）背景

20 世纪 70 年代西方经济出现生产呆滞、失业严重，同时物价持续上涨的“滞胀”局面。于是西方经济学界纷纷向凯恩斯主义提出挑战，并研究替代的理论和政策，非凯恩斯主义流派主要有货币主义学派、新古典宏观经济学派、供给学派、新自由主义学派、新制度学派、公共选择学派等。供给学派就是在这样的背景下兴起的。供给学派对美国政府的经济政策有很大影响，里根总统在两届任期内（1981 ~ 1989）都推崇供给学派。

（二）内容

供给学派认为，凯恩斯的“需求自动创造供给”的观点是错误的，“需求管理政策”是造成滞胀的根源。重新肯定萨伊定律以后，进而确认生产的增长决定于劳动力和资本等生产要素的供给和有效利用，在生产要素中资本至关紧要，认为在自由竞争的市场经济中供求总是均衡的。主要代表人物有美国南加利福尼亚大学经济学家阿瑟·拉法，乔治大学的保罗·罗伯茨教授，华盛顿市经济顾问诺尔曼·图尔，哥伦比亚大学教授罗伯特·奈德尔等。供给学派并没有一套比较系统的劳动力市场理论，只是提出以下三点政策建议来解决失业问题：

1. 减税刺激投资，增加供给

供给学派认为，高边际税率会降低人们工作的积极性，而低边际税率会提高人们工

作积极性。边际税率的高低通过影响劳动力和闲暇相对价格的对比而影响劳动力供给。

2. 削减过多的社会福利

供给学派认为，失业保险和社会救济金制度降低了失业成本，促使人们愿意延长失业期限，从而导致失业增加和总产量缩减。

3. 精简规章制度

供给学派认为，劳资谈判中工会势力的增强、最低工资立法等有关劳动力立法的实施等，都增加了雇主使用劳动力的成本，具有阻碍提高产量和就业水平及增加失业的副作用。

（三）理论评价

供给政策使美国经济从滞胀的困境中摆脱出来，它的成功之处在于，强调宏观经济政策的微观基础，重心由需求转向供给，采取降低对劳动、利率或股息征收的税率等政策，激发了企业的投资热情和个人的工作积极性；减少了管制，在航空、能源、电信和金融等领域引进了竞争，为产业结构、高科技革命创造了良好的外部环境；它使人们认识到，政府也不是万能的，在解决市场的周期波动问题时，关键在于如何界定两者的职能范围，使市场机制保持强大的生命力。当然，供给学派的政策也有争议，如减税政策的效应不确定，发生作用的时滞太长，扩大了收入分配中的不公平等。供给学派的就业政策也是更多地强调了市场和个人的作用，激发个人的工作积极性，促进劳动力市场的完善来解决失业问题。

第三节 就业与失业结构

一、就业结构的定义与特点

就业结构一般是指社会劳动力在国民经济各部门、各行业、各地区、各领域的分布、构成和联系。生产要素在不同部门、行业、地区、领域按一定的比例分布，这一比例对经济发展的方向、速度、活力有重大的意义。一般而言，就业结构有以下特点：

（一）历史性

就业结构是由一定的经济和社会发展规律所决定的，即就业结构的变化是有阶段有秩序的，有一定规律可循的。尽管土地、资源、地理以及风土人情的差异可以对就业结构产生很大影响，但从根本上说，对就业结构有着决定性影响是经济和社会发展水平。经济发展水平相同的国家在就业结构方面的差异，比自然条件、社会制度相同但发展水平不同在就业结构方面的差异要小得多。事实说明，就业结构无论是在世界范围内，还是一国范围内，都有一个从低级到高级、从原始到先进的发展过程。

（二）功能性

就业结构和其他结构系统一样，都具有一定的功能。结构的功能是指结构本身在内部与外部联系和相互作用中表现出来的特有的功用和能力。功能和结构是对应的，不同类型的就业结构具有不同的功能，结构是功能的基础，结构决定功能。同时结构又是功能的表现，功能对结构有着反作用。结构是内在的，相对稳定的，功能是外在的，多变的。就业结构要发挥其功能有其基本条件，就是各层次、各要素之间必须协调。就业结构的各个要素之间要有信息、能量、物质的交换和流通，否则，就是一个死结构，连生存都维持不了。

一般来说，结构本身组织的越严密，功能作用的发挥就愈正常。在现代社会化的生产中，就业结构的严密性和有序性是趋向不断加强的。这就使结构的组织形式对功能的发挥具有决定性影响。例如，就业的地区结构与城乡结构的微小变化，都会迅速引起各地劳动力供求关系的变化，处理不当就会导致结构对劳动力控制的功能失调。并且，现代经济的复杂性会很快将这动失调扩大，使其波及社会其他各个领域。

（三）复杂性

就业结构本身是复杂的，它所包含的因素并不是简单地罗列在一起，而是按照一定的规律和法则有序地划分和组合。从层次看，就业结构有宏观即国家、中观即地区和微观即企业之分，三个层次虽然有相对的独立性，但各层次之间又有着密切的联系，以保证结构的稳定。从种类看，就业结构有部门结构即按照劳动力数量在国民经济各部门的分布划分的、城乡结构即按照城镇和乡村的分布划分的、所有制结构即按照不同所有制的经济单位的分布划分的和知识结构即按照劳动力文化知识的构成划分的等等，此外还有就业的性别结构、职业结构、技术结构等等。

二、就业结构的分类

就业结构一般分为就业的产业结构、地区结构、城乡结构。就业结构是社会经济结构和产业结构的重要组成部分，就业结构随着二者的发展而变化，并且对二者的健康发展有着重要的作用。就业的产业结构是指社会劳动力在各产业间及各产业内部的分配。合理的就业产业结构是国家产业结构合理化、经济发展的必然条件。

就业的地区结构是指就业人口在不同地区之间的分布，它是生产力布局的一个组成部分。就业的地区结构与经济发展、生产力发展水平、自然地理条件以及政策因素紧密相连，经济发展在生产力水平低的情况下，对自然条件依赖程度大，因此，沿海地区、江河流域往往是经济先发展起来的地区。就业的地区结构还与三次产业在区域间合理有序转移密切相关。经济学家用雁阵模型来形容产业国际间转移，即独立经济体之间的产业转移和承接关系，由于发展阶段的不同，先行的国家或地区劳动力出现短缺、劳动密集型产业失去比较优势的时候，后起的国家或地区正处于劳动力资源丰富、产业发展不充分的阶段，承接了转移产业，就业的地区结构也发生了变化，达到了产业的优化升级、就业的扩大与就业地区结构合理化三者的统一。

就业的城乡结构是指劳动力在城市和乡村分布构成情况。随着工业化和城市化进程的发展，劳动力、资本、技术等要素在产业上不断从第一产业向第二、三产业转移，在空间上则不断由分散的乡村向区域条件相对优越的地点聚集，形成劳动力在城乡分布上的变化。

（一）产业结构的划分

在经济研究和经济管理中，经常使用的分类方法主要有两大领域、两大部类分类法，三次产业分类法，资源密集度分类法和国际标准产业分类。三次产业分类法是根据社会生产活动历史发展的顺序对产业结构的划分。产品直接取自自然界的部门称为第一产业，对初级产品进行再加工的部门称为第二产业，为生产和消费提供各种服务的部门称为第三产业。这种分类方法成为世界上较为通用的产业结构分类方法。

表 8-1　　我国的三次产业划分

第一产业	农业（包括种植业、林业、牧业和渔业）
第二产业	工业（包括采掘业，制造业，电力、煤气、水的生产和供应业）和建筑业
第三产业	除第一、第二产业以外的其他各业（一是流通部门、二是服务部门）
	第一层次：流通部门，包括交通运输、仓储及邮电通信业，批发和零售贸易、餐饮业等。
服务部门	第二层次：为生产和生活服务的部门，包括金融、保险业，地质勘查业、水利管理业，房地产业，社会服务业，农、林、牧、渔服务业，交通运输辅助业，综合技术服务业等。
	第三层次：为提高科学文化水平和居民素质服务的部门，包括教育、文化艺术及广播电影电视业，卫生、体育和社会福利业，科学研究业等。
	第四层次：为社会公共需要服务的部门，包括国家机关、政党机关和社会团体以及军队、警察等。

（二）就业结构与产业结构的变化规律

英国经济学家科林·克拉克在威廉·配第的基础上，深入分析研究了就业人口在三次产业中分布结构的变动趋势后，得出关于产业结构与劳动力分布关系的演变规律，即配第—克拉克定理。配第—克拉克定理以若干国家在时间的推移中发生的变化为依据，这种时间系列是和不断提高的人均国民收入水平相对应的。此外，其产业结构的研究以三次产业分类法为基础，考察伴随着经济发展劳动力在各产业中的分布变化。

配第—克拉克的主要结论是：随着经济发展和人均国民收入水平的提高，劳动力首先由第一次产业向第二次产业移动；当人均国民收入水平进一步提高时，劳动力便由第二次产业向第三次产业移动。劳动力在产业间的分布状况为：第一产业将减少，第二、第三产业将增加。人均国民收入水平越高的国家，农业劳动力在全部劳动力中所占的比重相对来说就小，而第二、三次产业中劳动力所占的比重相对来说就越大；反之，人均国民收入水平越低的国家，农业劳动力所占比重相对越大，而第二、三次产业劳动力所占比重相对越小。

表 8－2　　日、美、英、德、法五国劳动力三大产业间的分布结构变化　　(单位:%)

国别	产业名称	20 世纪初	20 年代	40 年代	60 年代	80 年代	90 年代	21 世纪初
日本			(1920)	(1936)	(1963)	(1980)	(1998)	(2001)
	第一次产业		55	45	29	10.3	5.3	4.9
	第二次产业		22	24	31	34.8	32.0	32.5
	第三次产业		23	31	40	54.9	62.7	63.9
美国		(1900)	(1920)	(1940)	(1960)	(1979)	(1998)	(2001)
	第一次产业	37	27	17	7	3.6	2.7	2.4
	第二次产业	30	34	31	34	30.2	23.9	22.4
	第三次产业	33	39	52	59	66.2	73.5	75.2
英国		(1901)	(1921)	(1938)	(1966)	(1980)	(1998)	(2001)
	第一次产业	9	7	6	3	1.6	1.7	1.4
	第二次产业	47	50	46	45	37.4	26.6	24.9
	第三次产业	44	43	48	32	61.0	71.7	73.4
德国		(1907)	(1925)	(1939)	(1963)	(1980)	(1998)	(2001)
	第一次产业	34	30	27	12	5.8	2.9	2.6
	第二次产业	40	42	41	48	45.0	33.8	32.5
	第三次产业	26	28	32	40	49.2	63.2	64.7
法国		(1901)	(1921)	(1946)	(1962)	(1979)	(1994)	(2001)
	第一次产业	33	29	21	20	8.8	4.7	1.6
	第二次产业	42	36	35	37	35.4	26.6	24.4
	第三次产业	25	35	44	43	55.8	68.7	74.1

资料来源：前五列数据来自杨治《产业经济学导论》，中国人民大学出版社 1985 年版，第 41 页。90 年代数据根据《中国统计年鉴 2000》第 871、872 页计算。21 世纪初数据来源于《中国统计年鉴 2005》。

注：表中数字按各自口径计算整理。

通过表 8－2，我们可以看出各国三次产业的变化趋势，得出一般的变化规律：

第一，第一产业的增加值和就业人数在国民生产总值和全部劳动力中的比重，在大多数国家呈不断下降的趋势。到 20 世纪 80 年代，一些发达国家，如英国和美国，第一产业增加值和劳动力所占比重下降的趋势开始减弱。英国 20 世纪 80 年代劳动力在第一次产业的比重为 1.6%，20 世纪 90 年代，1988 年的数据为 1.7%，2001 年比例为 1.4%，可见比重变化很小。

第二，第二产业的增加值和就业人数占的国民生产总值和全部劳动力的比重，在 60 年代以前，大多数国家都是上升的。但进入 60 年代以后，美、英等发达国家工业部门增加值和就业人数在国民生产总值和全部劳动力中的比重开始下降，其中传统工业的下降趋势更为明显。

第三，第三产业的增加值和就业人数占国民生产总值和全部劳动力的比重各国都呈上升趋势。20 世纪 80 年代，发达国家的第三产业发展更为迅速，所占比重都超过了 60%。

就业结构的总体发展趋势，都是劳动力由第一产业向第二、三产业转移，但是由于各国所处的经济环境不同，就业结构的发展模式也有所不同。对于今天的大多数发展中国家而言，在发展工业、推动工业化过程中，由于具有后发优势，直接引进吸收现代化的工业技术，而运用现代化的工业技术的产业部门，越来越是技术密集型的，所吸纳的劳动力有限。因此，工业就业再也不是一个重要的中间环节了。从第二产业中转移出来的劳动力，可直接进入第三产业。这被称为就业结构的跨梯度发展模式，又称为萨勃鲁－辛格尔曼模式。

新中国成立以来，随着我国经济的发展、产业结构的转换，就业结构也在发生了一系列变化。我国的就业结构除 1958 年“大跃进”时期大量农村劳动力进城做工和“文化大革命”时期的城乡劳动力对流而发生的两次大的动荡以外，总体上与我国的经济发展水平相适应。我国就业结构变化和产业结构变化基本与配第－克拉克定理相符，劳动力由第一产业向第二产业和第三产业转移。就业结构总体水平仍然是落后的，截止 2005 年，全国第一、二、三产业的在业人员和比例结构分别为 3.4 亿人、1.8 亿人、2.4 亿人和 44.7%、23.7% 和 31.6%。第一产业从业人数比重仍占 44.7%，远远高于发达国家小于 5% 的水平；第一、第二产业部门就业人数之和占社会就业总人数的 68.4%，高于发达国家的 30% 左右的水平；而第三产业的就业劳动力与经济发展和人民生活水平提高的需要不相适应，2005 年为 31.6%，与世界上中等发达国家的 30%～40% 和发达国家的 50%～75% 还是存在一定差距的。

三、失业类型与成因

失业问题究竟是一个多么严重的问题？在一个信息不对称、不充分的动态社会中，摩擦性失业是不可避免的。失业保险体系中的一些因素对搜寻性失业、周期性失业和季节性失业起到一定的推进作用。然而，无论如何，当失业率上升到比充分就业或自然失业水平还要高的水平上时，资源必然会被浪费。20 世纪 60 年代，阿瑟·奥肯在担任肯尼迪总统经济顾问委员会顾问时，通过实证考察得出，实际国民生产总值每降低 3%，失业率就会升高 1%，这就是“奥肯法则”。美国经济史上的许多数据已经验证了它的正确性，表明了一个社会为过高的失业率付出的成本是巨大的。下面通过分析失业的主要类型和成因，来探讨促进就业的措施。

（一）摩擦性失业

摩擦性失业是由于劳动者在要求就业和获得工作岗位之间存在时间差而形成的。即一方面经济中存在着职位空缺，另一方面也存在着与此数量相对应的失业者，这种失业在现代经济社会中，即使劳动力市场处在均衡状态，即在现行市场工资率下，劳动力需求与劳动力供给相等，也总会有一些人处于“工作之间”，或刚进入劳动力市场，正在寻找职业或与雇主洽谈；或由于劳动者或用人单位各自的需求发生变化，而使劳动者处在工作变换甚至职业变换状态中。因此，摩擦性失业是一种正常性失业，是竞争性劳动力市场的一个自然特征，可以与充分就业状态并存。

摩擦性失业产生的原因：

1. 劳动力市场的动态属性

用人单位对劳动力的需求是随着社会和经济产业结构发展而不断变化的，不断搜寻合适的有技能和潜力的劳动者。劳动者也在市场上搜寻适合自己发展、职业规划的位置，充分实现自己的价值。所以，劳动力市场是个快速流动的市场。

2. 信息不完善

劳动力市场的动态性，为摩擦性失业产生创造了条件，然而，摩擦性失业的程度是由信息完善程度决定的。劳动力市场上，供求双方的信息对称和有效传达可以增快寻找工作或劳动力的速度，减少求职者与空缺职位匹配和摩擦的时间，降低摩擦性失业的水平。政府应该创造外部环境，使市场信息快速、有效的传递，疏通信息渠道，促进就业。

3. 外部环境的影响应强化政府责任

除了国家的经济制度、经济形式的影响，对摩擦性失业有直接影响的还有劳动者就业意愿，所以影响劳动者就业意愿、动机的因素，对摩擦性失业都有影响。如：失业保险福利，失业保险支付过于慷慨，会使劳动者产生惰性，降低就业欲望。政府应该给劳动者提供与时俱进的培训、疏通信息渠道，建立统一的劳动力市场来减少摩擦性失业。

（二）结构性失业

结构性失业是因经济结构的变化和产业的兴衰转移所造成的劳动者的技能结构与现有的就业岗位技能结构错位，造成失业与岗位空缺并存的一种失业现象，表现在：技能结构的失衡、文化结构的失衡、区域结构的失衡、年龄结构失衡等许多方面。

1. 结构性失业的主要影响因素

结构性失业主要有两种类型，一种是劳动力结构变化与经济结构变化不适应，劳动力市场所需要的技能与劳动力实际供给之间出现了不匹配；一种是劳动力供给和劳动力需求地理位置不匹配。主要的影响因素：

第一，从劳动力供求不匹配角度分析，经济结构的调整，对劳动者的技能、知识结构、经验需求发生了明显的变化，三大产业之间的劳动力转换，经济增长方式的转变都造成现实中劳动者技能不能满足需求而失业。

第二，劳动者就业观念的落后、年龄供求、性别供求不对称问题，劳动者的就业意愿、对工作岗位的预期与实际不一致、用人单位对劳动者年龄和性别的要求都会使失业率上升。

第三，劳动力跨地区流动成本过高。求职者与工作的地理位置不匹配时，劳动力不能很好地跨地区转移，形成了空缺与失业并存的结构性失业，这种情况的产生主要原因是信息不完备、迁移成本过高、户籍政策、社会福利待遇的不可转移，待遇上造成的差异等加剧了结构性失业的程度。

2. 结构性失业的解决对策

结构性失业取决于劳动力需求与供给构成的变化程度，以及不平衡和不匹配的调整程度。缩短结构性失业的期限，通常涉及与更新技术和工作岗位的匹配程度，在这种调整过程中培训和再培训起着关键的作用。

政府应做好教育、培训计划，对未来劳动力的需求有效预测，使劳动者的知识更新与技术发展同步；提供专业的就业指导，使劳动者能迅速了解市场的寻求，也要鼓励企业培训。建立统一规划的人力资源市场，为用人单位和劳动者提供便捷服务，使人力资源得到合理配置，是建设服务型政府的重要支撑，也是政府人力资源机构深化管理体制和制度改革，优化人才发展环境的重要职责。

（三）周期性失业

周期性失业，又称为需求不足型失业，是指由于经济运行总是处于周期性的循环状态，从而对就业需求产生周期性波动而形成的失业。即由于经济周期或经济波动引起劳动力市场失衡所造成的失业。

为了应付经济不景气，企业有两种选择，一是降低工资，减少工资总量；另一个是解雇工人。企业更倾向于解雇工人的原因有以下几点：

1. 工资具有刚性

面对经济困难，市场上信息的不对称，企业对困难的认识更深刻，通过降低工资很难得到员工的理解和支持，难以渡过难关。

2. 人力资本投资的非均衡性

企业要对员工进行一定的人力资本投资，提供职业培训和长远的职业规划发展，吸引和留住凝结着高额人力资本投资的精英。在不景气时期，如果采取降低实际工资的办法打击面较大，会造成人才流失，不如将缺乏竞争力、表现欠佳、相对人力资本投资较低的劳动者解雇。

3. 促进劳动力市场竞争

采取解雇的策略，将竞争力弱的员工清除出去，实际上向未被解雇者发出了一个信号，如果形势不进一步恶化，工作效率令人满意，他们的饭碗还是有保障的。面对这种形势，未被解雇者容易接受较低的工资，并提高工作效率和自身能力，使自己处于竞争的有利位置，提高经济效率。

目前，世界各国政府着力治理的就是这种类型的失业。治理周期性失业的主要措施是政府的宏观经济政策，一般表现为财政和货币政策，目的是为了提高总需求。具体的政策为增加政府开支、降低税率、增加货币供给量等。

（四）隐性失业

隐性失业，这一概念是西方经济学家J·罗宾逊针对发达国家20世纪30年代经济大萧条时期大批熟练工人不得不从事非熟练工作，其生产率远低于潜在的生产率，因而存在着一个隐蔽的劳动潜力这一现象而首先提出来的。发展经济学家A·K·森把劳动和劳动力区别开来，他认为隐蔽性失业的产生，“并不是在生产过程中花费了太多的劳动，而是使用了太多的劳动力。隐蔽性失业通常采取每人工作较短时间的形式”，“是劳动力的边际生产力在一个相当大范围内为零”。

所谓隐性失业是指经济部门中存在着边际生产率等于或小于零的现象。尽管这种失业，不以社会上存在失业人口的形式表现出来，但这种失业实质已存在，社会上却看不到，应有的失业人口被隐藏到企业内，或土地上去了。而显性失业，则正相反，以社会上存在相应的失业人口的方式表明其存在。

隐性失业与公开失业的原因相同。从客观层面看，它们如果是摩擦性失业、结构性失业、季节性失业等的隐性化，那么其产生原因，就同这些公开性失业的产生原因是一样的。如果是周期性失业的隐性化，那么它的波动也随社会总需求和总供给的波动而波动。

隐性失业不同于公开性失业的原因主要是政府出于自身的需要，通过某种制度造成的。也就是说，它是政府干预的结果，要用政府行为来解释。从我国来看，高度集权的计划经济体制不承认失业是社会经济生活中不可避免的现象。因为从理论上讲，它可以用行政手段强制地把失业人口安置到单位中去，或下放到农村去，从而在表面上保持劳动者与生产资料相结合的状态。但这种做法是会严重损害经济效率和引起其他社会问题的。在市场经济条件下，由于利益机制的作用，隐性失业不可能再延续下去。相信随着我国社会主义市场经济体制的确立，相关的各种法规、制度体系的完善，尤其是社会保障体系的建立和完善，失业公开化的趋势必然会取代失业隐性化的状况，这不仅有利于我们准确把握失业的真实水平，研究如何才能更充分地利用现有的社会劳动力资源，而且有利于经济效率的提高。

隐性就业并非我国特有，自20世纪70年代以来它就作为一种遍及全球的经济现象，国外学者研究“非公开职业”，就是指隐性就业，大致包括企业秘密雇工、未登记的自营人员、未公开的兼职者、非法职业者。我国一般有第二职业、兼职、公开失业后的隐性就业、离退休退职人员的再就业、农民工进城就业等。

在经济高速发展的条件下，伴随着新旧体制的转轨，我国也面临着失业问题的严峻挑战。目前的失业问题，主要是由于劳动力供给大于需求而产生的，结构性失业、摩擦性失业、隐性失业都存在。中国的经济本身是一个人口和劳动力过剩的经济，农村劳动力的剩余、隐性失业显性化、经济结构变化都加剧了失业问题。

案例讨论

大学生失业属于哪种类型？

我国教育部1999年决定全国高校大规模扩招，普通高校计划招生达到153万人以上，与1998年的108万人相比增幅高达44%，实际招生增幅高达47.8%，至使该年度高考录取率达到了58%左右，成了特定历史背景下的现象。2000年扩招60.9万人，增幅38.16%；2001年扩招29.4万人，增幅13.3%；2002年我国各类高等学校在学的学生规模超过1 600万人，高等教育毛入学率①达到15%，2003年再次扩招15万人，招生人数达到335万人，本科层次招生人数达到173万，比2002年增加9万人。经过近10年的扩招后，我国高等教育已由精英教育成功转型为大众教育，高校在校生人数为2 500万人，规模位居世界第一，但是毛入学率仅为23%，20世纪60～70年代，日本高校毛入学率已达40%，目前达到90%。2009年扩招幅度不超过4%，2010年不超过

① “高等教育毛入学率”，亦即高等学校注册生（在校生）人数与规定年龄组人口数的比率，通常被作为衡量一个国家高等教育发展水平的重要指标之一。

3%，放慢扩招脚步。

2007年全国近500万高校毕业生，至2008年1月《社会蓝皮书》发布时，仍有100万高校毕业生未就业。① 2008年全国普通高校毕业生达到559万人，比2007年增加了64万人，2009年有610万的毕业生其中就业困难的比例可能达到1/4，毕业生人数的增加再加上往年的未就业群体的压力，就业形势严峻。人力资源和社会保障部召开的2009年一季度新闻发布会，发言人尹成基介绍说，一季度应届高校毕业生的签约率大体是20%到30%。据美国大学和雇主协会统计，2004年全美高校毕业生毕业离校时的就业率为49.8%，离校6个月后的就业率为76.1%，这一数字不包括19.8%的考研升学率。我国高校初次就业率一般保持在70%以上，离校6个月后的就业率保持在75%左右，但是加上考研升学之后，美国为95.9%，我国为85%左右，差距显现。②

就业形势严峻带来是高的就业压力。2009年4月25日，北京青年压力管理服务中心发布《2009中国大学生就业压力调查报告》显示，调查者对就业忧心忡忡的高达52%，大学生的就业压力感受平均得分为19.12，远高于中位数15，大学生心理、生理以及行为指标都在不同程度上受到了就业压力的影响。③

是什么造成了大学生就业如此困难呢？是劳动力市场的制度性分割阻碍了劳动力的自由流动造成的？还是产业结构的失衡，现在落后的产业结构难以承受高考扩招、留学人员等劳动力结构猛然提升而形成的短期压力？还是高校课程设置的落后，没有根据社会需求培养人才，造成人才知识结构、心理素质等与社会脱节？

案例思考题

1. 你认为高校扩招政策是造成现在就业严峻的主要原因吗？
2. 我国大学生就业难的主要原因是什么？
3. 从失业类型角度来考虑，大学生失业属于哪种类型呢？
4. 联系国际考虑，促进大学生就业的主要对策有什么？

本章小结

就业与失业是劳动力市场上最重要和最普遍的经济问题之一，是一对相对的概念，是衡量一国宏观经济状况的标志。各国政府高度关注就业失业问题，规范就业和失业的

---

① 社科院：07年100万高校毕业生未就业但扩招不能停．新华网2008年1月3日．http：//news. hexun. com/2008－01－03/102607231. html.

② 中美高校毕业生就业的比较分析．和讯网．http：//news. hexun. com/2008－11－05/110899040. html. 2008年11月5日．

③ 大学生就业压力调查．北京青年报．http：//edu. people. com. cn/GB/9195563. html. 2009年4月26日．

统计，综合考虑影响就业失业问题的因素，探索解决失业问题的方法。

正确把握就业和失业的理论是研究的基础，从主张供给自身创造需求，强调市场自动调节达到充分就业的萨伊定律，到凯恩斯的有效需求原理，主张政府采取宏观调控政策使国民经济保持充分就业均衡；随着失业与通货膨胀的显著上升，菲利普斯和弗里德曼提出菲利普斯曲线和短期、长期菲利普斯曲线来分析解决这个问题；面对20世纪70年代的滞胀问题，供给学派又重新肯定萨伊理论，强调宏观经济政策的微观基础，科学界定政府和市场的职能范围。

就业结构与失业结构，对经济发展方向、速度和活力有着重大的意义，就业结构有其历史性、功能性和复杂性等特点，而如何针对摩擦性、结构性、周期性和隐性等失业现象，提出有效的解决对策非常必要。

思考题

1. 如何看待充分就业和自然失业率？
2. 什么是失业？衡量失业的方法是什么？
3. 失业的基本类型及其特点和应对措施有哪些？
4. 说明凯恩斯就业理论的主要观点和意义。
5. 简述菲利普斯曲线的内容、意义及局限性？
6. 试述其他就业理论的主要观点和政策主张。
7. 什么是就业结构？就业结构的分类与意义有哪些？
8. 借鉴西方国家失业情况，对比分析我国现阶段失业的特殊性，应采取哪些失业治理政策？
9. 结合我国具体情况，谈谈如何降低失业率？

第九章

人力资本投资

关键概念

人力资本　投资回报　一般培训　特殊培训

人力资本是一种生产要素，是一种很宝贵的资源和发展经济的关键因素，但它的取得不是无代价的，而是要消耗一定数量的金钱和其他资源进行投资的结果。人力资本的投资形式有教育、培训、保健、国内外的流动等几种方式。人力资本的投资成本发生在目前，而它的收益发生在未来。只有当预期收益大于预期成本时，人们才可能进行人力资本投资。

本章介绍了人力资本投资的相关理论与收益分析模型。主要内容包括：人力资本思想的产生，人力资本投资理论的发展及其代表人物；应用传统的微观均衡分析方法建立了人力资本投资均衡模型并将其应用于企业的在职培训，提出并分析了一般培训和特殊培训两种方式。特别分析了企业在职培训投资与培训管理技术。重点阐述在职培训投资领域、投资过程即培训管理中培训内容、培训方法等对企业人力资本投资收益的影响，以提高企业在职培训投资的收益率。

第一节　人力资本理论的产生与发展

人力资本的概念来自于古典经济学家亚当·斯密（Smith），现代的人力资本理论产生于上世纪50年代末到60年代初。国内外的学者对人力资本的概念都有所阐述。对于人力资本的概念，《实用教育大辞典》中这样定义，即认为：人力资本是与物质资本相对的一个概念，是通过人力投资形成的，凝聚在劳动者身上的知识、技能及其所表现出来的能力，这种能力是经济增长和生产发展的主要因素，是一种收益率很高的资本①。它在某种程度上能够提高劳动生产率，在生产的运动中实现价值增值，并可以带来剩余价值，能够为其所有者带来持久性的收入来源。

一、人力资本思想的产生

人力资本思想的产生，可以追溯到具有现代意义的经济学创始之初。经济学鼻祖威廉·配第（Petty）早在1676年，曾将战争中的武器和其他军械物资的损失与人类生命的损失进行比较，Petty因此也被认为是“首次严肃地运用了人力资本概念”②。此外，Petty最先提出和论证了劳动决定价值的思想，奠定了劳动价值论的基础，在其代表作《政治算术》（1676）中Petty提出了“土地是财富之母，劳动是财富之父”的著名命题，他认为由于人的素质不同，所以才使劳动能力有所不同。

第一个将人力视为资本的经济学家是亚当·斯密（Smith），他在肯定劳动创造价值以及劳动在各种资源中的特殊地位的基础上，明确提出了劳动技巧的熟练程度和判断能力的强弱必然要制约人的劳动能力与水平，而劳动技巧的熟练水平要经过教育培训才能提高，教育培训则是需要花费时间和付出学费的。Smith认为：“学习一种才能，须受教育……所费不少……但这些总费用，可以得到偿还，赚取利润。”③

法国经济学家让·萨伊（Say）的某些观点尽管曾经受到马克思的严厉批评，但他也是提出人力资本思想萌芽的经济学家之一。Say认为，花费在教育与培训方面的费用总和称为“积累资本”④。受过教育培训的人的工作报酬，不仅包括劳动的一般工资，而且还应包括培训时所付出的资本的利息，因为教育培训支出是资本。特别是他提出的科学知识是生产力的一部分的思想，无疑是非常重要的划时代的理论贡献。

大卫·李嘉图（Richardo）继承并发展了Smith的劳动价值学说，坚持了商品价值量决定于劳动时间的原理，还把人的劳动分为直接劳动和间接劳动。直接劳动是指投在直接生产过程中的劳动，它创造商品的价值；间接劳动则指间接投在所需生产资料上的物化劳动，它不创造价值，只是把原有的价值转移到商品中去。Richardo曾明确指出机器和自然物不能创造价值，只有人的劳动才是价值的惟一源泉。而劳动分为劳动数量和劳动质量，认为劳动质量的提高才是增加社会财富的关键。

德国历史经济学家弗里德里希·李斯特（Liszt）提出了与物质资本相对应的“精

① 王焕勋．实用教育大辞典．北京：北京师范大学出版社，1995：368.
② 约翰·伊特韦尔，等．新帕尔格雷夫经济学大辞典（第二卷）．北京：经济科学出版社，1992：736.
③ 亚当·斯密．国民财富的性质和原因的研究．王亚南，等，译．北京：商务印书馆，1972：257－258.
④ 巴蒂斯特·萨伊．政治经济学概论．陈福生，等，译．北京：商务印书馆，1963：368.

神资本”的概念，并分为狭义和广义两种解释，狭义的“精神资本”是指“个人所固有的或个人从社会环境和政治环境得来的精神力量和体力”；从广义上讲则指“各国现在的状况是在我们以前许多世代一切发现、发明、改进和努力等等累积的结果。这些就是现代人类的精神资本。”① 这些观点其实就是现代人力资本概念的雏形。

英国著名改良主义经济学家约翰·穆勒（Mill）也继承了Smith的一些思想，他认为技能与知识都是对劳动生产率产生重要影响的因素，他强调“手艺人的技能、精力和坚忍不拔的精神，完全可以像他们使用器械那样，看做是国家财富的一部分”，“人所学到的能力，……当然应归于财富之列。”② Mill富有创造性的论点是：从传统经济增长与资源配置的生产性取向出发，指出教育支出将会带来更大的国民财富。

二、人力资本理论的发展

19世纪末20世纪初，英国的新古典经济学家阿尔弗里德·马歇尔（Alfred Marshall）将人的能力分为“通用能力”和“特殊能力”两种。前者指上述的决策能力、责任力、通用的知识与智力，后者指劳动者的体力与熟练程度。他还强调人力资本投资的长期性和家族、政府的作用，并且将“替代原理”用于说明对人力资本和物质资本投资的选择等方面③。他还认为“所有资本中最有价值的是对人本身的投资。”但是，Marshall坚决反对将人力资本概念用于实证分析，在其经济学权威的影响下，使得激发于早期古典经济学著作中的人力资本思想之光，自19世纪起便黯然失色，直到20世纪50年代才重新焕发出灿烂的光辉④。

（一）舒尔茨的人力资本理论

20世纪50年代末，美国经济学家西奥多·W·舒尔茨（Schultz）在他著名的有关人力资本投资的演讲中，明确提出人力资本概念并首次阐述人力资本投资及所形成的人力资本在经济增长、工资增长等方面的作用。Schultz认为⑤，人力资本主要指凝集在劳动者本身的知识、技能及其所表现出来的劳动能力，这是现代经济增长的主要因素，是一种有效率的经济。他认为人力是社会进步的决定性因素，但人力的取得不是无代价的，需要耗费稀缺资源。人力，包括知识和技能的形成，是投资的结果，关键性投资在于教育。人力资本投资与物质资本投资一样具有成本。因此人们在作出人力资本决策时，必须对现时投资成本与未来投资收益进行比较。他把人力资本投资范围和内容归纳

---

① 佛里德里希·李斯特．政治经济学的国民体系．陈万熙，译．北京：商务印书馆，1961：193，124.

② 约翰·S·穆勒．政治经济学原理．赵荣潜，等，译．北京：商务印书馆，1991：64.

③ 阿尔弗雷德·马歇尔．经济学原理（下卷）．北京：商务印书馆，1965：232－240.

④ 王建民．人力资本生产制度研究．北京：经济科学出版社，2001：18.

⑤ 西奥多·W·舒尔茨．论人力资本投资．北京：北京经济学院出版社，1990：256.

为五个方面：卫生保健，厂商进行的在职培训，正规教育，成人教育，适应就业形式或变化所引起的移民。其中最重要的是正规教育和职业培训形式。

总的说来，Schultz 对人力资本理论的贡献主要包括在于他第一次明确地提出了人力资本理论，使其冲破重重歧视与阻挠成为经济学上的一个新的门类而且进一步研究了人力资本形成的方式与途径，并对教育投资的收益率和教育对经济增长的贡献做了定量的研究。

但是，Schultz 的理论也存在一些局限性。他注重宏观分析，忽视了微观分析，其理论缺乏微观的支持。对人力资本投资的诸项因素缺乏具体化、数量化，内容显得单薄了一些。在他指出的人力资本形成的四大途径中，只对教育投资做了深入的分析，缺乏一个人力资本形成的一般模型。

（二）贝克尔的人力资本理论

继 Schultz 之后，加里·贝克尔（Gary Becker）被认为是现代人力资本理论研究领域中最有创见的学者之一，他的一些观点和思想主要集中在 1960 年以后所发表的一系列著作中，其中最有代表性的是《生育率的经济分析》和《人力资本》。

Becker 从人类家庭开始展开研究，并由此提出他的“时间价值”理论与儿童“量—质”权衡理论，还提出了人力资本投资—收益均衡模型①，即人力资本投资的边际成本的当前值等于未来收益的贴现值。他在人力资本形成方面，正规教育、在职培训和其他人力资本投资的支出以及年龄——收入曲线等问题展开分析，强调了教育与培训对于形成人力资本的重要作用。他认为，当收入提高时，劳动供给者的时间价值也相应提高，同时意味着对闲暇的需求增长，从而导致孩子的直接成本和间接成本的提高。此外，他还区分了通用知识与专用知识的区别：所谓企业专用知识，是指知识仅在其任职的企业中有用，而通用知识在其他企业中也有用。

Becker 对人力资本理论的贡献在于：注重微观分析，弥补了 Schultz 只重视宏观的缺陷，同时将人力资本投资理论与收入分配结合起来。而其理论的不足之处表现在：他沿用 Schultz 的人力资本概念，对人力资本的理解采用了总括一切的人力资本概念，缺乏对人力资本本质的分析，也缺乏对人力资本全面的研究，在理解经济增长过程中，也仅仅是把人力资本作为一个影响产出增长的要素而已。

（三）丹尼森的人力资本理论

美国经济学家爱德华·丹尼森（Denison），对美国 1929 年至 1957 年期间经济增长的因素进行研究。结果表明：在 1929 年至 1957 年期间，美国的经济增长中有 25% 是来自教育。由于劳动力受教育水平的提高，使劳动力的平均质量提高了 0.97 个百分点，

① 加里·贝克尔．人力资本．北京：北京大学出版社，1987.

对美国国民收入增长率的贡献为0.67个百分点，占实际国民收入增长的23%，占人均实际国民收入增长的42%。Denison的代表作《美国经济增长之源和我们面临的选择》、《教育贡献的衡量》、《增长率为什么会不同：战后西方国家的经验》等文献为人力资本理论提供了最为有力的证据和补充。

Denison对人力资本理论的贡献在于对人力资本要素作用的计量分析。由于在用传统经济分析方法估算劳动和资本对国民收入增长所起的作用时，会产生大量未被认识的、难以用劳动和资本的投入来解释的“残值”，Denison对此作出了最令人信服的解释。

第二节　人力资本投资分析

一、人力资本投资的涵义

（一）人力资本的涵义

从上面列举的一些具有代表性的人力资本理论分析中我们可以发现，人们对人力资本概念的理解主要可以归纳为三种有代表性的观点：一是从人力资本的内容定义人力资本，如舒尔茨。二是从人力资本形成的角度定义人力资本，如贝克尔。三是从人力和资本两方面的特点定义人力资本。以上三种观点各有利弊。第一种虽然强调了人力资本的内容但是忽略了人力资本的资本特征，使得人们很难将人力资本与作为体力和脑力总和的劳动力概念区分开。第二种观点虽然强调人力资本的投资，但是忽略了人力资本的“人力”特征，这种简单地把资本理论扩展到人身上，在物质资本与人之间进行简单的类比，很容易抹煞劳动与资本的区别。第三种观点比较全面地概括了人力资本的特征。

在综合以上定义的基础上，本文提出了关于人力资本的定义。即人力资本是通过投资形成的能够带来收益的存在于个体之中的人的知识、技能、能力、健康以及其他特性。

在这个定义里，包含了几层含义。第一，人力资本必须能够增加现在或未来的收益，不能增加现在或未来收益的知识、技能、能力和健康是不能被当做人力资本的，也就是说人所拥有的知识、技能、能力和健康不一定全部具有经济价值，有些是不具有经济价值的，所以不能够算作人力资本。第二，人力资本不是指人本身，而是指一个人具有的知识、技能、能力和健康等质量因素。

（二）人力资本的特点

人力资本作为一种资本，又有别于物质资本，具有如下特点：

第一，人力资本具有生命性。这是人力资本与其他任何形式资本的最重要的区别。并且，人力资本的许多其他特点均是由此派生而来的。人力资本是存在于有生命的生物有机体的人体之中的，人的生命存在方式揭示人力资本的基本存在方式。人力资本与其生物载体——人身不可分离，它不能独立于人体之外，而物质资本可以独立于任何人。人力资本的载体只有一种形态即作为生命有机体的个人，而物质资本载体形态不仅多样而且可以转化。

第二，人力资本具有收益递增性。人力资本作为一种资本，具有收益性。但与物质资本不同，人力资本存量的增加，不仅可以提高劳动者自身的工作效率并使劳动者的收入增加，同时在生产过程中，通过人力资本渗透到物质资本，不断改善物质资本的质量和使用状况，使物质资本的收益率不断提高从而具有递增趋势。在现代企业生产经营活动中，最为稀缺的、起重要作用的不是物质资本和货币资本，而是推动物质资本和货币资本运行并带来大量增值的人力资本。随着人类社会进入知识经济时代，人力资本的这种收益递增性将日渐凸现并将备受世界各国和企业关注。

第三，人力资本具有生命周期性。由于人的生命具有周期性，导致人力资本具有周期性，因此，人力资本的形成与使用就具有时间性，人的年龄及其生命状态的变化都会对人力资本具有决定性的影响。这种影响表现在，人力资本的投资周期较长；投资时间集中；由于人的体力、经历和生命长度等自然条件的约束，个人所能拥有的人力资本相当有限。

第四，人力资本具有潜在创造性。人力资本的实体体现为人的知识、技能、能力和健康等，其中智力和知识是人类进行创造性活动的源泉，但其蕴藏在人体之中，只有通过与物质资本相结合才能创造价值。这种潜在的创造性的发挥同时受客观条件和主观意志的影响。此外，人力资本的创造性还表现在人力资本的不可复制性。知识、技能既具有科学性，也具有艺术性，从科学性的角度来讲，知识和技能是可以传授和学习的，同时，知识和技能如何在实际的工作中发挥出作用，创造出价值，又具有艺术性，它是不可以模仿和复制的。

第五，人力资本具有能动性。人类不同于自然界的其他生物，是因为他有意识、思维，能主动地从事生产劳动。通过意识功能，人类对现实世界有了概括性的反映，并产生对行动后果的预先思考，然后通过意识采取合理的行为，并不断地对其进行控制。人类通过这种意识上的能动性，对自身和社会有了更深刻的认识，并主动作出反应。尤其是能够能动地利用自身的人力资本，从事有目的的活动。人力资本作为人类认识世界、改造世界的主要能力，发挥其能动性至关重要。在微观上，充分调动企业内员工的主观能动性，使其主动发挥人力资本的作用，是创造价值的基础和前提。

第六，人力资本具有个体差异性。研究物质资本，一般从其同质性角度出发，但研究人力资本则必须重视其个体差异性。这是由于人力资本所依附的个人是具体的，人力资本的形成、在社会生产活动中发挥作用的大小受不同个人的天赋、受教育程度、心理意识等多方面因素的影响。研究人力资本的个体差异性，有利于掌握个体情况，合理利用人力资本，在人力资本投资的方向、方式上做到有的放矢。同时，就人力资本的个体性来讲，个体人力资本的形成、使用都因其所依附的人体的生物特性决定而具有时效性。就某一特殊组织来讲，其人力资本存量不是个体所拥有的人力资本的简单相加，但正是因为个体人力资本的差异性，不同的个体人力资本组合具有不同整体效果，配置合理、优势互补的人力资本结构，将使企业的整体人力资本存量大于单个人力资本的总和，这也是企业拥有的重要无形资本。因此，在研究企业人力资本问题时，不能忽略其人力资本的整合性。

第七，人力资本作用的发挥具有不确定性。一方面，人力资本是一种无形的、潜藏在其所依附的个体身上，作为主体的个人有作出努力和不作出努力的有意识或无意识的选择，其选择的过程和结果受外界环境的影响，但这种选择会影响其人力资本作用的发挥，进而影响企业的生产经营活动。另一方面，人力资本作用发挥的不确定性还表现在人力资本的配置主体（包括承载个体和企业等）不能准确认识人力资本的存量特性，或不能合理有效地将适当的人力资本配置到适当的能充分发挥其潜能的岗位上，因而，在企业的人力资本运作中，就有一个不断通过各种途径和方式发现个体人力资本的优势并充分发挥的过程。这一点对企业如何营造良好的人力资本形成和运行环境至关重要。

第八，人力资本投资主体多元性。投资通常由别人来完成，物质资本的投资者通常是资本的所有者，因而投资收益也就自然归所有者所有。代理方仅仅是代表委托方——资本所有者来完成投资行为，投资什么、投资多少都由委托方来作出决策，代理方仅仅是一个参谋。而人力资本的投资则不然，在我国尤其如此，当人力资本的载体——受益人年幼时，其人力资本投资是由父母来完成的，而且，学校的设备、教学水平、师资水平、图书馆的藏书量等等则是由国家来进行投资，当受益人参加工作之后，进行的岗前培训、技术培训等通常由受益人所在单位、公司来投资。在工作中，通过“干中学”来生产人力资本，其所需的物质资本也由单位支付。当然，人力资本的投资也可由受益人自己进行，如“先工作后学习”就是一例，受益人先参加工作，积累物质资本，当个人财富达到一定量的时候，再投资于人力资本。

二、人力资本投资的重要性

人力资本投资是通过对人力资源一定的货币、资本和实物投入，使得人力资源质量和数量指标有所改善的一种投资行为，并且这种改善最终反映在劳动产出的增加上。美国关于国家教育质量和劳动生产率的一项研究显示，企业投资于职业教育所获得的人力资本，其所产生的生产率收益，是投资于厂房或机器所产生收益的两倍。只有那些投入到社会再生产过程中，并能够创造价值和取得社会经济效益的劳动人口才是人力资本。人力资本投资实际上就是人力资源开发和配置的管理行为，使其从自然人或原始状态转变为人力资本。

（一）人力资源转化为人力资本是一国经济发展的关键

人力资源不等于人力资本，人力资源只有经过开发才能转化为人力资本。在经济全球化和知识经济、信息经济中，人力资本日益成为发展的决定因素，在经济发展中日益发挥着决定性作用。这是因为：

第一，人力资本的积累直接提高了劳动者素质，而作为生产力诸要素中主体要素的劳动者素质的提高，必将有力地推动社会生产力的发展。

第二，人力资本的积累改善了物质资本的效能，促进了科学技术进步，提高了经济管理水平，从而推动经济发展。人作为知识和科学技术的载体，其科学文化素质的提高，不仅有条件改进生产工具或原材料的质量，使之发挥更大的效能，而且会在同样的人力、物力和财力条件下，由于经济管理水平的提高而增大产出。

第三，人力资本的积累还可以在全球范围内吸收和组合生产要素，为经济发展创造一个良好的外部环境。因此，在经济全球化趋势日益加深的情况下，一个国家是否拥有自然资源、资金和技术虽然很重要，但关键是还要拥有大量高素质的各层次劳动力，以本国的“活”资源去吸收和利用他国的“死”资源。

世界各国的发展史雄辩地说明了这一点。二战以后，西德和日本作为战败国能够在短短的20年里，从战争的废墟中迅速崛起，主要得益于它们受过良好教育、具备相当科技能力的劳动者。而反观一些发展中国家，由于片面强调物质资本的投入，忽视了人力资本的积累，其经济发展和现代化过程并不顺利，其引进的先进技术和物质资本大都由于缺乏科学管理和熟练操作，而大大降低了效率和效益。据统计，从1960年~1978年，注重人力资本密集战略的国家或地区的实际人均国民生产总值平均增长达到4.68%，而只注重物质资本密集战略的国家增长率仅为3.86%。①

（二）人力资源向人力资本的转化是社会稳定和社会进步的客观要求

人力资源是资源中最具能动性的组成部分，人力资源首先体现为实体性资源，同时也是渗透性资源和运营性资源不可或缺的因素。人力资源转变为人力资本就意味着，劳动者已经在生产力系统中发挥作用，在作为实体性资源发挥作用的同时，还不断提高自身的素质，推动科学技术的进步，收集和传递各种信息，管理和协调生产力系统的运转，使生产力系统运转的效率不断提高、经济全面发展。在社会主义市场经济条件下，

① 加里·贝克尔．人力资本．北京：北京大学出版社，1987.

劳动者只有通过市场转让存在于自己体内的人力资源，将人力资源转变为人力资本，即实现就业，才能取得收入，满足自己的各种消费需求。社会劳动者充分就业，不仅是经济发展的重要条件，而且是社会稳定的重要条件，而社会稳定又能促进经济的发展。

实现人力资源向人力资本的转变，促进生产力系统的高效率运转，使社会稳定、经济发展的过程中，劳动者可以为社会提供更多的剩余劳动，这是社会进一步发展的物质保证。一个社会剩余劳动率的高低，是一个社会文明程度高低的标志。因为剩余劳动率越高，就可以为更多的劳动者从事政治、科学、文化活动，为他们接受教育和再教育提供充分的条件，从而提高劳动者的素质，推动科学技术的进步，而劳动者素质的提高和科学技术的进步又反过来促进社会物质文明和精神文明的进步。

（三）人力资本投资是人力资源管理发展的要求

在西方人力资源现代化管理的先进国家，早已跨越了人力资源管理的“档案管理”、“政府职责”阶段，进入了“组织职责”和“战略规划”阶段，从简单的人事管理上升到“人本管理”。把管理重点从物转移到人，是管理领域中一个划时代的进步。而把人当做一种使组织在激烈的竞争中生存、发展、始终充满生机和活力的特殊资源来刻意地发掘、科学地管理已成为当代先进管理思想的重要组成部分。国外人力资源管理者们认为，在企业管理领域，一个公司的成败主要取决于能否发挥蕴藏在职工中的极大干劲和能力。离开了人力资源的作用，任何物质资源和资本资源都只是一堆僵死的物，不能发挥任何作用。所以，做好了人力资源的管理，才能做好财、物的管理，才能更好、更充分、甚至超常发挥人、财、物的效用。

（四）人力资本投资促进人力资源的全面发展

经济发展的实质是人的全面发展。一个社会经济运行和发展的基本指向，就是以人为中心。随着人力资本的持续积累和社会生产力的不断提高，经济管理已经从满足人的有限的物质自然需要到满足人的无限广阔和全面发展的精神社会需要。经济发展的根本出发点和最终目的，是人类自身的发展，是作为社会主体的人自身生产能力的持续提高，是全体社会成员福利状况的不断改善，经济运行和社会发展的真正含义在于，通过不断的技术经济组织结构的调整完善和社会经济制度的变迁，使得每个社会成员都能够最大程度地发挥自己的知识、技能和能力，使自己的人性特征得到自由、全面的发展。因此，将人力资源转化为人力资本，帮助人最大程度地发挥自己的聪明才智，可以有效促进人的全面发展。

三、人力资本培训的投资效益分析

（一）人力资本投资的成本与效益

教育作为人力资本投资的重要途径，它的发展直接决定着一个国家劳动力知识存量多少、国民整体素质的高低及人力资本的形成和利用状况，从而决定着经济发展的健康、稳定和持续状态。用马克思的话来说，教育是“潜在的”或“可能的”、“主观的”生产力。

教育投资从投资主体来看，可以分为宏观教育投资和微观教育投资。宏观教育投资，是指一个国家的政府和其他部门、团体、组织花费在国民教育上的支出。包括校舍建设、教学设备购置、教职人员工资、图书资料等。微观教育投资，是指家庭或个人花费在教育上的支出，它又包括直接投资和间接投资。直接教育投资，是指由于接受教育所发生的直接支出，在形式上表现为学费、杂费、书本费以及其他学习用品费等。间接投资，是指由于接受教育而不能参加工作所放弃的收入，也叫机会成本。

教育投资的效益是一种未来的收益。在宏观上，表现为科学技术水平的提高、社会生产力的发展、国民收入的增长和社会全面进步。在微观上，表现为家庭或个人的货币收入增加，福利状况和工作条件改善、生活质量的提高，还有一些非货币性收益，如社会地位或声誉的提高、拥有较大的职业机动性以及精神生活更加充实等。

（二）投资个人收益分析

人力资本投资同物质投资相似，并不是投资越多越合理，必须同时考虑投资的成本和效益以及特定的约束条件。下面介绍一个简单的个人教育投资分析模型。

假如某人刚刚高中毕业，正在考虑是不是有必要去读大学，它该如何决策呢？从纯粹经济角度来考虑，一个理性的决策应该对上大学的成本和收益进行比较。接受大学教育的成本包括直接成本和机会成本，收益包括未来收入的增加和非货币收益的增加。这个模型中暂时忽略非货币收益。这个教育投资决策模型可以用图 9－1 表示。

在图 9－1 中，曲线 AB 代表 18 岁高中毕业后不去上大学，立即进入劳动市场谋求就业的终身收入曲线。曲线 CD 代表高中毕业后先去上大学，然后进入劳动市场谋求就业的成本－收入曲线（假定他们毕业后立即就业）。

图中横轴下的区域 1 代表上大学期间支出的直接成本，横轴上的区域 2 代表上大学期间所放弃的收入，即间接成本或机会成本。区域 1 与区域 2 面积之和，为上大学的个人总成本或总投资。区域 3 则表示大学毕业后可获得的净收入增量，即上完大学再谋求就业所能赚得的终身收入，比不上大学直接工作所能赚得的终身收入之差。此例中，假定劳动者工作到 60 岁，并且暂不考虑 60 岁以后的各种福利待遇情况。

从图上可以看到，无论是上大学的成本还是收益，都经历了若干年，其中成本支出持续 4 年，而收益持续时间为 38 年（22 岁～60 岁）。考虑到货币的时间价值，我们决策时必须选定同一个时间基点，分别计算该基点时的成本与收益现值，并加以比较，求出投资净现值（Net Present Value）。

本例以 22 岁为基点，则个人大学教育投资净现值为：

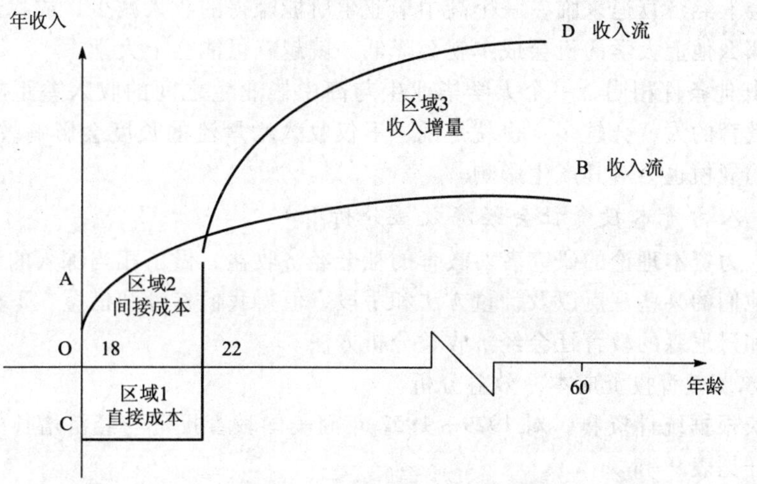

图 9-1　接受大学教育的成本与收益分析图

$$NPV = \sum_{n=1}^{38} \frac{E_n}{(1+i)^n} - \sum_{m=1}^{4} C_{5-m}(1+i) \qquad (9-1)$$

NPV = 折成基点处的收益总和一折成基点处的成本总和

其中，$\Sigma_0 - \Sigma_{38}$ 是高中生从 22 岁到 60 岁因上大学而可能获得的年收入增量，总和等于图 1 中区域 3 的面积。

$C_1 \sim C_4$ 分别表示该高中生从 18 岁到 22 岁上大学的各种成本，总和等于图 9-1 中的区域 1 与区域 2 的面积之和。

如果他经过调查、分析、预测，能够得出大概（所期望）的成本与收益，代入(9-1）中可以得到其投资净现值（NPV)。

如果 NPV >0，则其教育投资在经济上是合理可行的。

如果 NPV =0，则其接受教育没有十分必要。

如果 NPV <0，则其接受大学教育是不经济的，应该立即就业。

（以上假定个人收入与其接受教育程度呈一定的相关关系）

进一步对图 9-1 和公式（9-1）进行分析，并结合实际问题，可以得出以下结论。

（1）其他条件相同，投资后的收入增量越多（即收益时间越长)，则一项教育投资的净现值越可能为正，即投资越具有经济合理性。比如年长者比年轻者更不愿意接受进一步教育，是因为他们受教育后的收益时间相对比较短，并且所放弃的收入（机会成本）相对较多。

（2）其他条件相同，接受教育投资的成本越低，就越会有更多的人愿意接受教育。

比如，社会上经济衰退来临，一个高中毕业生所能赚得的收入减少，或找到工作的可能性更小，那么他上大学的机会成本就会降低，就越有可能会上大学。

（3）其他条件相同，一个大学毕业生与高中毕业生之间的收入差距越大，愿意投资于大学教育的人就会越多。也就是说，不仅收入增量流的长度会影响教育投资决策，收入增量的规模也会对其产生影响。

（三）人力资本投资社会经济效益分析

西方人力资本理论的研究者对教育的社会经济收益，做了相当深入的研究，并进行了估算，他们的某些观点以及计量方法和手段，值得我们参考和借鉴。下面简要介绍一下舒尔茨和丹尼森的教育社会经济收益分析方法。

1. 舒尔茨教育投资成本－效益分析

舒尔茨根据统计资料，对1929～1957年间美国教育投资与经济增长的关系作了定量分析，详见表9－1。

表9－1　1929～1957年美国教育投资与经济增长的关系

项目数据	（1）1929年实际数	（2）按1929年水平计算1957年数	（3）1957年实际数	（4）（3）－（1）	（5）（3）－（2）
国民收入（亿美元）	1 500		3020	1 520	
劳动力收入（亿美元）（占国民收入75%）	1 125	1 125×68/49.2 =1 555（#）	2 265	1 140	710
劳动者人数（百万美元）	49.2		68	18.8	
教育总投资（亿美元）	1 800	1 800×68/49.2 =2 490（##）	5 350	3 550	2 860

其中：（#）表示按1929年不变价计算的1957年劳动者应得收入。

（##）表示按1929年不变价计算的1957年应有的教育投资额。

从上表看出，国民收入和劳动者收入都增长了一倍。但是劳动力人数仅增长了18.8/49.2＝38%。舒尔茨经过深入研究，认为多增长的国民收入不是由于劳动力人数增加而创造的，而是由于劳动力的质量提高取得的，即主要是由于劳动者投资教育所取得的。

舒尔茨采用不同教育程度的毕业生工资的差别与本级教育人均费用之比来计算各级教育投资收益率。用公式表示如下：

$$教育投资收益率=\frac{本级教育毕业生的平均收入-前一级教育毕业生的平均收入}{本级教育的人均教育投资支出}$$

根据公式和有关统计资料，他计算出美国初等教育、中等教育和高等教育收益率分别是：35%、10%和11%。又由于初等、中等和高等教育费用占总费用的比率分别为：28%、45%和27%。则教育投资收益率加权平均值=35%×28%+10%×45%+11%×27%=17.3%。

因为1957年比1929年多投入的教育资本是2 860亿美元，那么，增加的教育投资的收益是：2 860×17.3%=495（亿美元）

可以得出，教育投资增长的收益在国民收入增长中所起的作用（贡献率）是495/1 520 =33%。

2. 丹尼森的各经济增长因素分析

丹尼森把经济增长因素分为生产要素投入量和每一单位投入量的产量变化两大类。前者包括：(1) 劳动力在数量和质量上的提高。(2) 资本在数量上的增加。后者包括三个方面：(1) 资源配置的改善。(2) 规模经济。(3) 知识的进展在生产中的作用。他把每个因素分得很细，总共有20多项，其中主要的指标是年增长率及其所占比重列表如表9－2所示。

表9－2　　1929～1957年美国经济增长因素分析

经济增长因素	平均增长率	占平均增长率的百分比
1929～1957年国民收入	2.93	100
一、生产要素投入量的增加	2	68
（一）劳动在数量和质量上变化	1.57	54
1. 实际工作实际变化	0.8	27
2. 教育作用（受教育年限增加）	0.67	23
3. 性别年龄变化	0.10	4
（二）资本变动作用	0.43	15
二、单位投入量的产量增加	0.93	32
（一）知识进展	0.59	20
（二）规模经济	0.34	14

资料来源：张德远．西方劳动经济学．上海：上海财经大学出版社，1999.

从上表可以看出，1929～1957年美国国民收入的年增长率为2.93%，其中因劳动者教育水平的提高而增加的收入年增加率为0.67%，则教育水平提高对国民收入增长的贡献率是0.67%/2.93%=23%。

关于提高劳动者受教育的程度对经济增长的作用，他是这样计算的：根据1950年美国人口普查资料，把25岁以上的男性工人按教育年限分组的货币收入多少加以分类，把受过八年学校教育的工人收入作为基准，定为100%，再用其他受教育年限工人的收入与基准对比，求出其相对百分比。具体见表 9－3。

表 9－3 不同教育年限收入比较

受教育年限 \ 百分比		平均收入相当于八年毕业生收入的百分比（%）	代表教育效果的平均收入差额相当于八年毕业生收入的百分比（%）
未受任何教育		50	70
初级教育：	1～4 年	65	49
	5～7 年	80	89
	8 年	100	100
中级教育：	1～3 年	115	109
	4 年	140	124
学院（大学）：	1～3 年	165	139
	4 年	235	181

资料：同表 9－2。

但是，丹尼森认为受不同教育劳动力的工资差别，并不完全是由受教育程度不同而造成的。大约只有 60% 是来自于教育。加以调整后得出教育水平提高的年平均增长率约为 0.93%。根据 1929～1957 年的统计资料，算出劳动投入量占全期总投入量的 73%，因为教育因素属于劳动投入量，在国民收入年增长率中，由于教育水平提高的作用应为 0.93% ×73% ＝0.67%。所以教育因素在国民收入增长率中的贡献率是：0.67%/2.93% ＝23%。

丹尼森对其他因素也一一作了计算，最后还有 0.59%，称为剩余因素，把它归为知识进展和它在生产上应用的作用，而知识进展和应用约 60% 是教育的作用，则 0.59% ×60% ＝0.35%，再加上因教育水平提高的 0.67%，则为 1.02%，占国民收入年增长率的比例是：1.02%/2.93% ＝35%，也就是说，这时期教育投资对国民收入增长额的贡献率是 35%。

以上两人的不同分析，都得出了教育投资具有巨大的投资效益和经济价值的结论。他们的计量方法值得研究和借鉴，同时在对具体国家教育经济效益分析时，应该结合该国的具体国情，综合考虑多种因素产生的作用。

第三节 在职培训的成本和投资效益

一、企业人力资本投资与在职培训

1992年诺贝尔经济学奖得主贝克尔将人力资本划分为通用人力资本和专用人力资本，并用传统的微观均衡分析方法建立了人力资本投资均衡模型并将其应用于企业的在职培训，提出并分析了一般培训和特殊培训两种方式。

通用人力资本不仅对当前的企业有价值，而且对于市场中的其他企业也有同样的价值，极端的通用人力资本是指对任何企业都具有相同价值的能力，比如阅读能力、写作能力、沟通能力、外语能力等等。但在一般的情况下，通常把不局限于当前企业有价值的能力都称为通用人力资本。专用人力资本只对当前的企业有价值，一旦员工离开当前的企业，则该项人力资本就毫无价值。与通用人力资本和专用人力资本相对应，就产生了一般培训和特殊培训。

二、一般培训的人力投资与效益分析

接受一般培训的员工可以在企业间自由流动，且价值（主要体现为劳动生产率）变化较小。我们可以把这类劳动力市场看做是完全竞争性市场：人力资本是同质的，且存在许多可自由出入的买方（企业）和卖方（员工）。在该劳动力市场上，员工的工资率等于其边际产品。若由企业支付一般培训费用，那么培训结束后，员工人力资本价值增加，其劳动生产率和边际产品随之增加，相应地企业也必须提高员工的报酬，否则员工会离职到其他企业工作，因为在其他企业他会得到与边际产品相等的工资率。这样培训所带来的收益将全部为员工所获取，企业则不得不承担投资损失。所以，企业不愿支付一般培训的费用，这要由员工承担。投资能提高员工收益，因而员工也愿意承担。员工如何支付这笔费用呢？虽然培训费用表面上由企业支付，体现为提供所需人、财、物和给受培训的员工发放工资，但企业却可以通过向员工支付低于其边际产品的工资率的方式把这笔费用转嫁给员工。如图9-2所示。

图中纵轴代表员工的工资，横轴代表时间。员工在T时间接受了培训，假定在T点完成培训。Wo代表员工原来的工资水平，Ws代表员工在接受一般培训后预期的工资水平，Wu表示员工在训练期间的工资率。员工在完成训练后要获得一个较高的工资率Ws，如果员工不能从本企业获得Ws，就会流动到其他企业。因此，一般培训的工资效应显示，作为个人的人力资本投资的成本是个人在受训期间牺牲的收入，个人所获得

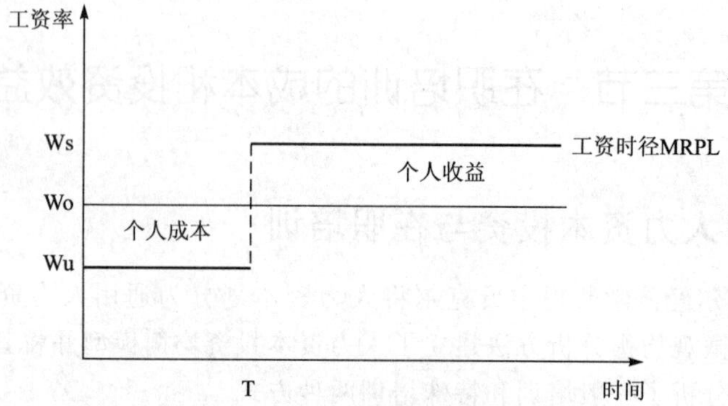

图 9－2　一般培训的成本与收益

的收益则应该是员工受训后的工资与原有工资的差额。

特殊培训仅仅对提供训练的企业特别有效，但是对于其他企业没有意义和价值，因此，特殊培训形成的人力资本很难流动，员工是不愿意进行投资的。在这种情况下，特殊培训的成本和收益都应该归于企业。如图 9－3 所示。

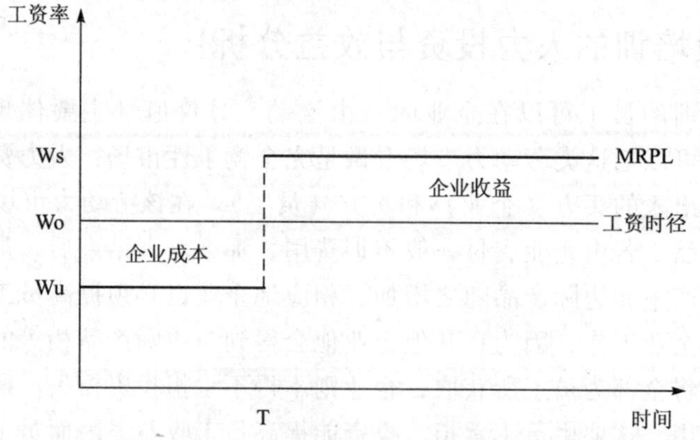

图 9－3　特殊培训的成本和收益

但是，员工在接受了特殊培训后，提高了企业的生产率，如果他们不能得到相应的较高的工资时，也有可能离开企业，这对于企业来说，付出的特殊培训的投资不能得到任何收益，它也就成为不利投资。另外，当企业支付特殊培训的全部成本时，会有大量的员工愿意参加该培训，此时，劳动力供大于求会导致训练期间的工资下降，在工资率较低时，企业实际的投入成本会减少，由此，企业也可以用训练后的一部分收益，来提高员工的工资。企业和员工分享成本和收益，两者都可以从特殊培训中获得一个合理的收益率。如图 9 - 4 所示。

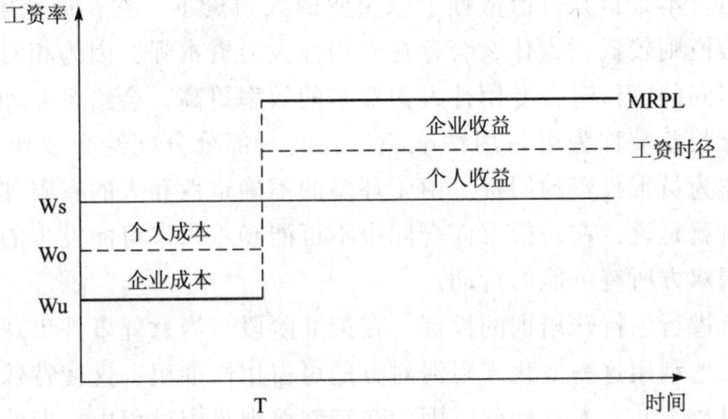

图 9 - 4　企业和员工分享成本和收益

贝克尔关于企业人力资本投资的分析是在一个无交易费用的新古典经济环境中展开，分析中暗含着交易双方都是理性和诚实人的假定。但是，在现实的世界中，这样的环境并不存在。因此，有必要对企业人力资本投资进行进一步分析。

三、特殊培训的人力投资与效益分析

员工在企业内的时间可分为两个阶段：投资阶段Ⅰ和利用阶段Ⅱ。在阶段Ⅰ，原企业进行人力资本投资。投资不但提高了员工的能力，而且使原企业掌握了有关员工能力的信息。阶段Ⅰ结束后，企业会辞退不合格的员工，同时也会有一部分高能力的员工因原企业提供的报酬较低而辞职。在此时的劳动力市场上，既有高能力的员工又有低能力的员工。由于交易费用的存在，其他企业不能无成本地获取有关这些员工能力的信息，因而也就不能无成本地辨别市场上员工能力的高低。其他企业出于对“道德风险”——即员工机会主义地利用信息不对称来夸大自己的能力以获取较高的报酬——的考虑，往往只愿意支付一个市场平均工资率（W0）。这意味着高能力的员工在市场上将得不到相应的报酬（W1）。所以，只要原企业提供的工资率（W2）大于这一平均工资率，高能力的员工就不会辞职，即使原企业通过支付较低的工资获取一部分边际产品（△MP）。即高能力的员工留在原企业的条件是：W2 > W0 且△MP≤W1 - W0。其中△MP 决定了企业支付的投资的上限，它是信息不对称程度的增函数。

当员工预期到这种可能时，他就不愿意支付一般培训的全部投资，因为投资的部分收益要为企业所侵占。而只要企业获取的收益大于等于其所承担的投资，它就愿意和员工共担这笔投资。所以在存在交易费用的情况下，一般培训的投资是由企业和员工共同承担的。

专用性人力资本是指其价值依赖于原企业的人力资本。它在原企业内的价值较高，在其他企业内价值则较低。为什么会存在专用性人力资本呢？因为相对于通用性人力资本而言，完成相同的工作时，专用性人力资本的效率更高，会给企业和员工带来更多的收益。这一部分收益被称为可占用性准租，它的一部分分配给企业作为企业投资的回报，另一部分作为员工投资的回报。由于环境的不确定性和人的有限理性，会导致合同的不完备性，也就是说，在一份书面合同中不可能涵盖未来可能发生的全部事件和当该事件发生时合同双方所有可能的行动。

这样，一旦进行了特殊培训的投资，在第Ⅱ阶段，当意外事件出现的时候，一方就有可能机会主义地利用这一变化来阻滞对方的可占用性准租，这使特殊培训的投资面临较大的风险。对员工而言尤其如此，因为在特殊培训投资过程中，即使企业承担了全部培训人员、财物、场所的费用，员工仍然需要投入自己的时间和精力。而时间和精力是一种稀缺资源，它的使用具有不可逆转性，即一旦花费了大量的时间和精力去学习某种专用技能后，就无法把技能再变换为原来的时间和精力。而投资的专用性意味着员工技能在其他企业内价值很低，那么员工为了“反击”企业阻滞而离职后，其投资将难以收回。

考虑到这一点，如果他们还能得到部分的准租收益的话，员工理性的选择便是容忍阻滞。也就是说，在阻滞专用性准租的过程中，企业往往是胜利者，失败的往往是员工。在贝克尔的分析中，虽然正确地指出了弱流动性使拥有专用性人力资本的员工的投资收益难以实现，但他却没有进一步分析在信息不对称的情况下，企业有可能利用弱流动性来阻滞员工（当然有时员工也会阻滞企业）的情况。

通过上述分析可知，对特殊培训投资而言，重要的在于应采取何种安排来防止阻滞，降低风险。如果投资收益能得到保障，那么投资承担问题完全可以由企业和员工协商确定。防范阻滞的一种安排是提供一份被双方认可的关于投资责任、收益分配以及意外情况出现时的再谈判程序作出明确规定的强制性合同。它可以借助第三方（如法院、仲裁机构）的力量来强制合同的执行，以阻止对方的阻滞行为。在阶段Ⅰ，企业和员工分别按合同规定进行特殊培训的投资。在阶段Ⅱ，当意外事件出现时，企业和员工如果认为原来的分配方案不合适，可以按事先规定的程序谈判解决。如果不能达成一致意见，则要么维持原方案，要么提请第三方执行。如果第三方是公正严厉的，合同双方阻滞的机会就相当小。

此外，企业和员工还可以“签订”非强制性合同——即心理契约。心理契约的概念，本来出自社会心理学，后来被组织行为学家借用，用来描述组织中雇佣双方之间微妙的人际关系和互动状态。它代表一种非正式的、不具书面形式，但真实存在的隐形契约关系，界定了每一个员工对于组织投入的基本条件，一旦遭到违反，便将削弱、恶化乃至中断双方所形成的默契，大大打击员工士气，降低员工积极性与认同感，引发严重的负面效应。

在特殊培训投资的过程中，通过签订强制性合同，在一定程度上可能会留住希望离开本企业的员工，但是，人力资本的主观能动性体现在，如果一个人关闭自己的人力资本，这种人力资本依然不能为企业作出应有的贡献。特别是对于企业的高层管理人员和技术工作者，如果他们封闭自己的人力资本，那么会给企业带来更大的损失。因此，通过建立心理契约，培养员工的忠诚度，也是企业减少投资风险的重要内容之一。

四、企业人力资本投资培训技术

（一）根据企业发展战略确定培训目的和培训内容

无论是哪一种培训，最重要的就是要发现哪种培训具有价值，哪种培训价值不高。为此，公司必须根据战略设计出有效的培训系统，进行组织分析、任务分析、人员分析等工作，发现培训需求并制定培训规划。

首先，培训计划应从企业组织整体目标和战略要求出发，从提高整个组织人力资本竞争优势的高度思考与审视企业培训需求，将培训计划纳入组织经营战略加以考虑。从战略的角度制定培训计划和内容，主要回答三个方面的问题：

一是人力资源培训能否给企业带来竞争优势，即竞争优势的来源问题并且要回答能否使企业获取持久竞争优势；

二是人力资源培训内容与企业绩效的关系，人力资源培训对于企业绩效的影响，侧重于影响有多大，通过什么样的中间机制发生作用；

三是人力资源培训系统内部以及人力资源管理系统与企业战略的契合，这种契合的协同作用是否存在，以及对于企业的经营业绩是否有影响等。

其次，根据组织结构和工作职位要求，确定员工究竟需要提高哪些方面的知识技能。

第一，建立企业的职系和资位体系。所谓职系，就是对企业的所有员工根据其在工作中主要应用的技术类别进行纵向的分类。当然，职系中还可以再细分为职（工）种。所谓资位，就是根据员工所使用的技术在深度、难度层级上做横向的分类。同样，每一资位还可以细分。这样，职系和资位的纵横划分就形成了一种方格体系，其中，每一个方格就是一个“资职位”。整个方格阵就形成了企业的资职位体系。

第二，系统分析每一职系主要应有的知识和能。这种分析可采用技术分析鱼骨图的方式进行。

第三，制定资能规范表。每一个职系的每一个资职位都制定一张资能规范表，表中除了该资职位的任职资格和职业生涯外，主要是根据上一步骤的分析，对每一个任此职位的人制定一系列必须掌握的知识和技能要求。在企业中每一个员工都有一个确定的职位。那么，通过学习，掌握这些知识和技能，揭示其能够继任本职位的必要条件，如果有晋升或调动就必须通过学习，掌握相应新职位所必须具备的知识和技能。

再次，确定每个员工个人的教育培训需求。在收集员工绩效考评结果、体能测试成绩和培训调查问卷等信息的基础上，将员工个人的目前绩效和技能水平与企业预期绩效要求的技能标准相对照，确定每个员工个人的教育培训需求。这三个层次的评估分析不是孤立的，是循环往复、连续反馈、相互协同进行的。

职业教育培训评估还可以针对新员工的不同情况来进行。新员工和从事新工作的员工，可以采用工作任务分解的方法，也就是通过设计编制工作说明书、工作规范和任务分析记录表等明确工作任务和内容，从而确定对新员工和从事新工作的员工进行哪些方面的岗位教育和技能培训。

对在职员工的教育培训需求，可以采取工作绩效分析的方法，即通过绩效考评了解员工的绩效差距，并从中分析哪些是由于主观努力不够或不愿付出导致的绩效差距，哪些是由于技能水平低和不能做而需要教育培来解决的棘手问题。

另外，即使是员工目前的工作绩效是令人满意的，但由科技进步、工作转化、员工晋升等原因，也会提出教育培训的需求，企业需随时对员工这方面的培训需求作出评估。

（二）保障人力资本投资培训的时效性

员工作为企业在职培训投资的物资载体，其生命是有限的，而技术和知识是不断发展的，这就决定了人力资本具有明显的时效性。企业在职培训后的人力资本如不及时加以充分利用，其价值必然会随着时间的推移而出现贬值，具体表现为知识的陈旧、技术的生疏、体力不支等现象。尤其在信息化、数字化、网络化的现代社会条件下，知识更新周期日益缩短，产品技术更新升级日益加快，使得人力资本的时效性日益凸显。随着知识经济时代的到来，知识迅速成长为最重要的生产要素，世界经济在质量上也达到了一个新阶段。一场真正的知识革命正在开始。知识量每五六年就增加一倍。

企业在职培训的主要内容是丰富员工的知识，提升员工的技能，发展员工的能力。这种知识、技能和能力同样会出现损耗。这种损耗可以分为有形的损耗和无形的损耗。其中，有形损耗主要是指由于生疏、遗忘等引起的知识和技能的减少。人力资本投资具有相继性特点，即后期的投资必须以前期的投资为基础和前提条件，所以在职培训的有形损耗不仅影响即期投资的收益，而且影响后续在职培训的收益。无形损耗是指由于科学技术的飞速发展使得原有的知识和技能以及能力变得相对落后。科技的快速发展、市场的动态变化、产品生命周期的急剧缩短都加速了企业在职培训人力资本的无形损耗。

在这种背景下，若企业在职培训的内容不能紧密地结合企业的实际需要并及时更新，就将面临无形损耗的风险。从人力资本的损耗性进行分析，企业培训内容应该具有实效性。

（三）保障人力资本投资培训方法的时效性

企业的培训是一个系统的工程，正确的培训内容的选择是企业成功进行人力资本投资的前提，如何将选择和制定的培训内容用最有效的方法传递给受训者，提高培训的收益率，也是培训的一个重要环节。因此，企业的在职培训活动的开展，要注意以下几个方面的事项。

第一，明确培训人群及培训目标。企业在准备培训时，应该首先明确企业中哪些员工需要接受培训以及需要培训什么内容。不同的员工有着不同的培训需求。一般来讲，刚刚加入本企业的员工对本企业文化缺少了解，要使他们迅速地熟悉陌生的工作环境，对同事产生信任并认同企业文化，选择以塑造团队精神为主要目标的培训是最适合的。而对于一些长期在同一部门从事同类型工作的员工，往往容易产生惰性，此时对其进行个人潜能开发的培训是提高员工士气和工作效率的最佳选择。因此，针对不同的员工需求，确立具体的培训目标是企业做好培训的第一步。

第二，端正参训人员的培训态度。培训的最终目的是开启人员的潜能，并让人们将这些潜能运用到实际的工作当中，实现个人绩效和组织绩效的最优化。它能改变的是一种态度、一种观念，而不是说一经接受它的培训，就像得到一贴灵丹妙药，可立即掌握到某种人们没有的技能。现代企业培训有别于传统的培训方式就在于学员的主动学习和积极参与。因此，在培训过程中，学员应保持良好、积极的心态主动参与，积极思考，改变过去被动接受的习惯，以达到事半功倍的效果。

第三，选择优秀的培训机构。目前，国内的培训公司可谓良莠不齐。一些从事市场化培训运作的公司，为了招揽客户往往过分夸大培训的功能；在实际操作中又没有合理的课程设置，往往达不到预期的效果。因此，选择优秀的培训公司就十分必要。在选择培训公司时，首先应考察该公司的声誉、技术实力等相关因素。有实力的公司才能在课程的设计、创新方面满足企业需要。一个公司的口碑是最可靠的广告；培训师的专业素养，是保证培训顺利有效进行的重要因素；良好的基地和设备，是衡量一个公司经济实力的标准。同时，一个公司的实力还体现在培训系统的完整性和售后服务上。

第四，注重体验式培训与课程学习的结合。从培训过程来看，体验结束后最重要的环节就是总结，这需要每个人的参与和交流，只有这样才能使培训学习得来的感受，转化成为日后个人的体验和工作经验，从而使个人能力得以提升。因此，企业在做培训之前，应该与培训公司进行广泛的交流和沟通，以使培训公司在课程设计和课程培训的过程中，更加关注企业特点和问题，将学习和工作更好地结合起来，以满足企业的培训需求。

第五，注重培训效果的巩固。要使培训真正能够成为一生的财富，还应在巩固培训效果方面下力气。企业应把培训作为一项长期的工作定期地进行，而不是仅在一时。此外，更应该在本企业内营造与培训时相似的氛围，使受训员工能够将在培训中得到的收获，在现实中运用、巩固和强化，最终成为一种行为习惯，固化在员工的人格中。

第四节　企业在职培训投资与管理

一、企业在职培训投资的管理意义

在这个不断变化、全球性的、需要技术的经营环境中，吸引、留住优秀人才是组织成功的关键，是组织具有竞争力的根本。如何吸引、留住和衡量有能力的优秀人才，成为企业人力资源管理的重要任务。吸引和留住人才，是通过满足人才的各种需要来实现的。高层次人才的优势需要是尊重需要和自我实现需要。人才通过努力，将人力资源转化为人力资本，为企业创造价值，并得到企业对其价值的承认和激励，才可能体验到自我实现需要的满足，才会吸引人才并留在企业，为企业创造更多的价值。

在企业人力资本投资方式中，培训是最重要的方式。实践表明，在职培训受到越来越多的重视和研究，这主要存在几个方面的原因。①

（一）组织发展需以能力为本

戴维．沃尔克（Dvadi Urlihc）在其2000年出版的《人力资源教程》一书中认为，在考虑把组织中的战略转化为员工日常行为时，需要重新定义组织的能力，以便能维持和调整个人的能力。沃尔克认为，在新经济时代，组织的能力包括硬性能力和软性能力。硬性能力是技术能力，如能够创造有市场价值的技术，或者是同时对多个市场作出反应的灵活的财务政策；软性能力则是指组织能力，如在市场上更快的转换能力，或者是能吸引、留住优秀的全球性人才的能力。软性的组织能力更难获取或模仿。要获取软性能力，组织需要在四个方向上努力：

第一，建立信心的能力，即组织内外的人相信管理者会按他们所说的做并努力维持这种声誉。

第二，无隔阂，让信息和想法能够垂直、水平以及在组织内外畅通地流动。

---

① 朱舟．人力资本投资的成本收益分析．上海：上海财经出版社，1999：133.

第三，应变能力，即在持续革新方面的灵活性和敏感性。

第四，学习能力，即取得所希望的变化并加以维持。企业能力论认为，现代企业的竞争优势来源于企业的不可模仿的核心能力，而这些能力的载体是企业的人力资本。

因此，企业应该根据自身发展对不同能力的需求，提前做好企业人力资本的规划和投资。

（二）人力资源管理地位战略化

新经济下人力资源管理由传统的行政事务管理上升为战略管理。人力资源管理不仅仅是从事诸如招聘员工、员工培训、考勤管理、人事档案管理等行政性、事务性的工作。人力资源管理开始进入企业决策层，参与甚至主导企业战略的决策过程，同时在战略执行的过程中通过各种人力资源管理政策和制度的设计以及对人力资源管理实践的调整来帮助企业赢得竞争优势。因此说人力资源管理职能已变为企业的战略经营伙伴。战略性人力资源管理的基本出发点就是，人力资源管理是系统工程，它应该从企业战略出发，识别企业发展所需要的人力资本，通过有效的投资，提高企业人力资本的存量，并通过适当的配置，使人力资本发挥作用，提高企业的核心竞争力。

（三）吸引和留驻人才以增强企业竞争力

第一，市场竞争的加剧使培训以及相应的员工生产率提高被视为增强竞争力的关键。尤其是在知识经济时代，没有教育培训投资和科研条件的支持，就没有人力资本存量的提升，智力知识与科技能力就会失去基础；另一方面，知识经济通过智力资源开发，逐步替代工业经济时代视为命脉的、业已短缺的自然资源如石油、土地等而成为最主要的资源，从而获得经济的可持续发展，可见对人力资源的占有比对自然资源的占有将更为重要，企业通过培训使人力资源投资获得的收益将大大超过对物质资本投资获取的收益。

第二，技术方面的快速变化，特别是信息产业的发展，已经导致了大规模的员工再培训，以及对员工的技能结构进行调整的需求。这一变化在各个产业领域都体现出来。开发、提供乃至使用此类技术和产品的企业都必须通过培训提升员工的劳动技能和能力。

第三，员工在各类岗位间的轮换变得普遍。因而，他们通过在职培训来适应更广泛的技能要求。扁平化组织的出现使更多的决策权被下放给直线部门，具有了使员工有效地承担新的决策责任，要求其具备更高的知识和能力。但是，企业在职培训由于培训观念、培训内容、培训手段等方面均存在着一些问题，使得在职培训的效果并不尽如人意，直接影响到人力资本效率的提高。

通过以上的分析可以发现，现实使人力资源成为社会最重要的财富，人力资本成为企业最重要的资本形式，人力资源管理面临的挑战，要求人力资源管理必须注重将人力资源转化为人力资本，为社会创造经济和社会价值。

二、企业在职培训投资的特点

企业在职培训投资是以企业为投资主体的人力资本投资行为，它的投资主体是特定的企业，投资客体主要是企业内的员工，投资目的是为了提高企业现有的人力资本存量从而增强企业实力，投资方式包括改善企业现有的人力资本存量和从外部引进更高层的人力资本的种种措施。与国家和个人的人力资本投资行为相比，企业的人力投资行为具有以下一些明显特征：

第一，在职培训投资的风险性。人力资本投资与物质资本投资一样，都是以支付当前投资成本的方式，以取得未来收益为目的。人力资本培训投资主要为了提高知识和技能水平。一般来说，只有当预期收益的现值大于或者至少等于满足未来需要的支出的现值时，投资者才愿意作出这项现期投资行为。企业人力资本培训投资风险是指投入一定量的人力、财力、物力进行培训项目，但在未来若干年投资的收益不能补偿投资成本的现象，即投资后所得的培训收益的不确定性。企业是人力资本风险的主要承担者。企业投入人力、物力、财力实行培训活动，同时员工个人投入时间精力进行培训，但员工个人不是主要承担风险，这是由人力资本的个人产权属性所决定的。凭借人力资本个人产权，员工个人对自身的知识和技能拥有直接的所有权、占有权和支配权，如果员工不愿意或违背投资者的意愿使用人力资本，那么投资者就必然在一定时期内蒙受投资损失，而员工个人则可能因此受益。同时，企业人力资本培训投资的风险和收益的承担主体可能分离。即投资者蒙受损失，非投资者从中受益，这在跳槽现象中表现得很明显：一家企业投资培养的员工为其他单位所用，前者蒙受投资损失，后者因此受益，而员工个人则没有任何损失。

第二，企业人力资本投资的唯经济性。企业是以追求经济利益最大化为目标的微观市场主体，其进行人力资本投资的惟一目的就是为了增加企业的经济效益，即使有时从短期看，企业的某些人力资本投资行为似乎只是为了提升企业的形象或其他非经济目标，但提升企业形象的最终目的还是为了更有利于企业在长期内攫取更多的经济利益。企业人力资本投资的对象（企业员工）也许会在接受人力投资的过程中得到类似于消费的满足，但作为投资主体的企业是经济组织，并不具有自然物的生物特征，其主观的投资目的绝不是为了追求消费。企业人力资本投资的唯经济性决定了它们只能以经济效益的好坏作为进行人力资本投资决策的惟一评判标准。

三、企业在职培训投资的领域

（一）企业在职培训投资的主要领域

舒尔茨将人力资本的投资集中在五个主要的方面①：（1）卫生保健设施和服务，从广义上讲，它包括影响一个人的寿命、力量强度、耐久力、精力和生命力的所用费用；（2）在职人员的培训，包括由企业所采用的旧式学徒制；（3）正式建立起来的初等、中等和高等教育；（4）不是由企业组织的那种为成年人举办的学习项目，包括那种多见于农业的技术推广项目；（5）个人和家庭适应于变换就业机会的迁移。

舒尔茨是从宏观的角度谈论人力资本的投资，他提出的人力资本投资的范围是针对整个国家或社会而言的，从企业的角度来讲，由于企业接受的员工基本上是受过初等、中等甚至是高等教育的员工，所以，企业人力资本的投资主要包括以下五个主要的方面：（1）在职培训；（2）员工加入本企业后的正规学校教育；（3）企业为劳动者提供的必要的工作条件投资和卫生保健投资；（4）员工在全球范围内迁移以适应公司发展需要所发生的费用；（5）企业为掌握员工的信息和提高员工的工作效率所花费的其他投资，例如建立的人力资源情报系统、建立学习型组织等方面的投资。

（二）企业在职培训投资的构成

在职培训作为一种人力资本投资活动，需要付出一定的成本，同时也会带来一定的收益。在职培训成本主要包括以下三个方面：

1. 直接成本开支

这包括支付受训者的工资及教师的讲课费和租用培训场地及设备的费用。

2. 受训者参加培训的机会成本

在职职工参加培训需花费一定的时间和精力，有的需要脱产或提前下班等，培训期间这些都给企业的生产带来一定的损失。

3. 利用机器或有经验的职工从事培训活动的机会成本

如有经验的师傅给学徒讲授技能，其工作效率必然会受到影响，这种损失也应计入培训成本中。

在职培训的收益主要是经过培训，受训者的劳动生产率提高。对企业而言，企业能够提高职工整体素质（生产率），从而能够获得更多的利润，在竞争中处于有利的地位。对受训者个人而言，则可以增加其劳动收入和有关的福利待遇，提高未来职业的机动性等。

在职培训要付出一定的成本，那么应由谁来支付呢？由个人还是由企业来支付？对

---

① 西奥多·W·舒尔茨．论人力资本投资．北京：北京经济学院出版社，1990：78－79．

这一问题不能笼统回答，因为企业培训投资是一项复杂的社会经济行为，它的投资收益受到很多因素的影响。经济学在研究培训投资的过程中，往往假设投资以后，如果员工不离开企业或企业给员工提供了能够发挥其积极性和创造性的环境，那么，培训就可以达到预期的效果。但是，事实上，在培训投资的过程中，培训能否最终达到预期的目标，还和培训本身的过程有着密切的关系，包括培训的投资方式、根据企业发展以及员工的心理特点制定的培训内容和选择的培训方式。

四、保障人力资本投资培训管理的整合性

企业人力资本投资与收益是投资主体、投资客体、投资方式、投资过程以及投资环境共同作用的结果。员工在接受了培训之后，能否将所学知识、技能和能力在企业中很好地应用，取决于企业能否调动员工的积极性以及企业优化资源配置的水平。员工的主动性、积极性和创造性是人力资本效益的源泉，影响员工个人积极性的因素除了企业的激励和约束机制外，还和员工个人的价值观、职业道德水平、兴趣爱好等有着密切的关系。此外，企业在培训过程中的投资方式和方向也会影响到投资的收益状况，企业是更加关注一般能力的培训还是更加关注特殊能力的培训，以及在培训过程中的成本的分担问题，都会影响受训员工的积极性。在培训的过程中，培训内容和培训方法的选择同样会影响培训投资的收益率。企业培训的内容也应该能够满足员工日益增长的各种需要，培训的方法只有符合受训者的心理发展水平，才能够被更好地接受。最后，经济社会发展政策会直接影响企业的培训投资的收益率。例如，许多国家的法律都对企业员工的流动，特别是高科技企业员工的流动作出一定的限制，以保障投资企业的人力资本投资收益。

本章小结

第一节介绍人力资本投资理论的产生与发展。主要阐述了舒尔茨、贝克尔和丹尼森的人力资本理论及其理论思想的要点。

第二节进行不同层面上的人力资本投资分析。教育是一种重要的人力资本投资。在微观上表现为家庭和个人的货币收入的增加、工作条件的改善、社会地位的提高和精神生活的充实。教育投资的收益在宏观上表现为科技水平的提高、社会生产力的发展、国民收入的增长。

第三节主要是对在职培训的人力资本投资与收益进行分析。在资本有限的情况下，物力投资与人力投资的比例，取决于两种投资的收益率；哪种投资收益率高就增加哪种投资；哪种投资收益率低则减少哪种投资。应用传统的微观均衡分析方法建立了人力资本投资均衡模型并将其应用于企业的在职培训，提出并分析了一般培训和特殊培训两种

方式。

第四节分析企业在职培训投资与培训管理技术。本节主要分析了在职培训投资领域、投资过程即培训管理中培训内容、培训方法等对企业人力资本投资收益的影响，以提高企业培训投资的收益率。

思考题

1. 什么是人力资本投资？人力资本投资的形式有哪些？

2. 简要说明人力资本投资的经典理论及其代表人物。

3. 个人在作出教育投资的决策时应该考虑哪些因素？衡量教育投资是否适当的标准是什么？

4. 企业在职培训投资有什么现实的管理意义？

5. 在职培训有哪几种类型？分别讨论在职培训的成本和收益。

6. 企业在职培训投资的内容构成有哪些方面？

7. 企业培训管理的主要环节包括什么？你认为哪个因素最重要，为什么？

8. 如何通过有效的培训管理技术提高企业在职培训投资的收益？

9. 企业如何防范人才流失可能带来的特殊培训投资风险？有何实施有效的管理措施和对策？

10. 请结合具体的企业在职培训案例进行相关的人力资本投资收益分析。

第十章

劳 动 关 系

关键概念

劳动关系　劳动合同　集体谈判　工会　效率合约　劳动争议

本章阐明了劳动关系的内涵、性质、主体和环境，介绍了劳动关系运行和调整的几个重要机制，包括劳动力市场、法律机制、劳动合同机制和三方协商机制，并分析了它们的调整原理。同时还介绍了作为劳动关系重要主体和调整机制的工会的含义、职能和产生的经济影响，并分析了集体谈判的含义和重要的集体谈判模型。最后，本章对劳动关系运行过程中的劳动争议进行了阐述，明晰了劳动争议的内涵和成因，并介绍了我国劳动争议处理的程序和方法。

第一节　劳动关系概述

一、劳动关系的内涵

（一）劳动关系的概念

劳动关系是在就业组织中由雇佣行为而产生的关系，是指劳动力的所有者与劳动力的经营者之间结成的以经济利益关系为核心的各种社会关系的总和。从广义上讲，生活在城市和农村的任何劳动者与任何性质的用人单位之间，因从事劳动而结成的社会关系都属于劳动关系的范畴。从狭义上讲，现实经济生活中的劳动关系是指依照国家劳动法律法规规范的劳动法律关系，即双方当事人是被一定的劳动法律规范所规定和确认的权利和义务联系在一起的，其权利和义务的实现，是由国家强制力来保障的。

（二）劳动关系的性质

1. 劳动关系的平等性

劳动关系的平等性主要表现为劳动关系双方主体在权利义务上的平等，在市场经济条件下，这种平等性主要体现在两个方面：一方面，劳动者和雇主都是劳动力市场上的平等主体，双方遵循自愿的原则平等地签订劳动契约，形成劳动关系，当然也可以在法律许可的范围内，自愿地解除劳动关系；另一方面，在劳动关系的存续期间，双方的付出和所得方式是平等的，劳动者向雇主提供符合要求的劳动数量和劳动质量，雇主就要按照合同约定支付给劳动者工资福利等形式的劳动报酬。

2. 劳动关系的隶属性

劳动关系的平等性是表面上的，其内部是劳动者对雇主的隶属性。因为劳动关系具有人身让渡的特殊性，劳动者的劳动力与劳动者的人身是不可分离的，雇主要成为劳动力的调度者和支配者，天然地就成为了劳动者人身的调度者和支配者。劳动关系双方签订劳动合同，建立劳动关系之后，劳动者就要接受雇主的管理，要按照雇主制定的规章制度付出劳动，接受其监督和控制，这种关系就以支配和服从为特征。

同时，在劳动关系平等性的内部，实际上也具有某种不平等的性质。因为总的来看，劳动关系双方在力量上的不均衡，实际权利的不对等，已经是普遍的事实，雇主一方往往在劳动力市场上占有更多的优势，双方的地位是不平等的。

3. 劳动关系的经济性

劳动关系的核心是经济利益关系。一方面，劳动者提供劳动、生产产品或服务，从雇主和全社会的角度来看，都实现了财富的增值；另一方面，雇主向劳动者支付劳动报酬或福利，形成劳动者的主要收入来源。①“提供劳动——给付收入”是劳动关系存续过程中最根本的表现，经济利益也是雇主与劳动者合作和冲突的最主要原因。

4. 劳动关系的社会性

劳动关系由于有人的参与，就不仅仅具有经济性，还兼有社会性。毕竟人不仅仅是经济动物，还是社会关系网络中的成员。劳动关系是社会人面临的重要的社会关系，因为人每天大约有三分之一的时间是花费在工作场所的。在劳动关系双方的互动过程中，劳动者追求经济利益，也追求其他多方面的利益，如归属感、荣誉、与人交往中受到尊敬、成就感等等。

---

① 程延园．劳动关系．北京：中国人民大学出版社，2002：9.

二、劳动关系的主体和环境

（一）劳动关系的主体

从狭义上讲，劳动关系的主体包括两方，一方是员工及以工会为主要形式的员工团体，另一方是雇主及其组织。从广义上讲，劳动关系的主体还包括政府。在劳动关系的建立和发展过程中，政府通过各种手段介入劳动关系，对劳动关系进行调整、监督和干预，因此政府也是广义上的劳动关系的重要主体。

员工是指在就业组织中，本身不具有基本经营决策权并从属于这种决策权力的工作者。员工的范围相当广，包括：蓝领工人、医务人员、办公人员、教师、社会工作者，以及其他在西方被认为是中产阶级的从业者和低层管理者。因为低层管理者只负责监督和分配，而无权命令或奖惩下属，所以也属于员工的范畴。需要注意的是，员工不包括自由职业者、自雇佣者。

员工团体是指因共同的利益、兴趣或目标而组成的员工组织，包括工会组织和类似于工会组织的员工协会和专门的职业协会。在我国和世界上大多数国家，工会是员工团体的主要形式。非工会组织有独立于工会之外的员工协会，往往是在一个就业组织内部形成的。例如基于某一兴趣而组织的员工俱乐部、员工协会等等，当然也包括员工组成的非正式组织，其主要目标也是为员工争取更多的经济和社会利益。

雇主的含义相对比较含糊，有些国家将雇佣单位及行政领导人都称为雇主，有些国家认为雇主是直接或间接代表雇主利益的人。我国雇主的涵义具有三个主要的特征：一是雇主是经营者。在我国，雇主已经远远不是资本家的概念，而被认定为企业经营者。经营者是雇主人格化的代表，是企业利益的代表者和维护者，在公司制企业中，由于董事长和总经理都是企业的经营者，承担着企业不同的管理职能，并且对于企业的用工和工资分配都有不同程度的决定权，因此，公司制企业，特别是国有公司或国有控股公司认定董事长和总经理作为雇主。二是雇主所属单位是企业，还包括企业化管理的事业单位。三是雇主所处的范围包括各种所有制企业。

雇主组织是指由雇主依法组成的，旨在代表、维护雇主的利益而与工会在协调劳动关系中进行谈判和协商的团体组织。一般国外的雇主组织多数是以协会的形式存在。在国外，有两种主要的协会组织：（1）行业协会。它是由经济利益结成的组织演变而成，多数欧洲国家称这种组织为“经济”组织。这种行业协会主要负责行业规范、税务政策、产品标准化等事宜；（2）雇主协会。它是由因为劳资关系而结成的组织演变而成，一般称它为“社会”组织，它主要负责处理劳资关系各个方面的事务，包括与工会的关系、劳工政策、参与劳动立法、行政管理和仲裁作用，其中与工会协商劳资关系是其主要工作。

政府在劳动关系中的角色，一是立法者，其通过制定劳动关系的相关法律介入和影响劳动关系；二是调解者，通过推行三方协商机制，以监督、干预等手段促进劳动关系的协调发展；三是公共部门的雇主，以雇主身份直接参与劳动关系。

（二）劳动关系的外部环境

按照系统论的观点，社会关系是一个由相互联系、相互影响的各个子系统所组成的，要达到一定目标的开放系统，该系统不仅要不断地与外部环境进行交流，还要不断地调整内部各个子系统之间的关系，以维持整个系统的稳定和正常运转。劳动关系是构成社会关系系统的一个子系统，因此它同样会受到社会关系外部因素的影响；此外作为一个子系统，它还要与社会关系其他的子系统发生关系。

如果以一个国家的劳动关系系统为基点，劳动关系的外部环境是指在系统之外能够对劳动关系运行的过程和结果（Process and Outcomes）产生直接或间接影响的各种条件和因素。外部环境是劳动关系组织的不可控制因素或者间接控制因素，最重要的可归纳为五个方面：经济环境、技术环境、政策环境、法律和制度环境以及社会文化环境，它们的作用方式见图 10－1 所示。

外部环境因素以复杂、交错、多变的方式，对劳动关系产生着非常重要的影响，经济环境、技术环境、政策环境、法律和制度环境以及社会文化环境，这五方面是相互联系、相互影响的。技术环境会影响经济环境甚至社会文化环境，同时，社会文化环境又会影响法律和制度环境等。外部环境因素从系统外施加影响，而在系统内通过影响劳动关系双方的力量和权力，使劳动关系表现出合作与冲突交织的形态。

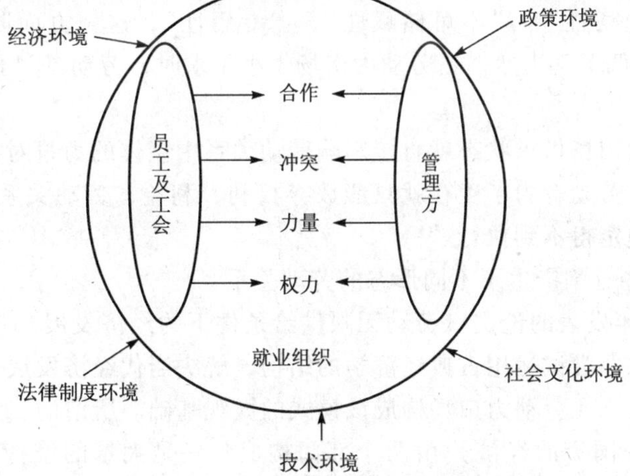

图 10－1　劳动关系系统的主体与环境模型

资料来源：程延园．劳动关系．北京：中国人民大学出版社，2002：16.

第二节 劳动关系的运行与协调

一、劳动力市场与劳动关系调整

劳动力市场是指劳动力需求和供给相互作用的场所，体现了劳动力需求与供给相互作用关系。一般将劳动力市场定义为配置劳动力并且协调就业决策的市场。所谓劳动力市场与劳动关系之间的相互作用，实质上就是劳动力市场供求关系与劳动关系主体、劳动标准、劳动关系协调机制之间的相互作用。

（一）劳动力市场对劳动关系的影响

1. 劳动力市场的状况影响劳动关系双方的力量对比

劳动力市场的供求状态决定了市场主体的不同位置，劳动力供大于求，劳动力需求方就占主导位置；劳动力供小于求，劳动力供给方就占主导位置。劳动力市场的供求状态决定了市场工资的确定，供大于求，工资降低，供小于求，工资提高。

作为个体劳动者，他们在寻找工作时，有一个预期工资，它表示劳动者可以接受的最低工资，劳动者搜寻工作会持续到企业提供的工资大于或等于他所持的“预期工资”。劳动者的“预期工资”完全取决于“市场机会”，在不同的市场类型中，“预期工资”有极大的变化。当劳动力市场供大于求时，市场工资低下，劳动者内部为了得到稀少的工作岗位而展开激烈的竞争；再由于劳动者拥有的是劳动力，而劳动力的特点是具有“让渡的迫切性”、“不可储藏性”、“专用性”，这三方面因素导致劳动者的“预期工资”非常低下。当然，当劳动力市场供小于求时，劳动者“预期工资”就可能提高。

如此，劳动力市场供求状态就直接影响劳动关系中主体的力量对比状态。在劳动力市场供大于求时，劳动者为了生存就只能放弃权利、利益，劳动关系的基本法律规范、劳动标准的法律规定得不到执行。①

2. 劳动力市场分割产生了不同形态的劳动关系

刘易斯1954年发表的论文《劳动无限供给条件下的经济发展》明确提出了二元经济结构的理论模式，尝试运用古典经济学的结构，解决当代经济发展过程中的分配、积累和增长问题，其二元劳动力市场构成该模式的微观基础。所谓的二元经济是指不发达经济（或者发展中国家的经济）由两个部门构成：一是大量的维持生计的经济部门，

① 常凯．劳动关系学．北京：中国劳动社会保障出版社，2009：240－241.

主要是乡村的传统农业；二是占极小比例的资本主义部门，主要城市现代工业部门。现代部门工资和福利高，人员流动少，宜实行长期而稳定的雇佣制度；而传统部门则相反。在此基础上，20 世纪 60 年代末、70 年代初，Lester C. Thurow，P. B. Doeringer，M. J. Piore 等人也相继提出了二元劳动力市场分割理论。这种理论认为：劳动力市场存在主要和次要劳动力市场的分割；主要劳动力市场收入高、工作稳定、工作条件好、培训机会多、具有良好的晋升机制；而次要劳动力市场则与之相反，其收入低、工作不稳定、工作条件差、培训机会少、缺乏晋升机制；对于主要劳动力市场的劳动者而言，教育和培训能够提高其收入，而对次要劳动力市场的劳动者而言，接受教育和培训对于提高其收入没有作用；同时，主要劳动力市场和次要劳动力市场之间的流动较少，这就是劳动力市场分割所产生的差异化的劳动关系形态。

中国劳动力市场的分割形成了社会二元劳动力市场和企业二元劳动力市场。社会二元劳动力市场是政府政策规则，即由身份、户籍制度导致的，也就是通常所说的体制内和体制外的隔离。就业者处于劳动法律保护的边缘，有些是法律明文规定将其排除在外，比如各市、地政府颁布的各种保护性就业规定；有些是执法成本太高无法执法所致。农民工进入了城镇，进入了城镇劳动力市场，但一般均未进入城镇正式、规范的劳动力市场，而只是进入非正式、不规范、体制外的劳动力市场。

企业内部二元劳动力市场，即一个工厂两种用工制度，农民工即使进入了正式、规范的部门就业，也只能在不规范、非正式的用工形式下就业，特别是在公有制单位内大量被称为“劳务工”使用，他们与使用单位没有劳动关系，种种待遇相差极为悬殊。这种人为的劳动力市场分割状况，使得不同身份的劳动者享有完全不同的权利和保障，而且改变起来的难度更大。

（二）劳动关系对劳动力市场的影响

1. 企业劳动关系目标对劳动力需求的影响

在劳动经济学的分析中，企业行为目标有着不同类型，如有利润最大化、销售收入最大化、管理效用最大化、个人收入最大化等各种企业。不同行为目标的企业对劳动力的需求不相同，如德里克·博斯沃思认为，“收益最大化的企业会雇佣更多的生产工人和非生产工人”、“人均收入最大化的企业劳动需求会小于或等于完全竞争的追求利润最大的企业”企业行为目标的不同是由企业中谁占主导地位所决定。任何企业都是由三个利益群体组成的：所有者、经营者、劳动者，这三个群体，各自的权利、地位，利益各不相同，不同群体占主导的企业就会形成不同的企业目标，如所有者为主导，那么就形成利润最大化企业目标，劳动者占主导就形成收入最大化为目标的企业。显然，从劳动关系学来分析，企业之所以有着不同的行为目标，与企业劳动关系中谁占主导紧密相连，企业中占主导的群体，也就是企业劳动关系中占主导的群体。所以，劳动关系的不同也就影响了企业对劳动力的需求不同。

根据中国学者研究，认为与利润最大化企业相比较，人均收入最大化企业的劳动需求有两个特点：其一，更多地使用非劳动要素。在劳动要素与非劳动要素可以替代的前提下，利润最大化企业使用劳动要素的限度是，使用劳动所能增加的收入不低于工资率，否则就使用非劳动要素。人均收入最大化企业则不是如此，因对人均收入最大化企业来说，劳动不仅仅是生产要素，而且还是参与利润分享的因素，劳动的实际价格不是工资率，而是工资率加人均留利，所以它使用劳动的限度是劳动所能增加的收入不低于人均工资和人均留利之和，也就是说，它对增加劳动作用的条件更高，所以更少使用劳动要素。其二，增加了劳动力“进入”和“退出”的壁垒。在人均收入最大化前提下，只要各企业劳动投入量已经符合人均收入最大化，工人的流动就会停止，因不论是流入还是流出，都会打破这种平衡。显然，劳动力流动将小于利润最大化目标的企业。①

2. 企业劳动关系状态对劳动者劳动供给的影响

劳动关系状态是指，劳动关系处于协调稳定还是紧张冲突，或是某种中间状态。企业劳动关系和谐或紧张状态决定劳动供给可以从两个方面进行分析。

其一，企业劳动关系和谐或紧张状态决定了某区域或某行业劳动力的供给状况。在劳动为市场上，劳动者是自由的，他可以按照自己的意愿流动和选择，他可以“用脚投票”，离开该企业、该行业或该区域，到其他企业、区域寻找就业岗位。所以，如果某企业、地区劳动关系状态普遍比较恶劣、紧张，劳动者会到其他劳动关系相对较协调的企业或区域寻找工作，这样就会减少劳动关系恶劣地区的劳动力供给，增加劳动关系状态较好地区的劳动力供给。

其二，企业劳动关系和谐或紧张状态决定了劳动者的实际劳动供给。由于劳动者在让渡劳动力时，仍然拥有自身劳动力的所有权，“他在让渡自己的劳动力时不放弃自己对它的所有权”②，所以，劳动力作为生产要素的一个重要特点是他控制着自己的供给，这一供给与他的努力程度紧密相关，由于劳动者努力程度不同，同样的劳动力会提供出不同质、不同量的劳动，会提供不同效率的劳动。而他的努力程度又与企业劳动关系状态紧密相关。当企业劳动关系处于紧张冲突状态，不论企业支付多少“监督管理成本”，劳动者都会“关闭”自己，出勤不出力、“磨洋工”、怠工，甚至反方向“发挥”，即进行消极抵制、积极破坏。当企业劳动关系处于协调稳定和谐状态，劳动者会

---

① 杨体仁．现代劳动经济学原理．北京：红旗出版社，1991：134－138.

② 马克思．资本论（第一卷）．北京：人民出版社，1975：91.

积极主动努力地工作，会关心企业，提供优质的劳动，以厂为家，发扬“主人翁”精神。

二、法律机制对劳动关系的调整

（一）劳动关系法律规范概述

从法律角度看，法律是调整社会关系的手段，劳动关系作为社会关系的一种，同样受到法律机制的调整。法律机制调整社会关系的方法主要有三种：公法调整、私法调整和社会法调整。

劳动法是社会法，其特征主要表现在国家对劳动关系的干预方面，现代国家干预劳资关系的方式主要有两种途径：一种为直接干预，就是将工资、劳动时间等劳动条件的最低基准以法律形式规定下来，低于该基准，不仅合同无效，而且对雇主采取惩罚措施；另一种为间接干预，就是指保障劳动者的结社权、集体参与权、争议处理权，让处于相对弱势的劳动者以工会的形式组织起来，以确保劳动者利用集体力量来实现和用人单位进行平等谈判的权利。

在我国现阶段，劳动关系的法律调整具有重要的意义，近年来，改革不断深入使得劳动关系更加市场化和国际化，劳资矛盾和劳资冲突问题也越来越突出；相应地，我国劳动关系调整方面的立法速度也在不断加快，比如2008年出台的《劳动合同法》、《劳动争议调解仲裁法》等法律制度。可以说，如何通过法律的手段来协调劳动关系和保护劳动者权益，已经成为中国所面临的一个紧迫的任务。

（二）法律机制对劳动关系的调整

从劳动法律对劳动关系运行过程中劳动关系的调整所起作用的重点不同，可以将劳动法分成四个结构层次①：

1. 劳动基准规范

劳动基准是法定的最低劳动标准，法定最低劳动标准在台湾被称为劳动基准，这是由法律直接确定的最低劳动标准。法定标准是一个社会能够认可的标准，是一个社会的安全线，低于此标准用工就是社会不能承受的，会构成对劳动者的过度役使，危害社会安全和社会稳定，法定标准是强制性标准，低于最低标准就是违法。无市场竞争力的劳动者难以靠自身的劳动技能争取较好的劳动条件和待遇，只能依靠法律确定的最低标准来保护。

2. 劳动合同规范

为了改变劳动者和用人单位签订合同时的弱势地位和履行合同时的从属地位，各国

---

① 常凯．劳动关系学．北京：中国劳动社会保障出版社，2009.

立法也对劳动合同签订和履行进行立法干预，使得劳动合同逐渐从民事合同中独立出来，形成一套新的不同于民事雇佣的立法规范。

3. 集体合同规范

劳动者通过结社自由、组成工会进行集体协商，能够促使劳动者在谈判力量上和雇主或其团体达成平衡，以集体协商的手段提高劳动条件和劳动待遇。因此，集体合同法对劳动关系的调整实质上是平衡劳资双方的谈判力量，在此基础上鼓励劳资双方能够通过集体协商，签订集体合同，找到利益上的平衡点，以此促进劳动关系和谐、社会稳定和经济发展。

4. 劳动争议处理规范

雇员和雇主之间如因劳动关系产生纠纷，需要有法定的解决纠纷的渠道，为此，对劳动关系进行规范的同时，需要建立劳动争议纠纷解决机制，以便在劳动关系出现不和谐时，能有渠道进行疏通，以免激化矛盾，危害社会安全和稳定。

三、劳动合同机制与劳动关系调整

（一）劳动合同制度概述

劳动合同是劳动者与用人单位确立劳动关系、明确双方权利义务的协议。劳动合同双方的权利义务围绕着劳动者提供劳动、用人单位支付工资来展开。劳动合同的实质是劳动者和用人单位签订协议，以自己的劳动换取生活所需的工资收入，此合同和劳动者的生存权密切相连。因此，在其他权利义务设计和违约责任设计方面应充分考虑劳动者的生存权，依此作基础，合理设计。

（二）劳动合同机制在劳动关系调整中的作用

劳动合同立法对劳动关系的稳定和协调，对救济处于弱势地位的劳动者起着重大作用。主要体现在两个方面：

首先，劳动合同立法对雇员和雇主签订劳动合同时的弱势地位进行救济。例如，通过对合同期限的限制，使得劳动关系稳定。法国劳动法典规定，劳动合同的期限一般不超过一年，超过一年即形成无固定期限的劳动关系。再如，日本劳动标准法规定，劳动合同不得约定违约金，也是考虑到雇员签约时的弱势地位，如允许违约金条款，即实际是允许雇主单方面确定违约金。

其次，劳动合同立法对劳动合同履行过程进行干预，救济处于从属地位的雇员，对雇主管理行为施加限制。例如，通过对劳动规章的规定，限制雇主管理的随意性，并通过一系列的规定限制了雇主解除劳动合同的权利等。

四、三方协商机制与劳动关系协调

（一）三方协商机制概述

三方协商机制是西方市场经济国家处理劳动关系的一项基本制度，是政府、雇主组织和工会就劳动关系相关的社会经济政策和劳动立法以及劳动争议处理等问题进行沟通、协商、谈判和合作的原则与制度的总称。其中政府代表国家，雇主组织代表雇主，工会代表工人。对于三方协商机制，在有的文件和书籍中，也表述为“三方性”、“三方原则”、“三方合作”、“三方协调”等，意义是相同的。

（二）三方协商机制在劳动关系调整中的作用

三方协商的职能和作用表现在以下几个方面：

第一，咨询和对话的职能。三方协商中的对话和咨询职能，主要是对于一个国家的劳动立法和劳工政策的制定提出建议并确定基本框架。三个主题通过制度化的机制进行情况和意见沟通，以消除彼此间的误解和意见偏向，在最大程度上取得一致意见，使劳动立法和劳工政策的主张更适宜社会需要，以期在源头上消除法律和政策实施可能带来的劳资冲突。一些三方协商比较完善的国家在处理涉及就业、社会保障、职业培训甚至国家预算和货币等有关问题时，都要听取三方委员会的意见，协商解决。三方委员会召开时，由政府代表通报相关情况和公开相关信息是必要的。对话和咨询是三方委员会最主要和最经常的职能与工作。

第二，谈判的职能。三方协商的谈判职能主要体现在以工资为中心的劳动标准的确定上。谈判和协商的区别在于，协商是就某些问题提出意见和交换看法，其结果有可能达成一致，也可能无法达成一致，仍然可以各持已见。而谈判则要求双方在阐明自己观点的同时必须考虑对方的意见，谈判是为了取得一个共同的协议，为此，双方必须要作出某些让步。当然，这种界限并非是绝对的，谈判离不开协商，协商可以发展为谈判，谈判没有结果也只能限于协商，所以协商可以看成是谈判的基础性工作。作为劳动标准特别是工资标准，直接涉及雇主和工人的切身利益，同时也直接涉及到社会经济的发展政策，因此对这些问题三方必然都有各自的具体立场和要求，解决问题的基本手段便是谈判，不经过谈判很难能有一个正式的协议。在三方委员会中，国家一级和地区一级的谈判主要是最低工资标准和劳动标准；在产业和企业一级的谈判，则主要是具体的劳动条件和就业条件。

第三，仲裁和协调的职能。这种智能主要是指在集体劳动争议或可能发生一定范围的工潮的情况下，通过三方委员会的努力调解矛盾，化解冲突，以缓解劳资矛盾和社会不满，防止社会动乱的发生。一般来说，各国的三方委员会都具有劳资矛盾调解人的权利，这一机构与政府或工会等单一的组织机构相比，其意见和态度更易于为社会接受。

尤其是在社会转轨和动荡的时期，三方委员会的这一作用就更加明显，如东欧国家的三方委员会便在调解罢工和抗议活动、预防动乱和稳定社会方面都发挥了重要作用。

第三节 工会与集体谈判

一、工会概述

（一）工会的内涵与职能

作为维护劳动者权益的组织，工会在发达市场经济国家的发展已有200多年的历史。从工会发展的历史和现状来说，其涉及的领域和范围并不仅仅局限于企业内部，而是有更宽泛的概念。最经常被引用的工会定义，是西德尼·韦布（Sidney Webb）与比阿特丽斯·韦布（Beatrice Webb）在《工会史》一书中指出的："工会是由工人组成的旨在维护并改善其工作条件的连续性组织"。詹姆斯·坎尼森（James Cunnision）认为工会是"工人的垄断性组织，它使个体劳动者能够相互补充。由于劳动者不得不出卖自己的劳动力从而依附于雇主，因此，工会的目标就是要增强工人在与雇主谈判时的力量"。

在工会建立和发展的200多年时间里，人们对工会基本职能的认识和理解一直存在着分歧和争议，这种分歧正是工会在实践中的不同作用和表现的反映。所谓工会的基本职能，就是指工会的基本作用，它对自己的会员和社会究竟能做些什么。关于工会的基本职能，很多不同学派都形成了一套自己独特的看法，美国学者珀尔曼（Mark Perlman）将不同学派对于工会职能的看法分为伦理调节理论观点、经济福利理论观点、心理环境理论观点、社会制度理论观点，以及社会革命理论观点等。一般认为工会的职能主要有经济职能、民主职能、社会民主职能和阶级革命职能。

1. 工会的经济职能

（1）工资与就业人数的最优结合

新古典经济学家认为，工会通过优化组合工资水平与就业人数，实现效用最大化。但是工会不可能无限制地提高会员的工资水平，因为在劳动力需求不变的条件下，工资水平越高，企业雇佣的人数将越少，也就是说，工会在谋求提高会员工资水平的同时，应该考虑由此而产生的伴随失业效应，在两者之间寻求平衡点。

（2）确保就业公平

工会领导的目标是使会员的经济收入最大化，这取决于会员是否愿意参加罢工，而会员是否愿意参加罢工又取决于他们的就业公平感实现与否。因此，工会的一个重要职能是努力实现会员的公平待遇要求，这些要求包括工作负担、晋升与裁员制度等方面。

2. 民主职能

正统多元主义特别强调工会的民主职能，认为工会的一个重要职能应该是将民主原则引入劳动关系，为雇员提供各种形式的代表制度。工会的民主职能具体体现为：第一，当管理方违反集体协议确立的就业条件或滥用职权的时候，工会可以为会员提供准法律代表。第二，工会代表雇员与雇主进行集体谈判，就像民选议员代表其选区的选民利益一样。第三，工会有助于确保雇员在工作过程中获得自由，工会与管理方协商并制定有关工作进度、小组人数、技能要求、职务分类等的规则与程序，限制管理方的职权，维护雇员的权利。

3. 整合职能

管理主义强调雇员与雇主之间的整合是工会的首要职能。工会有助于员工发挥其才能，它鼓励雇员参与组织的各项决策；另外工会的整合职能还体现在它是实现高绩效管理的重要管道，工会的内部申诉和协商机制有助于化解劳资矛盾，克服雇员在与雇主融合的过程中可能产生的各种障碍，同时作为雇主与雇员之间的沟通管道，有助于管理方实施人力资源管理计划。

4. 社会民主职能

工会的社会民主职能主要体现在三个方面，第一，社会工会主张集体谈判不应只是为了提高会员的工资水平，而应该通过集体谈判提高工人阶级的整体工资水平，并改善他们的就业条件。第二，工会积极参与政治活动，通过修改法律来加强集体谈判的力量，通过经济与社会改革减少社会不公正，保护弱势群体。第三，工会积极参与社会公益事业。

5. 阶级革命职能

即强调工会是推翻资本主义制度的最重要力量，只有依靠工会发动有组织的群众政治运动，资本主义制度才能被推翻。

（二）工会的经济影响①

1. 工会的工资优势

一般来说，我们用工会工资（W_U）与非工会工资（W_N）之差在非工会工资中所占比例来衡量工会工资的优势，如果用 WD 表示工会工资优势的话，那么 WD 可以由（10－1）式计算得出：

$$WD = \frac{W_U - W_N}{W_N} \times 100\% \qquad (10-1)$$

① 陆铭．劳动经济学．上海：复旦大学出版社，2002：209－216.

人们通常都认为在有工会组织的部门劳动工资水平较高，因为工会成员会以罢工为威胁与雇主讨价还价，但这一观点值得作进一步的推敲。

第一，在一个竞争性的市场上，如果一家企业的工资水平在工会作用下被抬高，那么这家企业是不可能在市场上长期存在下去的。因此，工会往往是在整个行业范围内进行组织，而不是在某个行业的个别企业进行组织。

第二，在产品市场为不完全竞争的情况下，工会的发展较好，所以，即使观察到工会的组织程度和工资水平之间有着正相关关系，也很难判断是工会的因素还是行业的因素导致了工资的升高。在这一问题上，又有两点事实是值得注意的，一是在那些工会力量较弱的行业内女性职工的比例较高，而这些行业工资水平较低可能部分地是因为女性职工工资比较低。另外，工会力量较强的行业往往也是企业规模较大和资本密集程度较高的行业。在大企业内职工的监督和管理较难，所以企业常常用提高职工工资的方法来吸引高素质的职工，而资本密集型的企业则需要技能较高的职工，从而其工资水平也较高。经过以上讨论，至少可以认为，工会工资的优势并不完全是由于工会的作用而造成的。

具体来看，由（10－1）式所示的指标也可能由于一些其他因素的存在而不能准确地反映工会对工资的影响。

（1）溢出效应。在工会力量较强的企业里，由于工资被抬高了，企业会减少劳动力雇佣数量，这部分在工会力量强的企业里不能被雇佣的劳动力为了就业，就来到非工会成员的劳动力市场上参与竞争，从而降低了非工会成员劳动力市场上的工资水平，这一效应使得实测数据可能高估工会谈判对工资水平的影响。

（2）威胁效应。一些制度主义者认为溢出效应会被工资的集体谈判抵消掉。非工会成员在工资的集体谈判中会以加人工会作为威胁，使雇主抬高工资，这样就使工会对工资的影响高于实测数据所反映的程度。

（3）产品市场效应。由于工会力量强导致工资上升会引起产品价格上涨，一部分产品需求就会从工会力量强的市场转向工会力量弱的市场，这有利于提高非工会成员的工资水平，因此实测数据可能低估工会对工资水平的影响。

（4）高素质职工效应。工会工资水平高会吸引大量职工竞争相应的工作岗位，使得企业能够通过小心的筛选雇佣到不需要过多监督的高素质职工，而这些职工本身就应该得到较高的工资，这就使得实测数据可能高估工会对工资的影响。

（5）补偿工资效应。工会成员得到的高工资与其从事的工作的性质有关，这些工作可能组织更为严密、工作时间的柔性较差而工作节奏较快，或者工作强度较大、安全性较差，高工资中有一部分是对这些工作的补偿。

2. 工会对效率与生产率的影响

在工会对经济效率和生产率的影响这一问题上，经济学家们的争议很大。这里实际上涉及一个规范性的问题。西方经济学主要是一门研究资源配置的科学，因此在评价工会的影响时，经济学家主要将工会作为劳动力市场上的一支重要的制度性力量，而对其在提高职工福利和地位方面的作用则放在了次要的位置。相应地，在西方国家很多经济学家倾向于强调工会组织的负面影响。

在西方市场经济体制下，工会组织对经济效率的负面影响主要有三个方面：

第一，工会组织会通过参与管理而使企业的工作制度僵化。例如，工会可能会对争取对职工每周、每日或每小时的产出有直接的限制；工会可能在一些生产领域坚持使用费时的生产方法；工会可能要求做一些不必要的工作；工会可能会要求保持一个规模过大的职工队伍；工会可能会要求对于职工工作的职能进行界定的权利；工会还常常干预管理层的工资和就业决策，例如主张以工龄而不是能力和效率作为职工晋升的依据。以上这些僵化的制度特征并不完全是工会组织造成的，一些没有工会的部门也同样存在类似问题，但工会至少通过将制度成文化加剧了制度的僵化程度。

第二，由工会组织的罢工活动也会造成产出的损失。特别是当企业与工会的谈判遇到僵局时，工会常常以罢工作为威胁和反抗，从而造成企业停产，而职工在此过程中则损失了相应的收入。特别是当罢工的部门是一些提供重要的生产要素的部门时（如交通部门），罢工造成的生产损失就会波及到其他部门。但是以停产时间作为衡量罢工的损失的指标往往会夸大罢工的直接损失，因为雇主往往能够估计到罢工的发生，从而事先采取一些措施（如在罢工前延长工时）来降低损失，同行业的其他未发生罢工的企业也会增加产量，从而使整个行业的产出水平下降程度很小。但另一方面，一些罢工的后果却可能因难以衡量而被忽略，例如企业在罢工前增加产品存货可能引起的生产成本上升以及设备过度利用，以及罢工企业的生产被其他企业替代而隐含的效率损失等等。事实上，罢工是由于职工与企业不能就一些问题达成一致而引发的，并不能只归咎于职工一方，近年来，由于企业关闭工厂而导致的停产现象越来越多。

第三，工会的工资优势导致劳动力的配置效率损失。如果在有工会组织的市场（第一市场）上劳动工资被人为地提高到高于市场出清水平之上，则这一市场上的劳动力需求会相应地降低，一部分原来就业于第一市场的劳动力就被迫来到没有工会组织的市场（第二市场）上参与就能竞争。第二市场上就业竞争加剧导致这一市场上工资水平降低。但第二市场上的工资在威胁效应和产品市场效应的作用下存在向下的刚性，于是不是所有在第一市场上失业的人员都能够再就业。又由于第一市场上的工资水平受到了企业内部人的控制，不能够回到市场出清水平，所以失业人员即使所要求的工资水平低于其边际劳动生产力也不能就业。在工会工资优势导致失业者增多的同时，也会引起失业者在寻找工作时花费的总成本上升。而动态地看，工会工资优势会相应地降低企业利润水平和投资能力，因而会减缓经济增长的速度。当然，经济学家也承认，由于工会的存在，可以减缓由于企业在劳动力市场上的买方垄断而造成的对劳动力不利的局面。

在西方经济学家普遍批评工会组织对经济效率的负面影响的同时，也有一些经济学家认为工会对经济效率和生产率也有正面的贡献。

首先，虽然已经指出工会的工资优势可能引起劳动力资源的配置低效率，同时却也可能促使企业使用低成本和高生产力的技术。特别当产品市场为充分竞争市场时，有工会组织的企业如果支付了更高的工资，就只有使用高生产率的技术（在同样的产量下使用的劳动较少）才能在市场上生存。这一观点恰恰与前面提到的工会减缓投资和经济增长的观点相左。

其次，工会作为一种集体的声音出现也有利于提高生产率。当一个集体中的职工对现状不满时，他的一种选择是退出，另一种选择就是通过工会来调解内部矛盾、改善工作条件，从而提高生产率。工会还能够增强企业员工队伍的稳定性，一方面工会对矛盾的调解职能使得职工因不满而辞职的情况减少，另一方面工会的工资优势也降低了职工的辞职率。工会强调资历因素在企业晋升和解雇决策中的影响，这也增加了企业职工的安全感，从而使得企业的老职工愿意将其知识和技能通过“传、帮、带”传授给企业的新员工，这也有利于提高职工的生产率。对于企业的管理层而言，工会化提高了企业的劳动成本，为了在满足工会的工资要求的同时保持盈利，企业的管理层不得不努力提高管理效率。同时，工会的集体谈判还为管理层提供了一种信息渠道，可以帮助管理层知道提高生产率的途径。

3. 工会对收入分配的影响

经济学家在工会对收入分配的作用这一问题上分歧也很明显，大多数人认为工会不利于促进收入均等化，也有部分人持相反意见。

持反面意见的经济学家主要有三方面理由。首先，前面所提到的“溢出效应”使得工会成员的工资提高，而非工会成员的工资则下降，这就拉开了工会成员和非成员之间的收入差距。其次，在高技能的和较高收入的蓝领工人中间工会的组织程度较高，使得这部分劳动力能够占有工会工资的优势，而在低技能和较低收入的劳动力中间工会的组织程度则较低，这样收入差距也被拉大了。再次，当职工要求企业支付高于均衡点的工资水平时，企业就会尽力雇佣那些高技能、高素质的劳动力，而相对较差的职工的需求则相应降低，从而也拉开了不同技能和素质的劳动力之间的收入差距。

持正面意见的经济学家认为工会是一种促进收入均等的力量。第一，工会力量保证了同工同酬。如果没有工会的存在，企业往往会根据职工的表现和工龄，甚至亲疏关系来决定其收入，而工会则力图消除这些因素的影响，实现同工同酬，这特别有利于保护一些易受歧视者的利益。第二，工会是使得企业间工资差别减小的因素。道理很简单，如果工会只在某一行业的一家企业要求高工资是不行的，因为这家企业将无法在竞争性的市场上生存下去。所以，为了保障工会成员的工资优势，工会往往在全行业争取同一的工资标准，从而避免了企业间工资的差别化。第三，工会缩小了白领和蓝领两类工人之间的收入差。从一般情况来看，在蓝领职工中工会的作用更强，而这些职工又多为社会中的低收入者，所以这类职工收入提高有利于缩小收入差距。

二、集体谈判

（一）集体谈判和集体合同制度概述

集体谈判是工人通过自己的组织或代表与相应的雇主或雇主组织为签订集体合同进行谈判的行为。集体合同也称团体协约，是集体谈判双方代表之间签订的、关于劳动条件、劳动标准及劳动关系问题的书面协议。显然，集体谈判与集体合同有着密切的关系，集体谈判和集体合同制度就是指关于工人组织或代表与雇主或雇主组织之间，就劳动条件、劳动标准等问题进行谈判、签订集体合同的法律制度。

不同的国家对于集体谈判集体合同制度的法律表述不尽相同。有的称为集体谈判制度，有的称为集体合同制度，有的称为集体协议制度，还有的称为集体谈判和集体合同制度。这些称谓的差别只在于所强调的重点和角度有所不同，其实质含义实际上是相同的。

按照国际劳工公约和建议书的规定，集体谈判的定义为：一名雇主、一些雇主或一个或数个雇主组织为一方，同一个或数个工人组织为另一方，就以下目的所进行的谈判过程，这些谈判通常涉及以下内容：（1）确定劳动和就业条件；（2）调整工人与雇主之间的关系；（3）调整雇主或雇主组织同一个或数个工人组织之间的关系。集体协议的定义为："有关劳动与就业条件的书面协议"。

从劳动关系调整角度看，集体谈判和集体合同制度所涉及的是集体劳动关系，它通过劳动者团体与企业方就劳动条件和劳动标准进行谈判，签订集体合同，调整劳动者群体与企业方的相互关系。可见集体合同制度一方面成为劳动立法的重要补充，同时也弥补了个人劳动合同的不足，因而成为劳动关系调整机制中的重要环节。

20 世纪 90 年代中期，我国开始向市场经济过渡后正式实施这一制度。在实施的过程中，我国的《劳动法》将集体谈判、集体合同制度表述为"集体合同制度"，这种表述侧重于这一制度的直接结果和目的。而对于这一制度过程，我国的表述方式则非常不同。中华全国总工会在其正式文件中，有时称其为"协商谈判"，有时称其为"集体协商"，2001 年新修改的《工会法》则称其为"平等协商"。国家劳动和社会保障部在 2004 年颁布的劳动规章《集体合同规定》当中称其为"集体协商"。

（二）集体谈判模型①

劳动关系利益的协调是两大组织间的行为，但雇主协会在组织方面比工会松散，而且组织行为不如工会组织明显，因此在阐述企业劳动关系的调整理论时一般以工会组织为线索，阐述其行为理论和影响，同时涵盖雇主组织的行为。在劳动关系双方利益调整的各种形式当中，集体谈判占主导地位。实际上，在市场经济条件下，劳动条件的决定方式能为劳动关系双方接受的也只能是在符合国家劳动立法的基础上的集体谈判。

1. 集体谈判的约束条件

集体谈判是劳动关系双方决定劳动条件的行为和过程，其目的是达成集体合同。在集体谈判过程中，工会组织当然希望达成对自身较为有利的条款，但这个目标的实现受诸多因素的制约。首先是政府，因为劳动条件的诸多方面的标准，如法定社会保险和休假等雇员的福利项目通常是由政府立法强制规定下来的、不属于集体谈判的内容。尽管全国的工会组织可以通过参政议政等多种活动形式影响立法机构和政府，但这些法规的稳定性较强，短期内不会有太多的改变。工会实现目标的另一个约束条件是市场，这是一个起着决定性作用的约束条件。因为集体谈判中的另一方是雇主，所达成的集体协议必须使得雇主既能够与工会协调共处，同时又能够在市场上获得必要的成功。提高工人的劳动条件会给雇主提供一种用资本替代劳动的刺激；而且，如果雇主的生产成本提高到一定程度，他们还有可能会受到缩减经营规模的压力。下面，我们以短期货币工资的决定为例说明集体谈判的约束条件。

货币工资决定，工会必须面对一条向右下倾斜的劳动力需求曲线。这样，无论是这条曲线的位置还是其弹性的大小，都会对工会达到其目标的能力构成一种约束。我们用图形来分析一下。

如图10－2所示，有两条需求曲线 D_1 和 D_2，初始工资率为 w_0，就业水平为 l_0，假设企业生产的其他条件不变，一个企业工会组织想将工资率提高到 w_1。想要达到这一目的，就业量就必须下降。这时有两种情况：如果工会所面临的需求曲线是相对富有弹性的 D_1，就业量就会下降到 l_1；如果工会面临的需求曲线是相对缺乏弹性的 D_2，就业量就只能下降到 l_2。在其他条件相同的情况下，劳动力需求曲线的弹性越大，则与任何既定的工资水平提高程度相联系的就业量降低幅度就越大。

假定谈判过程中，劳动力需求曲线从 D_2 向右平移到 D_3，这种移动可能是因为对最终产品的需求上升所导致的，或者是因为其他因素所导致的。如果工会成功地将工资率提高到 w_1，那么在这种情况下，就业量就不存在绝对的减少，只不过工会使得就业量没有能够扩大到 l_4，而只是扩大到 l_3。因此，在一般情况下，如果其他条件相同，劳

① 杨河清．劳动经济学．北京：中国人民大学出版社，2007：403－416.

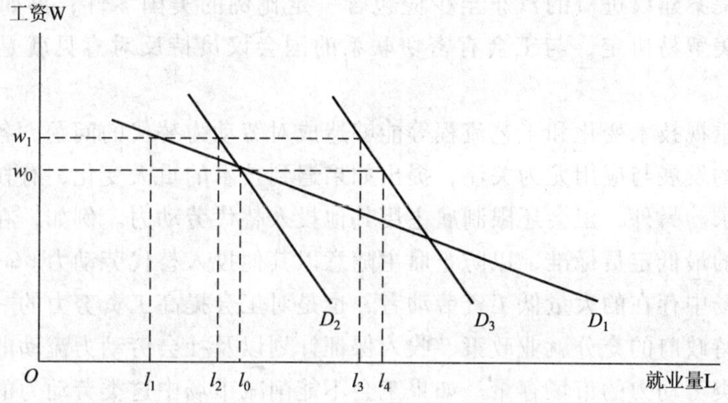

图 10－2　劳动力需求增长和需求工资弹性对工会所面临的市场约束的影响

动力需求曲线向右（左）平移速度越快，则与任何既定的工资水平提高程度相联系的就业量或就业增长率降低速度越小（越大）。因此，在那些劳动力需求曲线缺乏弹性的快速增长产业中，工会提高工资的能力越强；相反，在那些劳动力需求的工资弹性极高的产业以及劳动力需求曲线向左平移的产业，工会提高工资的能力是最弱的。

2. 工会弱化约束的努力

上述约束条件限制了工会实现目标的能力，工会必然会通过一些方式来弱化这些约束条件。在各种约束中，劳动力需求的工资弹性的影响是最大的，劳动力需求的工资弹性主要取决于以下四个因素：（1）产品需求的价格弹性；（2）生产过程中以其他要素投入替代劳动力的难易程度；（3）人工成本占总成本的比重；（4）其他生产要素的供给弹性。

其他条件相同时，上述四个因素与劳动力需求的工资弹性存在着正向关系。如果产品需求的价格弹性较小，如果以其他投入替代劳动力很困难，如果其他投入的供给弹性小，如果劳动力成本占总成本的比重很少，那么，劳动力的需求就会缺乏弹性，工资的提高也不会因就业量的减少而受阻。反之，劳动需求弹性越大，工会赢得工资增长的可能性越小。这是因为，需求曲线越富有弹性，与工资增长一定百分比相应的就业量下降的百分比就越大。因此，工会对工资的影响集中于力求降低劳动力需求的工资弹性，弱化工会面临的市场约束，或者增加产品的社会需求。一般来说，在实践中工会可以通过以下活动实现市场约束的弱化。

工会通过对立法的支持和直接的公共关系运动改变对最终产品需求。例如，20 世纪 70 年代末 80 年代初，美国的钢铁和汽车工人工会对限制外国钢铁和汽车产品在美国的销售量进行大量的社会活动，汽车工人工会在 80 年代支持过国内汽车配件含量立法的提案，这些提案建议进口的汽车至少应包含一定比例的美国零件；再如，2000 年美国国会讨论中美贸易协定，与工会有密切联系的国会议员持反对意见就是一个明显的例证。

工会特别重视技术变化和工艺流程等能够造成对劳动力替代的问题。各国工会目前对计算机技术的发展与应用尤为关注，提出如果遇到技术的重大变化，有权提出重新进行集体谈判要求。另外，工会还限制雇主用其他投入替代劳动力。例如，在集体合同中规定工作岗位的最低定员标准，以防止雇主随意以其他投入替代劳动力。

劳动力市场中存在的大量低工资劳动者，也是对工会提高工资努力的一种威胁。工会必然大力支持政府的充分就业政策、收入保证计划以及社会劳动力流动的某些管理政策等以降低这类劳动力的市场存量。如果工会不能削减市场中这类劳动力的规模，至少也要提高这类劳动力的价格。所以，工会积极支持政府的工资保证计划（最低工资、平等收入等），要求提高各种劳动标准等，以提高非会员劳动力的价格。在企业中，工会经常使用集体合同中限制雇主转包工作以及自由招工的条款来减少低工资劳动力对会员劳动力的威胁。

下面结合效率合约理论模型讨论在市场约束既定的情况下，工会和雇主在就工资和劳动条件进行集体谈判的过程中所采取的行为，即工资和就业之间的相互作用以及相互替代。

3. 效率合约模型

（1）在约束条件下工会效用最大化

集体谈判中，假定工会有能力单方确定劳动力的价格，雇主只能在既定的新工资率下通过调整雇佣量来谋求自己利润的最大化。这一模型的含义是，工会所面临的劳动力需求曲线是工资率的一个简单函数，它被看成是工会和雇主之间关系的最简单模型。见图 10－3。

在图 10－3 中，横轴为就业量，纵轴为工资率，向右下倾斜的 D 为企业的劳动力需求曲线。

我们假定工会对其所代表的会员的工资水平和就业量的价值评价是一样的，并且它能够对其会员的关于工资与就业的偏好进行汇总求和，从而以工资和就业量为自变量的工会效用函数就可以成立。工会效用函数通过无差异曲线 U_0，U_1，U_2，U_3 来表示，其数学表达式为：

$$U = f(W, L) \tag{10-2}$$

这些曲线中的每一条都代表着对工会来说没有效用差别的一系列就业量和工资的组合。无差异曲线具有负斜率，即在保持工会效用函数不变的情况下，工资增加所导致的

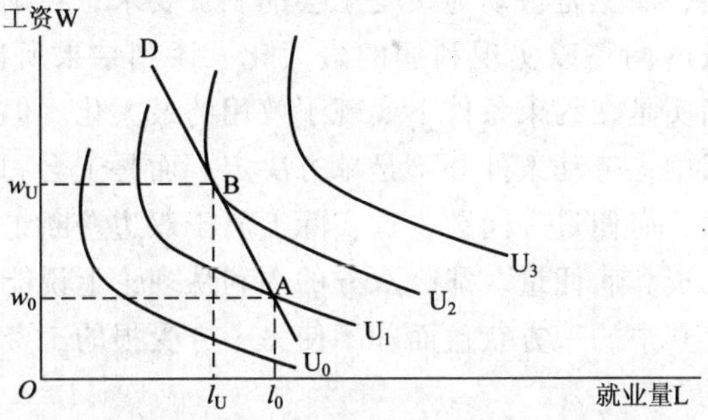

图 10－3　劳动力需求曲线约束之下的工会效用最大化

效用的提高须用就业的降低来补偿。也就是边际替代率递减（它们凸向原点）。在无差异曲线 U 上，设效用水平不变，即 dU＝0，则有

$$U = f(W, L)$$

$$\frac{dW}{dL} = -\frac{\frac{\partial U}{\partial L}}{\frac{\partial U}{\partial W}} \qquad (10-3)$$

越在右上方的无差异曲线代表着较高的工会效用水平，而在左下方的无差异曲线则代表较低的效用水平。

假设在没有工会和集体谈判的情况下，市场力量导致工资率达到 w_0 的水平，雇佣量达到 l_0 的水平（如图中的点 A 所示）。现在，我们考虑工会和集体谈判这个因素。假定工会并不满意 w_0 的工资率，因为这一工资率对于工会组织而言，效用水平比较低，其效用水平在 U_1 上。当然工会组织希望以 U_3 的工资与就业组合形成集体谈判的结果。但是受到劳动力需求曲线的约束，工会达不到如此之高的效用水平。假设通过集体谈判，工会和雇主同意制定一个较高的工资率，于是，雇主将在既定的工资率下决定所要雇佣的劳动力。而在谈判工资率一定的情况下，雇主为了实现利润最大化，必须根据劳动力需求曲线来确定自己的雇佣量。因此，工会的目标就是，在工资——雇佣量组合必须处于需求曲线上这一约束条件之下，使得自己的效用实现最大化。

基于这种情况，工会将会通过集体谈判努力使谈判结果向 B 处移动，在这一点上，无差异曲线 U_2 正好与劳动力需求曲线相切。在这一点上的工资率等于 w_u，而就业量则等于 l_u。在劳动力需求曲线这一约束条件既定的情况下，点 B 就代表了工会所能够取得的最高效用水平。

（2）效率合约模型

前述分析结果表明，雇主是被动地接受工会的工资要求，在确定的谈判工资率的情况下，通过劳动投入量的调整以实现利润的最大化。谈判结果所决定的工资与就业组合，相对于工会而言确实是在约束条件下实现了效用的最大化。但此种组合是否有效率则不得而知。现实生活中，劳动条件并不是单方决定，而是工会和雇主协会两大组织在谈判，共同协商工资率、雇佣量等问题，这实际上属于双边垄断组织的竞争行为。由于是双方竞争共同决定工资和雇佣量，那么双方的福利从理论上说能够得到改善。因此就存在一系列至少可以使其中的一方获益而却不使另一方受损的工资和雇佣量组合，这些组合被称为“效率合约”。

关于效率，这里指的是狭义上的，广义上的效率是指帕累托最优。一种交换如果使得至少一个人的境况变得更好，同时又没有让任何人的利益受损，那么这种交易就被认为是帕累托改进。进一步，如果某种资源配置状态使得任何帕累托改进均不存在，即在该状态下，任何改变都不能使至少有一个市场主体的福利增加而又不使任何主体的福利受损，则此种状态为帕累托最优状态。换言之，如果对于某种状态还存在有帕累托改进，即还存在着某种改变可以使至少一个市场主体福利增加而又不使任何市场主体的福利下降，则这种状态就不是帕累托最优。帕累托最优一般指社会福利的改善，即经济效率。我们在这里讨论的“效率”仅仅是指劳动关系双方福利的改善，它并不意味整个社会从中获益。社会的福利水平是否提高，在这里的讨论是不确定的。

图 10－4 中，D 为劳动力需求曲线；I_0，I_1，I_2 为等利润线；初始工资率为 w_0，雇佣量为 l_0。如果雇主要想扩大雇佣量，那么利润就将下降，为了不使利润下降，就要求制定一个较低的工资率。等利润曲线是一条由一系列的工资和雇佣量组合所形成的轨迹，沿着这条轨迹运动，按照一定的工资率投入相应的劳动要素，则雇主所获得的利润是不会改变的。利润函数可用下式表达：

$$I = P \cdot f(L, K) = W \cdot K = r \cdot K \tag{10-4}$$

式中，I 为雇主的利润；P 为产品价格；W 为劳动的价格（工资率）；L 为雇佣量；r 为资本的价格；K 为资本。

从上式可导出等利润曲线：

$$\frac{dW}{dL} = \frac{P \cdot fL - W}{L} \tag{10-5}$$

式中，$fL = \frac{\partial f}{\partial L}$，即劳动的边际生产力。当边际生产力较高时，等式右侧的正值，随着劳动投入 L 的增加而递减，最终转为负值，在图形上则表现为凸形曲线。

较高的等利润曲线所代表的雇主利润水平较低，这是因为在较高等利润曲线上，与

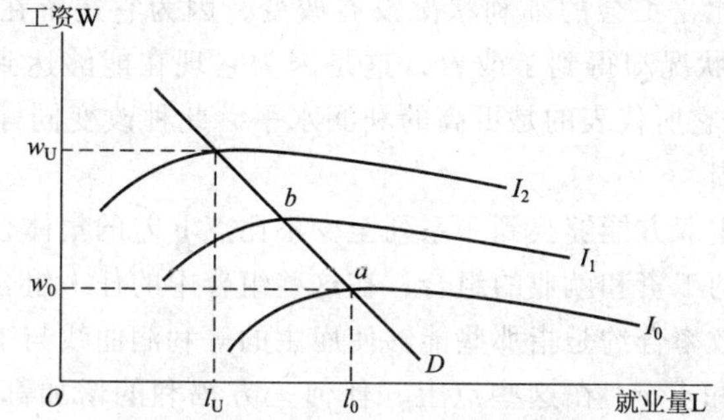

图 10－4 雇主的等利润曲线

每一雇佣水平相联系的工资水平更高，可以说相对于等利润曲线 I_2 上的任何一点，I_0 上的所有点都更好一些。显然，最初的工资—雇佣组合点 a 在 I_0 上，I_2 上则包含了工会所得出的工资和雇佣量的最优组合点 b。

如果把以上两个图形合并在一个坐标上，则如图 10－5 所示。

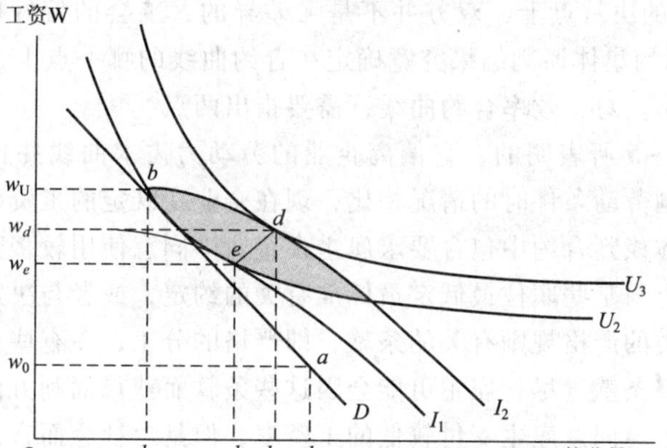

图 10－5 效率合约曲线——“效率合约”的轨迹

在图 10－5 中，曲线的含义与前图一致，它描述了工会所得出的工资与雇佣量组合，即点 b 不是一种“效率合约”。假设工会的决策点不是定在 b，双方经过谈判所确定的集体合同的结果为点 d，这时的工资率 w_d 虽然比较点 b 所确定的工资率为低，但是就业量则增加为 l_d。在点 d 上，工会的福利将会更高，因为现在它将处在一个更高的无差异曲线 U_3 上，而企业却并未遭受任何损失，因为它同时还在等利润曲线 I_2 上。相对于工会和雇主而言，这种变化的确是帕累托改进：工会受益，雇主并无受损。

假设工会同雇主谈判所订立的集体合同在点 e 上，则工资率为 w_e，雇佣量为 l_e，与工会的决策点 b 相比，工会的福利状况没有改变，因为它还留在同一条无差异曲线 U_2 上，而企业的福利状况却得到了改善，这是因为它现在能够达到等利润曲线 I_1 了。而 I_1 在 I_2 的下面，即它所代表的是更高的利润水平，此种改变同样是帕累托改进：雇主受益，工会并无受损。

事实上工会和雇主双方能够找到一系列至少不比点 b 差的集体合同结果，这些合约是图中阴影部分所示的工资和就业的组合，在这些组合中的任一组合对于工会和雇主的福利均比点 b 为好。效率合约是指那些能够使雇主的等利润曲线与工会无差异曲线相切的那些点，比如点 d 和点 e。在这些点上，任何一方福利的增加都要使对方的福利受损，即不存在任何帕累托改进的可能。事实上还存在着一条代表这些点的完整轨迹。在图 10－5 中，存在无数条工会的等效用曲线和雇主的等利润曲线，将它们的切点连接起来，可得到曲线 ed，曲线 ed 通常被称为效率合约曲线（或效率合约轨迹）。这条曲线上的每一点都代表着工会的无差异曲线和雇主的等利润曲线的一个切点。在这些点上，劳动关系双方的福利，即工会的效用和雇主的利润至少与点 b 相同，并且至少有一方的福利比点 b 更好。进一步，任何改变，即偏离效率合约曲线，都将使一方的福利受损。然而，在 ed 线所有的决策点上，双方并不是无差异的，工会的偏好接近点 d，雇主的偏好接近点 e。实际的集体谈判结果究竟确定在合约曲线的哪一点上，则主要地取决于双方谈判力量的大小。对于效率合约曲线，需要指出两点。

（1）正如图 10－5 所表明的，它偏离企业的劳动力需求曲线并且处于其右侧。这意味着与单方面控制劳动条件时的情况相比，现在企业在既定的工资率下所使用的劳动力更多，这说明集体谈判合约中包含要求雇主在企业中同意使用较多劳动力的约定。例如，合约中可能会有与某些职位最低定员标准有关的约定，或者与决定哪些岗位必须完成哪些特定任务一类的严格规则有关的条款，即严格的分工；在有些合约中甚至还包括对某些工人的不解雇条款。尽管雇主可能会因这些条款而获得福利方面的改善—这是因为这些条款能够使工会同意雇主支付较低的工资率，但是对社会而言，社会福利是否增加则具有不确定性。这是因为它没有能够实现成本的最小化而造成了可能的人力资源的浪费，如果劳动力被重新配置并发挥出更大的生产率，那么社会就能够进一步提高其总产出，从而增加社会福利；但若劳动力市场劳动力供给大于劳动力需求，劳动力的机会成本很小，则必定增进社会福利。

（2）合约曲线将向上倾斜，但这并不意味着它一定像图 10－5 中所描述的那样向右上方倾斜。它倾斜的方向取决于工会无差异曲线的形状和雇主等利润曲线的形状，即取决于工会效用函数和雇主利润函数的特征。

（三）集体谈判范围模型

英国经济学家庇古教授于 20 世纪初在其《福利经济学》一书中建立了一种短期工

资决定模型，这一模型讨论了劳资双方关于工资的集体谈判的范围。模型的结构由工会和雇主各自的谈判要求构成：反映工会的工资谈判要求分为上限与坚持点；反映雇主的谈判要求分为下限与坚持点。当工资率通过集体交涉决定，而不是通过劳动力市场的自由竞争决定时，工资率不再是由劳动供求决定的单一点，而存在一个由工会工资要求的上限和雇主愿意提供的工资的下限构成的“不确定性范围”。集体谈判中工会的最初工资增长要求（通常高于竞争工资率以上的某一点）决定这个范围的上限，工会认为上限以外的工资增长会对其会员的就业产生不利影响；工会的坚持点（底线）是集体谈判工资增长的最低要求，若低于此点则不被会员接受，而宁愿以罢工为抵制手段。雇主最初愿意提供的工资增长（通常低于竞争工资率以下的某一点）决定这个范围的下限，认为低于此限度就难以保证生产所需的必要的劳动力供给和企业的市场形象；雇主的坚持点则是最大能够允诺的工资增长，若超过该点则以关闭企业为抵制手段。“不确定性范围”的长度与劳动力需求弹性和供给弹性构成相反方向变动。

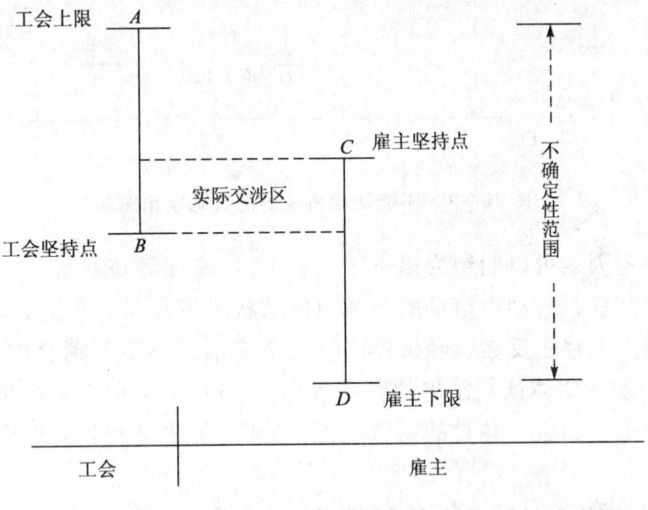

图 10－6 可以达成协议的范围论图解

图 10－6 是达成协议的范围理论图解，上限是点 A，下限是点 D。在这两个端点之间，经过提议、让步和反提议等一系列过程，工会逐渐降低其原有的工资增长期望值，雇主也会逐渐提高其愿意提供的工资增长以作为让步。不过，双方的让步都不是没有限度的，谈判双方都有一个让步的最大限度，即各自的坚持点。图 10－6 中，工会的坚持点是 B；雇主的坚持点是 C。

在图 10－6 中，双方的坚持点之间有一个重叠区，这个重叠区便构成可能不经罢工或关闭企业而达成协议的实际交涉区。如果工会的坚持点位于雇主的坚持点之上，双方的坚持点之间没有一个重叠区，不存在可能的交涉范围。如图 10－7 所示。此时，如果双方不修正原有的坚持点，集体谈判就将破裂，罢工可关闭企业都有可能发生。经双方显示力量和妥协，各自的坚持点会发生变化，各有实际交涉区最终会形成实际交涉区。因此，集体谈判的关键在于双方坚持点的确定，以及集体谈判的结果靠近哪一方的坚持点的问题。集体谈判结果越接近某一方的坚持点，越能表明其对方获得利益。

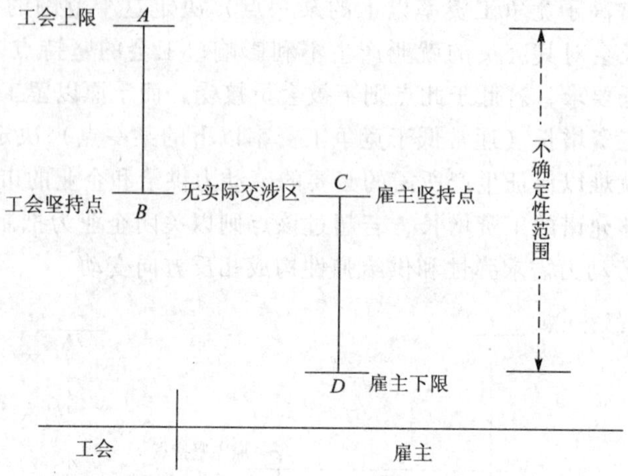

图 10－7 不能达成协议的庇古范围论图解

坚持点的决定因素可以归纳为以下方面：（1）宏观经济状况。当经济处于繁荣时期，总需求比较旺盛，劳动力市场的劳动力供求状况将有利于增强工会的谈判力量，从而使工会的坚持点上移；反之，经济停滞，失业率居高不下，则会使工会坚持点下移。（2）其他工会组织的集体谈判结果的影响效应。（3）工会组织的团结程度、雇主的实际支付能力以及工会和雇主各自的财务状况。（4）集体谈判各方的交涉技巧与公共关系能力等。

（四）希克斯的工会－雇主谈判模型

希克斯集体谈判模型如图 10－8 所示。该模型表明，谈判方将接受的工资水平与建立这一工资水平所需要的罢工时间长度之间存在函数关系。假设集体谈判双方仅就提高工资幅度问题进行谈判，纵轴 W 是工会和雇主正在谈判中的工资增长百分比，横轴 S 是预期的罢工持续时间。雇主所愿意提供的工资增长水平是 w_1，为了避免工会罢工，工资水平将随着雇主对罢工的预期所做的让步而提高，从而可得到雇主的让步曲线 EC，在曲线 EC 上的任何一点，表示雇主对应每一罢工长度所能支付的最高工资增长；EC 曲线将会变得水平，意味着雇主提高工资有一个最高限度，超过这一水平，在任何情况下，雇主都不会再提高。

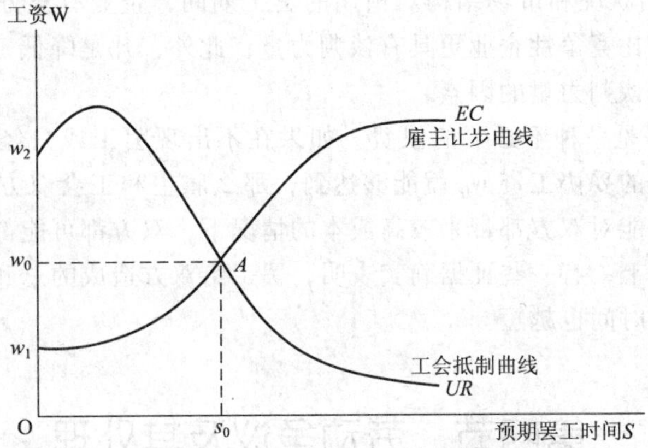

图 10－8　集体谈判让步曲线模型

从工会方面来说，其工资增长要求为纵轴的 w_2。考虑到罢工的损失与成本，工会可以接受的工资增长低于该点。工会的抵制曲线 UR 表示在各种罢工长度的条件下可以接受的最低工资增长水平。UR 曲线随着罢工的预期长度而下降，最后也将趋于平滑，表明罢工有最长的时间限度，超过这一限度，工会将接受雇主提供的工资增长水平。若集体谈判破裂而发生罢工，随着罢工的继续，工会的工资要求将会下降，而雇主所愿意提供的工资则逐渐上升，直到罢工进行到点 s_0，双方达成了妥协。在这一点上，工资提高到 w_0，预期罢工结束。

希克斯模型表明若集体谈判各方都明确对方的底线，为了不发生罢工成本，双方将在罢工发生之前就在点 w_0 达成协议。但这是不可能的，因为谈判各方都有隐藏自己底线的真实位置和诱导对方的动机。故希克斯模型的真正意义在于为研究集体谈判双方的谈判力量提供了框架。希克斯模型有三个方面的含义。

（1）如果 EC 曲线保持不变，则任何 UR 曲线向上移动（提高工会对雇主抵制力量）的因素都将同时提高预期的罢工时间和预期的工资上涨幅度。决定工会抵制力量的因素分别是：① 工会的组织程度。若罢工期间，雇主不能找到足够的劳动力替代罢工工人，将会增强工会的抵制力量。② 工会的财务状况。若工会可以支付足够的罢工津贴以弥补工人的损失等也将使 UR 曲线的形状更加平坦。此外，宏观经济状况对 UR 曲线有直接影响，如失业率很低，罢工者很容易找到临时性的工作，那么工人们决定罢工以及将罢工继续下去的愿望就会增强。根据发达国家的经济状况，确实发现，在相对繁荣时期，罢工的可能性不仅更大，而且罢工的时间也更长。

（2）任何强化雇主拒绝能力的因素都会导致 EC 曲线的下降，从而也使 UR 曲线下降。这些因素是：① 罢工企业产品的替代可能性。可能性小，将加大雇主的谈判力量。② 产品市场的供给状况和市场结构。预期的罢工期间，企业有充分的库存而不失掉市场，垄断性企业将比竞争性企业更具有谈判力量；此外，凡是降低工会的抵制力量的因素都将是强化雇主谈判力量的因素。

(3) 罢工似乎是一种不必要的浪费。如果在不出现罢工或只经过一段较短时间罢工的情况下，预期的妥协工资 w_0 就能够达到，那么雇主和工会双方都可以少承担一部分损失。在罢工可能对双方都带来较高成本的情况下，双方都可能都会同意提前达成某种谈判草案。实际上，有一些证据确实表明，罢工给双方造成的总和成本越高，罢工发生频率越低，持续时间也越短。

第四节 劳动争议及其处理

一、劳动争议的基本内涵与成因

(一) 劳动争议的含义

劳动争议是指劳动关系双方当事人因实现劳动权利和履行劳动义务而发生的纠纷。我国将劳动争议分为个别劳动争议和集体劳动争议两类，个别劳动争议是指劳动者一方不足法定集体争议人数，争议标的不同的劳动争议；集体劳动争议是指劳动者一方达到法定的集体争议人数，争议标的相同，并通过集体选出的代表提起申诉的劳动争议。

广义的劳动争议是指以劳动关系为中心发生的一切争议，包括因劳动契约关系雇佣人与受雇人之间所发生之争议；或关于劳动者保护及保险，雇佣人与国家间所起之纷争；雇佣人团体及受雇佣人团体本身之内部关系发生之纠纷，以及雇佣人或雇佣人团体与受雇人团体间因团体的交涉所产生的纠纷，皆为劳动争议。狭义的劳动争议仅指单个的雇佣人和受雇佣人之间所发生之争议及雇佣人团体与受雇佣人团体发生之争议为限。

一般国家的劳动立法或劳资争议处理制度均以单个劳动争议和集体劳动争议为其范围。例如，美国《全国劳工关系法》第 2 条第 9 款规定："劳资争议一词包括关于雇佣条件的任何争执，或者关于当事人之团体或代表在谈判、决定、维持、变更或试图商定雇佣条件中的任何争执，不论争议当事者是否具有用人雇主和受雇者的直接联系。"韩国《劳动争议调整法》第 2 条将劳资争议的适用范围界定为"劳资关系当事人对工资、工时、福利、解雇及待遇等工作条件意见不一致，而发生之纷争"。

依照我国《劳动争议调解仲裁法》第 2 条规定，我国纳入劳动争议仲裁和诉讼范围内的劳动争议包括：因确认劳动关系发生的争议；因订立、履行、变更、解除和终止劳动合同发生的争议；因除名、辞退和辞职、离职发生的争议；因工作时间、休息休假、社会保险、福利、培训以及劳动保护发生的争议；因劳动报酬、工伤医疗费、经济补偿或者赔偿金等发生的争议以及法律、法规规定的其他劳动争议。

（二）劳动争议的成因

劳动争议发生的根本原因在于劳动关系双方之间经济利益的冲突。作为用人单位主体的企业，是以追求利润而生存的经营单位，事业单位在法律上虽然被定位为非营利型用人单位，但是，在市场的竞争中，事业单位已经明显地表现出了其追求利润的特点。另一方面，劳动者主要是为了工资才为用人单位提供劳动。劳动关系双方基于对经济利益的追求结合起来，在劳动关系的运行中难免发生矛盾和冲突，由此产生争议在实践中比较多见。直接与经济利益相关的争议包括：工资、奖金、福利和社会保险费用方面的争议。间接与经济利益相关的争议包括开除、除名、辞退职工和职工辞职、自动离职发生的争议，这些争议虽然表面上不是经济利益的争议，实质上与经济利益密切相关。

劳动争议发生的主要原因是劳动关系的从属性。劳动关系有从属性特征，劳动者在劳动过程中应接受用人单位的管理，遵守用人单位的纪律和内部规章制度。管理方与被管理方利益所在不同、价值目标各异，因此对于劳动关系的管理规则和方法可能产生完全不同的判断，发生矛盾和冲突是自然的。

二、劳动争议的处理

（一）劳动争议协商

协商是指劳动者与用人单位就争议的问题直接进行协商，寻找纠纷解决的具体方案。与其他纠纷不同的是，劳动争议的当事人一方为单位，一方为单位职工，因双方已经发生一定的劳动关系而使彼此之间相互有所了解。双方发生纠纷后最好先协商，通过自愿达成协议来消除隔阂。实践中，职工与单位经过协商达成一致而解决纠纷的情况非常多，效果也比较好。但是，协商程序不是处理劳动争议的必经程序。双方可以协商，也可以不协商，完全出于自愿，任何人都不能强迫。

（二）劳动争议调解

劳动争议调解，是指劳动纠纷的一方当事人就已经发生的劳动纠纷向劳动争议调解委员会申请调解的程序，调解委员会对企业与劳动者之间发生的劳动争议，在查明事实、分清是非、明确责任的基础上，依照国家劳动法律、法规，以及依法制定的企业规章和劳动合同，通过民主协商的方式，推动双方互谅互让，达成协议，消除纷争的一种活动。劳动争议的调解是在企业劳动调解委员会的主持下，把争议解决在企业内部的一种活动。它具有及时、易于查明情况、方便争议当事人参与等优点，能够及时化解纠纷，阻止双方矛盾激化，和谐劳动关系，因此是我国劳动争议处理制度的重要组成部分。

1. 劳动争议调解机构——劳动争议调解委员会

发生劳动争议，当事人可以到企业劳动争议调解委员会，依法设立的基层人民调解组织，在乡镇、街道设立的具有劳动争议调解职能的组织申请调解。

企业劳动争议调解委员会由职工代表和企业代表组成。职工代表由工会成员担任或者由全体职工推举产生，企业代表由企业负责人指定。企业劳动争议调解委员会主任由工会成员或者双方推举的人员担任。

劳动争议调解委员会负责调解本企业发生的劳动争议。调解委员会由职工代表、企业代表和企业工会代表三方组成。

职工代表由职工代表大会（或者职工大会，下同）推举产生；企业代表由厂长（经理）指定；企业工会代表由企业工会委员会指定。调解委员会组成人员的具体人数由职工代表大会提出并与厂长（经理）协商确定，企业代表的人数不得超过调解委员会成员总数的三分之一。调解委员会主任由企业工会代表担任。调解委员会的办事机构设在企业工会委员会。没有成立工会组织的企业，调解委员会的设立及其组成由职工代表与企业代表协商决定。

2. 劳动争议调解的程序

除因签订、履行集体劳动合同发生的争议外，其他类型的劳动争议均可由本企业劳动争议调解委员会调解。但是，与协商程序一样，调解程序也由当事人自愿选择，在我国，劳动争议调解不是劳动争议处理程序中的必经程序，且调解协议也不具有强制执行力，如果一方反悔，同样可以向仲裁机构申请仲裁。

劳动争议调解委员会调解劳动争议并无严格的程序规定，一般包括调解准备、调解开始、实施调解、调解终止等几个阶段。

当事人申请劳动争议调解可以书面申请，也可以口头申请。口头申请的，调解组织应当当场记录申请人基本情况、申请调解的争议事项、理由和时间。调解开始后，调解委员会要充分听取双方当事人对事实和理由的陈述，耐心疏导，帮助其达成协定。调解委员会调解劳动争议，应当自当事人申请调解之日起 15 日内结束；到期未结束的，视为调解不成，当事人可以在规定的期限内，可以向劳动争议仲裁委员会申请仲裁。

调解委员会调解劳动争议应当遵循当事人双方自愿原则，经调解达成协议的，应当制作调解协议书。调解协议书由双方当事人签名或者盖章，经调解员签名并加盖调解组织印章后生效，对双方当事人具有约束力，当事人应当履行。因支付拖欠劳动报酬、工伤医疗费、经济补偿或者赔偿金事项达成调解协议，用人单位在协议约定期限内不履行的，劳动者可以持调解协议书依法向人民法院申请支付令，人民法院应当依法发出支付令。

有些国家的法律还规定，可以推荐或聘请中立人士参与调解争议。他们的主要职责是了解双方的分歧，通过调解促进双方达成协议，但中立人士不能对争议问题作出调解决定。

（三）劳动争议仲裁

在调解未果后可进入劳动争议仲裁程序。所谓劳动争议仲裁是有关机构依法对争议问题进行居中裁决的一种执法活动，其特点是争议的任何一方都可自行提出仲裁，仲裁的结果具有法律效力。市场经济国家的仲裁机构主要分为两类：一是政府组建的三方性仲裁机构，由政府、工会和雇主协会的三方代表组成；二是由独立于政府的中立人士组成的独立仲裁机构。仲裁机构人员应公正执法，并要具有相当的专业知识和处理劳动争议的能力与经验。

1. 劳动争议仲裁机构——劳动争议仲裁委员会

劳动争议仲裁委员会负责劳动争议的仲裁工作，仲裁委员会由下列人员组成：劳动行政主管部门的代表；工会的代表；政府指定的经济综合管理部门的代表。仲裁委员会组成人员必须是单数，主任由劳动行政主管部门的负责人担任。劳动行政主管部门的劳动争议处理机构为仲裁委员会的办事机构，负责办理仲裁委员会的日常事务。同时，仲裁委员会可以聘任劳动行政主管部门或者政府其他有关部门的人员、工会工作者、专家学者和律师为专职的或者兼职的仲裁员，这些兼职仲裁员与专职仲裁员在执行仲裁公务时享有同等权利。兼职仲裁员进行仲裁活动时，所在单位应当给予支持。

2. 劳动争议仲裁的程序

仲裁需要由申请方提出合乎规定的书面申请。劳动争议申请仲裁的时效期间为一年，仲裁时效期间从当事人知道或者应当知道其权利被侵害之日起计算。因当事人一方向对方当事人主张权利，或者向有关部门请求权利救济，或者对方当事人同意履行义务而中断。从中断时起，仲裁时效期间重新计算。因不可抗力或者有其他正当理由，当事人不能在仲裁时效期间申请仲裁的，仲裁时效中止。从中止时效的原因消除之日起，仲裁时效期间继续计算。

仲裁委员会应当自收到申诉书之日起 5 日内作出受理或者不予受理的决定。仲裁委员会决定受理的，应当自作出决定之日起 5 日内将申诉书的副本送达被诉人，并组成仲裁庭；决定不予受理的，应当说明理由。被诉人应当自收到申诉书副本之日起 10 日内提交答辩书和有关证据，劳动争议仲裁委员会收到答辩书后，应当在 5 日内将答辩书副本送达申请人。被申请人未提交答辩书的，不影响仲裁程序的进行。

立案后，仲裁委员会要开展收集有关资料和调查研究等工作，并应听取争议双方和受聘专家的意见。仲裁庭应当在开庭 5 日前，将开庭日期、地点书面通知双方当事人。当事人有正当理由的，可以在开庭 3 日前请求延期开庭。是否延期，由劳动争议仲裁委员会决定。当事人接到书面通知，无正当理由拒不到庭或者未经仲裁庭同意中途退庭的，对申诉人按照撤诉处理，对被诉人可以缺席裁决。

仲裁庭处理劳动争议应当先行调解，在查明事实的基础上促使当事人双方自愿达成协议，协议内容不得违反法律、法规。

调解达成协议的，仲裁庭应当根据协议内容制作调解书，调解书自送达之日起具有法律效力。调解未达成协定或者调解书送达前当事人反悔的，仲裁庭应当及时裁决。仲裁庭作出裁决后，应当制作裁决书，送达双方当事人。当事人对仲裁裁决不服的，自收到裁决书之日起 15 日内，可以向人民法院起诉；期满不起诉的，裁决书即发生法律效力。

仲裁庭裁决劳动争议案件，应当自劳动争议仲裁委员会受理仲裁申请之日起 45 日内结束。案情复杂需要延期的，经劳动争议仲裁委员会主任批准，可以延期并书面通知当事人，但是延长期限不得超过 15 日。逾期未作出仲裁裁决的，当事人可以就该劳动争议事项向人民法院提起诉讼。

（四）劳动争议诉讼

劳动争议诉讼是指劳动争议当事人不服劳动争议仲裁委员会的裁决，在规定的期限内向人民法院起诉，人民法院依照民事诉讼程序，依法对劳动争议案件进行审理的活动。诉讼程序是处理劳动争议的最后一道程序，它通过司法程序保证了劳动争议的最终彻底解决。依照我国《劳动法》及《劳动部办公厅关于处理劳动争议案件若干政策性问题的复函》的规定，当事人对仲裁裁决不服的，自收到裁决书之日起 15 日内，可以向人民法院起诉，即由法院行使审判权对劳动争议进行司法审理；期满不起诉的，裁决书即发生法律效力，即未经仲裁的劳动争议，法院将拒绝受理。

劳动争议诉讼的程序是：由诉讼方以书面形式提出诉讼请求，人民法院根据《劳动法》和《关于审理劳动争议案件适用法律若干问题的解释》决定是否对争议案件予以受理，人民法院受理的争议范围包括：（1）劳动者与用人单位在履行劳动合同过程中发生的纠纷；（2）劳动者与用人单位之间没有订立书面劳动合同，但已形成劳动关系后发生的纠纷；（3）劳动者退休后，与尚未参加社会保险统筹的原用人单位因追索养老金、医疗费、工伤保险待遇和其他社会保险费而发生的纠纷。依法受理后，人民法院即开始立案调查，此时要求法院要及时调查取证，并先行进行调解，如调解不成再开庭审理。经过双方在法庭上申述和辩论后，法庭将按照法官多数通过的原则依法对争议问题作出判决。判决作出后，如当事方在规定的时间内不向上级法院提出起诉，法院的判决即行生效，双方必须执行。当事人若不服地方人民法院第一审判决的，有权在判决书送达之日起 15 日内向上一级人民法院提起上诉。当事人不服地方人民法院第一审裁定的，有权在裁定书送达之日起 10 日内向上一级人民法院提起上诉，并由上级法院作出最终判决。

对劳动争议案件的审理依照民事诉讼程序，依据《我国民事诉讼法》的规定，人民法院适用普通程序审理的民事案件，应当在立案之日起6个月内审结。有特殊情况需要延长的，由本院院长批准，可以延长6个月；还需要延长的，报请上级人民法院批准。

本章小结

1. 劳动关系是在就业组织中由雇佣行为而产生的关系，是指劳动力的所有者与劳动力的经营者之间结成的以经济利益关系为核心的各种社会关系的总和。

2. 劳动关系的性质主要有：劳动关系的平等性；劳动关系的隶属性；劳动关系的经济性；劳动关系的社会性。

3. 劳动关系的主体包括：员工及以工会为主要形式的员工团体；雇主及其组织；政府。劳动关系的环境包括外部环境和内部环境：外部环境是指一国的社会结构、经济体制、政治体制、法律制度、经济发展状况、技术发展水平、社会文化以及价值观念等因素。

4. 劳动关系运行和协调的主要机制有：劳动力市场机制、法律机制、劳动合同机制以及三方协商机制等。

5. 工会是由工人组成的旨在维护并改善其工作条件的连续性组织；工会的主要职能主要包括：经济职能、民主职能、整合职能、社会民主职能和阶级职能。

6. 工会的经济影响包括：工会的工资优势、工会对效率与生产率的影响以及工会对收入分配的影响。

7. 劳动争议是指劳动关系双方当事人因实现劳动权利和履行劳动义务而发生的纠纷。

思考题

1. 何谓劳动关系？劳动关系的性质是什么？
2. 劳动关系运行和协调的主要机制有哪些？其协调作用如何发挥？
3. 结合我国劳动关系的现状，举例说明劳动关系系统的环境模型。
4. 简述工会的含义和基本职能。
5. 结合实际，分析工会的经济影响。
6. 解释集体谈判的效率合约模型。
7. 结合我国工会的实际情况，谈谈你对中国工会职能的看法和预测。
8. 劳动争议的起因是什么？处理劳动争议的方法有哪些？

第十一章

政府行为与劳动力市场

关键概念

政府支出　政府税收　制度结构　最低劳动标准　最低社会保障　财政政策　货币政策　收入政策　人力政策

实际运行的劳动力市场是不完善的市场，市场机制本身并不能解决在劳动力市场运行中出现的各种矛盾。由于劳动力市场失灵的存在，必然要求政府通过一系列行政的、法律的、经济的手段对市场运行进行全面系统的干预和调节，以稳定劳动力市场运行状况。本章主要讨论影响劳动力市场的制度结构体系及政府对劳动力市场的干预和调节。

第一节　国家财政与劳动力市场

一、政府支出与劳动力市场

在市场经济体制中，政府并不独立于市场之外，它同时也直接参与经济活动，并在经济生活中发挥着重要作用。这种重要作用不仅体现在宏观经济政策的制定与实施方面，而且也表现在为实现政府职能的财政活动之中。国家财政由政府收入和支出两个方面构成。

政府支出包括国家各级政府支出的总和，主要分为政府购买和转移支付两类。政府购买的具体项目有国防用品、公共管理服务、公共工程项目以及政府雇员和事业组织中劳动者的薪金报酬等。政府购买是一种实质性的支出，有着商品和劳务的实际交易，因而直接形成社会总需求，是国民收入的组成部分。转移支付是政府发挥收入再分配的主要手段，是政府在社会保险福利、社会优抚、社会救济以及某些补贴等方面的支出。此类支出虽然没有相应的商品和劳务的交换，不增加国民收入，只是政府将收入在不同社会成员之间的分配，但是，通过这种收入的再分配影响着不同受益的社会群体的经济决策和选择，故对劳动力市场的运行有着重大的影响。

（一）公共部门就业和工资的决定

1. 公共部门就业

在劳动力市场上，非企业公共部门与企业部门一样按照一定的工资率雇佣特定的人员，提供义务教育、基础研究、道路交通、信息服务、民事警察等公共物品来满足社会公共产品或服务的需要。公共部门就业意味着其劳动者将不能从事企业部门的产品和劳务的生产。企业部门的劳动力需求水平由厂商产品和服务的需求派生而来，在比较成本与收益的基础之上，由企业独立作出劳动力需求水平决策。前面有关章节已有分析。但是，公共部门的就业决策与企业部门有着性质上的差异。这种差异主要表现在以下方面：

第一，公共部门生产和服务规模的决策者是各级政府，凭借国家权力为实现国家职能活动所决定，故其决策目标通常为服务最大化；

第二，公共物品的生产受到财政收入水平的硬约束；

第三，公共部门的绝大部分产品或服务不能用价值指标进行准确的评价。例如，气象信息服务或安全环境其社会价值并不能准确地加以计量；

第四，公共部门的产品和服务不存在可以比较准确计量的市场需求曲线。社会上每一个公共物品的可能消费者消费的商品是同一个商品总量，而公共物品非竞争性特点，更使得消费者不能清晰判断对公共物品的需求价格。此外公共物品消费者的非货币支付动机等原因，也会使社会不能准确确定公共物品的最优数量。

由于上述特点的存在，政府只能在权衡财政收入和公共物品的社会效用的条件下决定公共物品的生产规模。通常的做法是成本——效益分析。各级政府作为决策者，它首先通过一定的组织形式论证某一项公共物品可能带来的社会效用，诸如利用价值指标、社会发展指标或其他技术指标对公共物品的生产项目进行评估，类似于企业的决策过程，评价公共物品的可能收益及其社会价值；其次，评估该项目所需花费的成本；最后，将两者进行比较，根据比较的结果作出决策。一般说来，只有公共物品的社会价值大于或等于其成本时，该项公共物品才值得生产。

在现代社会，由于以下原因造成公共部门就业量增长相对较快。第一，经济和社会的发展增加了公共部门服务的需求。日益增长的公共物品需求，如公共管理、公共信息服务、义务教育、基础研究、环境保护、安全秩序等的需求形成了公共部门迅速发展的条件；第二，社会生产规模的扩大，以交换为基本外在特征的市场经济的充分发展，极大地提高了公共物品的社会价值；第三，国民收入的增加，政府收入的增长，个人收入的增长奠定了公共部门迅速发展的基础。中国以及其他现代国家公共部门就业的迅速增长无不证明了这一点。

2. 公共部门的工资水平

公共部门需求的增长与就业量的增加，使其工资水平也不断地提高。一般来说，公共部门的工资水平实行“比较工资”的原则，即公共部门劳动者的工资水平参照相当于企业部门劳动者的工资水平进行制定，因为确定企业部门劳动者工资水平的主要力量是市场，而公共部门的工资水平在很大程度上由立法或由行政力量决定。由于公共物品的生产和服务种类繁多，该部门劳动者的工资水平的运动也各具特点。从事公共管理、义务教育、基础研究等类别的劳动者的工资具有相对稳定的增长性，伴随着国民收入的增长而增长；从事类似与企业部门有形产品生产的公共部门的工资则更接近于企业部门的工资，如市政工程部门等。企业部门以其经济效益和劳动生产率的增长为基础，通过集体协商造成工资水平的实际增加。特别是国有大中型企业工资增长的指导示范性效应，经过产业内、产业间的联系，辐射到其他类型的企业，形成企业工资的增长。比照企业部门工资增长，公共部门通过调整制度工资标准或其他形式增加工资。也就是说，公共部门劳动者的工资运动与企业部门劳动者的工资运动存在着相互联系的链。但在事实上，公共部门的工资水平在总体上要比企业部门高。

形成公共部门劳动者工资水平的上述特点的原因，主要是以下几个方面：第一，附加福利在工资性收入中的比重，公共部门劳动者比企业部门劳动者高，因此在比较两类部门的工资水平时，不能仅仅考虑制度工资，还要考虑其他工资性收入；第二，公共部门劳动者的流动率低于各类企业部门，工龄的增长与职务的提升带来工资的增加；第三，公共部门的职业结构特点使得工资结构中人力资本补偿性工资差别占较大比重；第四，公共部门的产品和服务对经济周期性波动的敏感性不如在企业部门那样强，很多公共物品类似于生活必需品，其收入弹性相对较小；第五，公共物品的生产更多地分布于具有自然垄断性质的领域，等等。

（二）政府转移支付和补贴对劳动力市场影响

1. 政府转移支付和补贴与劳动力需求

转移支付与补贴是政府的一种货币性支出，该种支出并无实际的商品和劳务的交换发生，因而并不增加一定时期的国民收入。转移支付与补贴的数量变动不影响国民收入总量的变动，因此与经济社会的就业总量无关。但是，转移支付与补贴却对社会产品的总需求结构产生重大影响，从而影响劳动力市场的劳动力需求结构。举例来说，生活特别困难群体的社会救济会增加特定产品和服务的需求，而这种需求又会导致对生产和提供这些产品和劳务的派生劳动力的需求。对企业和非营利机构的补贴，如对学校和科研机构的补贴，同样会增加提供相关产品和劳务的劳动力的需求。

2. 政府转移支付和补贴对劳动力供给的影响

政府转移支付和补贴对劳动力供给的影响主要体现为改变个人劳动力供给决策的条件。转移支付和补贴是政府的货币支出，同时就是一定社会群体的货币收入，此种货币收入增量必定会产生收入效应和替代效应。其他条件不变，如制度劳动时间和工资率不变，收入增加，必定减少劳动力供给。西方发达国家为什么对“福利国家”的某些制度进行大刀阔斧的改革，其原因之一就在于越来越完善的社会保险与福利一方面对劳动力供给存在负向影响，另一方面庞大的财政负担加重了纳税人的税负，降低投资的刺激与引诱，引起生产下降。由此可见，政府转移支付的程度，即转移支付的规模与结构必须与经济和社会发展相适应。在我国，城乡社会保障的形式与水平存在着较大的差异，城市社会保障的完善程度远高于农村，政府的转移支付在城市的社会保障中起了重要作用，带来城乡老年人口的劳动力参与率的较大差异。如根据 1995 年的人口抽样调查的资料计算，乡村 60 ~ 64 岁男性人口的劳动力参与率为 53.47%，同年龄组城市人口的劳动力参与率则为 33.42%。这种差异的重要原因与政府的转移支付有密切的关系。

转移支付的替代效应则是指由于转移支付的存在，影响到一些商品或服务的价格，如对教育的补贴支出，会使教育的价格下降，人们节省的费用用于其他用途，由此带来的劳动力市场的连锁反应。

此外，政府转移支付的另一种表现形式是对农业的补贴。我国政府实施的农产品价格政策中，存在所谓收购粮食的“保护价”这种补贴形式，是为了保护农业劳动者的生产积极性，对稳定乡村劳动力供给具有重要意义。

二、政府税收对劳动力市场的影响

税收是政府收入中的最主要部分（此外还有公债）。政府税收种类较多，按照课税对象的不同，大致可分为财产税、流转税、所得税等。税率水平及其变动可以反映市场主体的税赋负担和税收总量的关系，税率水平及其变动方向对市场主体的经济选择和决策有着非常重大的影响。此处仅讨论所得税对劳动力市场的影响。

（一）个人所得税对劳动力市场的影响

个人所得税对劳动力市场的影响主要表现在：对定量标准以上的劳动所得课税直接影响劳动力供给。前文有关章节已有分析，劳动力供给是工资率的函数，市场供给曲线在通常情况下的斜率为正值，对劳动所得课税，无论是比例税还是累进税，都要改变劳动力供给曲线的形状，个人所得税对工资和就业的影响可以用图 11 - 1 说明。

在图 11 - 1 中，劳动力供给曲线 S_1 与劳动力需求曲线 D 的交点 E_1 反映了劳动力市

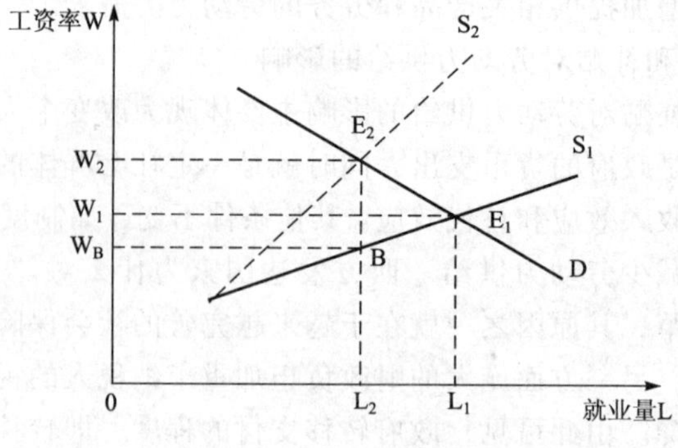

图 11－1　个人所得税对工资和就业的影响

场的供求均衡，此时，均衡工资率与均衡就业量分别为 W_1 和 L_1。现在考虑对个人所得课税这一因素，实际的劳动力供给曲线为 S_2。S_2 位于 S_1 的左上方，两者之间的距离为个人所得税，因为假设是实行累进税制，故随着工资率的提高，两者之间的距离逐渐扩大。由于对个人劳动所得课税，税后劳动力供给曲线 S_2 与需求曲线 D 在 E_2 点实现均衡。此时的均衡工资率为 W_2，均衡就业量为 L_2。将课税前后的两种均衡状态进行比较，可以清晰地看到，市场工资率由 W_1 提高到 W_2，就业量则由 L_1 下降到 L_2。由此可见，个人所得税对劳动力供给具有负向影响。

同时我们还可以看到，在实行一定的个人所得课税制度的情况下，如果市场的工资率仍然为 W_1，由劳动力供给曲线 S_2 决定的劳动力供给量将会大幅度减少，由于需求大于供给，在竞争的作用下，必然会使工资上浮，在 E_2 点实现均衡，E_2-B 为个人所得税。实际上，与不存在个人所得课税制度的均衡工资率 W_1 相比，个人的实际收入因纳税仅减少了（W_1-W_B），也就是说，个人所得税部分由劳动者承担，部分由雇主承担，雇主承担的部分为（W_2-W_1）部分。

通过以上的分析可以说，在其他条件不变的情况下，个人所得税将导致劳动力供给量减少，工资率提高，就业量下降。在个人所得税中，劳动者承担部分税收，雇主承担部分税收。

（二）社会保障税对劳动力市场的影响

在现代市场经济体制中，国家通常都根据工资总额来征收社会保障税（缴纳社会保险费亦同），用于劳动者暂时或永久丧失劳动能力时对劳动者进行补偿，如支付养老、医疗、失业、工伤保险等。

首先，我们这里假设只有雇主是纳税人，且社会保障税是按劳动者工资的一定百分比 T 来计征。我们可以用图 11－2 来做分析，图中的纵轴表示劳动者即时实际得到的工资，因为社会保险支出属于延期支付，但对于雇主而言，确是现时的人工成本的增加，只不过没有即时支付给劳动者而已；D_0 为课税之前的劳动力需求曲线，D_1 为课税以后的劳动力需求曲线，雇主的工资成本比劳动者即时得到的实际工资高。在不存在社会保障税的情况下，雇员的均衡工资率为 W_0，而在计征社会保障税后，雇员的均衡工资率则为 W_1，则雇主的工资成本为 W_1+T，因此雇主对劳动力的需求量由 L_0 降至 L_1。比较 L_0 与 L_1，劳动力需求水平因社会保障税而下降，即社会保障税对劳动力需求存在着负向影响。此外，从图中还可以看到，在社会保障税负中，雇主实际承担了其中的（W_2-W_0）部分，雇员则承担了（W_0-W_1）部分。

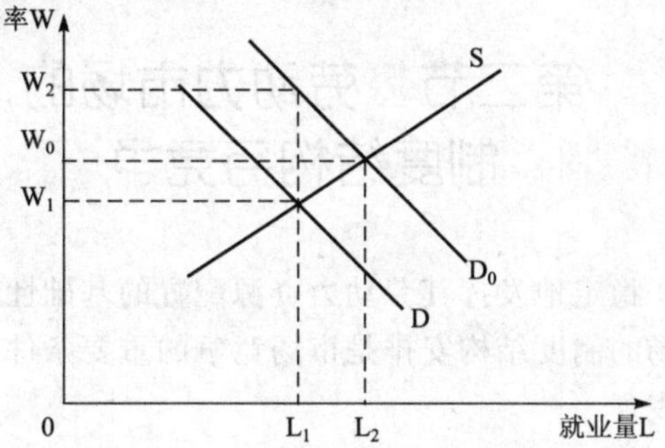

图 11－2　社会保障税对劳动力需求的影响

此外，政府在调整产业结构、促进资源的优化配置中，利用价格政策鼓励或限制某些产业的发展，其中，“限制价格”的政策对劳动力市场同样有重要的影响。政府限制某些产品的生产和消费，如烈性酒和卷烟，对该种产品课征高额税负。假设实施的是对生产者征税，则由于此种税负的存在，提高了该种产品的供给价格，使产品的供给曲线左移，参见图 11－3。

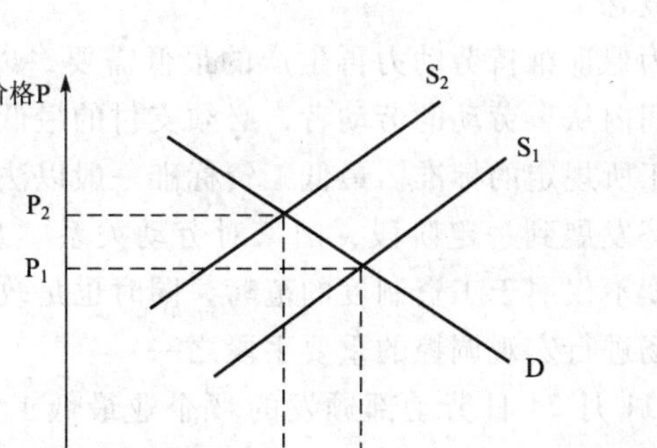

图 11－3　限制价格对产品市场的影响

在图 11－3 中，横轴为产量、纵轴为价格，在供给曲线 S_1 和需求曲线 D 的共同作用下，形成该种产品的均衡价格 P_1 与均衡产量 Q_1。由于征税，供给曲线左移至 S_2，两条曲线的垂直距离为该种产品的销售税，形成新的均衡价格 P_2 和均衡产量 Q_2：价格高，需求减少。产品市场的上述变化，必然造成劳动力市场的连锁反应；劳动力需求下降。

政府的税收制度，税率水平、税收种类的选择与决策，或者改变劳动力供给的决策条件，或者改变生产者（厂商）的劳动力需求的决策条件，因而对劳动力市场有着巨大的影响。

第二节　劳动力市场的制度结构与竞争

劳动力市场正常、稳定地发挥其劳动力资源配置的基础性作用，必须依赖于一定的制度结构。劳动力市场的制度结构安排是市场竞争的重要条件，同时也是政府与劳动力市场相互关系的具体表现。

一、劳动力市场的制度结构要素

（一）最低劳动标准

最低劳动标准包括多方面的内容，从劳动经济学的角度来看，最低劳动标准包括最低工资标准、最长劳动时间标准和其他劳动条件标准等。

1. 最低工资标准

（1）最低工资的概念

最低工资是国家为保证维持劳动力再生产的最低需要，以一定的立法程序规定的，用人单位对在正常时间内从事劳动的劳动者，必须支付的最低限度的劳动报酬，支付给劳动者的工资不得低于所规定的标准。最低工资标准一般以法律或法规的形式颁布，最低工资立法是商品经济发展到一定阶段，国家对劳动关系“自由原则”进行限制的产物。最低工资标准制度不仅属于工资制度的范畴，同时也是政府调节经济活动，干预收入分配，对劳动力市场进行宏观调控的重要手段之一。

在我国，1993 年 11 月 24 日劳动部颁发的《企业最低工资规定》指出，“最低工资”是“劳动者在法定工作时间内提供了正常劳动义务的前提下，其所在企业应支付的最低工资报酬。”

（2）最低工资标准的确定

最低工资标准，又称最低工资率。是指国家依法规定的单位劳动时间的最低工资数额。国际劳工组织自1919年成立起一直对确定最低工资标准特别关注。在该组织的成立宣言中就指出，需要有“足够生活工资的条款”。在1944年通过的费城宣言中特别强调保证“所有职工最低生活工资的需要。”

1970第54届国际劳工大会通过的第131号公约《特别参照发展中国家情况确定最低工资建议书》列举了在决定最低工资水平时要考虑的因素是：

① 工人及其家庭的必需品。需要考虑该国的一般工资水平、生活费、社会保障津贴，以及—社会阶层的相应生活标准。一般来讲，最低工资要按合理比例低于本地区的社会平均工资水平。最低工资一般相当于社会平均工资水平的40%～60%。生活费用越高，最低工资中维持工人自身生存所必需的生活资料费用部分也就越高；同时，还应考虑居民生活费用价格指数的变化，若此价格指数上升，应将此最低工资水平作出相应上调。关于最低工资与社会保障的关系方面，要求最低工资水平应高于社会救济金和失业保险金水平，并保持一定的差距，这样有利于促进劳动者的就业，有利于合理开发和利用劳动力资源。

② 经济因素，包括经济发展的要求、生产率水平、获得和维持高水平就业的需要。最低工资水平的高低和增长速度的快慢，最终都要受各地区和各时期经济发展水平、劳动生产率水平及其增长速度的制约。因此，不同地区，不同时期，由于劳动生产率水平和经济发展水平存在差异，最低工资水平也会有所不同。就业水平越高，赡养人口系数就越低，最低工资中延续职工后代的费用就越低；反之，就越高。

国际上具体确定最低工资一般考虑城市居民生活费用支出、平均工资、劳动生产率、失业率、经济发展水平等因素。可用公式表示为：

$$M = f(C, W, L, U, E, a)$$

式中：

M——最低工资标准

C——城市居民人均生活费用

W——平均工资

L——劳动生产率

U——失业率

E——经济发展水平

a——调整因素

我国《劳动法》第四十九条规定，确定和调整最低工资标准时，应当综合参考下列因素：

① 劳动者本人及平均赡养人口的最低生活费用。实行最低工资的直接目的是确保劳动者所得工资足以维持基本生活需要。因此，最低工资标准不应低于劳动者本人及平均赡养人口的最低生活费用。此处，“最低生活费用”应当是各种基本生活需要项目的最低费用，也即衣食住行和子女教育所需的最低费用。

② 社会平均工资水平。最低工资标准应当低于当地社会平均工资水平，对于社会平均工资水平有差别的不同地区来说，其最低工资标准可以有所不同。

③ 劳动生产率。不同地区、不同行业之间，劳动生产率存在差别，也意味着各地区、各行业用人单位对支付最低工资的平均承受能力不一样，因此，最低工资标准可以有所不同。

④ 就业状况。就业同劳动者的劳动收入和生活负担密切相关，并且影响着劳动者的最低工资需求。最低工资标准应当具有与现实失业率相适应的保障作用，并且有利于实现高水平的就业。

⑤ 地区之间经济发展水平的差异。在经济发展水平不同的地区，最低工资标准应当有适当的地区差别。

2. 最长劳动时间标准

最长劳动时间标准包括国家通过立法规定的工时制度、延长工作时间（加班加点）的条件及最高限额、休息休假制度等，其立法宗旨在于确保劳动者的休息休假权的实现。

（1）国际公约中关于最长劳动时间标准的规定

在工时立法的发展过程中，最具意义的是8小时工作制的确立。国际劳工组织于1919年成立时所颁布的“国际劳动宪章”九项原则的第四项原则和1930年第30号公约规定，工厂的工作时间每日限为8小时，每周限为48小时。1935年第47号公约提出把每周工作时间从48小时减为40小时。1962年第116号建议书具体规定了实现40小时工作周的办法。

关于休息和休假，1921年第14号公约和1957年第106号公约都作了规定：职工应在每7日内享有连续至少24小时的休息时间。1936年第52号公约又规定，企事业职工连续服务满1年后，享受工资照发的年休假，其假期至少应有6个工作日，未满16岁的人至少应有10个工作日。1970年第132号公约又将年假修改为不应少于3个工作周，并对服务不满1年者的年休假做了规定。

从世界各国工时制度变化趋势看，世界各国都在通过各种方式和途径，不断缩短工时和延长休息休假时间。70年代，欧美国家已普遍实行了40小时工作周制。近年来，一些发达国家的周工时已减至35小时左右。

（2）我国劳动法律法规中关于最长劳动时间标准的规定

新中国成立以来，我国到 1994 年 3 月 1 日一直采用每周工作 6 天，每日工作 8 小时、每周工作 48 小时的工时制度。根据 1994 年 2 月 3 日发布的《国务院关于职工工作时间的规定》，从 1994 年 3 月 1 日起，我国开始实行每日工作 8 小时、平均每周工作 44 小时的工时制度。同年颁布的《劳动法》对此以及延长工作时间的条件和休息休假方面都有具体规定。有关情况已在第四章结尾部分中作了介绍，不再赘述。

3. 其他劳动条件标准

其他劳动条件标准包括最低就业年龄标准、保护劳动者在生产中的安全和健康所应采取措施的各种法律规范以及关于女工与未成年工的特殊保护等等。

女工和未成年工的特殊保护是各国劳动立法和国际劳工立法的重要组成内容。各国劳动法对未成年工进行特殊保护，一般体现在限制最低就业年龄，限制工作时间的延长以及对夜间工作和繁重体力劳动方面进行限制。大多数国家将未成年工的就业年龄规定在 14 周岁以上。如美国大多数州规定一般工作就业年龄为 16 周岁，危险岗位的就业年龄为 18 周岁。英国最低就业年龄规定为 16 周岁，德国、瑞士规定为 14 周岁等。国际劳工组织 1973 年第 138 号公约《准予就业最低年龄公约》规定了最低就业年龄。

在我国，国家已颁布了不少关于女职工和未成年工特殊保护的法律法规。《劳动法》第十五条规定："禁止用人单位招用未满 16 周岁的未成年人。"也就是说，我国劳动就业最低法定年龄为 16 周岁。对于未满 18 周岁的未成年工和女职工实施特殊保护，《宪法》、《劳动法》第七章、《女职工劳动保护规定》、《未成年工特殊保护》、《妇女权益保障法》、《未成年人保护法》、《禁止使用童工规定》等都做了详细规定。

为了改善劳动条件，保护劳动者在劳动过程中的安全、健康，国际劳工组织就职业安全和卫生的一般保护、特定危害、特定部门的安全卫生保护，通过了多项劳工公约。我国制定了适用于各类企业的劳动安全技术规程、劳动卫生规程以及各项劳动安全卫生管理制度，防止和消除在生产过程中的伤亡事故、减轻繁重体力劳动、防止和消除各类职业毒害，等等。

（二）最低社会保障

最低社会保障制度是以国家或政府为主体，依据法律规定，通过国民收入再分配，对劳动者在暂时或永久丧失劳动能力以及由于各种原因生活发生困难时给予物质帮助，保障其基本生活的制度。其主要功能是为劳动力市场的正常运行创造良好的环境，增加社会经济的有序性，使国民经济和整个社会有机体得以持续、稳定、均衡、协调地发展。

国际劳工组织关于社会保障的专门性公约和建议书有 50 多个。其中 1952 年制定的第 102 号《社会保障最低标准公约》是一个基本标准。它确立了社会保障作为一种普遍制度的原则。其中包括得到普遍承认的 9 个方面：医疗保健、疾病补助、失业补助、老年补助、工伤补助、家庭补助、生育补助、残病补助和遗属抚恤金。

社会保障制度已有100多年的历史，当今世界上众多国家都实施了社会保障制度。各个国家都已出台了一系列关于社会保障的法律法规，我国也不例外。我国已先后颁布了《国务院关于建立统一的企业职工基本养老保险制度的决定》、《国务院关于建立城镇职工基本医疗保险制度的决定》、《失业保险条例》、《社会保险费征缴暂行条例》《城市居民最低生活保障条例》等一系列的法律法规，对享受或领取社会保险、社会救济、社会福利、社会优抚等各种物质帮助的条件、物质帮助的标准、物质帮助的领取方法等做了详细规定。

(三) 工会

在现代市场经济国家，工会是劳动关系矛盾长期发展的产物，是劳工及受雇者自发组成的，藉团体交涉的力量，以维持及改善劳动条件与生活状况，保障劳工本身权益的社会性团体。国际劳工组织在工人基本权利保障方面，有两个非常重要的国际劳工公约，即1948年通过的第87号公约《结社自由和组织权利保障公约》，1949年通过的第93号公约《组织与集体谈判权利原则公约》。这两个公约比较全面地规定了工会组织及其集体谈判在劳动条件决定方面的权利与地位。

工会在其发展中承担着多重功能，最基本地是与雇主或雇主组织进行集体谈判，参与决定基本劳动条件，并对各项劳动条件标准的实施进行监督。此外，除谋求劳工本身权益的职能，还兼顾着社会整体利益的增进，具体来说包括：（1）经济性的功能：改善与维持所属会员的劳动条件以改善劳工的生活；行使争议权以维持会员权利；从事集体谈判以缔结团体协议；参与企业的管理与经营以增强谈判力量。（2）政治性的功能：运用群众力量以影响立法者选任之活动，从而通过其所支持当选的立法者，去影响劳工立法的内容，以通过对劳工有利的法案。（3）社会性的功能：除为其会员争取福利保障外，还进一步从事社会服务工作，如办理各种福利事业，推行社会教育等。（4）心理性的功能：工会作为劳工的屏障，能提高劳工的自尊心及责任感，予以他们心理上的满足，使劳工的人格予以健康的发展。

在我国，宪法、劳动法全面地规定了劳动者的结社权，《中华人民共和国工会法》规定工会是职工自愿结合的工人阶级的群众组织。工会有以下权利：（1）工会有参与国家社会事务管理和参加用人单位民主管理的权利；（2）工会有维护职工合法权益的权利；（3）工会有代表职工与企业、事业单位行政方面签订集体合同的权利；（4）工会有权参与劳动争议的调解和仲裁；（5）工会有监督用人单位解除劳动合同的权利；（6）工会有监督用人单位执行有关工资、社会保险、工作时间、劳动保护、安全卫生规程、女职工特殊保护和其他有关改善生活条件及劳动条件等方面的劳动法律法规的权利；（7）工会有要求用人单位为工会办公和开展活动提供经费和必要的物质条件的权利。从我国关于工会的法律规范中可以看到，工会在劳动关系中是劳动者维护其权益的组织形式，是使劳动法律规范由观念抽象形态转化为现实秩序的一种物质媒介力量。

最低劳动标准、最低社会保障、工会权利义务等三个制度结构，在现代市场经济国家都是以法律的形式确定下来，得到法律的保护。上述三个构成要素在保障劳动力市场稳定运行、实现劳动力资源的有效配置中发挥着不可替代的极其重要的作用。

二、劳动力市场的制度结构与竞争机制

（一）竞争与保障

在市场经济中，企业的资产经营与生产经营有多重目标，但最主要的目标是获得利润、效率，并使得利润不断增加。利润水平取决于多种因素并受这些因素的影响和制约，其中之一就是劳动费用。在其他条件给定的情况下，只要降低劳动费用，就会使利润相应增加。两者此消彼长。基于这样一个简单的事实要想增加利润水平，只要降低人工成本，就会使利润相应增加。因此，企业为了追求利润最大化，会尽量降低人工成本，特别是降低人工成本的重要组成部分——工资。

劳动者作为劳动力市场的另一主体，追求的目标是个人效用的最大化，希望工资越高越好。如果工资降低到某种水平以下，劳动者就拒绝就业，此时企业将得不到必要的劳动力供给，那么，工资就绝不会降到这一水平之下。但劳动者拒绝就业是有条件的，即他能够在就业之外获得他的谋生手段。如果不具备这个条件，劳动者就只能通过自身的劳动来获得生活资料。因此，在劳动力市场上，特别是当劳动力供给大于需求时，工资存在着无限制下降的趋势和可能。

从表面上看，降低工资可以增加企业的利润，但从社会再生产过程来看，其中存在着极大的矛盾。原因在于：第一，如果工资不断下降，甚至降低到维持最低生活水平的临近点，就有可能破坏劳动力的再生产。劳动力是最基本的生产要素，一旦劳动力再生产的正常进行受到破坏，社会生产的基础就存在着崩溃的危险。第二，假若存在着极为低廉的工资且仅能维持基本生活，这种现象如果存在，通过市场竞争形成价格的机制就无从发挥作用。在基本生活受到严重威胁的情况下，劳动者无论遇到多么恶劣的劳动条件都不得不忍受，在这种情况下所形成的劳动力价格，根本不能反映劳动力市场不同劳动的交换比率。换言之，这种情况就使市场竞争决定价格的机制丧失了正常发挥功能的条件，一旦市场机制受到破坏，通过市场来达到资源的充分利用和优化配置就不能实现，从而使市场丧失其有效性。

为使市场配置资源的功能稳定地发挥作用，而不使其一味地放任自流和自由发展，建立保证其正常发挥功能的制度结构体系就是十分必要的。中外市场经济发展的事实充分说明：一方面，通过工厂法、劳动法等法律，提供对劳动者最低劳动条件的切实保证

和确认，工会组织在劳动条件的所有方面享有监督检查的权利；另一方面，通过推行社会保险、社会救济等社会保障措施，使法律制度逐步健全和完善，非但不会阻止和妨碍市场机制正常运行，反而极大地提高和维护了市场的竞争，增大了劳动力资源配置功能的有效性。

（二）劳动力市场的稳定与制度结构

以下将讨论的问题是：劳动力市场是否具有一种能够自动调节、自行恢复稳定平衡的功能。劳动力市场均衡的变动，即由市场决定的工资率、就业量的变动，取决于种种影响劳动力需求与供给因素的变动。若劳动力市场自身具有自动调节、稳定均衡的恢复能力，即使受到来自市场外部的强烈冲击，出现暂时的工资与就业的宽幅震荡，也能够通过市场的自行调节，使工资和就业与市场外部条件相适应，从而使劳动力资源的配置保持在一个稳定均衡的最佳水平上。但假如不是这样，劳动力市场自身缺乏自行调节，自行恢复稳定均衡的能力，那么，在经济变动的不同阶段，就可能出现工资、就业极不稳定或劳动条件极度恶化的局面。

如果劳动力市场属于前者，具有自行恢复稳定均衡的能力，那么就无须为实现劳动资源的优化配置，建立控制劳动力市场运行的制度结构体系，也就无需采取人为的政策进行干预。自由竞争的结果，完全可以使劳动力市场自然地达到资源的最佳配置，使工资和就业稳定在最佳水平上。但若劳动力市场属于后者，当劳动力市场处在不稳定的宽幅震荡状态之中，而自身又不具有自行恢复稳定均衡的能力，那么就必须建立市场以外的制度体系，进行政策干预。这里，问题的关键在于确定劳动力市场究竟属于哪种类型。

事实表明，在经济周期的变动过程中，就业与工资确实存在着急剧变动的时期。市场不景气、生产萎缩、深刻的结构调整，失业扩大。为了维持已有的生活水平或不使生活水平下降过多，家庭的辅助劳动力大量地涌入劳动力市场，以期寻找工作，从而急剧地增加劳动力市场超量的供给压力，进而导致工资与劳动条件下降和恶化。此种变动直接影响着劳动力的再生产，并进一步通过人口再生产的调节来达到对劳动力供给的调节，也就会出现所谓的“马而萨斯均衡”，从而使工资下降的趋势停止。这种情况如果发生，将对现代经济的发展产生致命的打击。

关于劳动力市场具有自动调节、自行恢复稳定平衡性质的情况，可以用图 11－4（a）加以说明。在稳定均衡的情况下，图（a）中的供给曲线从左下向右上倾斜，具有正的斜率，且劳动力供给具有正弹性。

关于劳动力市场不具有自动调节、自行恢复稳定平衡性质的情况，可以用图 11－4（b）加以说明。图 11－4（b）表明，劳动力市场受到某种冲击，均衡被破坏，工资率与就业量可向着左上方或右下方发散。在不稳定均衡的情况下，图（b）中的供给曲线向右下倾斜，劳动力供给的工资弹性为负值，而且供给曲线的工资弹性的绝对值大于需求曲线相应的绝对值。此时，劳动力市场的均衡就必然处于不稳定状态。一旦失衡，就会出现极大的向右下方发散的可能性。

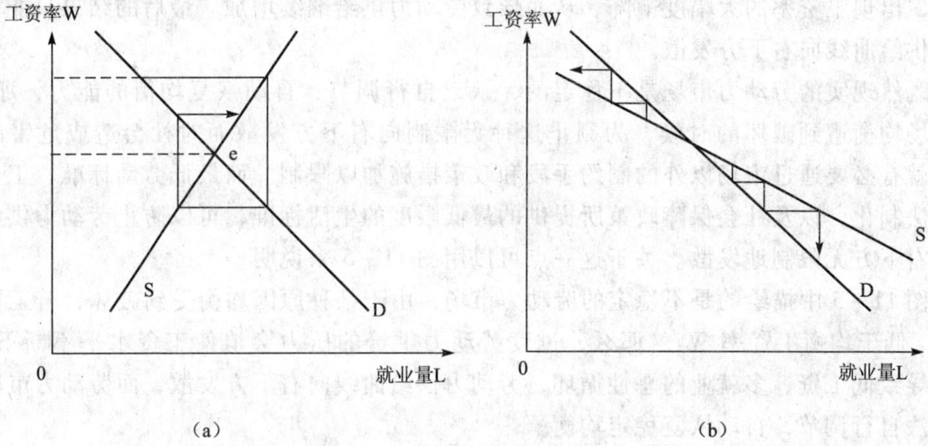

图 11－4　劳动力市场的均衡性质

（a）具有稳定均衡性质；（b）不具有稳定均衡性质

需要说明的一点是，图（a）与图（b）两种劳动力市场的劳动力需求曲线的性质完全一样，不同的是表现在劳动力供给曲线的斜率上。

在本书的相关章节的有关分析中曾经指出，当工资率变动产生的替代效应大于收入效应时，劳动力供给曲线的弹性为正值；若收入效应大于替代效应，相应的供给曲线的工资弹性为负值，劳动力供给曲线的斜率为负，如理论上所建立的个人劳动力供给曲线。此时，伴随着工资的增长，消费闲暇的支付能力迅速增强、闲暇的边际效用大于劳动的边际效用。但是，仅依赖于这种关系，还不足于说明由图（b）所示的向右下方延伸的劳动力供给曲线的性质特征。

必须注意，有关劳动力供给的决策，是以每一个家庭的经济情况作为基本单位来进行分析和描述的，可是现实的劳动力市场政策研究课题不是抽象的个人问题，而是由许许多多家庭的繁纷复杂的经济决策和经济选择综合形成的各种各样的问题，它与一般的在静态状况下纯理论的说明所作出的劳动力供给曲线，其性质特征是有区别的。

研究现实的劳动力市场，研究在经济周期的变化情况下，相应的工资、就业与失业等的变化及其趋势和结构，我们就可以看到，只要市场的工资率发生变化，家庭的劳动力供给也就发生相应的变化。因此，向右下方延伸的劳动力供给曲线，就具有极其重要的现实意义。它揭示了劳动力市场本身具有一种极不稳定的性质特征，一旦由于某种原因，使工资率下降，劳动力市场的平衡被打破，劳动力供给就会急剧地增加。已经就业的人在制度劳动时间之外再谋取其他职业，以补贴家用；未成年工及其家庭辅助劳动力进入劳动力市场，以求获得一份工作。劳动力供给的大量增加，又会迫使工资率进一步下降，出现工资率的大幅度下降，从而导致劳动力供给继续增加。最后的结果只能是劳动力供给曲线向右下方发散。

既然现实的劳动力市场是不稳定的，缺乏自行调节、自动恢复均衡的能力，那么，在市场均衡遭到破坏的时候，为制止这种无限制向右下方发散而对社会造成危害的扩大，就有必要通过市场以外的制约手段和政策措施加以限制。而最低劳动标准、工会权利的法制化，以及社会保障政策所提供的最低限度的生活标准，可以防止劳动力供给曲线向右下方无限制地发散。关于这一点可以用图 11－5 来说明。

图 11－5 中描绘的是不稳定的劳动力市场，由于某种原因均衡受到破坏，若工资水平 W_1 低于均衡工资率 W_e，那么，过度劳动力供给的压力会迫使工资水平不断下降，进而导致低工资、多就业的恶性循环，劳动力供给曲线向右下方发散，而劳动力市场本身无法自行调节，自动恢复稳定均衡。

此时，由于规定了最低劳动标准，如最长劳动时间标准（用竖线 b 所示）和最低工资标准（横线 W_m 所示），就可以使这种发散控制在 b 或 c 的水平上。而最低社会保障（横线 W_s 所示）的存在，则起着在一定工资水平以下停止劳动力供给、维持最低限度劳动条件的作用。

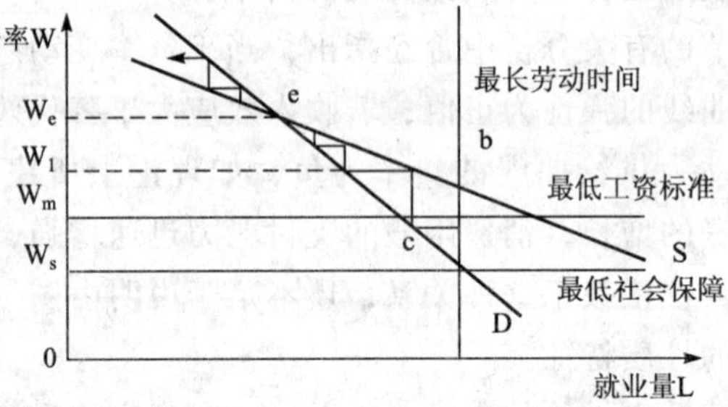

图 11－5 劳动力市场均衡与制度结构

当然，在图中所示的不稳定劳动力市场中，就业和工资也可能偏离均衡点，使得劳动力供给曲线向左上方发散。这将导致高工资、少供给的恶性循环，可能造成通货膨胀与生产萎缩并存的滞胀局面。此时，应采取工资－物价管制措施来解决。

根据以上分析，我们可以清楚地看到劳动力市场自身具有不稳定的性质特征。因此，决不能一味地强调自由放任式的自由竞争，而必须通过各种制度、政策，以及对“契约自由”的一定限制，建立起保证正常的市场竞争秩序的制度结构体系，这一点无可置疑地具有重要意义。

第三节　就业与收入的宏观调控

政府对就业与收入的宏观调控政策主要包括财政政策和货币政策、收入政策和人力政策。通过这些政策有效地调节总供给与总需求的相互关系，进而影响劳动力市场的供给与需求。

一、就业总量的宏观调控政策

对国民经济就业总量影响最大的宏观调控政策，是财政政策和货币政策。

（一）财政政策

财政政策是指政府运用财政预算来调节总需求水平，以促进充分就业、稳定物价和经济增长的一种宏观经济管理对策。财政政策的内容包括通过增减政府税收和预算支出水平来调节经济。

财政政策因其目标的不同，可以分为两种类型：扩张性的财政政策和紧缩性的财政政策。

扩张性的财政政策是通过扩大政府购买、增加政府转移支付、降低税率等措施来刺激消费和投资，增加总需求，以提高就业水平的宏观经济政策。当经济处于不景气时期，总需求小于总供给，由于有效需求不足，导致企业开工不足，经济中存在较高水平的失业率，政府就要实行扩张性的财政政策，如免税、退税、降低税率；增加公共工程开支，扩大政府购买；增加政府转移支付等。

紧缩性的财政政策则是通过减少政府购买和转移支付、提高税率等措施削弱消费与投资，减少总需求，以稳定物价的宏观经济政策。当经济处于繁荣时期，总需求大于总供给，通货膨胀严重，政府就要实行紧缩性的财政政策。

在现代市场经济国家，政府实行财政政策的主要手段包括：调整政府购买水平、政府转移支付水平和变动税率。

1. 改变政府购买水平

在总需求不足和失业严重时，政府就扩大对产品和劳务的需求，提高购买水平，以刺激总需求，增加就业水平；在总需求过旺和通货膨胀严重时，政府就减少对产品和劳务的需求，降低购买水平，以抑制总需求，稳定物价。政府购买或支出水平的一定变动引起国民收入较大变动的乘数原理，在其中起到了极大的作用。根据经济学原理可以知道，政府投资、政府购买对国民经济总量的变动都有乘数效应。所谓乘数效应是指国民经济某一变量的变动将会引起相关变量的数倍变动，而投资乘数效应、政府支出的乘数效应均为正值，可见，一定量的政府投资或支出对国民经济的影响绝不仅仅是这项投资或支出产生的直接影响，还应包括由此引起的间接影响。例如，假定经济处于不景气时期，为刺激经济，政府增加1 000万元的支出用于公共工程建设，那么将会引起社会生产发生哪些变动？我们可以看到：首先，公共工程部门由于政府购买支出而获得1 000万元的收入，此1 000万元则是生产公共工程要素供给者的收入，经工资、利息、利润等形式流入各该要素的供给者手中，这1 000万元是政府购买对国民收入的第一轮增加；再假定经济社会的边际消费倾向为0.8，因此所增加的1 000万元中会有800万元用于购买各类消费品，于是800万元消费支出同样以工资、利息、利润等形式流入生产各类消费品的生产要素供给者手中，从而使各类生产要素所有者的收入增加800万元，这是国民收入的第二轮增加。这个过程不断继续下去，最终使国民收入增加5 000万元。其运动过程可以用投资乘数或政府支出乘数来描述，即：投资乘数或政府支出乘数=1/（1-边际消费倾向）。从上式可以看到，乘数与边际消费倾向是正向关系，边际消费倾向越高，乘数越大。一般说来，发展中国家居民的边际消费倾向往往高于发达国家居民的边际消费倾向，因此，其乘数效应也相对较大。

同理，投资或政府支出还具有就业乘数效应。如同上例，由于政府增加1 000万元的公共工程支出，带来相应部门就业的增长，假设公共工程部门由此增加100人就业；经济社会由于这100人就业相应地使其他部门就业也获得增长。由于增加一笔投资或政府支出所带来的总就业增量与该笔支出所带来的初始就业量之比就是就业乘数。由于加速原理的作用，政府投资或支出的任何一种较小水平的变动，都会对国民经济产生较大的变动。在财政政策中，由于政府支出乘数大于税收乘数，以及政府转移支付乘数，所以，调整政府购买水平是财政政策中最有效的手段。

2. 改变政府转移支付水平

在总需求不足和失业持续增加时，政府就增加社会福利费用，提高转移支付水平；相反，在总需求过多和价格水平不断上升时，政府就减少社会福利费用，降低转移支付水平。

3. 改变税率

税收是政府的主要收入来源，而所得税在税收中所占比重又是最大的，因此，改变税率主要是改变所得税的税率。改变企业所得税，可以改变企业收入；改变个人所得税，可以改变居民的可支配收入。在总需求不足和失业增多时，政府采取减税措施，增加企业的收入和居民的可支配收入，刺激投资和消费，以增加总需求水平。例如，企业1 000万元投资，在利润率为10%的条件下，当所得税税率为33%时，企业所得为67万元；若所得税税率为15%时，企业所得则为85万元。由此可见，税率越高，投资刺激越小，反之则大。投资水平的变动与所得税的变动存在着反向关系。相反，在总需求过多和通货膨胀严重时，政府采取增税措施，减少企业的收入和居民的可支配收入，使得企业减少投资支出，居民减少消费支出，以抑制总需求。政府税率的调整，通过一系列环节作用于劳动力市场，从而对劳动力供给与需求产生深刻的影响。

需要注意的是，通过财政政策来提高就业水平，常常导致预算赤字的增加。也就是说，扩张性财政政策有利于提高就业水平，但却面临着预算赤字的增加和通货膨胀的危险；紧缩性财政政策有利于抑制通货膨胀，但却面临着降低就业水平的危险。因此，还需用财政预算政策来对经济波动进行反向调节，这被称为功能性财政政策。

（二）货币政策

货币政策是指政府以控制货币供应量为手段，通过调节利率来调节总需求水平，以促进充分就业、稳定物价和经济增长的一种宏观经济管理对策。货币政策的基本手段是调节货币供应量，直接目的是调控利息率，最终目标是通过利率的变动影响投资、消费和政府支出，达到增加或降低有效需求，使总供给与总需求趋于均衡。由于货币政策对经济的调控是间接发生作用的，因而见效较慢。

货币政策也包括两种：扩张性的货币政策和紧缩性的货币政策。

扩张性的货币政策是通过增加货币供应量，降低利率，来刺激投资和消费，增加总需求的宏观经济政策。当经济处于不景气时期，总需求小于总供给，生产能力闲置，失业严重，政府就要实行扩张性的货币政策，如降低法定准备金率、降低贴现率、中央银行买进政府债券等。

紧缩性的货币政策是通过削减货币供应量，提高利率，来减少总需求的宏观经济政策。当经济处于繁荣时期，总需求大于总供给，通货膨胀严重，政府就要实行紧缩性的货币政策。

政府实施货币政策的主要措施包括：调节法定准备金率、调整贴现率和公开市场业务。

1. 调节法定准备金率

作为国家货币政策的实施机构，中央银行要求由其管辖的商业银行把存款的一部分作为准备金无息存入中央银行，并且规定了准备金的比例。一般为商业银行吸收的即期存款的10%～14%。中央银行变动法定准备金率，就可极大地影响商业银行的货币供给能力和利息率。在经济运行中若出现总需求不足和失业增加的趋势时，中央银行就降低准备金率，增大商业银行贷款能力，即期存款就可以较多地贷出，进而再通过银行创造货币的机制，使货币供应量增加，利率降低，从而刺激投资和消费，扩大总需求，提高就业水平；相反，在经济中有需求过度和物价上涨趋势时，中央银行就提高准备金率，减少商业银行贷款能力，使货币供应量减少，利率提高，从而减少总需求。调整法定准备金率是中央银行调整货币供应量最简单的办法，而且其作用非常巨大，一旦准备金率出现调整，商业银行的信用都必须随之扩张或收缩，影响极为广泛，所以这一工具的使用须极其谨慎。

2. 调整贴现率

调整贴现率，实质上也就是调整利息率的政策。当商业银行在资金不足时，可以用商业票据和政府债券向中央银行要求再贴现或抵押贷款。贴现率就是商业银行向中央银行进行贴现时所付的利息率。当中央银行认为总需求不足和失业增加时，就降低贴现率或放宽贴现条件，增加商业银行发放贷款，同时由于商业银行贷款利率也会下降，使得企业增加贷款，从而刺激投资，扩大总需求。相反，当中央银行认为总需求过大有通货膨胀趋势时，就提高贴现率或严格贴现条件，限制商业银行发放贷款，从而缩小投资，减少总需求。

3. 公开市场业务

公开市场业务是指中央银行在公开市场上买进或卖出政府债券以增加或减少货币供给量的一种政策手段。当总需求不足和失业有增加趋势时，中央银行就买进政府债券。商业银行将持有的一部分政府债券卖给中央银行，会增加准备金；个人或企业卖出政府债券，会将中央银行支付的支票存入商业银行，增加了商业银行的存款，也会使准备金增加。准备金的增加会使商业银行的存款、放款增加，货币供应量增加，从而导致利率下降，投资增加，总需求扩大。相反，当总需求过大和物价有上涨趋势时，中央银行就卖出政府债券，减少货币供应量，从而导致利率上升，引起投资下降，总需求缩小。公开市场业务是一种灵活有效地调节货币供应量，进而影响利息率的工具，因而它成为一种极为重要的货币政策手段。

财政政策和货币政策都是通过影响总需求水平来调节经济运行的。由于货币政策的间接调控性，故而通常与财政政策结合使用。同时，在运用财政政策和货币政策降低失业率时可能导致一个无法接受的高通货膨胀率，此时应考虑结合使用其他对策，如收入政策和人力政策，来达到降低失业率的同时又能避免高通货膨胀率的目的。

二、收入政策

收入政策是政府采取的通过控制工资和物价来制止或预防通货膨胀以及实现国民收入分配均等化的政策；因其控制的重点是工资和利润水平，故称为收入政策。在控制通货膨胀的政策目标取向方面，其理论前提是存在成本推动型以及结构性的通货膨胀。在扩张性的财政政策和货币政策提高收入和就业水平时，却同时带来货币工资和价格的上涨，形成了通货膨胀的可能性，此时为了抑制货币工资和价格，就有必要采取收入政策。

经济结构变动的结构性因素也会造成通货膨胀。经济社会各经济部门具有不同特点，各部门在市场需求结构的适应性方面存在着差异，如扩张部门与收缩部门的资源配置与价格的矛盾；各部门在劳动生产率增长方面存在着差异，各部门在收入水平变动方面存在着差异，上述结构性因素的任何一种变动都可能引起价格的普遍上涨。此外，在所得税制度上实行累进税制，其目的是平衡收入分配水平，伴随着收入增长，其税赋相应增大。所有这一切矛盾导致有必要实行收入政策。

收入政策可以通过各种形式实现，在市场经济条件下，企业制定价格的权利和工会要求增加工资的权利只要程序合法，一般地不受实体法律的控制，因此，以何种形式来执行收入政策是一个非常值得研究的课题。当前，收入政策通常采用的形式是实行工资和物价管制、工资—物价指导、经济激励和经济惩罚等。

（一）工资—物价指导

政府为了制止成本推进型的通货膨胀，就要将货币工资的增长率限制在劳动生产率的增长幅度内。为此，政府根据劳动生产率的增长率、企业人工成本的状况和其他因素，制定工资与价格上涨的限度，即实施工资—物价指导。其中，工资指导线制度是其典型形式。工资增长线制度是在市场体制下，政府宏观调控工资总量及其水平，调节工资分配关系，指导工资增长和企业工资分配的制度。

随着我国经济体制改革的深化，政府在工资的宏观调控方面，总的原则是实施工资总额的增长低于经济效益的增长，平均工资的增长低于劳动生产率的增长。同时在工资的调控上由总量控制向水平控制转变。在工资的形成上，实行市场机制调节、经济效益决定、民主协商分配，政府监控指导的工资调控体系。市场机制对工资分配起基础性作用。劳动力市场供求规律形成的市场均衡工资率，决定了工资必须围绕劳动力价值波动。工资过高会侵害其他生产要素特别是资产所有者的利益；工资过低，会侵害劳动力所有者的利益，导致企业竞争力下降甚至无法维持经营。

在上述调控体系中，以工资指导线为主线，以劳动力市场价位为基础，以政府指导下的工资民主协商为主要的工资形成方式。其中，工资指导线由政府根据经济发展情况和宏观调控目标等因素确定，包括地区工资增长指导线和行业工资指导线。

地区工资指导线由基准线、上线（预警线）以及下线构成。基准线体现政府对大多数生产发展正常，经济效益增长的企业工资适度增长的基本要求。根据企业平均工资水平、劳动生产率、工资利税率、人工成本状况等主要经济指标与行业相应指标的对比情况，结合企业特点合理定位。上线（预警线）是政府根据宏观经济形势和社会收入分配关系分析，对工资水平较高的企业提出的工资适度增长的预警提示。企业工资增长如已达到当地政府提出的工资增长预警线，就应当自我约束，以免工资增长过快，超过本企业经济效益和劳动生产率的提高幅度，对整个社会分配秩序产生冲击。下线是政府对经济效益下降、亏损企业工资增长的最低要求，可以是零或负增长，但不得低于当地最低工资标准。

实施工资指导线制度，体现了市场经济条件下政府与企业的正常关系，为企业确定工资增长提供了依据；可以引导企业自觉控制人工成本水平，增强企业的竞争力；以工资指导线为依据，可以监控工资增长是否适度；工资指导线制度与其他相关制度结合，可以有效地实现工资分配的效率原则和公平原则。

（二）工资—物价管制

对工资和物价实行管制是一种政府对经济活动实行极端形式干预的收入分配管理措施。其基本内容是政府规定并强制实行某种工资标准和物价标准，在一定时期内工资与物价的变动不得超过该标准。这一措施一般很少使用，只是在某些通货膨胀特别严重的时期才采用。原因在于工资—物价管制措施只是在短期内有效地控制了通货膨胀，但实际上否定了市场对资源配置的有效调节作用，从长期来看，不仅不能抑制通货膨胀，反而会引起资源配置恶化。

（三）经济激励和经济惩罚

经济激励和经济惩罚措施中最重要的形式是税收控制，即政府以税收方式来控制工资的增长。其具体内容为政府规定工资指导线，并以税收手段保障实施。如果企业的工资增长率超过工资指导线，则课以重税，对企业予以经济惩罚；如果企业工资增长率低于工资指导线，则给予减税，以激励企业。

三、人力政策

前面所讨论的财政政策和货币政策，是从总需求的角度提高就业水平的宏观经济政策；收入政策是提高就业水平的同时，控制工资和物价来制止通货膨胀的政策；下面将要讨论的人力政策则是通过改善劳动力的供给结构来降低失业的政策。

人力政策，又称积极的劳动力市场政策，是指政府通过对劳动力进行重新教育和培训，提高其就业适应能力，达到改善劳动力供给的结构，提高劳动力市场运行效率等目的的政策。人力政策的目标，旨在按照经济发展对劳动力的要求，调节和改善劳动力供给，进而改进劳动力市场的劳动力资源配置功能。人力政策主要是针对劳动力市场的结构性失业而提出的扩大就业的对策，其主要依据是人力资本理论。

人力政策包括多种人力资源开发计划，这些计划可以概括为三类：（1）技能训练计划，包括经常性训练和职业训练；（2）职位开发计划，包括学徒扩展计划、企业部门的工作机会和公共部门的职位扩大计划等；（3）就业能力发展计划，包括集中性就业计划、工作刺激计划和职位组合等。通过这些计划，政府可以紧紧抓住在劳动力资源配置中的两个环节，即青年劳动力由受教育到就业的转变和劳动力从旧职业、职位向新职业、职位的转变，提高他们的就业和再就业能力，以适应劳动力市场上劳动力供给结构对劳动力需求结构变化的适应性。

在现代市场经济条件下，劳动力市场的运行需要长期的、经常性的，并且根据客观情况加以调整的人力政策。近年来，现代市场经济国家又不断赋予人力政策新的内容，概括起来主要有以下几个方面：

（一）加大人力资本投资力度

这里的人力资本投资是指政府通过职业技术能力开发计划，对劳动力重新教育和培训，把非熟练工人培训成有一定技术熟练程度的工人；把不适应职业空位要求的失业者培训成能够满足企业需要的劳动者，以缓解因劳动力供求结构失衡造成的失业问题。人力资本投资所追求的不再是持久性就业而是持久性就业能力的培养。

政府实施人力资本投资计划的主要措施是：建立政府贴息基金，由该基金承担培训贷款利息，降低培训成本和商业银行的风险；建立就业基金，为承担就业培训任务的培训机构提供津贴等。

（二）加强职业指导和职业介绍

职业指导和职业介绍是劳动力市场供求双方的桥梁。为此，政府都在加强职业指导，改进职业介绍方法，提高就业服务机构的工作效率；投入大量资金建立和完善劳动力市场信息网络，为劳动力市场供求双方提供迅速、准确、权威、完善的信息服务，以达到减少失业的目的。

在实施这些人力政策的过程中，大多数国家重视改进职业指导和职业介绍的方法，并逐步形成了一系列新思想、新方法，如：对有技术业务专长的求职者，鼓励他们自己通过劳动力信息网络查询有关信息，直接与企业联系；对就业困难群体，包括长期失业者、残疾人、需要照顾儿童的妇女、年龄大的求职者和新进入劳动力市场的青年等提供特殊的职业介绍服务，对他们进行就业指导和障碍评估，提供空缺岗位信息、介绍应聘技巧等咨询服务，帮助他们恢复就业信心；职业介绍机构除提供日常的职业介绍服务外，还定期开展形式多样的职业介绍服务活动。

（三）激励就业的措施

激励就业的措施包括两个方面：一方面是鼓励失业者尽快实现再就业。为鼓励失业者尽快实现再就业，政府采取了各种各样的措施，如有些国家规定，对特定的失业群体，失业者只要在享受失业保险给付的法定期限还剩一半以上的时间内找到可持续一年以上的工作，便可获得相当于30～120天的失业保险给付作为就业补助。因经济裁员失业而要求自谋职业者，可不到就业中心登记求职，不领失业津贴，由失业保险管理机构一次性发给相当于可享受的失业救济金作为就业创业基金等。

另一方面是鼓励企业雇佣失业人员。为鼓励企业雇佣失业人员，政府给予工资性补贴或一次性奖励。如企业雇佣失业人员超过一定期限、并在同一期间不辞退类似岗位的工人，便可申请相应的政府奖励。

（四）实施创业就业计划

实施创业就业计划是指政府资助具备一定条件的失业者创办微型企业或小企业，以帮助他们实现自谋职业和吸纳他人就业。具体做法是，由失业者向地方劳动行政部门提出创办小企业计划，经评估获得申请资格后，由申办人自己先拿出一部分资金，政府则追加其拿出资金数额的一倍，然后银行再根据这两笔资金的总数，为其提供一到两倍的低息贷款。

（五）开发临时性就业岗位

开发临时性就业岗位是指开办一些市政基础工程项目或社区服务项目等临时性工作岗位，以安排失业者临时就业。由政府出面开办各种临时性就业岗位以安排困难失业群体临时就业。

本章小结

本章讨论了政府行为与劳动力市场的关系。政府行为对劳动力市场的影响实际上分为两个方面：其一，为完成政府的公共管理职能，以及提供某些不便由社会厂商提供的公共服务活动而对劳动力市场的影响；由于上述活动，特别是政府购买有着实质性的商品交换，故构成劳动力市场的实际运行过程。在现代市场经济条件下，政府的经济行为本身对劳动力市场的运行发挥着越来越大的作用；其二，国家劳动立法和政府的宏观经济政策对劳动力市场的影响。劳动立法规定了各类劳动标准，规范了市场主体的竞争行为；宏观经济政策则对劳动力市场施加强有力的干预，引导着市场的运行方向。通过本章的学习，应了解政府支出与劳动力需求的关系，政府购买和政府转移支付对劳动力市场运行的不同作用；就业与收入的宏观调节政策的内容及其作用原理；掌握劳动力市场的制度结构要素的构成及其作用机制。

思考题

1. 政府支出中的政府购买和转移支付有何区别？公共部门的就业水平的决定因素是什么？

2. 公共部门的工资水平应如何决定？

3. 劳动力市场制度结构包括哪些要素？为什么应存在这些制度结构体系，它们如何发挥作用？

4. 结合我国经济运行的实际，说明货币政策、财政政策对劳动力市场的影响。

参考文献

[1] 贝克尔．人力资本：特别是关于教育的理论与经验分析．梁小民，译．北京：北京大学出版社，1987.

[2] 蔡昉，都阳，高文书．劳动经济学——理论与中国现实．北京：北京师范大学出版社，2009.

[3] 蔡昉，都阳，等．劳动经济学：理论与中国现实．北京：北京师范大学出版社，2009.

[4] 常凯．劳动关系学．北京：中国劳动社会保障出版社，2009.

[5] 程延园．劳动关系．北京：中国人民大学出版社，2002.

[6] 谌新民．企业内部劳动力市场．北京：中国社会科学出版社，2006.

[7] 高鸿业．西方经济学（微观部分）．3 版．北京：中国人民大学出版社，2004.

[8] 候风云．中国人力资本形成及现状．北京：经济科学出版社，1999.

[9] 赖德胜．欧盟一体化进程中的劳动力市场分割，世界经济，2001（4）.

[10] 劳动部赴日考察团．日本企业的雇佣调整．中国劳动科学，1997（12）.

[11] 李建民．中国劳动力市场多重分割及其对劳动力供求的影响．中国人口科学，2002（2）.

[12] 李建民．人力资本通论．上海：上海三联出版社，1999.

[13] 李士忠．试析日本劳动雇佣制度的演变．日本问题研究，2003（2）.

[14] 陆铭，陈钊．内部劳动力市场理论述评．经济学动态，1998（6）.

[15] 陆铭．劳动经济学一当代经济体制的视角．上海：复旦大学出版社，2002.

[16] 陆铭．劳动和人力资源经济学：经济体制与公共政策．上海：上海人民出版社，2007.

[17] 李中斌，万文海，郑文智，等．劳动经济学．北京：中国社会科学出版社，2007.

[18] 李忠民．人力资本．北京：经济科学出版社，1999.

[19] 加里·贝克尔．人力资本．北京：北京大学出版社，1987.

[20] 靳希斌．教育经济学．北京：人民教育出版社，2004.

[21] 坎贝尔·R·麦克南，斯坦利·L·布鲁，大卫·A·麦克菲逊．当代劳动经济学．6 版．北京：人民邮电出版社，2004.

[22] 罗伯特·S·平狄克．微观经济学．6 版．北京：中国人民大学出版社，2006.

[23] [美] 罗纳德·G·伊兰伯格，罗伯特·S·史密斯．现代劳动经济学：理论与公共政策．8版．北京：中国人民大学出版社，2007.
[24] 马克思．资本论（第一卷）．北京：人民出版社，1975.
[25] 莫志宏．人力资本的经济学分析．北京：经济管理出版社，2004.
[26] 宁光杰．需求下降、企业调整成本与雇佣波动．中南财经政法大学学报，2008（4）.
[27] Ronald G. Ehrenberg Robert S. Smith. 现代劳动经济学理论与公共政策．8版．北京：中国人民大学出版社，2007.
[28] 桑普斯福和桑纳托斯．劳动经济学前沿专题．北京：中国税务出版社，2000.
[29] 萨缪尔森．经济学（下册）．高鸿业，译．北京：商务印书馆，1981.
[30] 王金营．人力资本与经济增长——理论与实证．北京：中国财政经济出版社，2001.
[31] 王静．劳动与社会保障统计学．北京：中国劳动社会保障出版社，2005.
[32] 王守志．劳动经济学．北京：中国劳动社会保障出版社，2006.
[33] 徐芳．培训与开发理论及技术．上海：复旦大学出版社，2005.
[34] 西奥多·W·舒尔茨．论人力资本投资．北京：北京经济学院出版社，1990.
[35] 杨河清．劳动经济学．2版．北京：中国人民大学出版社，2006.
[36] 杨体仁．现代劳动经济学原理．北京：红旗出版社，1991.
[37] 杨伟国．转型中的中国就业政策．北京：中国劳动社会保障出版社，2007.
[38] 姚先国，王光新．中日雇佣制度的比较——隐性契约理论的视角．江南大学学报（人文社会科学版），2007（4）.
[39] 伊兰伯格，史密斯．现代劳动经济学．北京：中国人民大学出版社，1999.
[40] 袁伦渠．劳动经济学．大连：东北财经出版社，2002.
[41] 赵履宽，杨体仁，姚先国．劳动经济学．北京：中国劳动出版社，1998.
[42] 中华人民共和国国家统计局．中国统计年鉴，2008.
[43] 曾湘泉．劳动经济学．上海：复旦大学出版社，2004.
[44] 张建华．经济学－入门与创新．北京：中国农业出版社，2005.
[45] 正式的雇佣调整即将开始．http：//bj. house. sina. com. cn，2009. 2. 23.
[46] 朱方伟，武春友．基于人力资本理论的企业在职培训投资风险分析．科学与科学技术管理，2004（6）.
[47] Carl Shapiro and Joseph E. Stiglitz. Equilibrium Unemployment as a Worker Discipline Device. American Economic Review, June 1984, Vol. 74 No. 3, 434－444.
[48] Jeremy I. Bulow and Lawrence H. Summers. A Theory of Dual Labor Markets with

Application to Industrial Policy. Journal of Labor Economics, 1986, Vol. 4, No 3, 376 – 414.

[49] Lindbeck, A. &D. J. Snower, Wage Setting. Unemployment and Insider – Outsider Relations. American Economic Review, 1986 (5).

[50] Stephen J. Trejo. Does the Statutory Overtime Premium Discourage Long Workweeks. Industrial & Labor Relations Review, 2003, No, 56 (3).

[51] Wachter M L Wright R. D? The Economics of Internal Labor Markets. Industrial Relations Journal, 1990, No. 29.

后 记

本书由首都经济贸易大学劳动经济学院杨河清教授主编，黎煦副教授任副主编。参加本书写作的有：杨河清教授（前言，第4、5、7章）、张琪教授（第7、8章）、黎煦副教授（第1、2章）、吴江副教授（第9章）、王守志副教授（第11章）、詹婧讲师（第6、10章）、牟俊霖讲师（第3章）。另外，博士生凌云参加了5章的编写，硕士生贺琼、刘璐宁、杨瑞、何正平、杨哲做了部分文字工作和资料的收集、整理工作。

本书在编写过程中，参阅了大量文献，在此，谨向各位文献作者表示衷心的感谢。

本书在出版过程中，得到了对外经济贸易大学出版社的大力协助，深表谢意。

时代在发展，科学在进步，劳动经济学也在发展、进步。本书的编写者们以为中国劳动经济学的进步与发展，为中国高等教育经济管理类课程的教学贡献微薄之力的愿望，努力结合中国的实际，吸收比较成熟的新成果，力图奉献给读者一个既适合大学人力资源管理类专业本科水平又能够比较好地反映劳动经济学新发展的教科书。但是，由于各种因素的限制，本教材会存在各种缺陷，望读者指正。

编者